KB051238

학교를 찾는 아이
아이를 찾는 사회

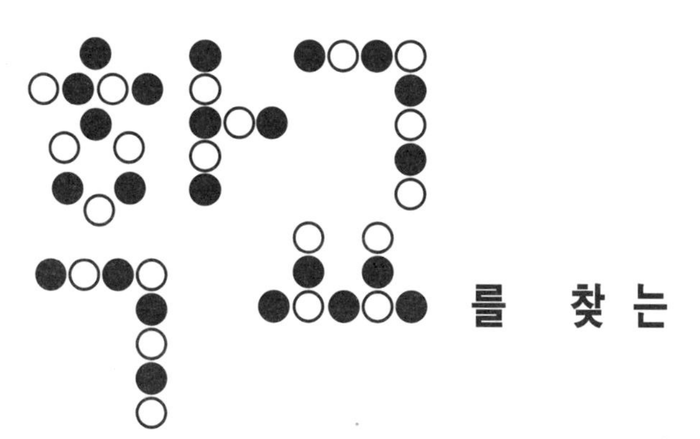

를 찾는

교육현장⑤

21세기 학교 만들기

조한혜정 지음

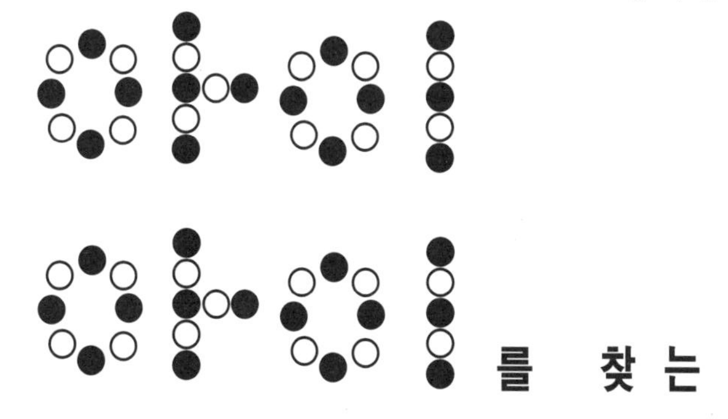

를 찾는

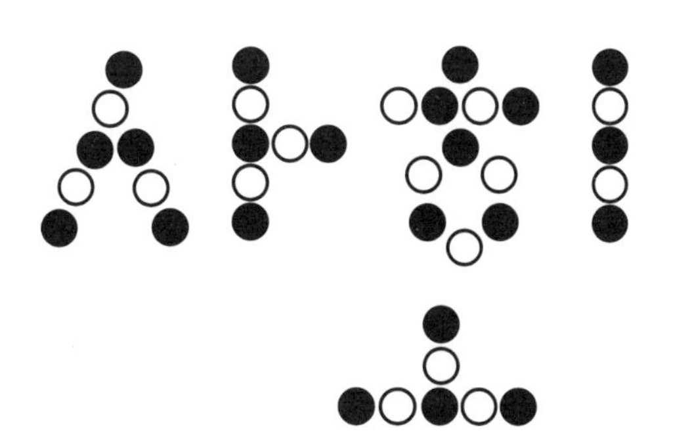

도서출판 또 하나의 문화

큰 것이 작은 것이고

많은 것이 적은 것이다.

노여움을 덕으로 갚으며

어려운 일은 쉬울 때 해결하고

큰 일은 작을 때 손을 쓴다.

大小多少, 報怨以德.

圖難於其易, 爲大於其細.

— 노자 —

나비의 작은 팔락거림이 태풍을 불러일으킨다.

— 로렌츠의 '나비 효과' —

책 머리에

1.

서태지가 돌아왔다.

"집에 가고 싶다는 생각을 합니다.

그리고는 나의 집이 어디인가 생각해 봅니다"

라는 편지를 보냈던 달갱이도 돌아왔다.

이 책은 1996년에 출간된『학교를 거부하는 아이 아이를 거부하는 사회』후속편이다. 첫번째 책이 학교를 자퇴하는 아이들을 연구하면서 그들이 '체제 부적응자'가 아니라 '체제 자체의 부적응'을 몸으로 앓고 있는 '시대적 존재'라는 점을 말하기 위해 쓴 것이라면, 이 책은 성큼 들어선 후기 근대적 상황에서 그들과 함께 시대적 위기를 해결해갈 대안을 찾으면서 쓴 책이다. 이제 긴 말은 하지 말자. 한국 십대의 절대 다수가 하루 열 시간 이상을 머무는 한국의 중등 교육 기관은 '창의력과 협력'의 시대에 '순종과 소모적인 경쟁'만을 가르치는 가장 경쟁력 없는 기관이라는 사실을 이제는 인정하자. 학교는 이제 '물갈이'가 아니라 '판 갈이'가 필요하다. 그리고 다행히 인터넷 시대로 접어들면서 '판 갈이'는 시작되고 있다.

지난 4-5년간 나는 별로 행복하지 못했다. 강의실에서 3분 이상을 집중하지 못하는 일류대 관문을 통과한 아이들, 일주일에 서너 번씩 소주를 고주망태로 마시는 대학생들을 보면서 불행했고, 몸은 학교에 남아 있지만 마음은 이미 학교를 떠나 버린 중고등학교 아이들을 보면서 불행했다. 그러나 이들이 가고 있는 세상을 가만히 따라가 보면서 한편 안도의 숨을 쉬기도 했다. 그들 중에는 인터넷이 만들어낸 광활한 세상 속에 자기 세계를 구축하고 있는 아이도 있었고, 밤새 술 마시고 춤을 추며 '개판'을 치는 듯하더니 파티 기획단을 꾸리고 단단한 기획자의 길을 걷기 시작한 아이도 있었다. 내 눈에는 '술집 여자'처럼 차리고 다니던 아이가 실은 대단한 패션 디자이너가 될 소양을 기르고 있는 문화 산업 시대의 아이였고, 24시간 편의점에서 아르바이트를 하면서 틈틈이 작곡을 즐기는 아이는 불안정 고용 시대를 나름대로 즐겁게 살아가는 지혜를 일찌감치 터득한 아이였다. 고등학교를 중퇴하고 홍대 앞 카페를 전전하던 '한심한' 아이는 어느 날 재미난 벤처 회사에 출퇴근 시간 없는 사진 예술가로 고용이 되어 자신이 원하던 '놀면서 일하는 삶'을 살고 있었다. '학생 신분'을 버렸을 때 얻을 수 있는 것과 그것을 고수함으로 얻을 수 있는 것의 계산은 각자가 할 일이었다.

거대한 컨베이어 벨트가 상징하는 '대량 생산 체제'를 지나 바야흐로 '다품종 소량 생산'의 시대, 소비의 시대, 문화의 시대, 인터넷 혁명의 시대, 고도 관리 시대가 열리고 있다. 무대 세팅이 너무 급하게 달라져 버려, 주연 배우들은 당혹스럽다 못해 그만 그 자리에 멈춰 서 있고 싶어한다. 움직이지 않으려는 기성 배우들의 저항은 자못 완강하다. 참다 못한 조연 배우들은 각본에 없던 짓을 하기 시작했다. 그 조연 배우들의 상당수가 십대들이다. 내가 십대들을 따라간 이유가 바로 여기에 있다. 각본에 없는 짓을 하던 이들은 사실상 변화의 속도에 맞춰 제 시대를 가는 아이들이었던 것이다.

사회 변화를 감지해 내는 것이 임무인 나는 한동안 변화를 좀더 잘 감지하는 그들 곁에서 그들의 시대 감각에 감염되도록 나 자신을 맡겼었다. 그 아이들이 '괴물'같이 느껴진다면 '괴물' 같은 시대가 오는 것일 터이고, 그들이 '괴물'로 보이는 한 나는 21세기의 삶을 '즐겁게' 살아가기 힘들 것이다. 나는 그들 편에서 그들과 함께 시대를 살아 보려 했고, 때론 '괜찮은' 어른으로서 힘닿는 한까지 그들을 돕고자 했다. 그것이 곧 내가 즐겁게 살 길이므로…

2.

십대의 삶을 나의 참여 관찰의 공간으로 삼기 시작한 것은 소비 자본주의화가 본격적으로 진행된 90년대 초반부터였다. 처음에는 청년들과 놀면서 대학 문화, 대중 소비 문화, 그리고 문화 산업에 대한 연구에 몰두했지만, 막상 한 개인의 문화 생활의 질은 그가 고등학교 때 '향유한' 삶의 질에 비례한다는 것을 알게 되면서, 중등 교육과 십대 문화에 관심을 갖게 되었다. 이후 내 관심은 크게 세 단계로 옮겨 왔다.

첫 단계는 십대를 이해해 보려는 단계였다. 그러나 십대들을 연구하는 작업은 쉽지 않았다. 우선 그들 대부분이 학교라는 곳에 갇혀 있었기 때문이다. 그들에게는 마음대로 쓸 수 있는 시간과 공간이 없었으며, 그들의 삶의 질은 최악의 수준이었다. 나는 아이들이 갇혀 있는 상태를 있는 그대로 드러내 보이고자 하였고, 그들이 좀더 나은 삶을 향유할 권리가 있다는 사실을 일깨우고자 했다. 한마디로 문화 비평가로서 십대의 대변자 역할을 하려 했던 시기였다고 할 수 있다. 이때 『학교를 거부하는 아이 아이를 거부하는 사회』를 썼고, '또 하나의 문화' 동인들과 함께 『새로 쓰는 청소년 이야기』 1, 2권을 기획해서 펴냈다.

두번째 단계는 국가의 청소년 관련 정책 입안 작업에 개입한 시기였다. 문화관광부의 '문화 비전 2000 위원회'라든가 '청소년 정책 위원회'에 관여하면서 정책 입안을 돕고 「청소년 헌장」을 개정하는 일을 추진했다. 동시에 일본, 대만, 홍콩, 미국과 영국 등지를 다니며 청소년 문화 공간을 방문하고 청소년 정책 방향을 알아보았다. 이 책 중간 즈음에 실린 글은 이런 정책 자문 활동을 하면서 쓴 것들이다.

세번째 단계는 십대를 위한 공간을 만들어 내는 생산 작업을 한 시기이다. 애초에 그런 공간을 만들 의도가 있었던 것은 아니었다. '선비'에게 물적 자원을 만지는 일은 너무 번잡스럽다. IMF 경제 위기가 닥쳤고, 그 위기 상황에서 발목을 붙잡혀서 본의 아니게 '산파' 역할을 하게 되었다는 것이 적절한 표현일 것이다. 당시 위기 상황에 대처하는 정부나 여타 조직 책임자들의 모습은 참으로 실망스러운 것이었다. 나는 '문화 자본'이 고갈된 사회, 문제 해결을 하려는 의지와 능력을 가진 집단을 찾기가 갈수록 어려워지고 있는 상황에서, 그나마 사용 가능한 '자원'이 속수무책으로 낭비되고 있는 것이 안타까웠다. 막상 자문을 통해 정부에서 일이 돌아가는 내막을 보게 된 나는 더 이상 가만히 앉아서 분노할 시간도, 분노할 대상도 없다는 생각을 하게 되었다. 그 와중에 '학급 붕괴'에 대한 논란이 일어 또 한바탕 사회가 발칵 뒤집혔다. 모두가 경황없이 바빴고, 모두가 너무 불행했다. 더 이상 누구의 잘잘못을 따지고 원인을 알아냈다고 일이 해결되는 체제는 아니었다. 하루아침에 눈을 떠보니 그 많던 '주체'가 사라지고 없더라는, 어느 탈근대주의자의 말이 실감나는 상황이었다. 기존의 인프라는 급격하게 붕괴되어 가고 있는데, 새 인프라를 만들어낼 주체는 보이지 않는 상황에서, 결국 일을 벌일 여력이 있는 이들이 직접 나서서 일을 벌이는 수밖에 없었다.

나는 화장대 앞에 "공략하기보다 낙후시켜라"라는 글을 붙여 두고 '사업'을 벌이기 시작했다. 처음에 한 작업은 십대들을 위한 문화 공간을 사이버 상에 마련하는 일이었다. 1998년 가을부터 문화관광부 지원을 받아 청소년들에 의한 사이버 공간인 '사이버유스'를 온라인 상에 마련했다. 곧이어 한겨레신문사와 공동으로 십대의 삶을 새롭게 조명하는 기사화 작업에 들어가면서 본격적으로 십대들을 위한 실제 공간을 마련하는 일에 착수했다. 서울시와 연세대학교의 자원을 연결해서 새로운 청소년의 공간을 탄생시키는 산파역을 자청하였고, 그래서 '하자 센터'(공식명은 서울시립 청소년 직업 체험 센터)가 탄생했다. 어느 날 아침에 눈을 떠보니 나는 '지식인/선비'가 아니라 조직을 탄생시키는 '산파'가 되어 있었고, 다음날 눈을 떠보니 '벤처 조직의 CEO'가 되어 있었다. 돌이켜보면 참으로 숨가쁜 2-3년이었다. 앞으로도 이 시대는 우리 모두에게 계속 숨가쁜 변신을 요구할 것이다.

이제 나는 더 이상 기존의 '학교'를 공격하지 않는다. 해체되어야 할 '제도로서의 학교'는 자체적으로 해체되고 있는 중이고, 대신 다른 여러 곳에서

'체험으로서의 학교'들이 생겨나고 있다. 아이들은 스스로 새 학교를 찾아 나섰고, 사회도 새 시대를 만들 아이를 찾아 나섰다. 발이 아픈 작은 신발을 벗어버리고 자기에게 맞는 신발을 구하러 다니기 시작한 십대들, 더 이상 눈치를 살피지 않고 자기 작업에 몰두하는 아이들이 생기기 시작했다. 피해 의식 없이 말할 수 있는 아이들, 서로의 마음을 사려 깊게 살피며 '상생 相生'할 줄 아는 아이들, 서로에게 필요한 정보를 스스로 찾아 주고받는 아이들, 그들은 말한다. "저만치에서 우리를 지켜봐 주세요. 필요한 자원을 적절하게 나눠 주고요. 우리가 초대하면 와 주세요."

작은 신발을 벗고 새 신발을 찾아 신어야 할 때가 왔다. '해체'를 두려워 말아야 할 전환기에 우리는 살고 있다. '해체' 없이 '재구성'은 없고, '해체' 없이 새로운 시대는 올 수 없다. 약속이 지켜지는 학교, 소통이 가능한 관계, 하고 싶은 것을 할 수 있고 스스로 업그레이드해 나갈 수 있는 공간, 그런 곳이 바로 21세기의 학교이다.

나는 요즘도 십대들과 놀면서 많은 것을 배우고, 함께 즐거움을 나누기도 한다. '괴물 같은' 십대들과 노는 것이 피곤해질 때도 있고, 열 받을 때도 많다. 지구상에서 인류가 계속 생존을 해나갈 수 있을지에 생각이 미치면 그들에게 미안한 생각도 든다. 나는 이제 쉰 고개를 넘어서 살 만큼 살았고, 하고 싶은 것들을 많이 해봤다. 그러나 그들은 어떤가? 그들은 과연 하고 싶은 일을 하면서, 이 어려운 시대를 헤쳐 나갈 수 있을까? 그것은 결국은 그들에게 남겨진 몫일까? 어른들이 이들을 위해 할 수 있는 일은 무엇일까?

'제대로 된 능력'으로 권위를 회복해야 하는 것? 정말이지 나는 십대 애들에게 밀리고 싶지 않다. 나는 어른들이 제대로 어른 구실을 하는 사회에서 '말발이 서는' '권위' 있는 '어른'으로 살고 싶은 욕심 많은 어른인 모양이다.

3.

이 책은 내 개인에게는 세번째 인류학적 여정의 결산이다. 침묵을 강요당한 '여자'로서의 첫번째 여행을 끝내면서 나는 '식민지 지식인'으로서의 여행에 들어갔었다. 파행적인 근대화 과정을 거쳐온 신식민지 땅의 지식인으로서의 여행을 끝내면서 나는 곧 낙후된 공간에 갇혀 있는 십대들과의 여행을 떠난 셈이었는데, 그 여행은 생각보다 길어지고 있다. 아직 채 끝나지 않은 여행이지만, 이 여행에는 아주 많은 이들이 동행해 주었다.

먼저 이 책에 실린 상당히 긴 글의 필자들, 펭도, 원, 김현진, 서동욱에게 늘 고마운 마음이다. 김명신, 강성혜, 강경란, 백영선, 황석연, 이정화, 김종혁, 천정훈, 엄기호, 정현주, 현지영, 이민우, 서동진, 양선영, 한선정, 천정현, 곽영선, 전효관, 최수정, 김종휘, 백현진, 강기영, 이영희, 김희옥, 이현정, 김현경, 양선미, 백영애, 정유성, 김영삼, 이용교 님, 5844, 사이버유스의 준표, 제다, 캔디, 윤짱, 세나, 상윤, 유진, 달갱이, 하자 센터를 들락거리고 있는 최필수, 홍성은, 김형용, 유창재, 우도명, 박해원, 라지웅, 고기모, 이희정, 홍성미, 이창희, 이선옥, 우상남, 한영미, 김종우, 장길남, 이금영, 박인우, 우효정, 강원재, 임은주, 핑크 스파이더, 남이, 민희, 정아, 비키, 주석, 부희,

재식, 한결, 경민, 쭌쭌, 지지큐, 은경, 다함, 우주인, 모험소녀, 천재비니루, 껌드림, 네바다51, 청소년 관련 모임에서 수시로 마주치는 광주의 민철, 민기, 천안의 지예, 그 외 얼굴은 직접 못 보았으나 통신상으로 서로 알고 있는, 이 책에 등장하는 많은 젊은 벗들에게 감사한다. 연세대 조교 서민정, 문현, 전혜진, 박성일, 원고 정리를 도와준 이송규호, 우리집을 여관처럼 드나드는 노자와 해원이의 많은 친구들, 이래저래 미운 정, 고운 정이 든 이들이 늘 곁에 있어 주었다.

십대들에게 기꺼이 자원을 나눠 주고 힘을 실어준 어른들도 적지 않다. '어른 중심주의'에서 벗어나기 위해 극단적인 '청소년 중심주의'로 가야 할 필요는 없을 것이다. 고마워할 것은 고마워하자. 1998년 당시 청소년 정책 방향 전환을 충심으로 추진했던 문화관광부 신낙균 장관과 청소년 헌장 개정 작업을 적극적으로 성사시킨 신현택 국장과 김순식 사무관에게 감사한다. 책을 읽으며 늘 배우는 자세로 일하는 공무원들은 존경스럽다. 1999년 전후 청소년을 위해 예산을 늘리고 '하자 센터' 등 새로운 실험들을 적극 지원했던 서울시의 고건 시장과 신계륜, 강홍빈 부시장께 감사를 표하고 싶다. 그리고 당시 체육청소년과 문홍선, 정상문 과장, 민척기, 최호권 계장, 박순성 주임 외 새로운 '민 民'의 언어를 고집하는 '하자 센터' 사람들과 조율하느라 마음 고생을 한, '관'의 여러분들에게 고마운 마음을 전하고 싶다. '감사에 걸리지 않는 것이 목적'이라는 소문과는 달리 일을 성사시키려는 진취성과 성실성을 겸비한 공무원들이 적지 않다는 것을 나는 요즘 알아가고 있다. '하자 센터' 실험을 적극적으로 지원해준 1999년 당시 연세대 김병수 총장과 김우식 부총장, 이영선 기획실장, 노규래 기획과장, 그리고 송복, 황상민, 장림종, 고애란 교수께 감사한다. 힘들 때면 늘 든든한 지원 부대가 되어준 '또 하나의 문화' 동인 조형, 조옥라, 김현미, 이소희, 김영옥, 안명옥, 조경목 선생과 내 삶의 오랜 파트너 길남. 이들은 모두 나이와 무관하게 '젊음'을 간직한 분들이다. 십대들이 고마움을 가져도 좋을 어른들이리라 믿는다.

책 디자인을 위해 하자 센터의 '쭌쭌'이 그림을 그렸고, 표지 글꼴은 지혜가, 그리고 아트 디렉터 활민 씨가 작업을 해주었다. 창의적이고 자기 주장이 바로 선, 사랑스런 사람들이다.

끝으로 책 내는 작업이 별로 즐겁지 않은 시대에도 즐거운 마음으로 책을 내는 이들을 보면 힘이 난다. 여전히 책을 신뢰하는, 문자 언어 만들기를 소홀히 하지 않는 이들이 있다는 사실에 감사할 뿐이다. '또 하나의 문화' 출판사 유승희 사장과 안희옥 선생, 그리고 편집을 보아준 여선정 님께 고마움을 전하고 싶다.

2000년 겨울 초입에

울산바위 기슭에서 시노드 오코너를 들으며

차례

4 새로운 교육 실습 : 다품종 소량 생산 시대, 정보 사회의 '학교'

부록 : 칼럼 읽기

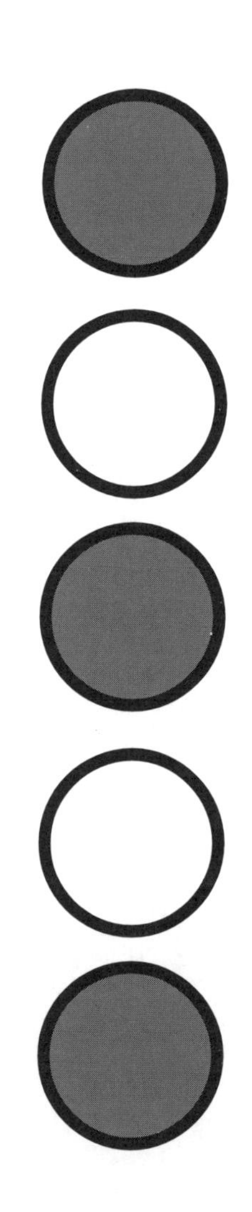

I. 여는 글 — 「거리 두기」를 위한 방법론

여는 글

'거리 두기'를 위한 방법론

생산적인 토론을 기대하며

1999년 가을부터 '학급 붕괴론'이 터져서 공중파 방송에서는 연일 '몰래 카메라'까지 동원해서 교실 현장을 보도해 주곤 했다. 기존 학교의 일상은 드디어 '밖으로' 공개되었고, 부모들은 경악했다. 아이들은 오래 전부터 그랬는데 이제 와서 웬 호들갑이냐고 빈정대면서도 조만간 학교가 변할 것 같은 조짐을 반겼다. 모든 것이 변해도 '환상 속의 그대'처럼 무풍 지대로 버티고 있던 학교는 드디어 크게 변하지 않으면 안 되게 된 것이다. 그러나 예상과는 달리 학교는 그렇게 크게 변하지 않았다. 왜까? '있는 대로 보는 것'보다 '보고 싶은 대로 보는' 사람들의 힘이 여전히 세기 때문이다. 한편에서는 학교를 있는 대로 보기 위해 애를 쓰는 이들이 있는데, 다른 편에서는 학교가 별 문제가 없는데 왜 그러느냐고 고집하는 이들이 버티고 있는 것이 지금의 현실이다. 두 집단 사이의 시각 차이는 점점 더 벌어지고 있고, 우리는 그 어딘가의 편을 들면서 학교를 바꾸어 가야 하는 지점에 서 있다.

여기서 잠시 학교를 '있는 대로 보려는' 한 교사의 글을 인용해 본다. 제목은 "서기 2000년 대한민국의 학교"이다.[1)]

난 학교에 매우 일찍 출근한다. 60여 명 교사들 중 1등… 7시 30분. 교문을 들어서면 벌써 등교하는 녀석들이 있다. 공부하러 일찍 오는 게 아니다. 대개는 복장 단속을 피하기 위해서다. 가방은 아예 없거나 있어도 교과서는 한 권도 없다. 8시. 이른바 교문 지도 시작. 수십 명이 적발되고 욕설과 함께 발길질이 시작된다. 직원 회의 시간. 이런 저런 지시 사항이 이어지고 금요일에 학부모회에서 내는 교직원 전체 회식, 교감이 필참을 당부한다. 무슨 일로? 선생님들 한 학기 수고하셨다고… 전 주에 학부모회에서 스스로 결정한 일이라… 학부모회 회장이 전화를 했대요. 교장 선생님께서 회식 이야기를 꺼내셨다고. 해명해 주십시오, 누군가 에이! 일어서서 나간다. 다들 우르르…

4교시가 끝나기도 전인데 복도가 시끄럽다. 학교 급식이 올해부터 시작되었다. 온 학교가 난리다. 늦게 가면 밥도 떨어질 때가 많고 밥이 있어도 배식을 끝내 버린단다. 학생 천 명이 넘는 학교에 학생 식당을 새로 만들 부지도 예산도 없고, 그래서 몇 개 있던 특별 교실을 터서 식당을 만들었다. 업체 선정 과정부터 잡음이 있었고, 여러 차례 소란이 있었다. 특별 교실은 식당이 되어 버리고 엄청난 예산을 들여 마련한 멀티미디어 기자재는 못쓰게 되었다. 그 기자재는 식당에 있는데 식당 표찰 밑에 통합 교실이란 표찰이 붙어 있다. 이걸 이용하려면 열쇠 3개가 필요하다. 활용은 관심 밖이다.

난 일주일 수업시수가 24시간이다. 그리고 전산 담당 교사다. 학적 프로그램에

---

1) 권혁인, 2000, 「서기 2000년 대한민국의 학교」, 『월간 문화 연대』 9월호, 문화 개혁을 위한 시민 연대, 19쪽. 인문고 교실에 대한 생생한 참여 관찰기는 월간지 『우리 교육』에 실린 교사들의 일지와 김혜련 교사의 『학교 종이 땡땡땡』(1999, 미래 M&B)과 같은 책을 통해 읽을 수 있다.

문제가 생겼다. 교육 정보화 사업이 충분한 준비 없이 시행되는 바람에 엉망이다. 에듀넷 검색해서 패치 파일 받고 담배 한대 피우려니 인터폰이 울린다. 남편이 의사라는 교육 정보 자료부 여교사다. 인터넷 증권 사이트에 들어가려는데 안 된다고, 실업 과목인 가정을 담당한다는 이유 하나로 이름도 거창한 교육 정보 자료부에 배치된 그 여교사. 가보니 전화 접속만 열심히 하고 있다. 학교에선 주식 투자, 퇴근하면 백화점 순례… 전용선이 뭔지 모뎀이 뭔지 아무리 설명을 해도 모른다. 하기야 애들 단속하고 줘 패는 학생부장, 사이트 주소를 치는데 아무리 해도 안 된단다. 한영 전환도 없이 한글로 치니 될 리가 있나? 영문으로 바꿔 주니 독수리 타법으로 떠듬거리는데 뭔가 했더니 포르노 사이트가 뜬다. 교무실에서, 그것도 여교사들이 많은 데서…

6교시. 수업에 들어가니 교실 앞 복도가 물바다다. 물장난이 한판 벌어진 모양이다. 교실에 들어가니 엎어져 자는 놈, 창가에 붙어 운동장에 있는 녀석들과 큰 소리로 떠드는 녀석, 온몸이 물에 젖어 들어오는 놈… 수업이 제대로 될 리 없다… 옆 반은 여전히 시끄럽고 교탁을 내리치는지 쿵쾅거리다가 이어지는 여교사의 앙칼진 목소리… 이 사람은 휴대용 앰프와 마이크를 사용하는데 늘 신경이 거슬린다.

판에 박은 종례 시간이 지나고 청소 시간, 주먹 좀 센 놈들은 다 도망가고 힘없고 조금은 얼띤 녀석 혼자서 교실 청소를 한다. 교무실에선 또 한바탕 날라리들 매타작이 이어진다. 이놈들은 하루 종일 불려다니고 매맞는 게 일이다. 학생들이 다 돌아간 교무실, 끝없는 수다, 가끔씩 벽시계로 향하는 눈길들. 서서히 교무실이 비어 가고 교문으로 차들이 빠져 나간다. 내일도 똑같을 것이다. 서기 2000년 대한민국 학교의 하루 모습이다.

이 글은 훈육의 공간으로서의 학교가 현재 어떤 식으로 존속하고 있는지를 보여 주고 있다. 각자가 하루하루 이어가기에 급급한, 미래가 없는 곳. 급식과 전산화 등 개선을 위해 취해진 조치들은 더 많은 낭비와 잡음으로 이어지고, 교장단과 교사 사이, 교사와 교사 사이에 신뢰와 권위가 깨어진지 오래되었다는 것을 쉽게 감지할 수 있다. 자포자기의 공간. 다 알면서 움직이지 못하는 학교. 그러나 교사가 자신의 일상 공간을 이런 식으로 쓰기 시작했다는 점에서 나는 변화의 싹을 본다.

현실의 모순이 너무 클 때 사람은 그 모순을 인정하지 않으려는 경향을 보인다. 변화를 원하지 않을 때, 또는 원하더라도 변화시킬 수 없다고 느낄 때 현실을 읽어 내기를 두려워하고 관찰하기를 포기하게 된다. 현재 학교가 '위험 수위'에 달했다는 것은 다수의 교사와 학생들이 이미 관찰하기를 포기한 데서 여실히 드러난다. 내가 이 책에서 일상을 관찰하는 문제에 초점을 맞춘 이유가 여기에 있다. 진정 변화를 원한다면 학교의 일상을 읽어 내는 훈련부터 시작해야 한다. 무엇을, 무엇 때문에, 어떻게 관찰해야 하는지를 생각해 보자.

이 책에서 내가 학교 현장이나 '학교를 찾는' 십대들의 삶의 공간을 관찰하기 위해 취한 방법은 인류학적 방법이다. 문화 인류학은 초기부터 전제가 다른 대상을 연구해온 학문이다. 이 학문에서 강조해온 것은 문화적 상대주의와 참여 관찰이다. 여기서 문화적 상대주의란 자신이 써온 기존의 '안경'을 고집하기보다 타인의 입장에서 타인의 안경을 쓰고 상황을 보려는 태도를 의미한다. 이는 구체적으로 사회 현상을 역사적 맥락 속에서, 그리고 비교 문화적 관점에서 분석할 것을 요구한다. 이는 이론적 연구를 하면서 동시에 참여 관찰을 통해 행위 당사자들의 '의미 만들기' 작업에 깊숙이 참여할 것을 요구한다.

지금 십대들의 삶을 알고 싶어한다면, 한국 사회에 대한 전반적인 시대 인식이 우선되어야 한다. 한국 사회에 대한 '객관적' 인식이란 한국 사회를 그 사회가 소속된 전지구적 사회 변동의 맥락에서 보는 것을 의미한다. 보편성과 특수성의 차원에서 한국 사회를 바라볼 수 있어야 한다는 것이다. 우물 안의 개구리처럼 한국 사회를 인류사적 흐름에서 떼어놓고는 아무리 열심히 관찰을 해도 별다른 통찰력을 얻을 수 없을 것이다. 자신이 속한 사회를 전체 맥락 속에서 바라볼 수 있어야 한다.

이와 동시에 십대를 이해하고자 한다면 세대간의 문화적 차이를 헤아릴 수 있어야 한다. 한국의 근대사 과정에서 형성된 학교라는 제도와 '십대의 자리'에 대해 큰 그림을 가지고 있어야 한다는 것이다. 같은 사회에서 같은 언어를 사용하고 날마다 부딪치며 살면서도 서로가 '이물질'처럼 보인다면, 그렇게 된 역사적 맥락을 짚어내면서 문화적 상대주의의 입장에서 관찰할 수 있어야 한다. 이는 곧 자신의 역할/입장/이해 관계에서 떠나서 생각해 볼 수 있는 '거리 두기' 훈련을 필요로 한다.

'거리 두기'의 중요성을 강조하기 위해 여기서 두 개의 에피소드를 소개해 본다. 3년 전, 어느 교장 연수회에 특강을 하러 갔을 때다. 그때 학교의 관료제를 개혁해야 하고, 특히 학교 내 권력을 가진 층의 물갈이가 필요하다고 말한 부분이 교사와 교장들 사이에 파문을 일으켰던 듯하다. 연수를 기획한 분은 강연을 계기로 나를 만나고 싶어하는 분들이 있으니 꼭 강의를 해주어야 한다고 신신부탁을 했었다. 신촌 밖으로 강의 나가는 것을 삼가왔지만, 내 강의 내용에 동의하는 교장 선생님들이 만나고 싶어서 오라고 한 줄 알고 더 깊은 이야기를 나눌 수 있으리라는 기대로 그 곳에 갔었다.

그런데 실은 예상과는 다른 상황이 나를 기다리고 있었다. 초반부터 앞자리에 앉은 몇몇 교장들이 반론을 제기하기 시작했다. 요지는 어떻게 학교에 와보지도 않았으면서 아는 척을 하느냐는 것이었다. 자신이 담당하고 있는 학교에서는 학생들이 열심히 공부하며 내 글에서 그려 내고 있는 '비애국적'이고 '일탈적인' 아이들은 찾아보기 힘들다는 말이었다. 현장에서 대부분의 시간을 보내는 자신들에게 현장에 와 보지도 않은 자가 어떻게 감히 말할 수 있느냐면서 내 주장을 철회할 것을 요구하는 분위기였다. 내 글에 '계급' 운운하는 단어가 나오는데 사상이 의심스럽다는 말을 하는 분도 있었다.

한국에 있는 대부분의 학교에서는 입시 공부에 지장이 된다고 현장 참여 관찰을 허용하지 않는다. 가장 강력하게 반론을 제기한 교장에게 나는, 그래서 토론을 하는 것이 아니냐, 앞으로 현장 연구를 하게 해주면 좋겠다는 말을 했다. 특강이 끝난 후 연락처를 주시면 연구하러 가겠다고 했지만 그는 연락처를 남기지 않았다. 현장에 있는 교장 선생님과 학생과 교사 중 누구의 관찰이 더 신빙성이 있으며, 누구의 분석이 더 객관적일까? 과연 누가 현장에 있기 때문에 현장을 안다는 '특권적 지위'를 누릴 수 있을까?

두번째 에피소드는 십대들과 작업을 하는 자리에서 자주 일어나는 상황이다. 그간 관 주도로 치러진 청소년 행사들이 '청소년이 없는 행사'라는 비판이 일기 시작하면서 곳곳에 십대 기획단들이 생겨났다. 이삼십대가 기획을 도와주고 십대들이 하는 행사라 해도 그런 것은 변질된 것이라면서 오로지 '십대에 의한 십대의 축제'를 주장하는 기획단이 생기기 시작했는데, 그들의 행사 기획과 운영 방식을 보면 기성 세대의 방식과 별반 다른 점을 찾아보기 힘든 경우가 대부분이다. 어린 나이에 기성 세대가 하는 것을 해낸다는 점 외에 별다른 차이를 보이지 않는다는 것이다. 이 '십대에 의한 십대들의 기획'을 주창하는 집단은 얼마나 현재 한국에 살고 있는 십대를 대표하고 있는 것일까? 십대라는 생물학적인 나이로 그들이 십대를 대표한다는 '특권적 위치'를 누릴 자격이 있을까? 그들은 현재 십대들이 얼마나 다양한 삶을 체험하는 다양한 집단으로 나뉘어 있는지를 인식하고 있는 걸까?

위의 두 에피소드를 통해서 내가 말하려는 것은 현장에 있다고 현장을 아는 것은 아니라는 점이다. 현장에 밀착되어야 현장을 파악할 수 있지만, 단순히 현장에 그냥 있기에 현장을 잘 아는 것은 아니다. 현장에서 자신이 담당해야 할 역할이 확고하게 정해져 있기에, 또는 자신이 해야 할 행동의 당위성을 강조하기에 어쩌면 더욱 현장을 보지 못할 수도 있다. 마치 평생을 함께 살면서도 서로를 잘 모르는 부부가 있듯이 거리를 두고 성찰하는 능력을 기르지 못한다면 정확한 상황 파악은 어렵다. 현장에 있다는 것과 현장을 잘 파악하고 있다는 것은 별개의 것이다. 물론 현장을 잘 아는 교장이나 교사는 좋은 학교를 만들어 갈 수 있을 것이다. 그러나 그때 자신이 생각하는 '좋은 학교'가 어떤 학교인가에 따라 관찰의 초점은 달라진다. 자신이 안전하게 정년을 맞이할 수 있도록 학교에 문제가 생기지만 않으면 된다는 경우의 관찰과 학생들로 하여금 정말 즐겁게 학습할 수 있기를 바라는 경우에 하게 되는 관찰은 판이하게 다른 결론을 가져올 것이다. "현상은 있는 대로 보이는 것이 아니라 보는 대로 있다"는 현상학적 명제를 다시금 상기해야 할 부분이다.

십대를 가장 잘 이해하고 있다고 주장하는 이들은 학교장이나 십대 축제 기획자들 말고도 많이 있다. 정부 부처로 말하자면 교육부는 교육부대로 자신들이 중고교에 다니는 십대들을 가장 잘 알고 있다고 말하고 있으며, 문화관광부 청소년국의 담당자들이나 국무총리실 산하 '청소년 보호 위원회' 직원들은 자신들이 청소년들을 가장 잘 알고 있다고 말한다. 그래서 '청소년 업무' 전담 부처를 놓고 교육부와 문화관광부와 '청소년 보호 위원회' 간에 줄다리기가 계속되고 있다. 한편 학계에서는 '청소년학과'나 '청소년 개발원' 또는 '교육 개발원'이 생겨서 전문성, 곧 청소년에 관한 특권적 지위를 주장하고 있지만 다른 한편에서는 대중 문화와 소비 문화를 연구하는 문화 연구가라든가 문화 비평가들이 그 '전문가'들의 해석이 얼마나 낙후된 전제에 바탕을 두고 있는지를 논하면서 자신들의 '전문성'이 더욱 유효함을 주장한다. 이에 반해 십대들의 소비 성향을 환하게 꿰뚫고 있는 '십대 시장' 사업가들은 자신들이 십대의 욕망과 상황을 가장 잘 알고 있다고 자부한다.

이런 어른들의 '전문성' 싸움을 보면서 십대들은 빈정댄다. '십대를 팔아 돈버는 어른들'이라는 심한 표현도 쓴다. 그러면서 십대 내부에서는 '범생이' '날라리' '강남/강북' '서울/지방' 등을 두고 자신들의 본모습에 대해 이견이 분분하다. 물론 여기서 사회 과학자로서 내가 내놓는 의견 역시 하나의 의견에 불과하다. 탐정도 용의자 중에 하나일 수밖에 없듯이 나 역시 이 사회의 구성원이기 때문이다. 청소년 내지 십대에 관한 한 지금은 그야말로 '춘추 전국 시대'이다. 생산적인 토론을 하기에는 모두가 너무나 자신들의 위치를 절대화하고 있다.

생산적인 논의를 시작하기 위해 필요한 훈련은 '거리 두기'이다. 무조건 자신의 '특권적 위치'를 강조하는 사람은 상황을 제대로 파악할 수 없을 뿐 아니라 토론도 불가능하다. 자기가 교장이기 때문에, 아니면 십대이기 때문에 십대를 가장 잘 알고 있다고 자부하는 이에게는 자신의 머리 속에 있는 십대가 있을 뿐이지 실제 눈앞에서 행동하고 변화하는 십대가 없다. 달리 말하면 자신이 차지하는 '특권적 위치'가 어떤 것인지 상대화시킬 수 있고, 그 위치의 특수함을 설명할 수 있는 사람들만이 나름대로 의미 있는 상황 판단을 해낼 수 있고, 토론의 장을 열어갈 수 있다. 학교 현장을 가장 잘 알고 있다고 믿는 교장이건, 오십대 문화 인류학자건, 삼십대 청소년학 전문가건, 십대 문화 기획자건, 십대 비디오 저널리스트건, 자신들이 사회 전체의 그림에서 차지하는 위치가 어디이며, 왜 자신이 학교에 대해, 그리고 십대들에 대해 그렇게 관심을 갖는지를 제대로 알고 있다면 이들은 한자리에 모여 생산적인 토론을 할 수 있다. 그런데 자신이 어떤 '자리'에서 살고 있으며 그 자리에서는 무엇이 가장 잘 보이고 또 안 보이는지를 모른다면 소통은 불가능하다. 내가 이 책에서 하고자 하는 일은 바로 그 바탕을 마련하는 것이다.

시대 인식의 공유,
자기가 선 자리의 특수성에 대한 인식,
남의 이야기를 들을 필요성을 느끼는 것,

자신을 거리 두고 볼 수 있게 되는 것,
그래서 새로운 안경으로 십대들과 새로운 학교를 만들어 가는 것.

급변하는 사회 현상을 제대로 연구하기 위해서는 관점을 바꾸어야 하고, 새롭게 파생되는 수많은 문제들을 제때제때 해결해낼 새로운 개념과 도구들을 만들어 내야 한다. '삶의 현장'에 뛰어들어 개입하면서 또 그 현장을 거리를 두고 바라볼 수 있어야 한다는 말이다. 이 시대의 부모가 가장 조심해야 하는 것은 자기의 꿈이 여전히 자식의 꿈일 수 있다고 믿어 버리는 '게으름'이고, 이 시대의 전문가들이 가장 조심해야 하는 것은 자신이 서 있는 자리를 충분히 인지하지 않은 채 계속 자신이 모든 사람들을 위한 전문 지식을 만들어낼 수 있다고 주장하는 것이다. 한 집단을 이해하려면 그들에게 짜여진 질문서를 들이밀기 전에 어떤 질문이 그들에게 말이 되는 질문인지를 파악해 내야 한다. 상대주의의 안경을 끼고 관찰을 하고, 상대의 신발을 신어 보려는 노력 속에 새로운 '만남'을 시도해야 하는 것이다. 더 이상 정답을 가르쳐줄 '보편적인 진리'를 알고 있는 전문가는 없다. 각자가 자신이 선 자리에서 문제의 해답을 찾아가는 방법론을 배우고 동지들을 규합하면서 자신이 몸담고 살아가는 로컬(지역)을 만들어 내야 하는 것이다. '전지구적이면서 지역적인' 시대가 오고 있다.

그럼 이 글을 쓰고 있는 '내가 선 자리'는 어디인가? 대학교 1, 2학년을 가르치는 것이 점점 더 힘들어져서 대안 교육의 필요성을 절실하게 느끼고 있는 인문 사회 과학 교수이자 지식인의 어려운 자리. 다음 세대의 삶이 조금이라도 더 평등하고, 조금이라도 덜 불행하기를 바라는 페미니스트이자 두 아이의 엄마. 십대들이 행복해질 수 있는 삶의 공간을 만들어 가려고 나름대로 안간힘을 쓰고 있는 사회 운동가. 이런 자리에 서 있는 내가 가진 시대상은 어떤 것인지를 이야기한다면, 당신은 당신이 가진 시대와 미래의 청사진을 이야기해줄 수 있을까? 그럼 내 자리에서 말문을 터 본다.

전지구적 전환기의 시대 인식

지금이 패러다임 전환기라는 점을 부정하는 이는 드물 것이다. 지난 두어 세기에 걸쳐 형성된 산업 사회는 이제 '정보 혁명기'를 거쳐 본격적인 정보 사회로 진입하고 있다. 지금 지구상에 살고 있는 사람들은 그런 면에서 과도기적 상황을 살아가고 있으며, 사실상 매우 혼란스러워하고 있다. 특히 새로운 세대의 출현을 불안스럽게 바라보는 기성 세대는 이들에게 'N세대'라는 별명을 붙이고, 정보 사회의 '온전한 자식'이라 할 그들을 이해하고, 또 그들을 이해함으로 새롭게 도래하는 사회의 성격을 파악해 보려고 노력하고 있다. 지금까지 우리가 익히 알아온 사회 체제는 급격하게 해체되고 있고 지금의 사고 방식으로는 이해하기 어려운 전혀 새로운 사회 질서가 만들어지고 있는 것이다.

학자들은 이러한 시대적 전환을 '탈산업화' '후기 자본주의' 내지 '탈근대'라는 단어로 집약해 왔다. 특히 최근 인터넷으로 인해 그 변화는 새로운 국면에 들어섰다. 앨빈 토플러는 이러한 변화를 『제3의 물결』에서 다음과 같이 말했다. "몇 십 년 안에 새 물결이 올 것이다. 그 물결은 우리가 생각하는 방식, 살아가는 방식, 심지어는 투쟁하는 방식까지 모두 바꿀 것이다." 인터넷계의 선두 주자 빌 게이츠 역시 자신의 저서 『생각의 속도』에서 비슷한 말을 했다. "다가올 10년의 변화는 지난 50년의 변화보다 더 클 것이다… 디지털 시대에 '연결성'이라는 말은 단순히 둘 혹은 그 이상의 사람들을 서로 연결해 주는 것 이상의 의미를 지닌다. 인터넷은 정보 공유와 협동

그리고 상거래를 위한 전 인류의 새로운 공간이다. 또한 TV나 전화 같은 우리 생활에 밀접한 기술의 즉시성과 자연성, 즉 아무때나 즉각적으로 이용할 수 있고 또 자연스럽게 이용할 수 있는 점을 취하고 거기에 서신 왕래 고유의 깊이와 넓이를 더한 새로운 매개체이다. 뿐만 아니라 인터넷은 정보를 찾아 주고 공통의 관심사를 가진 사람들을 서로 연결해 주는 완전히 새로운 능력도 지니고 있다."

물론 현재 일고 있는 이 문명사적인 전환은 실은 서구에서 시작해서 지난 3-4세기에 걸쳐 일었던 변화의 결정점이다. 그 변화란 첫째 콜럼버스가 지리상의 발견을 위해 떠난 것을 기점으로 전지구적 자본주의 시장이 확대된 것, 둘째 프랑스에서 일어난 정치적 혁명을 기점으로 민족 국가 nation state 중심의 정치 공동체가 형성된 것, 셋째 영국의 산업 혁명을 중심으로 한, 과학 기술의 전지구화 차원에서 일었던 변화이다. 현재의 인터넷 혁명은 이러한 세 차원에서 일고 있는 변화들을 연결 통합시켜 '근대 기획'을 마무리 하면서 문명의 새로운 단계를 열어가고 있는 중이다.

구체적으로 근대는 전기와 후기로 성격상에서 큰 차이를 보인다. 특히 세대간의 소통과 관련해서 주목할 부분은 다음의 영역이다.

첫째, 소품종 대량 생산 체제에서 다품종 소량 생산 체제로의 이행.

둘째, 생산 위주 사회에서 소비 위주 사회로의 이행.

셋째, 복합적이고 불확실한 카오스/불안정 고용/'위험 사회'로의 이행.

전기 근대에서 후기 근대로 이행하는 일련의 변화는 '인간'과 '역사'에 관한 전제를 근원적으로 뒤바꾸어 놓고 있다. 여기서 대량 생산 체제의 전형적인 '인간'을 그려 보자. 그는 컨베이어 벨트로 상징화된 대량 생산 체제에 맞게 길들여진 인간이다. 공장이나 관료 체제에서 요구하는 일을 잘할 수 있기 위해서는 그는 일찍부터 훈련을 받는다. 모두가 학교 공부—취업—평생 고용이라는 세 박자로 움직이는 학력 사회에 발을 들여놓는다. 획일적인

'학교' 체제, 공인된 졸업장과 자격증 제도는 대량 생산 체제의 대표적 상징이다. 사회 구성원들간의 계층적 차이는 학력에 의한 계층적 우열 관계에 의해 크게 좌우된다. 일류 대학이 그래서 중요하며, 박사 학위를 따기 위해 모두가 그렇게 기를 쓰고 입시 공부를 한 것이다. 졸업장과 자격증에 따라 이들은 평생 고용이 보장된 회사에 들어가서 일생을 보내게 된다. 이 시대는 소수의 창의력 있는 엘리트들이 만들어낸 소수의 품목이 대량으로 생산되고 전파되는 시대이다. 소수가 다수를 계몽하는 피라미드형의 시대이다.

다품종 소량 생산 체제, 곧 맞춤 주문 생산 시대로 가면 이 체제는 깨지고 만다. 대단한 오리지널을 낼 필요는 없지만 — 실은 기술 복제 기술이 고도화된 후기 근대에 가면 더 이상 '오리지널은 없다'는 상태에 도달한다. — 나름대로 오리지널에 수정 작업을 하는 창의적 과정이 첨가되면서 다수의 사람들이 더 적극적이고 자발적이며 창의적일 것을 요구받는다. '많은 사람들이 필요로 하는 것 만들기', '똑같되 남보다 잘하기'가 대량 생산 체제에서 살아남는 길이었다면 '소수의 사람이 꼭 필요로 하는 것 만들기', '남이 미처 생각하지 못한 것 만들어 내기'가 다품종 소량 생산 체제의 생존 전략이다.

이 과정은 생산주의 사회에서 소비주의 사회로의 이행과 함께 이루어진다. 경제 성장이 어느 단계에 들어서면 더 이상 생산이 아니라 소비가 미덕이 된다. 소비 시대로 전환하는 시점에서 신세대와 구세대 간에 갈등이 첨예해진다. 일상 생활의 패턴 자체가 판이하게 달라지기 때문이다. 소비 사회 단계에 오면 잘 소비하는 것이 중요하고, 소비를 통해 자신의 취향을 개발해 가게 된다. 또 그런 소비를 잘함으로써 새로운 상품을 개발할 수 있게 된다. 소비 사회, 광고 사회, 고부가 가치 상품 사회, 서비스 시대에서는 생산만을 위해 허리를 졸라매는 태도는 금물이다. 소비 사회는 소비해 봐야 하고 경험해 봐야 한다. 그리고 자기 표현을 하는, '튀어야 사는' 시대이다. 개성과 자기 표현이 무엇보다 중요하다. 파티에서 자기를 잘 드러내는 사람은 파티 기획자가 될 수도 있고, 패션 모델이 될 수도 있고, 손님이 줄을 잇는 옷가게의 '보통 카리스마' 점원[2]이 되어 많은 돈을 벌면서 즐겁게 살 수 있다. 잘 소비하는 경험이 곧 훌륭한 생산자가 될 수 있는 생비자(생산자+소비자 prosumer)의 원리가 새로운 시대 원리로 등장한 것이다. 소비 사회의 시각에서 보면 '미래를 위해 투자'하고 있는 행위가 생산주의 시대의 관점에서 보면 한심한 행위가 된다. 반면 오로지 생산을 통해서만 생산을 하는 것으로 인식하는 생산주의 구세대에게 미래를 준비하지 않고 소비에 신경을 쓰는 자녀는 비생산적이고 한심스런 존재로 보인다. 그래서 부모 자식 세대간에 갈등과 마찰이 일게 된다.

이러한 후기 근대적 상황은 사회 구성원에게 엄청난 불안을 안겨 주는 사회이다. 후기 근대에 들어서면 변화 속도는 더욱 빨라지고, 안정적인 상태는 크게 흔들린다. 20세기 후반의 선각자인 갤브레이스는 후기 근대 사회를 '불확실성의 사회'라고 표현하였고, 울리히 벡은 무모한 모험이 체계적으로 재생산되는, 운전사 없이 달리는 차와 같은 '위험 사회'라고 명명하였다. 과학 기술 체계는 이제 그 자체로 하나의 속도를 가진 체제로 굴러가기 시작했고, 이로 인해 엄청난 복합성과 불확실성이 증가하고 있는 것이다. 특히 전환기에 들어서면 벤처 중심으로 사회가 재편되면서 안정적 고용 상태가 깨져서 많은 사람들은 불안정 고용의 시대에 적응해야 한다.[3]

---

2) '보통 카리스마'란 일본에서 유행하는 단어인데, 개성과 매력으로 많은 손님을 끄는 옷가게 점원이 선망받는 직종이 되면서 생긴 용어이다. 대단한 위인의 시대가 아니라 나름대로 개성과 자기 스타일을 가지는 것이 중요해진 시대의 변화를 잘 드러내는 현상이다.

3) 노동부 통계에 따르면 2월말 현재 근로자 1,280여만 명 가운데 1년 미만의 고용 계약을 맺은 비정규직이 절반을 넘어 670만 명에 달했다.

특히 경제 기술 체계가 과도하게 생활 세계를 지배하게 되면 될수록 경험을 공유하는 공동체를 만들 시간은 더욱 줄어들고, 사회 구성원들은 심한 생존의 위기와 실존의 위기감을 느끼게 된다. 하버마스는 이를 '정당성의 위기'가 아니라 '동기상의 위기'의 시대라고 표현한 바 있다. 복합성과 불확실성이 증대하는 상황에서 개인들의 파편화 현상은 더욱 심화되고, 개인은 불안감과 고립감 속에 심한 외로움을 타게 된다.

이러한 일련의 후기 근대적 내지 탈근대적 과정은 지금까지 우리가 알아온 개념과 범주들을 급격하게 무효화시켜 버리고 있다. 대량 생산 체제에 맞게 진화된 기존의 공동체, 곧 국민 국가, 가족, 공장, 학교 등의 공동체가 급격히 붕괴해 가면서, 인간의 정체성을 고정된 어떤 것이라고 보기에는 너무 불확정적이며 유동적인 상황이 생겨난다. 이런 상황은 아주 새로운 역사관과 가치관을 가진 인간들을 출현시킨다. '발달 development'이라거나 '진보' 또는 '인간 중심주의 humanism'라는 개념은 구시대의 유물이며, 때론 '사악한' 개념으로 간주된다. 인류는 그 동안 자신들을 우주의 중심에 놓음으로 지구상의 많은 생물과 생태계를 파괴해 왔으며, 진보와 '발전'의 신화에 도취되어 실은 미래가 없는 역사를 만들어 냈다는 것이다. 거대한 '진보'를 위해 일상의 삶과 인간 관계 자체를 극도로 피폐하게 만들어 버린 '근대사관'의 해체를 말하는 이유는 바로 이런 맥락에서이다.

다행히 국가 공동체 단위를 넘어서서 전지구화와 지역화 단위의 유대가 새롭게 만들어지고 있고, 일방적 커뮤니케이션을 넘어서 쌍방향 커뮤니케이션 가능성이 크게 늘어난 인터넷 시대에 진입하면서 새로운 움직임이 일고 있다. 정보 홍수 시대에 '동기의 상실'로 방황하던 구성원들은 이제 다시 삶을 추스르며 새로운 '일상'의 공간을 만들어 내고 있다. 이들은 탈진보주의, 탈인간 중심주의의 관점으로 다시 자연과 인간이 공생하는 시대를 열어가고, 직접 민주주의 네트워크 시대를 열어 가려고 한다. 생산자와 소비자의 거리가 줄어든 '생비자'의 시대, 단일한 국민 국가 시대를 넘어서 '다중적 주체 multiple subjectivity'의 시대로 옮아가는 시점에서 우리는 학교를 통해 어떤 미래를 준비하려고 하는가? 어떤 아이를 키워 내려고 하는가?

이런 시대, 이 땅에서 십대의 자리

1995년 학업 중퇴자들을 연구하던 나는 아주 새로운 유형의 자퇴생이 늘어나는 것을 알게 되었다. 이 새 유형의 자퇴생은 사실상 침몰하는 거대한 배에서 탈출하는 아이들이었다. 그 이후 기존의 학교가 더 이상 몸에 맞지 않는다고 느끼는 아이들이 늘어나고 있었고, 이들은 갖가지 방식으로 자구책을 찾아 나서고 있었다. 과거의 중퇴 이유가 주로 사망, 질병, 가사 문제와 관련된 것이었다면 지난 3년 사이의 중퇴 현상은 가출과 장기 결석, 학교생활 부적응, 검정 고시, 유학과 이민 등 새로운 양상을 보이고 있다는 보도가 시사하는 바가 크다.[4] 열악한 제도 교육의 환경이 학생들을 학교 밖으로 밀어내고 있는 반면, 학교 밖에서 학생들을 당기는 힘 또한 만만치 않다. 십대를 유혹하는 많은 상품과 늘어난 십대를 위한 유흥 소비 공간, 갖가지 아르바이트 자리, 각종 특기생 선발 제도와 검정 고시를 통해 입시에 목매달지 않고도 원하는 대학에 갈 수 있는 길이 열렸다.

학교에 남아 있는 아이들이라고 기존 체제에 순응하고 있는 것은 아니었

---

4) 교육부 자료에 의하면 중고등 학교 부등교생은 1997년 23,289명이었던 것이 1999년에는 36,273명으로 늘어났다고 한다. 이 수치는 중도 탈락한 전체 학생수를 8만-9만명으로 어림할 때 3분의 1이 넘는 수준이다. (정재숙 기자, 「중고교 중퇴자 급증: 가출 유학 이민 검정 고시」, 『한겨레신문』 2000년 3월 16일자 19면)

다. '공부는 학원에서, 잠은 학교에서'라는 말처럼 몸은 학교에 남아 있어도 마음은 딴 데 있는 이들이 도시 학교의 풍속도가 되어가고 있다.[5] 최근에 도드라진 '교실 붕괴'에 관한 매스컴의 언설은 바로 이런 현실을 가시화한 사건에 지나지 않는다. 모든 학교가 다 그렇다는 말은 아니다. 그러나 대부분의 학교는 외부인 출입이 금지된 '무풍 지대'이다. 이런 학교에서 아이들은 공부를 하기보다 잠을 자거나 딴 짓 또는 딴 생각을 하고, 부모들도 학교에 간다고 아이들이 제대로 배움의 길을 가고 있는 것은 아니라는 것, 그리고 '일류대 졸업장'이 행복을 보장해 주는 것이 아니라는 사실을 알아차리기 시작했다. 5년 전에 학교를 거부하는 아이에게 주어진 선택은 오로지 검정 고시를 보거나 서태지처럼 성공하는 연예인이 되는 것 외에는 거리의 '막가파'가 되는 것이 전부였다. 그러나 지금 아이들에겐 선택이 많아졌다. 손쉽게 유학을 갈 수 있게 되었고, 우후죽순처럼 만들어지고 있는 새 기술을 가르치는 학원에 다니다가 인터넷 벤처 회사에 뛰어들 수도 있고, 유명한 음악 학원에 다니면서 자연스럽게 외국의 이름난 음악 대학에 갈 수 있는 길도 트였다. 이해심 많은 부모를 만난 아이는 대안 학교에 가기도 하고, 집에서 독학을 하며 인터넷을 통해 세계의 각종 회의와 축제에 참여하기도 한다. 세계 민주 학교 회의에 참가해서 많은 새로운 친구들과 네트워킹을 하기도 하고, 사이버와 실제 공간을 넘나들며 새로운 학교 만드는 일에 참여

---

5) 이와 관련한 가장 최근 기사로 양근만, 김인상 기자의 「거꾸로 가는 교육 개혁」(『조선일보』 2000년 4월 22일자 39면)이 있다. 서민의 과외 비용을 줄이겠다는 목적에서 정부에서는 초중학교 '방과 후 교육'을 시작하게 했지만 사실상 별 효과를 거두지 못하고 있으며, 고입 선발 방식을 선발 고사에서 내신 성적 위주로 바꾸었지만 학생들은 오히려 내신 성적을 잘 받기 위해 학원을 찾고 있다고 한다. 중학교의 한 교사는 "공부는 학원에서 하고 학교에서는 잠을 자는 게 요즘 학교 풍속도"라고 말했다고 한다. 공교육에 대한 불신으로 사교육 열풍이 더욱 강해지고 있는 것이다.

하면서 스스로 삶을 기획하는 훈련을 일찍부터 하기도 한다.

물론 이는 경제적으로나 문화적으로 여유 있는 계층에 국한된, 그 층에서도 극히 소수에게나 가능한 선택일지 모른다. 그러나 가만히 보면 그러한 구분이 딱히 명확한 것은 아니다. '끼' 있는 아이를 찾아 혈안이 된 기획회사에 발탁되기를 바라면서 패션이나 댄스 경연 대회 또는 영상 분야를 기웃거리며 작업에 몰두하는 아이들의 가정 배경은 다양하다. 멀티미디어나 컴퓨터 분야에서 조금만 열심히 하면 매스컴을 타는 것은 어렵지 않은 일이며, 무수하게 만들어지고 있는 각종 웹진의 편집자나 웹마스터가 되는 길도 어렵지 않은 일이다. '영리한' 아이들은 '경쟁력' 없는 인문 고등학교에 다니기보다 자유 시간을 많이 가질 수 있는 실업 고등학교나 방송통신 고등학교로 전학해서 남다른 경력을 쌓아 가는 길을 일찌감치 택하기도 한다. '대량 생산 시대'의 학교는 '다품종 소량 생산 시대'를 살아갈 자신들에게 부담일 뿐이며, 기존 학교에 길들여질수록 반대로 새 사회에 적응하는 감수성과 상상력을 잃게 된다는 생각이 아이들 사이에서 서서히 퍼지고 있는 것이다. 이 아이들은 자기가 하고 싶은 일을 하면서 경력도 쌓고 돈도 버는 시대가 온 것을 체감하고 있다. "학교 교육은 필수가 아니라 선택이죠"라면서 학교를 훌훌 털고 떠난 두 남매가 홈 스쿨링을 통해 일류 대학에 입학했다는 매스컴의 보도는 '모범적'으로 고등학교 3년을 참으며 다닌 '범생이'들에게 심한 상대적 박탈감을 안겨 주기도 한다.

21세기의 학교는 창의력을 가진 아이, 네트워크를 통해 새로운 것을 만들어갈 줄 아는 협동적 인간을 길러 내는 곳이어야 한다. 개인과 개인을 경쟁시키는 체제는 가장 경쟁력 없는 인간을 배양할 뿐이다. 개개인을 경쟁시키면서 집단 자체는 무사 안일의 원리로 굴러가는 조직은 망할 수밖에 없다. 한 경제학자는 신문에서 한국의 중등 교육은 "실은 무경쟁과 규제, 타성이 지배하는 고요한 늪"이라고 표현한 바 있다.[6] 그는 "교육 소비자인 학생들의 과목 선택권, 학교 선택권이 원천 봉쇄된 중등 교육은 불량 상품이다. 특히 중간 성적 이하의 학생들에게는 수용소 생활을 부과하는 고약한 위해 상품이다"라면서 소비자 주권을 전향적으로 행사할 것을 촉구하고 있다. 그의 분석대로 '교육 기회의 평등 의식'이 지나치게 강한 국민 정서를 '존중'하면서, 교육 부문을 여전히 '사회주의 부문'으로 남겨둠으로써, 교육부는 현재와 같은 결과를 초래했다. 이제 그 무풍 지대인 학교는 교육부의 지시에도 끄덕없이 버티는 거대한 '병영' 지구가 되었다. '두발 자유' 관련 토론회를 학교에다 열라고 했지만 지키는 학교가 거의 없다고 하지 않는가?

앞으로 학교는 안 다니는 것이 낫다는 아이들이 늘어나듯이, 외국에 아이를 유학 보내려는 부모는 더욱 늘어날 것이다. 새로운 배움터를 찾아 나선 아이들이 늘어나기 시작했고, '사회'에서는 성큼 다가온 정보 사회를 이끌어갈 '구시대 학교에 길들여지지 않은 사람'을 찾는다고 난리가 났다. 패러다임 전환이 가장 빨리 일어나고 있는 미국 샌프란시스코 지역에서는 최근 고등학교 졸업생들이 대학에 안 가고 바로 하이테크 기업이나 닷컴 기업에 직행하는 경향이 높아지고 있다고 한다.[7] 대학 가기를 유보하는 아이들이 늘어나는 현상은 한편 심한 인력난을 반영한 것이라면서 새로운 마인드로 정보 사회에 접근하는 십대들의 시대적 역할을 재평가하고 있다. 십대에 고임금과 스톡 옵션을 받고 바로 직업 세계로 갔다가, 원하면 다시 학교에 가는 식의 학교와 사회가 밀접한 연계를 갖게 된, 평생 교육 시대가 열리고 있는 것이다. 미국 사회에서는 일을 하다가도 아주 쉽게 대학에 가고, 또 다시 일터로 나가는 제도가 마련되어 있다. 사회 상황 변화에 따라 그리고

---

6) 안국신, "교육도 소비자가 주인이다", 칼럼「아침을 열며」,『한국일보』2000년 9월 7일자 7면.

7) 김병찬,「실리콘 벨리 익스프레스 : 대학 진학, 이혼율의 급락」,『한국일보』2000년 9월 18일자 43면.

개인 사정에 따라 학교와 일터를 수시로 선택할 수 있는 것이다.

예상보다 한결 빨리 한국도 '정보 사회/다품종 소량 생산 체제'로 돌입했다. 그래서 '사회'는 '산업 사회/대량 생산 체제에 길들여지지 않은 인재'를 구하려 혈안이 되어 있다. 한국의 중등 학교는 첨단 기업이 탐낼 인력을 전혀 배출해 내지 못하고 있다. 심한 구직난과 인력난을 동시에 안게 된 이런 위기 상황을 타개할 방안은 무엇일까? 나는 그것은 배움과 일과 놀이를 근원적으로 새로 규정하고 재구성해 가는 작업 속에서 찾아질 것이라고 생각한다. 새 학교를 찾아 나선 아이들과 함께 새로운 작업을 시작할 때다.

책의 구성

이 책의 구성은 내 탐구의 흐름을 그대로 따랐다. 2장의 글들은 학교 체제의 붕괴에 관련된 글이다. 보수적인 교육계 인사들은 '학교 붕괴'라는 단어를 쓰지 말라는 지시를 내릴 정도로 이 단어에 민감하다. 무풍 지대에 바람을 일으킬 것이 두렵기 때문이다. 그러나 새로운 학교를 만들어갈 생각이라면 이 단어를 겁낼 하등의 이유가 없다. 2장 첫 논문 「학급 붕괴 : 근대 교육의 실패」는 1999년 9월 30일 '전국 교직원 노동자 조합' 참교육 실천 위원회에서 '학급 붕괴' 현상을 놓고 긴급 토론회를 열었을 때 발표한 글이다. 교사들과 토론을 나누기 위해서 평소 생각하던 것을 정리한 짧은 글이다. 이어서 내 글보다 훨씬 생생한 펑도와 원의 글을 함께 싣는다.

2절은 그보다 앞서, 1997년에 쓴 것이다. 당시 나는 자퇴한 '현진'[8]의 일

---

8) 현진은 교사 백영애 선생님을 따라 중학교 때부터 '또 하나의 문화'에서 '놀았다'. 『네 멋대로 해라』(1999, 한겨레신문사)를 써서 많은 십대들에게 자극을 준 바 있다.

로 창의적이고 주체적인 '탈학교' 아이들을 위한 자리를 어떻게 마련해야 할지 머리가 복잡했었고, 아이들을 그렇게 낙후된 공간에 내버려두고 있는 무능한 사회에 대해 엄청난 분노를 느끼고 있었다. 「십대에게 보내는 편지」는 탈학교 아이들 그리고 그와 함께 생산성이 급격하게 저하되고 있는 한국 사회를 위해 하루빨리 손을 쓰지 않으면 안 된다는 조바심을 내고 있던 시기에 쓴 것이다. '선비'로서의 무력감에서 벗어나려고 '또 하나의 문화' 동인들과 함께 『새로 쓰는 청소년 이야기』를 펴냈는데, 현진에게 보낸 편지와 답장은 또 하나의 문화 동인지 14호에 실린 글을 재수록한 것이다.

3장에서는 '학생'이라는 정체성을 벗어난 '청소년' 내지 '십대'들의 자리를 '이론적' 논의를 통해 열어 가는 글을 모았다. 이때는 어떻게든 청소년/십대들을 '곤경'에서 구해야 한다는 생각에 대안 학교를 기웃거리기도 하고, 청소년들의 방과 후 프로그램이 어떤 것인지도 살펴보고 학원 강사들도 만나 보았다. 이런 저런 궁리를 하고 있던 터에 정권이 바뀌었고, '국민의 정부'를 표방하고 나선 새 정부는 "청소년을 보호의 대상에서 육성과 참여의 주체로"라는 기조를 내걸고 획기적인 청소년 정책 전환을 해내겠다고 했다. 청소년 정책을 담당하는 문화관광부에서 정책 전환을 이루어 내는 작업에 자문으로 참여해 달라는 요청이 왔다. 나는 '문화 비전 2000' 위원회에서 하던 작업의 연장선에서 일을 계속 추진해볼 생각으로 청소년 정책 자문 위원장 일을 맡아 하기로 했다. 3절 「21세기 비전과 교육」은 문화 비전 2000 위원회에 낸 글이고, 4절 「청소년의 인권과 시민권」은 정책 자문을 염두에 두고 쓴 글이다.

평소 '관'과는 생리가 맞지 않는다는 생각을 바꾸어 '문화 비전 2000 위원회'에 참여한 것은 사실상 '21세기' '2000년'이라는 숫자가 상당한 마술적 힘을 지녔던 당시 상황을 십분 활용하려는 의도에서였다. 시민 사회는 좀더 똑똑해져야 한다는 것을 절감하던 시기였다. '21세기 비전'이라는 슬로건 아래 새로운 교육의 방향을 제시하면 먹혀들 수도 있을 것이라는 희망을 품고 '관 출입'을 시작했던 것이고, 몇몇 위원들과 열성적으로 보고서 작업에 매달렸다. 그러나 '교육부'가 거대 관료 조직으로 남아 있는 한, 그리고 부처간 협력이 어려운 상황이 지속되는 한, 한국의 교육은 일개 정부 위원회에서 어떻게 할 수 있는 사안이 아니라는 것을 알아차리는 데는 별로 긴 시간이 필요하지 않았다.

청소년 정책 자문을 하면서 나는 십대들의 삶에 관여하는 다양한 부서와 다양한 인맥이 있다는 것을 알게 되었다. 그러나 기본적으로 한국 십대의 삶은 '학생'과 '청소년'이라는 두 단어 사이에서 풀려야 하는 현상이라는 것도 알게 되었다. 5절 「청소년 '문제'에서 청소년 '존재'에 대한 질문으로」는 바로 그 문제를 푼 것이다. 이 글은 한겨레신문사와 서울시 교육청, 그리고 연세대학교 청년문화센터가 공동 주최한 국제 학술 대회 "왜 지금 우리는 청소년을 이야기하는가?"에 발표한 글이다. 이 논문에서 나는 청소년이라는 단어 분석을 통하여 한국 사회에서의 십대들의 자리를 추적해 보았다. 1970년대에 '근로 청소년'이란 단어가 등장했는데, '근로 청소년'이란 '불우한' 환경 때문에 학교에 가지 못하고 공장에 다녀야 했던 젊은이를 가리킨다. '행복한 학생'과 '불우한 청소년'이라는 이분법이 이때 생겨났고, 십대가 아르바이트를 하는 것을 결사적으로 말리려 하는 교사나 부모는 이때 생긴 생각을 지금도 그대로 가지고 있는 사람들이다. 1980년대에 들어서면 거의 대부분이 고등학교에 진학하게 되고, '근로 청소년'이라는 개념은 사라진다. 정부(문화체육부)에서는 하루 열네 시간 수용소와 같은 입시 준비 학교에 묶여 있는 학생들에게 '호연지기'를 기르는 기회를 주기 위해서 '청소년 수련관'들을 짓고, 청소년 지도사 제도도 만든다. 하지만 십대들은 여전히 학교에 묶여 있어서 간간이 '청소년 행사'에 차출되거나 '동원'될 때만 '청소년'이지 실제로는 학교에 묶여 있는 '학생'일 뿐이었다. 이 시기를 지나면서 청소년기의 국민은 '착한 학생'과 '불량 청소년'으로 이분화된다. 근대화 초반부터 청소년들에게는 '학생'이라는 단일한 정체성이 부여되었고, 이 범주에 들지 않는 이들은 주변적/비정상적/일탈적 존재로 인지되었던 것이다. '학교에 가지 못하는 소외 계층', '학교에 적응하지 못하는 탈락자'라는 식의 '낙인'이 근대 전반부에 청소년들의 삶을 지배한 주류 이분법이다. 1990년에 들어서면서 급격하게 이른바 '불량 청소년'이 늘어났고 기성세대들 속에서는 한탄의 소리가 높아지기 시작한다. 정부에서는 시대 변화를 알아차리고 자율권을 주어야 한다는 쪽으로 의견을 모으고 있지만 여전히 그들을 감시의 대상으로 보는 시각도 만만치 않게 존재한다.

그런데 흥미로운 관찰은 막상 어른들이 주겠다는 자율권에 아이들은 별로 관심을 보이지 않는다는 점이다. '보호'와 '규제'의 대상이든 '육성'과 '구제'의 대상이든 대상화된다는 점에서 크게 다를 바가 없다고 느끼기 때문이다. 이렇게 보면 청소년들의 자율성은 '학생/불우 청소년' '학생/불량 청소년'의 이분법을 넘어선 제3의 공간이 생길 때 비로소 발현될 수 있다. 청소년은 학생이라는 단일한 정체성을 가진 존재가 아니라 '다중적 주체'이며 청소년 범주에는 13-18세 나이의 중고생만이 아니라 탈학교 청소년, 장애인 청소년, 가출 청소년들도 들어 있고, 대학생을 포함한 18세에서 24세까지의 청년들도 포함된다는 것이 이 논문의 요지다.

이 세 편의 논문에서 내가 부각시키고자 한 것은 십대가 가진 문화적 잠재력이었다. 그것은 청소년 인권과 시민권 논의를 더욱 효과적으로 불러일으키기 위한 일종의 전략이기도 했다. 청소년들의 인권이 존중되어야 하는 것은 마땅한 일이며, 따라서 그들의 인권 유린 상황을 고발함으로써 이 문제를 제기할 수도 있다. 그러나 1980년대에 절정에 달했던 우리 사회의 인권 논의는 알다시피 1990년대 후반에 들어서면서 급격하게 힘을 잃었다. 나는 청소년들이 가진 잠재력을 우리 사회의 재활력화와 연결시키고 그 점을 제대로 부각시키는 것이 십대들의 문제를 풀어 내는 지름길이라는 판단을 내렸다. 그래서 십대의 삶을 문화 산업, 고부가 가치 산업, 문예 부흥, 정보화 등의 영역과 연결시키는 작업에 들어갔다.

사실상 새로운 문화 산업의 시대를 열어가던 '서태지와 아이들' 그룹이 은퇴만 하지 않았어도, 홍대 앞의 인디 밴드들이 하고 싶은 음악을 하면서 즐겁게 먹고 살 수만 있었어도 나는 청소년 문제에 이렇게 매달리지 않았을 것이다. 불행히도 '서태지'와 '홍대 앞'의 그 많은 청년들이 즐겁게 창조적 작업에 몰두하기에는 이 땅은 너무 통제와 관리가 심하고 문화 자본이 빈약했다. 지금도 그 상황은 크게 변하지 않았다. 십대 아이돌 스타가 많아졌고, 그래서 많은 십대들의 꿈이 '일류대 입학'이 아니라 '스타'가 되는 것이라는 점에서 변화가 있었다면 큰 변화가 있었지만, 십대들이 계속 자기들의 꿈을 실현하면서 사회 속에 새로운 문화를 만들어 가기에는 제도 교육이나 상업 자본의 벽이 여전히 두텁게 버티고 있다는 면에서 별 변화가 없었다는 말이다. 1997년 경제 위기 이후 사실상 상황은 아주 나빠졌다.

마지막 장은 학교와 사회가 '배움'이 있는 곳으로 소생할 수 있는 대안을 고심하면서 쓴 글이다.

문화관광부의 정책 자문 위원장 일을 맡아 하면서 사실상 나는 실질적인 작업으로 밤을 지새곤 했었다. 6절 「지식 기반 사회의 학습」은 이른바 '제2 건국' 운동과 함께 신지식인 논의가 일 때 청소년 문화 공간이 필요하다는 것을 역설하며 쓴 정책 제안서이다. 내가 산파 노릇을 한 '사이버유스'와 청소년 축제 등 관련 프로젝트 몇 개를 여기에서 함께 소개하였다. 1998년에 나는 「청소년 헌장」 개정 작업에 깊이 관여하였는데, 7절은 헌장 개정 과정에 대한 기록이다. "청소년은 더 이상 '대상'이 아니라 '주체'임"을 선언하는 헌장 개정의 이면에는 많은 에피소드가 숨어 있다. 헌장 개정 이후 곧 이어 이루어질 예정이었던 '청소년 기본법'은 장관이 바뀐 이후 아직도 개정되지 않고 있다. 자문 일을 보면서 나는 관의 속성을 많이 알게 되었고, 국가 정책의 일관성과 지속성을 지키는 것이 왜 어려운지도 알게 되었다.

이 책은 「'하자 센터' 이야기」로 끝난다. 문화관광부 자문 일을 보면서 국가 정책 방향을 고민했다면, 서울시 '실업 대책 위원회' 자문 일을 보면서 나는 '사업'을 벌이고 말았다. 교수나 선비가 관에 자문 자격으로 출입을 하다가 큰 프로젝트나 기관장을 맡게 되는 일은 '특혜'이고, 그래서 '나쁜 짓'이라고 생각해온 내가 결국 일을 벌이고 만 것이다. 나는, 정말이지, 나 같은 사람이 이런 '사업'을 하지 않아도 되는 그런 세상에 살고 싶다. 글쓰는 사람을 글쓰기에 몰두할 수 있게 내버려두는 사회에 살고 싶다. 그럴 수 없다면, 시대를 이끌어 가는 창조적이고 멋진 일들을 준비하는 이들을 찾아내서 그들에게 자원이 적절하게 분배될 수 있게 하는 정도의 자문 역할이나 하고 싶다. 그러나 상황은 그렇게 낙관적이지 않았다. 나는 최근에 나와 같은 동기를 가지고 정부 관련 기구에 자문으로 들어가서 활동하는 동료 교수를 만났는데, 그의 고충도 나와 비슷한 것이었다. 잘못 분배되고 있던 국가 자원을 조금이나마 제대로 분배하려고 협상과 투쟁 끝에 재원을 확보해 놓고 보면, 막상 폼나게 써줄 준비된 팀이 없어 허탈하다는 것이었다. 결국 문화 자본이 턱없이 부족한 상황에서는 '남이 해주기를' 기대하기보다 직접 모델을 보여야 한다는 생각을 하게 되었고, '하자 센터'가 탄생한 것은 이런 배경에서였다.

구체적으로 '하자 센터'는 서울시가 1980년대식 근로 청소년 회관을 시대에 맞는 청소년 회관으로 변신시키는 과정에서 태어났다. '하자 센터'는 일과 놀이를 엄격히 분리시켰던 대량 생산 공장 체제를 벗어나 일과 놀이와 학습이 한꺼번에 이루어지는 다품종 소량 생산 체제의 청소년 공간으로 탈바꿈하였고 이제 한돌이 되었다. 내 개인에게 '하자 센터'는 이 책 전반에 녹아 있는 고민과 탐색의 결정체이다. 여기서 새로운 관민 협동 시대의 프로젝트이자, 십대와 이십대, 삼십대 청년들이 한데 머리를 맞대고 새 시대를 만들어 가는 실험이 진행중이다. 그 곳은 청소년 문화 센터이기도 하고 대안 학교이기도 하고 십대 창업 센터이기도 하다. 기존 사고 방식에 젖은 이들은 복합 공간 하자 센터에 오면 개념 파악이 안 된다면서 불안해 한다. 그러나 센터에 오면 창의력이 되살아나는 것 같다면서 "이제는 세금 내는 것이 아깝지 않다"고 말하는 이들도 적지 않다. '하자 센터'는 지금 진화 초기에 있고, 이 실험의 결과는 한국 사회 그리고 서울의 문화와 경제와 교육 여건에 대해 많은 것을 이야기해 줄 것이다.

다시 동지를 모으며

그간에 일었던 엄청난 사회 문화적 변화에도 불구하고 이 책에 실린 메시지가 그렇게 순순히 받아들여질 것 같지는 않다는 생각에서 덧붙인다. 교사 연수 특강에서 이제 아이들이 하고 싶은 것을 하게 하고 스스로 시행 착오를 거치는 경험을 통해 자기 관리와 자기 기획 능력을 길러갈 수 있게 해야 한다는 내 말에 불안해 하는 교사들이 적지 않았다.

"튀는 아이 위주의 세상이 된다는 말인데 하고 싶은 것이 무엇인지도 모르는 아이들을 어떻게 할 것인가?"

"날라리들을 너무 과대 평가하는 것 아닌가?"

"소수만 데리고 가면 나머지는 어떻게 할 것이냐?"

"내가 맡은 반 아이들 중에는 그렇게 문화적 욕구가 큰 아이는 없다. 너무나 소수의 아이들 이야기 아닌가? 다 함께 가는 방안은 없는가?"

"하고 싶은 일만 하면 하기 싫은 일은 누가 하는가?"

"지금까지 했던 것과 다른 방식을 택하면 더 좋은 사회가 온다는 보장이 있나?"

"당신의 이야기를 듣고 있으면 내가 처량해진다. 내 주머니에는 버스표밖에 없는데, 당신은 코스닥 상장을 하려면 어떻게 해야 하는지를 가르쳐 주고 있다는 느낌이다."

이런 말을 들으면 정말 힘이 빠져 버린다. 우리는 얼마나 대량 생산 체제에 길들여져 있는가? 또, 모두가 '평등의 신화'에 얼마나 집착하고 있는가? 한때 '교복'은 빈부의 차이를 가려 주고, 많은 아이들에게 평등한 기회를 제공했다. 그 시대를 산 어른들에게 학교는 '기회 균등'의 상징이었고, 많은 이들은 여전히 학교가 그런 공간이기를 소망하고 있다. 학교는 마땅히 '평등의 공간'이어야 한다. 그러나 그 평등이 '성공을 위한 기회 균등'이나 '다 같아지는 것'을 의미한다면 큰 오산이다. "다같이 가야 한다"는 집착, '하향 평준화'는 이미 뿌리 깊은 '전통'이 되어 버려서 '착한 국민들'은 다 함께 가지 않는 개혁은 아무리 좋아도 '나쁜 짓'으로 간주해 버리게 되고 말았다. 거대한 범선은 거의 가라앉고 있는데, '평등'의 이름으로 침몰하는 범선 속으로 아이를 자꾸 집어넣으려는 어른들의 자동 반사적 행동을 어떻게 하면 바꾸어낼 수 있을까? 개혁은 한꺼번에 오지 않는다. '박정희 대통령' 식으로 전국에 고속도로를 깔 수 있던 시대는 갔다. 모든 국민이 한 시각에 다 같이 시험을 한방 치러 일생을 판가름내는 일도, 모든 국민이 '요이땅' 하면서 잘살게 되는 길도 없을 것이다. 전체주의적 '동원의 시대'는 이제 끝나지 않았는가?[9] 각자가 '자기 아이들'을 데리고 살 길을 찾아야 할 때다. '헤쳐

9) 조(한)혜정, 1998, 「불균형 '발전' 속의 주체 형성 : 한국 근대화에 대한 여성주의

모여'를 할 때라는 말이다.

며칠 전 어느 일간지 「독자 칼럼」에 한 아버지의 글이 실렸다.[10]

> 고등학교 1학년인 아들이 얼마 전 여름 방학이 끝날 무렵 나에게 면담을 요청해 왔다. 학교를 당분간 휴학하고 아르바이트를 해서 돈을 모아 혼자 긴 여행을 하며 자신의 현재와 미래에 대한 고민과 여러 가지 색다른 경험을 해보고 싶다고 했다. 아들의 뜻을 헤아리고 "드디어 이 녀석이 자신을 찾기 위한 몸부림을 시작하는구나" 하는 반가움이 일었다. 그러나 한편으로는 청소년에 대한 이 사회의 경직된 시각을 떠올리며 덜컥 겁도 났다. 어쨌든 가족 회의를 거쳐 어렵게 휴학을 결정하고 학교를 찾았다. 휴학의 이유를 묻는 교감 선생님께 "내면의 욕구나 선택의 방향은 다양한데 획일적인 지도 형태와 대학 입시라는 선택만이 강요되는 그런 학교 문화에 적응하기 힘들었던 모양입니다"라고 말했다. 학교쪽 반응에 대한 약간의 불안감이 있었는데, 역시 의사 진단서가 없이는 휴학이 안 된다는 것이다. 굳이 휴학하고 싶으면 요령껏(?) 의사 진단서를 받아오든지 아니면 자퇴서를 쓰라는 것이다… 학교를 나오면서 별별 씁쓸한 생각이 머리를 스쳤다. 휴학 가능 조건이 유일하게 의사 진단서라니… 어떻게 학교 행정이 학생들에게 이렇게 여유가 없는 것일까? 그리고 이것이 과연 학교 행정 부분에서만일까? 이런 비슷한 아픔을 겪고 있는 이 땅의 청소년들이 얼마나 많을지…

의무 교육도 아닌 고등학교에서 학생이 휴학도 뜻대로 못한다는 사실은 우리 사회가 얼마나 감시와 통제가 심한 '병영 사회'인지를 단적으로 보여주고 있다. 그나마 다른 생각을 하는 부모들이 생기고 있다는 것은 참으로 다행한 일이다. 여행을 가겠다면 언제든 가라고, 출석은 물론 한 것으로 친

비판」, 『성찰적 근대성과 페미니즘』, 도서출판 또 하나의 문화.

10) 김정석, "고교 휴학 안 되고 자퇴뿐이라니…," 「독자 칼럼」, 『한겨레신문』 2000년 9월 14일자 8면.

다는 영국의 교육 정책의 예를 구태여 들지 않아도 우리는 학교에서보다 여행을 통해서 배우는 것이 많은 시대를 살고 있다. 정보 홍수 시대에 아이들에게 필요한 것은 암기식 지식이 아니라 온몸으로 체험하는 경험이고 나날이 변화하는 세상의 흐름을 간파해 가는 방법론이다. 기존의 지식을 머리 속에 구겨 넣을수록 새로운 지식을 받아들이기 힘들어진다. 위의 글을 쓴 아버지처럼 휴학을 해서 아르바이트를 하면서 돈버는 경험을 하고, 또 여행을 하겠다면 그 아이의 결정을 적극 밀어 주는 부모가 자식을 제대로 사랑하는 부모일 것이다. 지금의 학교는 너무 견디기 힘들다면 쉬게 허락해 주고, 일년 동안 록 밴드 멤버로 마음껏 음악 활동을 해보고 싶다면, 일년 동안 인터넷을 통해 세상을 한번 알아보고 싶다면, 일년 동안 연극과 공연 예술 쪽을 다 구경하면서 나름대로 문화적 기획을 해보고 싶다면 축하하면서 밀어 주는 부모들이 늘어날 때를 나는 기다린다. 아이를 뜯어말릴 힘이 있다면 그 힘을 새 학교를 만들기 위해 쏟으면 안될까?

"배움에는 때가 있다"면서 아이들이 휴학하거나 대학 가는 것을 미루는 일을 못 견뎌 하는 어른들이 적지 않다. "배움에는 때가 있다"는 말은 맞는 말이다. 그런데 지금 시대에 그때의 '때'란 바로 '자기가 하고 싶을 때'가 아닐까? 국가 고시 시대에서 말하는 '머리가 굳기 전의 때'는 아닐 것이다. 졸업장이 모든 것을 해결해 주는 시대는 지났고, 24세에 대학을 졸업해야 하는 때도 지났다. 사실은 평생을 배워야 하는 시대가 오고 있다. 스스로 배울 줄 아는 능력이 가장 중요한 시대가 오고 있는 것이다. 무기력의 시대, 불안과 혼돈의 21세기에 기성 세대가 가장 우려해야 할 것은 '시키는 대로 살고 싶어하는 수동적 인간' 또는 '아무것도 하고 싶지 않은 무기력한 인간'을 양산하게 되는 일일 것이다. 강조하건대 이 시대에 맞는 '배움의 때'란 바로 '무엇인가 하고 싶은 때'이다. 그때를 놓쳐 버리면 아이들은 배움의 재미를 잃게 되고 평생 배움의 즐거움을 모르는 인간이 되어 버릴지 모른다.

벌써 통찰력 있는 아이들은 자기들끼리 "네 꿈을 미루지 마"라며 조언을 주고받는다. 이때 어른들이 해야 하는 일은 그 일을 할 수 있도록 지원해 주는 것이다.

생각해 보면 어른들이 해야 할 일들은 적지 않다.

첫째로 학교의 담을 낮추는 일이다. 예를 들어 휴학을 하는 장치가 엄격하다면 완화시켜 주는 일이 있다. 휴학을 하고 싶다면 쉽게 할 수 있어야 하고, 다른 일을 하다가 학교에 다시 가고 싶다면 쉽게 편입이나 입학을 할 수 있어야 할 것이다.

두번째로 아이들에게 선택 가능한 다양한 학교를 만들어 주는 일이 시급하다. 평준화 제도를 없애면서 사회 전반이 개성과 다양성을 존중하는 방향으로 나가야 한다. 일차적으로 사립 학교로 하여금 새로운 교육 실험을 할 수 있도록 자율권을 주고, 공립 학교는 공립 학교대로 21세기를 살아가는 문화적 감수성과 자기 관리 능력을 가진 사람을 길러 내기 위해 파격적인 제도 개혁을 해낼 수 있어야 할 것이다. 작은 대안 학교들이 아래서부터 무수하게 만들어져야 하는 때다.

세번째로 기존 학교 안에 학생들이 스스로 관리하는 시간과 공간을 마련하는 일이다. 수업량을 줄이고 주 5일제 수업에 토요일은 자신들이 원하는 활동을 하도록 지원하는 체제를 만들어볼 수 있다. 학교 안에 자체 카페를 만들어 일상적으로 운영하게 하는 방안도 있다. 학교 안에서 일어나는 이런 실험은 물론 현장 교사에게 힘이 실릴 때 가능해진다. 기존의 교육 관료나 교장단 중심의 권위주의적 권력 구조가 바뀌어야 하는 이유가 여기에 있다. 교사들을 잡무와 상관의 눈치를 보아야 하는 조직에서부터 풀어 주어야 한다는 말이다. 21세기 한국 사회에서 어른이 해야 할 일차적 과제는 불합리한 현 제도를 합리화시키는 일이고 다양한 대안 학교를 만들어 내는 일이지, 자신의 불안과 공포를 아이들에게 대물림하면서 꼼짝 못하도록 잡아놓는 일은 아닐 것이다.

기성 세대를 믿지 못하는 아이, 불안정한 핵가족 상황에서 자라면서 상처가 많은 외로운 아이, 학교에서 길들여진 수동성과 시장에서 길들여진 주인공 의식 사이에서 갈피를 못 잡는 공주병/왕자병에 걸린 아이, 머리 염색을 고수하기 위해 매맞기를 불사하는 아이, 입술을 뚫고 싶어서 학교를 그만두는 아이, 술 마시고 담배 피우는 것이 일상화된 아이, 연애가 하고 싶어 몸이 떨린다는 아이, 이런 아이들은 날로 늘어날 것이다. 누가 이들을 '길들일' 것인가? 이들을 길들일 사람은 아이 자신들이다. 어줍잖게 개입하는 어른들에 대한 아이들의 적개심의 골은 이미 너무 깊다. 이런 시점에서 어른들이 해야 하는 것은 우선 어른들끼리 약속을 지키는 신뢰 사회를 만들어 가는 것이고, 아이들에게는 스스로를 '길들여갈' 자치구를 마련해 주는 것이다. 스스로 자기들끼리 약속을 하고 약속을 지키는 공간을 만들어 주는 것이다.

이상주의의 시대는 갔다고 하지만, 이제야말로 이상주의자들의 시대임을 나는 절감한다. 현실과 적당히 타협해서 삶을 향상시킬 수 있다는 생각은 깨끗이 포기할수록 좋다. 피해 의식과 상대적 박탈감 속에서 자신의 그리고 타인의 발목을 잡는 일은 그만 하자. 분명한 이상 concept과 확실한 실행 능력 competence과 적절한 연결 connection로 일을 성사시켜 가는 즐거움을 맛볼 때다. 지금을 벤처, 모험의 시대라 부르지 않는가? 비영리 벤처 사업을 시작한다는 생각으로 마음 맞는 이상주의자들이 만나 신나게 업그레이드가 가능한 학습 공간을 만들어 가자. 돈이 없어 학교를 다니지 못했지만 노동법을 누구보다 잘 알고 실천한 '전태일 열사'를 기리는 학교, 1980년대에 이미 '탈학교 아이'였던 서태지가 '후학'을 기르는 학교, 『탈학교의 상상력』이란 책을 쓴 이한 씨가 속해 있는 '탈학교 실천 연대'가 드디어 만들어 낸 학교, 자신이 원하는 것을 찾은 아이들과 교사들이 만들어 가는 갖가지 형태의 교실과 학교가 실제 공간과 사이버 공간에 풍성하게 들어설 날을 그려 본다.

"학교에 가고 싶다는 생각을 합니다.
그리고는 나의 학교는 어디인가 생각해 봅니다."

이런 말을 만들어 내는 아이가 자라고 있는 이 땅은 '그럼에도 불구하고' 희망의 땅이다. 배우는 것의 즐거움을 되찾은 아이, 함께 하는 즐거움을 아는 아이, 자기가 가고 싶은 학교와 일터를 상상하고 만들어갈 줄 아는 아이들을 보고 싶다면, 이제 대량 생산 체제의 학교, 거대한 '제도로서의 학교'는 미련 없이 가라앉게 하자. 더 이상 잃을 것은 없다. '공포'의 시대와 결별하고, 가볍게 비상하자. '소외되지 않은 경험'을 바탕으로 하는 작은 학교들은 이미 이곳 저곳에서 만들어지고 있다. 나비의 작은 팔락거림이 때론 태풍을 일으킨다.

Ⅱ. 학교라는 컨베이어 벨트에서 이탈하는 아이들

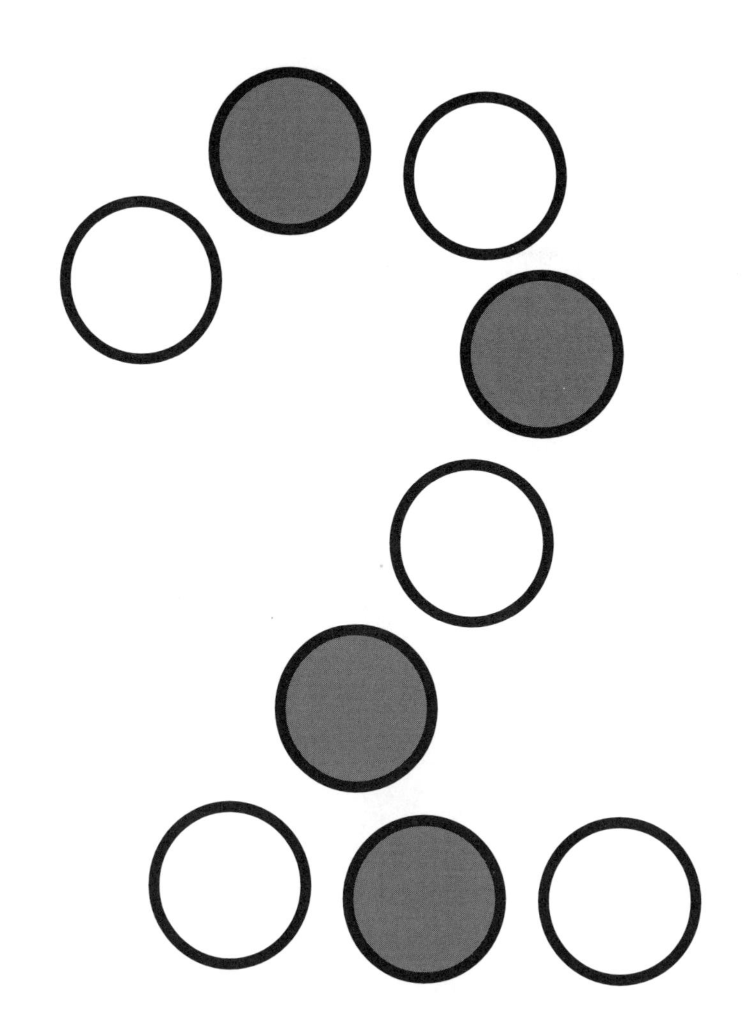

1 학급붕괴

근대 교육의 실패

근대의 보편적 현상

「언제나 마음은 태양 *To Sir With Love*」이라는 영국 빈민가의 교실을 배경으로 하는 영화가 있었다. 한 20년 전 영화인데 그 영화를 보면서 "저것도 학교인가? 너무 가난하게 살다보니까 저렇게 되어 버렸구나" 하며 혀를 찬 적이 있다. 비스듬히 앉아서 빈둥거리는 아이, 수업 시간에 늦게 들어오는 아이, 임신한 아이, 교사를 놀릴 기회만 엿보는 아이, 그것은 감옥이나 정신병동과 비슷한 분위기였다. 지금 생각하면 그것은 학급 붕괴의 상황이었고,

---

* 이 글은 1999년에 '학급 붕괴' 논의를 본격적으로 불러일으킨 전국 교직원 노동자 조합 참교육 실천 위원회가 주최한 토론회에서 발표한 것이다. 이어서 사이버 기획자 '펭도'의 기발하고 상큼한 글과 고등학교 2학년 때 학교를 그만둔 '원'의 '온몸으로 쓴' 실패한 근대 교육에 관한 글을 함께 싣는다. '당사자'들이 이렇게 훌륭하게 말하기 시작한 지금, 더 이상 사족을 달 필요는 없으리라.

지금 한국에 사는 우리는 그 문제를 이야기하기 시작했다.

최근 들어 학급 붕괴에 대한 논의들이 급격하게 일고 있다. 신문만이 아니라 공중파 방송을 통해서도 수업이 이루어지지 않고 있는 교실 상황이 적나라하게 보도되고 있는 가운데 제도 교육의 실패를 자인하자는 분위기가 역력하다. 실패를 인정하는 것은 다음 단계로 이행이 가능하다는 것을 말한다. 그런 만큼 이 시점에서 우리는 실패에 침통해 하기보다 실패를 과감하게 인정할 필요가 있다.

근대적 제도 교육의 실패는 단지 우리만의 문제가 아니라 이른바 '근대 기획'에 성공을 했다는 대부분의 사회에서 일어났고, 또 일어나고 있는 현상이다. 이 사실을 아는 것은 문제 해결에 큰 도움이 된다. 지금 우리가 문제삼고 있는 현실은 오래 전부터 미국에서는 '드롭 아웃 drop out'과 '스쿨 페일류 school failure'라는 단어로, 일본서는 '부등교,' '이지메,' '학교 붕괴' '학급 붕괴' 등의 단어로 문제화해온 현상이다. 지금의 문제 상황은 특수한 나라의 실패라기보다 '근대 기획의 전반적 실패'에 기인한다는 것이다.

잠시 긴 근대화 과정을 하나의 그림으로 떠올려 보자. 농경적 봉건 사회에서 근대적 산업 사회로 이행하면서 근대 국가는 사회화를 담당하는 공적 기구를 만들게 된다. 국민 교육을 담당할 제도 교육 기구를 전국에 설립함으로써 봉건적인 농민들을 근대적 시민으로 재빨리 '전환'해 내야 했다. 어른과 아이들이 삶의 공간을 공유하던 농경적 상황과는 달리 어른들은 국가와 시장이 만든 직장으로 나가고 아이들 역시 국가가 만든 '학교'라는 곳에 '출근'을 시작한 것이다. 학교는 짧은 시일 안에 문자를 읽을 줄 알고 시간을 지킬 줄 아는 시민이자 산업 역군들을 양성해 내는 것을 목표로 돌진했고, 사실상 산업화 초기 단계에서 학교의 성공은 곧 산업화의 성공을 의미했다.

산업화 단계에 형성된 학교가 흔들리기 시작하는 것은 경제 성장이 일정 궤도에 오르기 시작하면서이다. 아이들과 어른들 간의 삶의 분화가 심해지고 사회 변화의 속도가 빨라지면서 기존의 학교 체제에 위기가 오게 됐다. 구체적으로 라디오와 텔레비전 등 대중 매체가 확산되고 또래 집단 문화가 형성되면서, 또한 소비가 중심이 되는 후기 근대적 상황으로 가면서 아이들은 더 이상 획일적인 대량 생산 체제에 맞추어서 만들어진 학교를 참을 수 없게 된다. 앞에 언급한 영화나 제임스 딘의 「이유 없는 반항」과 같은 영화에서 보는 현상은 이런 시점에 나타나기 시작한 현상들이다.

이런 현상에 직면하여 자생적 근대화를 한 서구에서는 급진적인 교육 개혁에 들어갔다.[1] 영국의 경우는 1960년대에 '아이가 중심이 되는 학교'라는 슬로건으로 학생 중심의 학교를 만들어 내기 위한 개혁을 하게 된다. 단순히 내용을 바꾸는 것이 아니라 폐쇄적이고 고정된 칠판 중심의 교실 공간을 개방적이고 소규모 학습이 가능한 공간으로 바꾸는 등 학생들의 자발성을 끌어낼 수 있는 비형식적 교육으로 근본적 전환을 이루어 낸다. 1970년대 들어서는 개혁에 더욱 박차를 가해 기존의 '국민 교육'을 '직업 교육' 위주로 바꾸어 내면서 후기 근대적 고실업 시대에 대비하게 된다. 미국 역시 1970년대 들어서서 학교 공간을 개방적으로 만들고 학생의 관심을 중심으로 학습이 가능한 방향으로 학습 방식을 바꾸어 낸다. 미니 스쿨 운동, 대안 학교 운동, 학교 안 학교 운동 등으로 거대한 국민을 만드는 교육이 아니라 다양한 시민을 기르는 형태로 학교를 바꾸어 가기 시작한 것이다. 일본 역시 서구의 논의와 보조를 맞추면서 1960년대부터 1980년대에 걸쳐 오픈 스쿨 운동이 일어나 많은 대안 학교를 만들어 냈고, 공립 학교에서는 서클을 비롯한 학생 자치 활동을 장려하는 방향으로 나가기 시작했다. 이들 근대화에 성공한 사회는 그러한 개혁에도 불구하고 아직 교육 개혁이 사회 변화를

---

1) 우에노 준, 1999, 「학교 공간을 새롭게 인식하자」, 『처음처럼 : 새로운 삶과 교육을 생각하는 잡지』 12호, 내일을 여는 책, 175-198쪽.

따라가지 못하여 많은 문제를 안고 있다.

한국의 특수성

뒤늦게 산업화를 추진하게 된 한국의 경우는 좀 특수하다. 서구에서 제도 개혁을 하는 시점이 한국에서는 본격적으로 대량 생산 체제에 들어가는 시점이었고, 학교는 대량 생산 체제에 걸맞는 인력을 '생산'해 내기에 바빴다. 1960년대 이후 강화된 주입식 국민 교육 체제는 전국적 학력고사를 통해 인력을 한 줄로 세우면서 대량의 산업 역군들을 만들어낸 것이다. 한국의 자본주의의 진전은 너무나 압축적이어서 서구가 거쳐간 사회 문화적 조정 과정을 거칠 시간적, 재정적 여유를 확보하지 못했다. 사회 문화적 문제가 생겨도 해결을 하기보다는 그냥 덮어두고 숨가쁘게 '경제 발전'을 해야 했다.

서구가 사회 경제적 조건의 변화에 맞추어 가족 제도나 교육 제도를 단계를 짚으면서 진화해 가는 것과는 달리, 한국은 기존의 사회 문화 제도를 최대한 고수하고 활용하면서 경제 발전에 박차를 가해야 했다. 외부 경제 환경에 쫓겨 미처 내실을 기할 겨를이 없었던 것이다. 특히 제도 교육은 스스로 진화를 해낼 자율적 영역을 확보하지 못했다. 어떤 면에서 한국의 제도 교육은 소비 사회로 진입하는 1980년대에 한차례 개혁의 과정을 거치면서 내부 권위 체제의 성격을 바꾸어야 했었는데, 그 시기를 놓치고 말았으며, 그래서 더욱 상황 개선을 위한 대안을 찾기가 어렵게 되어 버렸다.

2000년대 본격적인 정보화 시대로 진입하면서 서구의 사회는 다시 한차례 근본적인 개혁의 방안을 찾아 나서고 있다. 한국 역시 거대한 전지구화 과정에 통합되어 있으며, 정보화의 흐름 속에 있는 이상, 이중의 개혁을 해

내야 할 처지에 있다. 그러나 모순의 중층성과 복합성으로 인해 사실상 움직이기가 쉽지 않다. 현재 교육 개혁의 주체가 되어야 할 학교 당국이나 제도 교육 담당자들의, 위기를 위기로 인정하지 않으려는 경향은 바로 현 상태가 아주 중증의 상태임을 말해 준다. 교단의 권위가 무너지고 있다고 통탄할 일이 아니라 학생들의 자발성이 살아나는 시점이 되었다고 봐야 할 것인데, 그런 식으로 생각을 바꾸기에는 문제가 너무 심각한 상태에 있다. 많은 교육자들은 아이들을 풀어 주었을 때 나타날 혼란의 상태에 대한 공포감을 가지고 있으며, 그래서 교육 개혁을 이야기하거나 아이들에게 자율권을 주자는 말을 하면 혼란 상태를 책임지라고 말한다. 나아가 학생들 편을 드는 사람을 곧바로 혼란의 주범으로 몰기도 한다. 그래서 비판의 소리는 점점 작아지고 학교는 거대한 공룡 내지 관료 체제로 생기를 잃고 있다. 변화의 기회를 놓쳤고 대안을 찾는 데 실패한 교육계는 '변화에 대한 공포감'을 갖게 되었고, 그 공포가 교육계의 감성을 지배하기 때문에 위기 해결을 위한 공론화가 또한 어려워서, 지금까지 악순환이 지속되어온 것이다.

바람직한 시대 변화는 현실을 직시하는 주체들의 노력 없이는 이루어질 수 없다. 봉권적 영주권이 무너지고 강력한 국가 영수권이 확립되었다가 다시 지방 자치적 성격으로 국가의 권력이 재편되듯, 그리고 봉건적 가부장이 능력 있는 근대적 가장으로 변신했다가 부드러운 부성으로 변화하듯, 교권과 교사상도 무너지는 것이 아니라 변할 수밖에 없다. 현재 한국 상황에서 교육 개혁의 가장 큰 걸림돌은 현실을 직시하지 않으려는 분위기이다. 초기 국민 교육 시대의 '교권' 이미지를 고집하면서, 문제 상황을 은폐하거나 축소하거나 보지 않으려는 성향이 가장 큰 문제라는 것이다.

출구를 찾아서

한국이 뒤늦게나마 위기 상황을 인정하기 시작하고 특히 교사 모임에서 이런 문제를 제기하게 된 것은 다행한 일이다. 「교사도 학생도 학교 가기 싫다」는 한 주간지의 특집 기사(『시사저널』, 1999년 9월 23일, 38-46쪽)에서 보듯이 이제 변화는 불가피하다. 사실상 학교 현장에 대한 분석과 해석은 이미 상당히 체계적으로 이루어져 있다. 이인규 교사의 글을 빌리면 학급 붕괴 양상의 원인은 상당히 분명해진다. ① 교사와 학생 간의 세대차, 기존 학교 체제에 더 이상 적응할 수 없는 학생들의 감수성 등으로 사제간 의사 소통이 제대로 이루어지지 않는다. ② 학교에서 가르치는 지식이 유용성을 상실하여 교사들은 가르칠 맛을 잃고 학생들은 배울 의욕이 없다. ③ 여전히 학교에서 교사들이 해야 하는 일이 많지만 그것은 교육적 경험을 풍요롭게 하는 것과는 무관하다. ④ 교사와 학생들은 학교에서 벗어나기만을 희망하면서 시간을 보내고 있다.[2)] 한마디로 시대가 더 이상 지금과 같은 학교 체제를 감당할 수 없으며, 감당할 필요도 없는 것이다.

문제는 누가 주체가 되어서 변화를 이루어낼 것인지에 대한 방법론이다. 학생들은 자신이 할 수 있는 방식으로 의사 표현을 하기 시작했고 바로 이런 현상이 지금 교사들로 하여금 더 이상 이 문제를 덮어둘 수 없다는 인식으로 나아가게 했다. 교사의 삶의 현장은 교실이고, 교실이 생기가 없으면 교사는 즐거울 수가 없다. 즐거울 수 없을 뿐 아니라 실은 하루 하루가 괴로워서 학교를 그만두고 싶다고 한다. 『회사 가면 죽는다』라는 책제목처럼, 이제 학교에 더 오래 머물면 수명이 단축될 것이라고 느끼는 교사들이 늘어나고 있다. 역시 근대의 실패, 특히 파행적 근대화의 실패를 역력하게 드러내는

2) 이인규, 1999, 「무너지는 학교, 흔들리는 교단」, 『창작과 비평』, 가을호.

일면이다. 이제 교사들이 나서는 것은 '학생들을 위해서'라기보다는 더 이상 '괴로운 삶을 견디기 힘들어서' 나서는 것이다.

"재미없어요," "딴 거 해요," "썰렁해요"라는 말을 학생들로부터 수시로 듣는 교사는 괴롭지 않을 수 없다. 그리고 이런 말은 유독 중고등학교 교사만 듣는 말은 아니다. 대학 교수들도 학생들의 얼굴에 역력히 써 있는 메시지를 읽을 때가 많다. "당신이 가르치는 것은 정말 우리에겐 별 도움이 되지 않네요. 이 지루한 짓은 그만 합시다." 이미 아이들은 학교 밖에 자기들의 세상을 구축하고 있다. 노래방과 게임방과 피시방과 뮤직 비디오방에서 놀든, 아니면 인터넷에 들어가서, 또는 디자인 학원에 가서 일찌감치 자신의 미래 직업을 위한 준비를 하든, 아이들은 이제 더 이상 기존의 교육 시설에 기대서는 안 된다는 생각들을 한다. 정신을 차리기 힘든 정보 홍수 시대, 그리고 불안정 고용의 시대로 접어드는 길목에서 자신의 미래에 대한 막연한 공포감들을 갖고 있는 이 아이들과 관계를 회복하는 일은 결코 쉬운 일이 아닐 것이다.

방법은 교사/교수가 업그레이드를 하는 길밖에 없다. 그리고 업그레이드를 하기 위해서는 생각하는 방법 면에서 유의해야 할 점이 있다.

첫째로 현재의 실패를 자신의 능력 부족이나 잘못이라고 생각해서는 안 된다. 그것은 거대한 근대화 과정의 산물이며, 근대 기획의 실패로 인한 것이다. 학급 붕괴 상황을 진단하고 대안을 모색하는 이 자리에서 강조해야 할 점은 학급 붕괴의 '주범'을 찾지 말자는 것이다. 학급 붕괴의 현상은 긴 근대화 과정의 산물이며 아주 복합적인 현상이다. 그런 현상을 음모론이나 원인 결과론으로 단순화, 또는 극화시키면 현상을 더욱 악화시키게 된다. 이인규 교사는 학급 붕괴 현상이 최근 5년 사이에 급격하게 가속화되고 악화되었다고 하는데, 사실상 실업계를 비롯해서 학급 붕괴는 상당히 오래 전부터 일어왔고, 최근 들어 인문계에서까지 그런 양상이 드러나면서 본격적으로 논의의 대상이 되기 시작한 것이다. 이제 때가 된 것이며, 이제 자신의 현실과 감정을 드러내고 고민을 공유하면서 해결의 길을 찾아가면 된다.

두번째로 기존의 고정 관념에서 과감하게 벗어날 필요가 있다. "학교 안 가면 끝장이다," "배우는 데는 때가 있다"는 생각은 근대 초기 국민 교육을 확립하면서 생긴 명제이다. 인류사를 보면 오랜 기간 동안 아이들은 그냥 어른들과 함께 살면서 어른이 되어 갔다. 마찬가지로 후기 근대에 들어서면 그런 가능성이 크게 늘어난다. 기존의 국민 교육 체제가 좋으면 그대로 다니게 하고 그렇지 않으면 다른 방식으로 어른이 될 수도 있다는 상상을 할 수 있어야 한다. "학교에 안 가도 된다"는 상상을 할 수 있어야 한다는 것이다. 교사들은 더욱 유연하고 융통성 있게 사고하는 훈련에 들어가야 한다.

세번째로 만병 통치약은 없다는 것을 인정할 필요가 있다. 근대 기획의 핵심인 거대한 학교 체제를 한꺼번에 바꾸려는 생각은 별로 현명한 생각은 아니다. 거대한 공룡처럼 된 학교를 바꾸어 내기 위해서는 학교 밖에서 많은 작업들이 먼저 이루어져서 '학교'의 개념 자체를 바꿀 수 있어야 한다. 작은 공간을 변화시켜 내기 위한 작은 집단들의 노력이 바탕이 되어야 하며, 학교로 새로운 인력을 끌어들이기 시작해야 한다. 특활 교사나 방과 후 프로그램을 문화계에서 활동해온 이들과 연결해서 실험해 보는 방법이 있다. 제도적 차원에서 학생과 교사들에게 선택 가능한 프로그램들이 많이 생겨야 할 것이다. 이 부분 역시 앉아서 기다리기보다는 교사 자신들이 나서서 기존의 교육 제도를 체제 안에서 바꾸어 가거나 제도 바깥에 대안 공간을 마련하는 일에 몰두할 수 있어야 한다. 대안 교육적 프로그램은 그 자체로 쉽게 대안 학교가 될 수 있다.

끝으로 교사들이 자신의 행복권에 대해 생각하기 시작하면 좋겠다. "국가를 위해서 살아야 한다"는 명제를 그대로 받아들이고 있는 다수의 교사들은 자신의 행복에 대해서 생각하는 것에 익숙지 않다. 그러나 실은 교사들 사이에서 권리 찾기 운동이 일어나지 않으면 학생들의 권리 찾기도 가능하지 않다. 지금 학급 붕괴의 양상으로 나타나는 학생들의 뒤틀린 권리 찾기 움직임을 생산적인 움직임으로 바꾸어갈 열쇠는 바로 교사들이 쥐고 있다. 그렇다고 아이들의 관심을 하나로 맞출 필요는 없다. 이미 아이들의 관심은 아주 다양해졌고 아이들도 알 것은 다 알고 있다. 아이들과 관계 회복을 위해 중요한 것은 솔직한 어른이 되는 것이고, 스스로 행복할 수 있는 어른이 되는 것이다.

나는 '자는 교실'보다 '떠드는 교실'이 낫다고 말하는, 한 교사를 알고 있다. 그는 학기초인 3월부터 아이들이 스스로 말하게 하기에 관심을 쏟는다고 했다. 특히 반에서 가장 소외당하는 아이, 공부 꼴찌 하는 아이가 입을 여는 분위기를 만드는 데 주력하는데, 그러면 교실은 아주 엉망이 되어 간다고 했다. 교사에게 "X팔"이라고 욕하는 아이도 나오는데 그럴 때면 "네 후배가 그런 말 하면 기분 좋겠니? 넌 참을성의 한계를 테스트하냐?"면서 관계의 끈을 끊지 않고 이어간다. 물론 학교에서 반 등수는 꼴찌이고 수업 분위기는 가장 난장판이다. 그러나 10월쯤 되면 분위기가 '최고'로 좋아진다고 했다. 그간에 보이지 않게 형성된 '말'하는 분위기에 아이들이 서로에게 말을 걸고 문제를 해결하는 '문화'가 작동하기 때문이다. 나는 이런 '행복한 교사'가 있는 한 학교를 포기하지 않을 것이다.

후기 근대는 거대한 명분에 의해 움직이는 시대가 아니라 작은 행복에 의해 움직이는 시대이다. 압축적 경제 성장 과정에서 곪아버린 병을 치유하기란 쉽지 않을 것이다. 그러나 가지 않을 수는 없지 않은가? 교사들이 현실을 직시하면서 '행복 찾기 운동'을 벌일 때 커다란 변화가 올 것이다. 한국인의 역동성과 순발력에 기대를 걸어 보자.

교실붕괴

펭도

교실 붕괴는 이미 예정되어 있었고 당연한 결과다.

우리가 IMF를 재도약의 기회로 삼았듯 교실 붕괴도 새 즈믄해에 잘살기 위해서 꼭 거쳐야 할 교육 개혁의 발판으로 삼아야 한다.

적어도 나는 그렇게 생각한다.

그러나 아직까지 몇몇 친구들은 교실 붕괴 현상을 받아들이긴 하지만 순전히 자신들이 잘못해서 그런 결과가 나온 줄 알고 무너진 교실을 다시 세워야 한다고 생각한다.

그들에게 별 생각이 없다기보다는 어려서부터 '교육'을 너무 잘 받은 탓이다. 왜 「영원한 제국」에서 이른바 노론 '수뇌부'들이 정조를 시해할 계획을 세우다가 '시해'라는 말을 입 밖으로 꺼내자 서로 얼굴이 새파랗게 질리고 부들부들 떨던… 그들이 그렇게 당황했던 이유는 바로 태어나서부터 받은 교육의 힘 때문이었다.

그런 교육의 힘 때문에, 이미 그 존재 가치를 상실해 버린 이제까지의 교실을 원래대로 회복시켜야 한다는 생각을 가진 친구들이 있긴 하지만 이들도 곧 자신들

---

* 펭도는 본명이 조성도이고, 채널10 기획팀, 1999년 현재 동성고 1학년이다. 이 글은 대통령 자문 새교육 공동체 위원회가 1999년 12월 23일 주최한 "교육 현안 토론회"의 발제문 중 하나다.

이 우민화 정책에 속아 왔었다는 것을 깨닫고 진실을 인식하게 될 것이다.

아직까지는 대부분의 교사나 학부모들도 모든 잘못을 우리 학생들에게 뒤집어씌우고 "교실 붕괴는 안타까운 현상이다. 빨리 교실을 다시 세우자"고 하는데 이렇게 나오면 수적으로나 능력으로나 열세인 우리 학생들만 나쁜 놈 되게 생겼다.

그런데 학생 학부모 교사들의 공동의 적이 있으니, 바로 '교육 당국'이다. 이들이 한 목소리를 내는 건 교육 당국에 대해서밖에 없다. 대학 입시 제도가 어떠니 수행평가가 어떠니 교육 환경이 어떠니 하면서 하나같이 교육 당국을 씹는다.

그러나 교육 당국이라는 공동의 적을 빼면 이번엔 학생과 학부모들이 교사를 욕한다. 그 다음엔 학생이 학부모를 욕하고…

이를 표로 나타내면 다음과 같다.

전제 : 우선 공동의 적부터 무찌르자
① *학생 + 학부모 +교사* vs 교육 당국
교사들 학부모들 표 모두 합하면 그게 얼만데? 정부에서 일찌감치 두 손 두 발 다 든다
② *학생 + 학부모* vs 교사
학생은 제쳐두고라도… 학부모 혼자 교사와 맞붙어도 학부모가 이긴다. 머릿수로.
③ *학생* vs 학부모
자식 이기는 부모 없댄다

결국 위와 같은 과정을 거쳐 학생 중심의 학교가 된다. 이것이 바로 새 즈믄해에 우리들의 학교가 나아갈 방향이다. 몇몇 교사들은 이런 수요자 중심의 교육을 "교육을 경제 논리로 다루지 말라"고 하지만 경제적이라는 게 무엇인가?

효율적이라는 말과 상통한다. '효율적인 교육'을 한다는 게 뭐가 문제인가? 괜히 자신들이 이제까지 누려온 학교에서의 독보적 지위를 위협받게 되니까 딴지 거는 것뿐이다.

앞에서도 말했지만 이제 여러 즈믄 해 동안 계속돼 왔던 우민화 정책은 더 이상 통하지 않는다. 인터넷이라는 초현실적 미디어가 그것을 가능하게 했다.

이미 도래한 정보 사회에서 더 이상 몇 해에 한 번씩 바뀌는 두꺼운 교과서는 무의미하다.

하루가 다르게 바뀌는 세상이고 위정자들이 자신들의 구미에 맞게 정보를 통제할 수도 없다.

또 쓸데없는 지식들을 머리 속에 구겨 집어넣느라 낭비할 시간도 더 이상은 없다.

학교는 변해야 한다. 우리들을 '학생'이라는 굴레에 집어넣고 다루려는 생각은 이제 안 통한다.

나 같은 경우는 인터넷 서핑을 하다가 직업이나 직장을 쓸 일이 생기면 '동성고등학교 학생'이라고 쓰지 않고 '채널텐 기획팀'이라고 쓴다. '학생'이라는 신분 때문에 내 자유 의지가 제한받는 것을 원하지 않기 때문이다.

그리고 더 나아가서는 학교라는 오프라인 공간이 사라지고 '사이버 학교'가 등장해야 한다. 알래스카 등지에는 이미 인터넷을 이용해 사이버 고등학교에서 공부하는 아이들이 있다.

자기 방에서 인터넷을 이용해 수업에 참여하면 수업 내용 가운데 궁금한 것이나 더 자세히 알고 싶은 것을 곧바로 찾아볼 수 있고 내성적이거나 부끄러움을 많이 타는 아이들도 아무 거리낌없이 교사에게 질문을 할 수 있고 무엇보다도 열악한 오프라인 학교에서 몸과 정신을 혹사시키지 않고 편하게 수업에 참여할 수 있으니 현재보다 훨씬 더 능률적인 학습이 될 것이다. 또한 그토록 문제라는 학교 폭력으로부터도 벗어날 수 있으니 얼마나 좋은가.

이처럼 교실 붕괴라는 현상은 '19세기 교실에서 20세기 교사가 21세기 학생들을 가르치는' 세태를 벗어나 '사이버 교실에서 21세기 교사와 학생이 함께 공부하는' 새로운 기회가 될 수 있다.

학교는 늙은 아버지 같다

원

초등학교 육학년 — 원래 다 그런 건 줄 알았다

원래 다 그런 건 줄 알았다.

내가 학생회장이 되었다고 말했을 때, 자랑스러워하던 엄마의 얼굴 뒤로 살짝 흐르던 한숨소리에 나는 무감했다. 돈을 받는 선생과 갖다 바치는 엄마들 — 잘 알고 있었지만 신경 쓸 것 없이 나만 잘하면 된다고 생각했다.

선생들은 늘 놀고 먹었다. 소풍이나 운동회, 심지어 시험 때조차도 선생들은 '한턱'을 바랐고 언제나 그 '한턱'을 받쳐주는 건 엄마와 아빠의 피 같은 돈이었다. 나의 엄마는 60년대 드라마에 나오는 시골 아줌마처럼 "넌 몰라도 된다, 그저 공부만 열심히 해라"라고 말하진 않았다. 사실을 감추려 들거나 미화시키지도 않았다. 오히려 힘없고 돈 없고 빽 없는 우리 가족이 당하고 있는 괴로움에 대해서 매우 상세히 설명했다. 그리고 이렇게 말했다. "너도 보다시피 선생과 경찰들은 대체로 다 개새끼다. 거기에 돈을 갖다 주고 있는 엄마도 깨끗하다고는 할 수 없다. 그래도

---

* 원은 고등학교를 2학년 때 그만두었다. 현재 하자 센터 인터넷 라디오 방송국의 디제이로 있으면서 대안 학교 만드는 작업에 적극적으로 참여하고 있다.

엄마가 자존심을 잃지 않을 수 있는 건 너에 대한 자부심 때문이다. 공부 열심히 해라." 그래서 나는 열심히 공부했다. 내가 시험을 잘 보면 잘 봤다는 이유로, 어디서 상을 타오면 상 받았다는 이유로 끝없이 계속되던 '한턱 행진'에 혼란스럽기도 했지만 그냥, 원래 다 그런 거라고 믿었다. 어른들의 세계란 원래가 다 그렇고 그런 거라고, 어쩔 수 없는 거라고 생각했다.

다만, 다시는 반장이나 회장 같은 미친 짓을 해서 어른들의 세계에 깊이 관여하지는 않겠다고, 절대로 그런 일은 없을 거라고 스스로에게 다짐했을 뿐이다.

중학교 일학년 — 학교가 너무 싫어요

나는 국어 선생님을 좋아했다.

보라색 스타킹을 신은 선생님이 복도를 걸을 때면 세상의 모든 봄이 선생님의 치마 속으로 달려드는 것 같았다.

밤낮 "선생님, 선생니임~" 하고 졸졸 따라다니던 나를, 친절한 선생님은 여기저기 데리고 다녔는데 함께 하는 모든 곳과 모든 때에 햇살이 따뜻하던 예쁜 기억들이 가득하다.

그냥… 복도두 너무 어둡고…

내 친구 말에 따르면 모든 발언은 정치적이라지만, 때로는 멍청한 상태에서 저절로 나가버리는 말도 있는 것 같다. 선생님과 함께 계단에 앉아 있다가 문득 내뱉은 "학교가 너무 싫어요"도 그런 종류의 말이었다. 선생님은 잠시 가만히 있다가 "왜?" 하고 물었다. 뭔가 그럴 듯한 대답이 하고 싶었는지 모르지만 그때 나의 느낌은 적절한 대답이 없다는 것. 그래서 서둘러 찾아낸 말이 "그냥… 복도도 너무 어둡고…"였다.

벌써 그러면 어떡하니… 앞으로 몇 년을 더 다녀야 하는데…

문제가 있었던 건 아니었다. 하지만 싫었다. 못 견딜 정도가 아니었을 뿐 싫은 느낌은 확실했다. 하지만 그때 내가 갖고 있던 언어로는 나의 '싫음'을 표현할 수가 없었다. 어른들이 일 년에 한 번 정도는 꼭 하던 그 설문 조사 — 청소년의 고민 원인, 1위: 교우 관계, 2위: 성적, 3위: 가족 문제 — 따위의 말들이 내가 상상할 수 있는 학교가 싫을 만한 이유의 전부였던 것이다.

한참 동안 선생님은 아무 말도 하지 않았다. 나는 어떤 말이든 하고 싶었지만 할 수 없었다. 무슨 느낌들이 내 안을 가득 메우고 있으며, 그 느낌들은 어디에서 출발하여 어느 곳을 향하는지… 그때 내가 할 수 있었던 것이라곤 다음 수업을 받기 위해 어두운 복도 속으로 걸어가는 것뿐이었다.

"벌써 싫으면 어떡하니…

앞으로 몇 년을, 앞으로 몇 년을, 앞으로 몇 년을, 앞으로 몇 년을, 앞으로 몇 년을, 앞으로 몇 년을,

더 다녀야 하는데…"

중학교 삼학년 — 재수 없어, 정말

칙칙하게 쉰 목소리에 고구마 같은 얼굴을 한 체육 선생이 들어왔다.

"…처음엔 여자들이 더 잘해, 공부나 생활이나. 근데 중학교 고학년이나 고등학교쯤 되면 남자들이 두각을 드러내지. 수학이나 과학은 말할 것도 없고, 모든 분야에서 남자들을 못 따라가게 되는 거야. 그게 선천적으로 뇌의 구조가 그렇게 되어 있대."

땅딸한 학생 주임이 말했다.

"…남자였으면 30도, 40도 되는 여름에도 운동장 딱 집합시켜 가지고 한 열 바퀴 돌려버릴 텐데 말이야… 여자들이어서 내가 봐주는 줄 알어라."

조그만 눈을 가진 여자 국어 선생이 들어왔다.

"…하여튼 여학교에 오면 제자가 없다니까, 제자가. 남자애들은 가르친 지 십 년이 지나고 이십 년이 지나도 일 년에 한 번씩은 선생님을 찾아오는데, 여자들은 딱 해 바뀌면 끝이야. 절대 안 찾아와."

너희들이 열등한 여자인 걸 반성이라도 하라는 건지 잊을 만하면 한번씩 선생들마다 돌아가며 펼쳐 놓았던 이런 얘기들 앞에서 나와 내 친구들의 얼굴은 홍분으로 벌개졌지만 누구 하나 제대로 따질 줄을 몰랐다. 선생에게 이러니 저러니 길게 말한다는 것도 어려운 일이긴 했지만 사실은 딱히 할 말이 없었던 것 같다. 과학적으로 그렇게 생겼다는데 우리가 어쩌겠는가? 자기들이 실제로 경험했다는데, 자기들이 그렇게 잘 안다는 데 뭐라고 하겠는가…

결국 우리는 그 문제에 대해 한마디도 하지 않았다. 어느 때쯤 가서는 그리 심각하게 받아들이지도 않았던 것 같다. 그런 헛소리를 한시간 내내 듣고 난 쉬는 시간이면 모두가 책상을 걷어차며 한마디 해줬을 뿐이다. "뭐 저런 게 다 있냐, 재수없어, 정말."

중학교 삼학년~고등학교 일학년 — 넌 아직 세상을 몰라

중학교 삼학년, 기말 고사까지 깔끔하게 끝난 어느 겨울밤이었다.

그때 내가 느낀 시간의 여유는 너무나 짜릿한 것이어서, 좁은 방안에 누워 있어도 세상의 모든 시간이 다 내 앞에 예약되어 있는 것만 같았다.

예술가 —

충분히 느리게 흐르던 시간, 뭐든 할 수 있을 것 같던 홍분 사이에서 나의 인생은 결정되고 있었다. 세상의 비밀을 알아내는 것, 미지의 땅을 밟는 것… 외로운 시간들이 모여서 만들어낸 거창한 꿈들이 중학생의 심장을 달아오르게 했다. 그래, 난 예술가가 되는 거야.

영화 —

남달리 뜨거운 열정이 있었던 건 아니었다. 하지만 영화엔 뭔가 자극적인 냄새가 있었다. 때로 어떤 영화들 속엔 또 하나의 시계가 돌아가고 완전히 새로운 법칙이 모든 움직임을 지배하는 듯이 보였다. 그 무렵 내가 보기에 그건 '진짜 창조'였다. 한참 '우주의 진실이 어쩌구…'에 빠져 있던 나에게 영화는 재고의 여지가 없는 선택이었다.

학교 —

"사람들은 그대의 머리 위로 뛰어다니고 그대는 방안 구석에 앉아 쉽게 인생을 얘기하려 한다." — 서태지, 「환상 속에 그대」

서태지 말처럼, 방안에 앉아 천리를 보던 나의 다음 결론은 그럼 학교에 갈 필요가 없잖아?였다. 지금도 나아진 건 별로 없지만, 내가 중3이었을 때 영화를 공부할 수 있는 고등학교는 없었다. 고등학교는커녕, 일반 대학 연극영화과의 교육도 실망스런 수준이라고 알고 있었다. 이런 상황에서 보나마나 끔찍할 고등학교에 3년이나 붙어 있는다는 건 정말 무의미해 보였다. 생각이 여기까지 이르니 갑자기 내가 투사라도 된 듯, 별 관심 없던 제도 교육에 뜨거운 분노가 일었다.

곧장 내 머리 속을 가득 메운 이미지들이 —

"TV 시사 프로에 즐겨 등장하는 획일적 제도 교육"

"됐어! 됐어! 이제 그런 가르침은 됐어!"

"어릴 때 보았던, 진실한 남자선생이 애들을 구원하는 내용의 청소년 영화들"

"식사도 않고 후식을 바라냐!"

"늙은 남자들이 줄줄이 나와 어둔 밤에 벌이던 현 교과과정 비판 토론"

"언제나 옥상에서 자살을 하는 심각한 여고생이 나오는 청소년들이 만든 단편 영화"

"선생~ 다 죽여~ 하는 가사의 인디 밴드들"

나에게 일어나 싸우라고 말했다.

고등학교 ONE —

나의 첫 전투 전략은 엄마에게 편지를 쓰는 것이었다. 내 모든 원대한 꿈과 날카로운 사회 비판을 담은 지극히 합리적인 편지를.

말은 길었지만 결국 고등학교 안 가겠다는 내용의 글을, 믿었던 딸에게 받은 엄마의 심정도 절대 편하진 않았을 것이다. 게다가 그때는 집안의 여러 가지 골치 아픈 일로 엄마의 몸과 마음이 많이 지쳤을 때였다. 하지만 엄마의 처음 반응은 예상외로 매우 긍정적이었다. "그런 생각 충분히 할 수 있다, 얘기해 보자" 식의 대단히 너그러운 엄마의 자세는, 우와~ 나 정말 학교 안 가도 되나봐! 하는 흥분에 나를 잠시 들뜨게도 했었다. 그 . 러 . 나,

엄마의 얘기를 들어보니 그게 아니었다. 엄마는 내가 학교를 안 가는 것에 긍정적인 게 아니라 내가 이런 거창한 생각을 할 수 있다는 것에 대해 긍정적이었던 거다. 내가 엄마의 속을 뒤집지 않은 채 버텨볼 수 있는 마지막 선은 '그런 편지를 보내보는 것'까지였다. 어쨌든 학교는 반드시 가야 하는 곳이었다. 그리고 그 주장은 여러 가지 논리적 근거들로 뒷받침되었다.

말, 말, 말, 말, 말, 말, 마알 ~

"사람의 생각이란 늘 바뀌는 거야. 일 년 전에 니가 하던 생각이랑 지금 생각이랑 어디 같더냐? 지금은 니가 영화를 하겠다고 난리지만 나중에 딴 게 하고 싶어지면 어쩔 거냐? 그럴 때를 대비해서 학교는 다녀둬야 하는 거야."

"학교 다니면서 얻는 게 얼마나 많은데 그러냐. 지금은 니가 뭘 잘 몰라서 그렇다."

"당장 내년에 죽을 것도 아닌데 젊은 놈이 뭐 그렇게 급하냐? 그 영화, 3년 뒤에 대학 가서 하면 안 되냐?"

"대학이란 데, 고등학교랑 다르다. 고등학교 3년 고생해서 다녀볼 가치가 있어."

"그 영화란 게, 종합 예술 아니냐? 인생도 좀 알고 인문학적 지식도 있고 그래야 제대로 된 영화가 나오지. 지금 니가 영화 찍는다고 아무리 애써 봐야 나중에 대학 나오고 공부 많이 한 사람 깊이를 못 따른다니까."

"엄마 생각 좀 해라. 그저 너랑 니 오빠만 바라보고 사는데 이렇게 더 힘들게 해서야 쓰겠냐? 엄말 위해서라도 3년만 꾹 참어."

"여자가 세상 살려면 간판이 있어야 해. 아직 우리 사회가 여자들 대접 안 해주는 세상 아니냐? 영화판이라고 뭐 다르겠냐? 심하면 심했지. 너도 알겠지만 우리가 뭐 집이 잘사냐, 빽이 있냐? 너의 간판은 오로지 학벌뿐이야. 나야 남자라, 안 되면

몸으로라도 부딪쳐 살 수가 있지만."

"난 너와 같은 시절도 겪었고 인생 경험도 풍부해. 내가 보기에 넌 지금 눈앞의 것밖에 못 보고 있어. 그럴 땐 어른의 말을 듣는 게 시행 착오를 줄이는 데 도움이 돼. 넌 아직 세상을 몰라."

말, 말, 말들이 내게 와서 꽂혔다.

너무나 너무나 너무나 피곤했다. 엄마 일동도 물론 지쳤겠지만.

"고등학교를 안 가기 위해 이렇게 많은 인간들의 말 같잖은 잔소리에 얻어맞아야 한다는 건 코미디다."

"'넌 아직 세상을 몰라' 따위의 쓰레기 같은 말을 하는 인간이야말로 끔찍하게 멍청하다."

"내가 학교를 가느냐 마느냐에 대한 문제의 결정권이 이렇게 많은 사람에게 분포되어 있다는 것은 나에 대한 엄청난 폭력이다."

하지만 언제나 그랬듯이, 정작 그 당시에는 이와 같은 말을 단 한마디도 생각하지 못했다.

고등학교 TWO —

마침내 엄마는 소리쳤다.

"헛소리 말고 학교 가라. 그렇게 말했으면 알아들어야 할 거 아니냐? 니가 학교를 안 가면 그 뒤는 엄마의 책임이다. 엄마는 학교를 보내지 않고서도 너를 받쳐줄 경제적, 정신적 여유가 없다. 그렇다고 이 험한 세상에 너 혼자 알아서 하라고 내버려 둘 수는 없지 않냐?"

우리 엄마의 가장 멋진 모습이다.

세상의 어떤 부모도 이보다 더 솔직할 수는 없을 거라고 나는 생각한다. 자식이 학교를 안 가겠다고 버틸 때, 대부분의 부모들은 온갖 이유를 대며 말린다. 그리고 대체로 그 온갖 이유에는 자식의 앞날에 대한 부모로서의 현명한 걱정이 서려 있기 마련이다. 그러나 정말 그게 다일까? 엄마로서의 책임을 다할 수 없게 될지 모른다는 불안감, 기대했던 대로 미래가 꾸려지지 않기 시작한 것에 대한 화, 또는 자신의 사회적 지위를 지키고픈 욕심까지… 내 문제를 대하는 엄마의 태도가 '엄마'로서뿐만 아니라 그냥 '한 개인'으로서 가질 수 있는 태도라는 것을 시인하고 있었다.

내가 좀더 현명했더라면, '엄마와 딸'이라는 수직적 관계에서 '개인과 개인'의 수평적 자리까지 용기 있게 내려와 준 엄마의 솔직함을 믿고 마음을 열어 보였을 것이다.

하지만 나는 그때까지도 피해 의식에 시달리는 청소년 캐릭터에서 벗어나지 못하고 있었던 것 같다. 내가 택한 두번째 전투 전략은 엄마가 책임질 수 없다던 나의 앞날을 스스로 책임져 보자는 것이었다.

어떻게 —

정말 아무것도 없었다.

강제로 고등학교에 들어간 나는 끊임없이 뒷날을 약속해줄, 아니 길이라도 일러줄 뭔가를 찾고 있었다. 그게 뭐든 가릴 처지가 아니긴 했지만 이왕이면 학교의 형태를 띠고 있는 게 엄마를 설득시키기 편했다. 그러나 정말 아무것도 없었다.

초조한 마음으로 하루하루를 대충 때우고 있던 어느 날, 명문 미국 영화 학교의 한국 분교가 설립중이니 응모하라는 신문 광고를 보게 되었다. 간단한 전화 상담을 한 후, 그 동안 준비해 두었던 비디오 작업과 시나리오를 들고 찾아갔다. 아무것도 확실치는 않았지만 내게는 마지막 희망이었다. 더 이상 나로서는 어쩔 수가 없다는 걸 이미 느끼고 있었고 그 무렵엔 정말 지쳐 있었기 때문이다.

어렵게 찾아간 그 곳에서 들은 대답은 정말 가관이었다. 학생의 작품은 잘 보았다, 미숙하지만 용기가 좋다… 면서 내 인생 상담을 해주는 분위기로 몰고 가더니 결론은, 예기치 못한 환율 급등으로 언제 문을 열지 알 수 없는 상황이라는 거였다.

컴백 —

상황이 이쯤 되자 난 정말 견딜 수가 없었다.

거지 같은 학교라도 이것 외에 다른 대안은 없는 걸까? 그렇다면 애당초 선택 따위는 있지도 않았던 거였다. 나 자신에게, 나의 믿음에게, 나의 의지와 미래에게 완전히 속은 느낌이었다. 할 수 있는 건 하나뿐이었다.

마지막 희망이었던 그 영화 학교(?)에서 돌아온 다음날, 나는 마음을 움켜잡고 학교로 돌아갔다.

"그러게 내가 뭐랬냐, 넌 아직 세상을 모른댔지?"

하는 엄마 일동의 의기양양이 반쯤 섞인 한숨소리를 들으면서.

고등학교 일학년 — 학교에 적응하기

왔으면 잘해야 했다.

제도와 싸우는 투사로서의 자존심은 "학교 따위, 맘만 먹으면 적응해 줄 수도 있지만 정의를 부르는 시대의 양심상 나는 이렇게밖에 할 수 없다!"를 외쳐야만 했으니까. 떨어진 성적도 짠! 도로 올려 놓아야 했고 나를 아는 사람들에게 나의 방황이 얼마나 뜻 있고 외로운 것인가를 수시로 일깨워 줘야 했다.

어쨌든 나는 잘할 수 있을 거라고 믿고 있었다. 개나 소나 다 하는 학교 생활 따위 문제될 것 없다고.

그걸 증명해 보이기 위해 내가 선택한 두 가지 일은 공부하기와 밴드 만들기였다.

공부공부공부

공부공부공부공부공부공부를 위해 나는 정말 별 짓을 다 했다.

생전 받아본 일 없던 과외에, 문제집을 들입다 사기 시작했고 얼마 후엔 학원 수강증을 끊었다. 머리 속엔 온통 이번 달엔 뭐를 어디까지 끝내고 하루에 단어는 얼마나 외우고.

그 이름도 무서운 '학급 붕괴' 폭탄에 맞아 책상 위로 쓰러져 일어날 줄을 모르는 아이들 사이에서도 나는 일어나 앉았다. 지겨운 것도 같았지만 지겹다고 생각하지 않았고 공부가 하기 싫은 것도 같았지만 그런 건 다 공부 못하는 놈들의 헛소리라고 믿었다.

밴드밴드밴드

밴드는 참 해보고 싶던 일이었다. 당장 학교에 광고를 해 애들을 모으고 활동을 시작했다. 악기를 몸에 익히는 연습을 하거나 밴드 일로 이리저리 뛰어다닐 때는 온 몸을 꽉 채우는 듯한 기쁨을 느끼기도 했다. 부모들의 반대나 경제적인 문제, 성적을 유지해야 하는 문제 등, '스쿨 밴드' 하면 누구나 쉽게 떠올릴 수 있는 뻔한 문제들로 머리가 아플 때도 있었다.

하지만 그 과정이야 어떠했든 결국 내게 밴드는 일종의 자위였다. 흐트러짐 없는 학교 생활 속에 멋지게 어우러진 모범 스쿨 밴드. 나는 이렇게까지 할 수 있는 사람이라는 자부심. 그 시절 밴드가 내게 줄 수 있는 최고의 기쁨이란 바로 그런 것들이었다.

고등학교 이학년 — 뭘까 생각해 보는 사이에 쫓겨나면 안돼

"뭘까 생각해 보는 사이에 쫓겨나면 안돼" — 서태지, 「take 4」

성적은 올라가고 있었다. 내 상상처럼 '단숨에 정상 탈환!' 뭐 이런 건 아니었지만 그래도 제법 꾸준히 올랐다.

밴드는 학교 축제를 비롯한 세 번의 공연을 마친 후였다. 실력은 날림이었지만 멤버들 중 아무도 그런 거엔 별로 신경 쓰지 않았고, 무엇보다 축제를 성공적으로 끝내 아이들의 부러움을 샀으니 나의 불순한 목적은 달성한 셈이었다.

그런데도 나는 행복하지 않았다.

아니, 사실은 너무너무 힘들었다.

하루종일 나는 짓눌렸다. 길을 걷거나 아무 생각 없이 있을 때면 시간이 머리 위를 팽글팽글 도는 거였다. 어떤 때는 팽글팽글 소리가 내 귀에 들린다고까지 느꼈다. 수업 시간에는 갈수록 집중력이 떨어졌다. 수업중에 문득 내가 딴 생각을 하고 있었다는 걸 깨달으면 그때부터는 또 초조해져서 집중할 수가 없었다. 이야기가 이쯤 되고 보니 해결책은 꽤 간단한 것 같았다 — 정신과 상담을 받으며 그 집중력을 향상시켜 준다는 기계를 착용하는 것.

그런데 사실 나는 이미 오래 전에 알고 있었다. 다만 인정하지 못했을 뿐이다.

고등학교 일학년~고등학교 이학년 — 체제 부적응자, 패배자, 낙오자, 비겁자, 평범한 자, 글러먹은 자, 재능 없는 자, 삼십 센티 자

"체제 부적응자, 패배자, 낙오자, 비겁자, 평범한 자, 글러먹은 자, 재능 없는 자, 삼십 센티 자…"

이 무렵의 내가 스스로를 설명하던 말들이다. 나는 아주 어릴 때부터 학교는 절대 결석하는 게 아니라고 배웠다. 너무 아파 조퇴를 하는 한이 있어도 마음대로 빠져선 안 된다는 거다. 이렇듯 학교는 내게 필수였지 선택이 아니었다. 따라서 내가 학교에 적응하지 못한다는 것은 사회에서도 싹이 노란 나무라는 뜻이었다.

엄마가 나를 꾸중할 때 하는 말들을 나는 한번도 의심해본 적이 없다. 오히려 엄마가 원하는 모습을 닮고 싶었다.

문제는 내가 그렇게 될 수 없는 종류의 인간이라는 데 있었다. 어느 순간 이미 내가 그것을 깨달아 버렸다는 데 있었다. 내가 학교에 안 가려고 발버둥쳤던 건 거창한 명분이 있어서가 아니라 그저 학교가 너무너무 싫고 내가 더 이상 적응할 수 없기 때문이었다는 것을 나는 이미 오래 전에 알고 있었다. 다만 인정하지 못했을 뿐이다.

상황이 이쯤 되자 나의 모든 관심사는 '대학'으로 몰렸다. 지긋지긋한 고등학교야 어찌됐건 대학만 잘 가면 성공 아닌가? "공부도 공부지만 요즘엔 수상 실적도 크게 도움된다더라…" "아~ 그래요?"

그래서 미친 듯이 온갖 대회란 대회는 다 나가기 시작했다.

그래서 미친 듯이 대학을 향한 발버둥을 치기 시작했다.

고등학교 이학년 — 내가 지금 왜 우는 거지?

친구에게서 양파 CD를 빌려왔다. 학교에서 돌아온 늦은 밤, CD를 플레이어에 넣고 책상 앞에 앉았다. 달착지근하게 좋은 대중 가요다. 간단한 영어 숙제를 하며 CD를 두 번쯤 반복해서 들었을 때, 갑자기 울음이 새어 나왔다. '새어 나왔다'기보다 차라리 '삐져 나왔다'가 더 적절한 표현일 것이다. 물 젖은 스펀지를 주먹 안에 넣고 천천히 움켜쥐면 물이 삐져 나오는 것처럼 나의 갑작스런 울음도 그런 식이었다. 간헐적으로 심장을 옥죄는 느낌이 들었고 그때마다 울음이 터졌다. 나중에는 책상에서 내려앉아 몸을 웅크린 채 본격적으로 울었다. 한 시간도 넘게 울면서 계속하던 생각은 "내가 지금 도대체 왜 우는 거지?"

그 일이 있은 일주일 후, 나는 마침내 자퇴했다.

지금 — 학교는 반드시 붕괴되어야 한다.

자퇴한 지 넉 달이 지난 지금, 나는 영등포에 있는 하자 센터(서울시립 청소년 직업 체험 센터) 영상 디자인 작업장에서 공부하고 있다. 하자 사람들과 함께 일하고 배우는 동안 내가 얻은 것은 '세상을 낯설게 볼 줄 아는 힘'과 '혐오할 것을 혐오할 줄 아는 예민함', 그리고 '나의 언어'이다.

십 년이 넘는 학교 생활 동안 내 몸은 온통 싫다고, 여기가 아니라고 말하는데도 나의 교육받은 이성은 그걸 이해하지도 인정하지도 표현하지도 못했다. 언론에서 귀에 못이 박히도록 떠들어대고 있는 제도 교육의 모순에 관한 이야기는 다 맞는 말이다. 그러나 다 죽은 말이다. 학교 안에 있는 학생들의 입에서 학교의 역겨움과 남성주의와 안이함과 무지에 관한 이야기가 끊임없이 쏟아져 나올 때, 그리고 그 이야기들이 언론과 학교에 의해 세뇌된 죽은 언어가 아니라 스스로의 가슴으로 느끼고 찾아낸 자신만의 언어일 때 학교는 쓸모 있는 배움의 공간으로 남을 수 있다.

이제, 힘겹게 찾은 내 언어로 말한다 — "학교는 늙은 아버지 같다"

내가 이 말을 하는 순간 세상의 모든 늙은 아버지들이 이 책을 내던지는 모습이 떠오른다. 그것 자체가 이미 모든 것을 설명하고 있다. 나는 왜 아버지를 비판할 수 없나? 나는 왜 아버지의 가르침을 따라야만 하나? 나는 왜 아직도 아버지의 인생 경험에 근거한 삶을 살아야만 하나? 아버지와 다른 꿈을 꾼다는 이유로, 아버지와는 다른 생각을 한다는 이유로, 나는 왜 이렇게 많은 사람의 이해와 동의를 빌어야만 하며, 그 모든 짐을 혼자 져야만 하나? 아버지는 세상을 잘 알아서? 아버지 말을 들으면 자다가도 떡이 생겨서? 이유는 하나뿐이다. 아버지는 아버지이기 때문이다. 아버지라는 이름 뒤에 쌓인 권위의 무게와 전통은 너무나 엄청난 것이어서 그 내용이야 어떠했든 나는 존경해야 하는 것이다. 나는 복종해야 하는 것이다.

나는 앞에서 "내가 학교에 안 가려고 발버둥쳤던 건 거창한 명분이 있어서가 아니라 그저 학교가 너무너무 싫고 내가 더 이상 적응할 수 없기 때문이었다는 것을 알고 있었다. 다만 인정하지 못했을 뿐이다"라고 말했다. 나로 하여금 사실을 인정하지 못하게 만들었던 것, 그것은 바로 학교의 권위다. 그것도 현실을 편견 없이 볼 줄 아는 능력 따윈 잊어버린, 다양한 생각과 언어를 길러 내는 힘 같은 건 알지도 못하는, 무능하고 늙은 권위다. 그리고 아직도 학교 안에 있는 수많은 '나'들은 권위의 족쇄에 온 몸과 마음과 정신을 사로잡힌 채 괴로워하고 있다. 또는 착각하고 있다.

이제, '나'들의 언어를 찾기 위해 말한다.

'나'들은 스스로의 눈으로 세상을 볼 수 있어야 한다.
'나'들은 스스로의 몸으로 삶을 알 수 있어야 한다.
'나'들은 스스로의 언어로 말할 수 있어야 한다.
우리는 '나'들의 이야기를 들어야 한다.
우리는 '나'들의 이야기를 인정해야 한다.
'나'들이 숨쉴 수 없는 사회,
'나'들이 깨달을 수 없고 성장할 수 없는 사회,
'우리'가 아닌 '당신'이 지배하는 사회…
이런 사회가 학교라면,
학교는 반드시 붕괴되어야 한다.

2 십대들에게 보내는 편지

현진에게

1.

"일등 하는 애들은 그 재미에 그런 대로 학교에 다니죠. 날라리들은 자기들 하고 싶은 대로 하니까 살 만해요. 그런데 우린 뭐예요?" 공부도 그런 대로 하고 선생님들과도 친한 편이고, 부모님 말씀도 잘 듣는 너, 틈틈이 시간을 내서 영화를 보고 영화 전문 잡지들을 탐독하면서 영화 감독이 되기를 꿈꾸

---

* 이 편지는 애초에 '문화 비전 2000 위원회'에서 쓰자고 발의한 것이다. '십대들에게 보내는 편지'를 쓰려고 하는데 선뜻 '이 땅에 사는 청소년들에게'라는 첫마디가 써지지 않아 고심하다가 결국 나와 가깝게 지내온 한 아이를 생각하며 이 글을 썼다. 가장 구체적인 것이 가장 깊이 핵심에 다가간다. 사실 나는 그를 통해서 이 땅에 사는 십대들의 문제를 보게 되었다. 현진은 당시 만 16세, 고등학교 1학년 다니다가 학교를 그만두었다.

던 너. 널 만나면 늘 즐거워지곤 했지. 우리 나라의 미래가 밝아 보였거든.

고등학교에 들어가면 학교 생활을 영상으로 담아 보겠다며 중학교 때부터 넌 희망에 부풀어 있었지. 나는 학교 생활을 영화화하겠다는 말을 들으며 속으로 넌 '과연 영리한 아이'라 생각했다. 영화 관련 활동을 겸할 수 있다면 일찍부터 전문성을 기르면서 동시에 심한 '입시 전쟁' 속에서 통찰력과 감수성을 죽이지 않고 쉽게 견뎌 낼 수 있을 테니까 말이다. 영화 감독이 되려고 한다면 지금쯤부터 촬영 연습을 해야 할 것이고, 마침 디지털 카메라도 저렴한 가격으로 나와 있으니 학교에서 비디오 카메라 하나쯤은 마련해 주리라 생각했지. 그리고 당연히 영화 특활반에서 주도적 역할을 하리라 생각했다.

그런데 막상 고등학교에 가보니 그런 특활반도 없을 뿐더러 영화를 찍는 것조차 어렵다면서 실망하던 네 모습이 생각난다. 여러 번 협상을 시도해 보다가 결국 학교 측에서 절대 학교 생활을 촬영해서는 안된다는 명령이 내렸다고 했고, 여러모로 방안을 찾아보다가 네가 선택한 것은 자퇴였다.

학교를 그만둔 지 석 달쯤 지났구나. 이제는 모든 시간이 온통 네 것이 되었는데, 원하는 대로 지내고 있는지? 기본적으로 잘하리라고 믿고는 있지만, 갑자기 주어진 자유와, 무소속이라는 정체성이 실은 너를 좀 불안하게 만들 것이다. 좀 힘들더라도 지혜롭게 극복해 가기 바란다.

매스컴에서는 너의 자퇴를 두고, 「영화 감독 지망생」, 「인터넷 청소년 잡지 편집장」 등의 타이틀로 기사화하느라고 난리들이더구나. 충격적인 기사거리를 사냥하러 다니는 대중 매체의 게임에 휘둘리지 않으면서, 역으로 너 쪽에서 미디어를 활용할 수 있는 기회로 삼을 수 있기를 바라는 건 내 욕심일까? 어쨌든 매스컴이 너를 그렇게 열심히 추적하려는 사실 하나만으로도 너의 결단이 개인의 문제가 아니라 '구조적' 문제라는 것을 알아차렸을 것이다. 하고 싶은 일을 하고자 하는 십대들이 늘어나고 있고, 그 방향으로 사회가 열려야 한다는 점에 대해 동의하는 이들이 늘고 있다는 증거이기도 할 것이다.

나는 학교 무용론자는 아니야. 그러나 너처럼 하고 싶은 것이 분명히 있는 주체적인 아이에게, 1997년 현재 한국의 공교육은 무용할 뿐만 아니라 유해하다는 판단에 동의한다. 최근에 한국을 방문한 프랑스 사회학자 뒤베 교수는 청소년들을 통합형, 병렬형, 모순형이라는 세 유형으로 분류하였다. 통합형은 자신의 일상 문화와 학습 문화가 조화를 이루는 경우이고, 병렬형은 삶과 학업이 따로 노는 경우이며, 모순형은 둘이 서로 상반되는 경우라는 것이지. 한국의 고등학생 중 범생이들은 병렬형에 속하겠지. 대학 입시를 위한 공부를 하는 시간과 그 외 얼마 되지 않지만 자신만의 시간을 가지며 체제에 순응하며 사는 것 말이다. 학교 생활이 괴로우면 고등학교 3년은 대학을 가기 위한 '유예 기간'이라고 생각하면서 견디는 것이지. 그런 와중에 그들은 아주 자연스럽게 거대한 사회 구조의 한 부속품으로 사는 것에 익숙해진다. 수동적이고 순응적인 인간으로 말이다.

수동적이기를 거부하는 이들 중 학업 문화에 도저히 적응할 수 없는 이들, 우리 사회에서 '날라리'라고 불리는 아이들은 모순형에 속할 것이다. 공부에는 뜻이 없어 바깥으로 나도는 아이들 말이다. 그들이 지금 한창 사회의 주목을 끌고 있다. '바깥 세상'을 일찌감치 택한 청소년들의 이야기는 최근 「나쁜 영화」라는 영화로까지 만들어져서 세상을 떠들썩하게 하고 있지.

그런데 실은 네가 지금 체감하고 있듯이 너처럼 자신이 하고 싶은 일이 있고 그것을 학습과 연결시키고 싶어하는 아이들이 갈 곳은 별로 없다. 너희들에게 학교는 감옥이나 정신 병동과 별 차이가 없는 것으로 느껴질 것이고, 그렇다고 사회에 가서 활동을 하려면 너희 세대에게 모든 곳은 '출입 금지' 구역이다. 다른 사회에 태어났다면 '통합형'의 삶을 살면서 무엇인가에 미친 듯이 몰두하고 즐기고 있을 너와 같은 아이들에게 이 땅은 아주 잔인하기조차 하다. 삶의 터전에서 소외되지 않으려고 안간힘을 쓰는 너와 같은 아이들을 끈질기게 구박하여 급기야는 자포자기 상태에 몰아넣은 이 땅이 무섭다는 생각이 들 때가 많다. 그래서 나는 너희 세대가 내기 시작한 '거부의 소리'에 공감한다. 청소년들 사이에 크게 유행한 'HOT'의 「전사의 후예」, 가사가 이런 식으로 시작되던가?

아 니가 니가 니가 뭔데 도대체 나를 때려 왜 그래 니가 뭔데
힘이 없는 자의 목을 조르는 너를 나는 이제 벗어나고 싶어 싶어 싶어!
그들은 날 짓밟았어 하나 남은 꿈도 빼앗아 갔어
…
say ya! ('새꺄'라고 발음함) 아침까지 고개 들지 못했지 맞은 흔적들 들켜버릴까 봐
어제 학교에는 갔다 왔냐? 아무 일도 없이 왔냐?
어쩌면 나를 찾고 있을 검은 구름 앞에 낱낱이 일러 일러 봤자
안돼 안 되리 안돼 아무 것도 내겐 도움이 안돼
시계추처럼 매일 같은 곳에 같은 시간 틀림없이 난 있겠지
그래 있겠지 거기 있겠지만, 나 갇혀 버린 건
내 원한 바가 아니요! 절대적인 힘 절대 지배함 내 의견은 또 물거품
팍팍해 너무 팍팍해 내 인생은 정말로 팍팍해
…
변해 갔어 니 친구였던 나를 죄의식 없이 구타하고는 했어
난 너의 밥이 되고 말았지
…
너 때문에 내 인생은 구겨져 가
…
아 이제 나는 너로 인해 모든 것을 포기한다
…

사실 이 노래를 듣고 있으면 나도 막 팍팍한 인생이 느껴져. 오늘은 네게 왜 우리 인생이 이렇게 '팍팍'하고 '칙칙'하게 되었는지를 이야기해 볼 생각이다. 문제 해결은 결국 자신이 처해 있는 상황에 대한 파악에서 시작하는 것이니까 말이다. 너도 이미 교과서를 통해 배웠겠지만 2000년대를 살아갈 우리가 고민해야 할 주제들은 경제적 위기와 환경 오염의 문제, 전지구적 규모의 시장 지상주의의 출현, 계급의 양극화로 인한 사회적 분열, 삶을 살아가는 데 대한 동기 유발에 실패한 다수의 청소년들의 무기력한 문화, 더욱 첨예해지는 남성과 여성간, 그리고 세대간의 갈등, 대중들의 사고력을 잠재우는 고도의 관리 사회, 유전 공학과 핵무기 등 최첨단 과학 기술이 초래할 재앙 같은 것들이다. 그런데 그런 많은 문제들을 해결해 가기 위한 기본 조건인 의사 소통의 체계가 엄청나게 붕괴되고 있기 때문에 우리는 더욱 팍팍하고 칙칙하게 느끼게 되었다.

지금 너희 또래들은 "그냥 냅둬요. 이렇게 살다 갈래요" 식의 말들을 마구 내뱉고 있다. 가출 충동, 교출 충동을 느끼는 수가 다수를 이룬다는 보고를 듣고 있다. 사실 때론 막 욕하고 싶을 때가 있을 거다. "왜 이런 세상에 겁도 없이 아이를 낳았느냐"고 대들고도 싶을 것이다. 짧고 굵게 살다 갈 테니 상관 말라고 말하고도 싶겠지. 사실상 그런 자기 감정 표현은 너희들이 정신 건강상 해야 하는 행위일 것이다. 그리고 '어른'들은 너희들의 그런 표현 속에서 시대를 읽어 내고 사회 변화를 적극적으로 이루어 가야 하겠지.

2.

지금 그러한 변화를 적극적으로 만들어 가지 못하기 때문에 우리 세대는 너희에게 '미안하다'는 말을 해야만 할 것 같다. 솔직히 고백컨대, 우리 아버지와 우리 세대가 그렇게 열심히 만들어 온 '근대화'는 잘한 것보다는 망친 것이 더 많은 과정이었던 것 같다. 우리 아버지 세대는 십대에 "소년들이여, 야망을 가져라"라는 교장 선생님의 말씀을 가슴에 품고 성장하셨다. 19세기 중반 클라크라는 미국의 교육자가 일본에 서구식 학교를 세우면서 한 말이라는데, 그 말이 식민지 조선에까지 전해 와서 방방곡곡 배움에 불탄 청년들을 불러 모았다. 그들이 바로 근대화 일세대이고, 그 이후로 많은 청년들이 '조국 근대화'를 위해 미련 없이 고향을 버리고 도시로, 또 '선진국'으로 떠났었다.

'하면 된다'는 일념으로 열심히 일했던 그들/우리들이 바로 '네 마리의 용'의 신화를 낳은 주인공들이다. '봉건'의 굴레에서 벗어나면 자유와 평등의 세상이 오리라고 굳게 믿었던 세대, 그런데 그들/우리가 힘겹게 올라간 그 봉우리는 유토피아가 아니라 세기말적 암울함이 감돌고 있는 세상이었다. 이제 그 봉우리에 우리의 손을 잡고 올라선 너희 세대는 우리 세대가 겁없이 벌여 놓은 일들의 성과와 실패를 차분히 정리하면서 자멸하지 않고 지구에 계속 살아갈 방안을 내놓아야 한다.

거대한 역사의 흐름으로 보면 개인은 실은 그리 힘있는 존재가 아니다. 전지구를 휩쓴 '근대화의 물결' 속에서 개인은 매우 약한 존재였다. 특히 지난 사반세기 동안에 이 땅에서 진행된 가공할 속도의 압축적 사회 변동은 사람들을 정신없이 어딘가로 내몰았다. 그 결과 경험 세계가 아주 다른 집단들이 만들어졌고, 아주 다른 세계관을 가진 사람들이 생겼다. 지금 자기 인생이 억울하다고 느끼는 사람은 너나 너희 세대만이 아닐 것이다. 부모들은 경제 사회적으로 자립할 생각 없이 속수무책으로 기대는 '신세대' 자식들 때문에 뼛골이 빠진다고 아우성이다. 아마도 거의 모든 '국민'이 억울하다고 느끼고 있는 것 아닐까? 그런 면에서 우리 사회의 불행 지수는 현재 아주 높은 상태에 있다.

현재 심각한 상태에 있는 세대간의 차이를 생각해 보자. '하면 된다'는 신념으로 빈곤과 싸운 '구세대'는 대량 생산 시대의 인력으로서 '노는 꼴을 못 보는' 감성을 가지게 되었다. 반면 생존 자체가 더 이상 살고자 하는 삶의 추동력이 될 수 없는 '신세대'에게 '놀 줄' 모르고 '쓸 줄' 모르는 인간은 경멸스런 존재이다. 게다가 '산업화된 근대'라는 유토피아를 꿈꾸며 살았던 구세대가 기본적으로 낙관적이고 진보주의적인 데 비해, 더 나은 세상은 오지 않으리란 것을 어렴풋이나마 감지한 신세대는 비관주의적이다. 그래서 신세대는 겁없이 일을 벌이고 남의 일에 개입하는 이들을 경계한다.

구세대가 경제 생산성의 정도와 아파트 평수로 자신의 가치를 가늠해 왔다면, 신세대는 자기 실현과 안정과 여유를 중요하게 생각한다. 신세대는 자신을 경제 생산인이면서 소비자이며, 이성적 존재이면서 감정적인 존재이고, 또한 성적 주체성을 가진 복합적인 존재로 인지하고자 한다.

이 두 세대는 정보를 대하는 태도에서도 판이하게 다르다. 정보와 지식이 과소했던 시대를 산 구세대들에게 책이 있고, 정보가 있는 학교는 곧 '생명줄'이었으며, 책은 사두기만 해도 뿌듯한 보물이었다. 그러나 정보 홍수 속에 사는 신세대에게 학교는 뒤처진 정보를 가르치는 후진 곳이다. 새로운 지식이면 무엇이든 게걸스럽게 먹으려 했던 구세대에 비해 신세대들은 정보 홍수에 휘말려 들지 않기 위해서 새로운 정보 앞에서 몸을 사리며 취사 선택력을 높여야 하는 것이다. 무조건 고등 교육만 받으면 대우를 받고 취직이 보장되던 시대를 살았던 구세대가 공교육에 대해 무한한 신뢰를 갖는 데 비해 졸업장이 취업을 보장하지 않는 시대를 사는 신세대는 학교에 대해 회의적일 수밖에 없다. 현진이가 직접 느꼈듯이 학교만 믿다가 신세를 망칠지도 모른다는 위기감을 갖는 이들이 늘고 있는 것이다.

아주 다른 경험 세계를 살아온 두 세대는 아주 사소한 일로 일상 생활에서 자주 부딪친다. 구세대에게 전화는 '통화만 간단히' 해야 하는, 특정한 목적을 가진 통신 기구였다. 그러나 사회 분화에 따라 점점 더 대면적 상호 작용이 어려워지는 시대를 사는 신세대에게 전화는 가장 내밀한 이야기를 하는 의사 소통의 주통로가 되고 있다. 이런 기본적인 차이를 이해하지 못하기 때문에 구세대는 전화통에 붙어 사는 신세대를 나무라고 신세대는 구세대의 나무람을 이해하지 못하면서 서로에게 실망한다. 더워서 '아이스케키'를 사 먹던 세대와, 에어컨을 틀어 놓고 서른세 가지 아이스크림 중에서 가장 먹고 싶은 향을 골라 먹는 세대 사이에는 엄청난 인식과 감수성의 차이가 있는 것이다.

이러한 차이를 가진 두 부류의 존재 사이에 의사 소통이 어떻게 쉽게 이루어질 수 있을까? 현진이도 기성 세대와 의사 소통을 시도하다가 도저히 어쩔 수 없다는 막막함을 느껴본 적이 많았을 것이다. 인식의 차이로 인해서 실은 의사 소통을 시도할수록 관계를 악화시키는 상황이 비일비재하게 벌어지고 있다. 그래서 오히려 현명한 사람들은 서로를 섣불리 이해하려고 하기보다는 적극적으로 거리를 두는 전략을 쓰기도 한다. 화성에서 온 존재처럼 상대방을 볼 때 그나마 의사 소통이 이루어질 수 있기 때문이다.

나는 요즘 우리가 지금 잘잘못을 차분하게 따질 때가 아니라는 생각을 한다. 그럴 여유와 합리적 언어를 우리는 가지고 있지 못하다. 이런 상황에서 책임을 추궁하려고 하면 서로에게 상처를 주게 될 뿐이지. 그러니 너무 오래 분노하거나 좌절하지 말았으면 한다. 그냥 지금 현실을 직시하며 함께 해결책을 찾아 나서자. 전환기는 '기성 세대'의 지혜로는 부족하다. '어른'과 '아이'를 흑백으로 가르고 어른들이 모든 것을 책임질 수 있다고 생각하는 시대는 지났다. 문제를 꿰뚫어 보고 총체적 해결 방안을 알고 있는 위인과 영웅의 시대, 위대한 저자의 시대는 막을 내리고 있다. 그래서 나는 이렇게 모든 짐을 지는 '어른'이기를 포기하고 네게 내 고민에 동참해 주기를 부탁하고 있는 것이다.

3.

너무나 급한 변화로 인해 '비동시적인 것'이 '동시에' 존재하게 된 현실은 이렇게 너희들을, 그리고 우리들을 혼란에 빠뜨리고 있다. 한편에서는 상업주의가 판을 치고 다른 한편에서는 봉건적인 도덕주의자가 떠들어대는 상황에서, 엇갈리는 무수한 정보가 동시에 주어지고 있다. 오늘도 나는 펠레 펠레 옷광고 문안을 보면서 그런 생각을 했다. 힙합 옷 광고가 크게 난 신문 지면에 "힙합 차림으론 학교에 오지 말랜다. 내일 아침은 고수부지로 등교하기로 한다"는 문안과 함께 의욕 상실증에 걸린 모습들로 널부러져 있는 청소년들의 사진이 나와 있었다. 상업주의 광고는 아이들에게 자유로운 옷 차림을 금지하는 학교 따위는 가볍게 거부하라고 종용하고 있다. 그런 종용 속에 부각되는 이미지는 무조건적인 거부감과 무기력감이다.

그런데 다른 한편에서는 학교를 거부하는 것은 인생의 종말을 뜻한다고 줄기차게 말하는 이들이 있다. 끈질기게 남의 삶에 개입하면서 일상을 전쟁터로 만드는 이들 말이다. 실은 그들 역시 엇갈린 정보 속에서 엄청난 혼란을 경험하기에 더욱 무리하게 무엇인가에 매달리려고 하는 것이다. 많은 이들이 허둥대고 있고, 그래서 삶은 점점 더 지치고 괴로워지고 있다. 모두가 거의 돌기 직전의 상태에 와 있다는 느낌도 들지. 그래서 텔레비전이나 보면서 현실을 잊으려 하는 이들이 늘고 있는 것 아닌가?

오랫동안 근대 중산층 가족의 자녀로 그런 대로 편하게 살아온 너에게 이런 이야기는 부담스러울 것이다. 그런 면에서 사실 나는 편하게 자라서 겁이 많고 세상 물정을 모르는 중산층 자녀들보다는 어려움을 체험하며 이겨 나가고 있는 청소년들에게 거는 기대가 크다. 그러나 다수를 이루는 중산층 자녀들 역시 변화하지 않으면 안된다. 이제 너희 세대가 이루어 내야 할 것들에 대해 언급해 보마.

첫째로 너희들은 최소한의 근대적 합리성을 추구해야 할 것이다. 개인을 존중하는 공존의 질서 감각을 가져야 한다. 이것은 사실 '근대적 덕목'의 핵심이다. 우리 사회는 경제적인 근대화를 이루어 냈지만 정신적 근대화를 해내지 못했음을 너도 잘 알고 있을 것이다. 지금까지 우리 사회는 고도성장을 위해 개인을 희생한 시대였고, 강제에 의한 질서의 시대였다고 할 수 있다. 모두가 한 '국민'이 되어 위대한 영도자 아래 뭉쳤던 시대, 국가주의와 반공 이데올로기, 그리고 마키아벨리적인 지도자가 이끌었던 시대였다.

정치적으로 구세대는 국가와 민족을 염려하고 정치 권력의 정당성에 시비를 거는 단일한 주체, 곧 국민으로 뭉쳐 있었다. '무찌르자 공산당'을 외치든, 미제국주의를 몰아내자고 외치든, 신토불이를 외치든 모두가 같은 애국적 주체였던 것이다. 그러나 너희는 이제 자신을 하나의 주체로만 규정하려는 것에 저항해야 한다. 너희 세대는 전지구적 차원에서 생존을 염려해야 하는 세대이다. 그런 면에서 너희는 더 이상 국가라는 집단을 절대화하지 않는다. 너희는 너 자신을 그 어떤 것에 복속시키고 싶어하지 않으므로 더욱 현명하게 자신이 사랑하고 지켜야 할 집단이 무엇인지를 묻고 새로운 집단을 만들어 내야 하는 것이다.

이제 너희들은 새로운 원리를 바탕으로 한 질서를 만들어 내야 한다. '네가 죽지 않으면 내가 죽는다'는 식의 적자 생존 원리, 그리고 이분법적 논리를 벗어나야만 한다. 특히 네가 지도자가 되고자 한다면 물욕과 권력욕을 줄이고 스스로를 낮출 수 있어야 한다. 여론을 귀담아 듣고 환경 문제에 관심을 기울여야 할 것이다. 자연과 인간, 남자와 여자, 어린 세대와 기성세대, '남한' 과 '북조선'이 대결이 아니라 공존할 수 있는 질서 감각을 익혀야 한다.

두번째로 너희 시대는 '자본의 독주'에 대해 냉철한 인식을 하고 있어야 한다. 너희 세대가 가장 집중적으로 파악해야 할 것은 독재적 정치력이 아니라 자본의 움직임이다. 너희에게 주체적 삶을 살도록 놓아두지 않을 가장 큰 힘은 이제 '봉건적 질서'나 '국가적 통제'보다 전지구적 규모에서 움직이는 '자본'이라는 것이다. 인간간의 관계의 끈이 끊어지고 대중이 방향 감각 없이 떠도는 거대한 자본의 노리개가 되어 버릴 위험성은 점점 더 높아지고 있다. 너희 세대가 자주 절망적인 상태에 빠지는 것은 자본의 지배가 더욱 강화되고 인간 주체의 힘이 점점 더 미약해져 간다는 것을 피부로 느끼기 때문이다. 자본의 독주를 너희들이 원하는 질서로 만들어 가기 위해 너희들은 더욱 영리하고 협동적이어야 한다.

20세기가 자본주의와 사회주의라는 이념 대립의 시대였고, 한반도는 이 두 이념의 첨예한 대립의 장이었던 만큼 '자본'이나 자본주의에 대한 활발한 비판이 이루어지지 못했다. 그래서 자본주의에 대한 이해도 턱없이 부족한 상태에 있고, 이는 역으로 우리가 제대로 된 자본주의화도 이루어 내지 못한 하나의 요인으로 작용해 왔다. '자본'이라는 단어가 너에게 익숙하지 않거나 거부감이 난다면 바로 그런 역사적 배경 탓이다. 어쨌든 21세기는 '사람'이 이 거대 자본을 어떻게 다스리느냐에 달려 있다. 구체적으로 국가와 시민과 주민 모두가 무한정한 물적 축적을 향해 가는 자본의 독주를 어떻게 막는지에 따라 우리들의 삶의 질이 결정될 것이다.

잠시 자본이 독주하는 시대의 미래가 너희와 어떤 관계에 있을지 좀더 구체적으로 그려 보자. 이미 너희 세대가 낌새를 채고 있겠지만 경제적 위기가 오고 있다. 너는 우리 나라 대다수의 청소년들이 대학에 가기 위해 심한 '고 3병'을 앓는 것을 알고 있을 것이다. 그리고 대학에 가서는 또 곧 치열한 취업 경쟁 때문에 '대 4병'을 앓고 있다. 경제 성장 와중에 많은 새로운 직장이 만들어져서 취직도 잘되고 승진도 빨랐던 우리 세대에 비해 너희 세대는 경제 성장이 한계에 온 시대를 살고 있고 경쟁은 점점 더 치열해지고 있는 것이다. 전지구적 규모의 시장이 확장되고, 과학 기술주의와 '시장 지상주의적 세계관'이 계속 이런 식으로 진전해 간다면 우리들의 삶은 더욱 고달파질 것이고, 부의 불균형 분배는 더욱 악화될 전망이다.

전문가들은 이런 초국적 자본에 의한 지배가 강화될수록 계급 구조는 양극화되고, 하층의 수가 많아지리라고 보고 있다. 구체적으로 세계 인구는 고도의 복합적이고 창조적인 일을 해낼 전문가층과, 평생을 실직 상태에 있을 하층으로 양극화되면서, 그 중간에 실직의 공포 속에 시달리는 중간층이 자리잡을 것이다. 실제로 자본은 지역과 관련 없이 '뛰어난' 사람들을 고용하면서 시장 중심 체제를 유지해 가려 할 것이고, 생산 비용을 줄이기 위해 자동화를 계속 추진할 것이며, 이에 따라 점점 더 많은 인구가 실업의 불안 속에 떨게 될 것이다.

물론 자본이 국경에 구애 없이 떠다닐 수 있게 됨으로써 나라 사이의 빈부 차이도 심해질 것이다. 앞으로의 경쟁은 한 나라 안에 국한된 것이 아니다. 그런 면에서 이 나라에 있는 일류 대학을 간다고 해서 안정된 삶이 보장되는 시대는 지나가고 있다. 일류 대학에 간다고 취직이 보장되는 것도 아니고, 당장은 취업이 되더라도 자본이 요구하는 '실력'이 없으면 늘 실업의 불안에 떨어야 한다. 어떤 면에서 너희들은 '총성 없는 전쟁 상황'에 살고 있다. '경제 전쟁'의 시대 말이다. 그 전쟁은 단순한 경제 전쟁이 아니라 문화적 능력을 바탕으로 한 전쟁이다. 아이디어의 전쟁이지. 너희들은 아이디어 전쟁에서 살아남을 준비를 하면서 전쟁을 끝내는 방법을 모색해야 한다.

그러니 일찍부터 자신이 원하는 것, 그리고 자신이 잘할 수 있는 것이 무엇인지를 알아내고 '실력'을 기르면서 동시에 너 자신을 시장의 노예로 전락시키지 않을 방안을 마련해 가야 하는 것이다. 내가 너에게 일류 대학에 가는 것을 목표로 하기보다 자기가 하고 싶은 영화 관련 일에 더 열성을 기울이라고 하는 말은 바로 이런 이유에서다. 이류 대학이건 삼류 대학이건,

또 대학을 가건 안 가건 그 이전에 중요한 것은 사유 능력과 삶을 살고자 하는 건강한 의욕이다.

그러면 너희들에게 필요한 태도와 능력은 어떤 것일까? 기계가 인간의 노동을 대체하는 자동화 시대로 접어들면 참을성 있게 시키는 일만 하면 되는 사람보다 독특한 일을 해낼 수 있는 능력을 가진 사람이 필요함은 이제 상식에 속한다. 기계와의 전쟁이 시작된 시대에는 창의성으로 살아남아야 하는데, 그 창의성이란 아주 독창적인 것을 만들어 내는 능력이거나 실은 그렇게 거창한 것이 아니다. 급변하는 상황에서 생기는 많은 문제들을 해결해 내는 능력이다. 이 능력은 끊임없이 변하는 상황을 스스로 읽어 내면서 그곳에서 필요한 것을 만들어 낼 수 있는 통찰력, 주어진 자원을 최대한 활용하고 재주 있는 이들을 적재적소에 배치하고 연결해 내는 기획 능력, 어려운 상황을 희망적 상황으로 만들어 가는 긍정적 사고력과 자신에 대한 신뢰성을 바탕으로 한다.

재삼 강조하지만 경쟁이 심화되는 상황에서 살아남는 '능력 있는 인간'이 되는 것은 시작에 불과하다. 나는 네가 '다국적 거대 자본'이 필요로 하는 '비싼 일꾼'이 되는 것을 성공으로 여기는 사람이 되기를 원하지 않는다. 사실상 그 자본은 무자비해서 능력 있는 '인력'을 한껏 활용하고는 가차없이 버리지. 소수의 능력 있는 인력은 고강도 노동에 시달려서 빨리 죽고, 다수의 인력은 일이 없어서 무료함과 무기력감 속에서 일찍 죽는 시대가 오고 있다. 런던의 「트레인 스포팅」이라든가, 홍콩의 「중경삼림」, 미국의 「내 고향 아이다호」 등 네가 즐겨 보는 많은 영화들이 실은 그런 주제를 다루고 있는 영화가 아니니?

그래서 나는 네가 일시적으로는 '자본'이 필요로 하는 사람이면서 바로 그 '자본'이 주도하는 사회를 바꾸어 갈 수 있는 사람이기를 바라고 있다. 이 어려운 '게임'이 바로 현진이 세대가 해내야 할 핵심적 과제다. 내가 현진이에게 부탁하고 싶은 세번째 주제가 바로 이것이다. 돈보다는 삶을 택하라는 것, 공동체의 성원으로서의 연대감을 떨구어 버리지 말라는 것이다. '공동체'라는 말이 네게 주는 부담감을 모르는 바 아니다. 최근 들어서 대학생 중에는 바로 그 국가라는 공동체, 학교라는 공동체, 가족이라는 공동체 때문에 자신의 삶을 저당 잡히고 말았다며 한탄하는 이들이 적지 않다. 내가 말하는 공동체는 새로운 공동체이며 '만들어 가는 관계'를 말한다. 그것은 네 삶에 지속적인 의미를 주는 어떤 관계망을 말한다. 모든 시간과 공간을 찰나적인 것으로 만들어 버리는 시대에 거부권을 행사하고, 무한 경쟁 시대에 휘말려 들어서 일생을 보내지 않을 수 있는 방법은 새로운 지지 집단을 가짐으로써만 가능하다. 강요된 형태의 삶을 살지 않을 대안적 삶의 모습을 그려 보고 지금부터 그런 방식을 친구들과 실습하고 익혀 가야 한다.

비싼 월급을 마다하고 자기가 원하는 일을 선택하는 것은 쉽지 않은 일일 것이다. 특히 우리처럼 GNP가 1만 불이 넘었음에도 불구하고 여전히 사회적 불안이 심하고, 문화적으로 빈곤한 곳에서는 그렇지. 그렇지만 이제는 과감하게 자신이 원하는 일을 선택할 때가 되었다고 생각한다. 모방을 일삼는 '백년 하청'의 국가 경제는 전지구적 경쟁 체제 속에서 그리 오래 버텨 내지 못할 것이니까 말이다.

많은 사람들은 세상이 예전보다 좋아졌다면서 자족하려고 애를 쓰고 있다. 실제로 '신바람' 강의를 들으면서 신바람을 내는 이들이 늘고 있다. 일년 내내 열심히 모은 돈으로 가족과 매년 외국 휴가 여행을 다니는 것으로 자족하는 이들도 늘고 있다. 물론 그 여행지는 멋들어진 광고를 통해 선택하지. 고도의 관리 기술을 가진 자본의 지배는 이런 식으로 사람들에게 병을 주고 약을 주면서 길들여 간다. 단기적 안락을 추구하며, 갤브레이스가 이야기한 '만족의 문화'에 서서히 빠져드는 대중들이 만들어지고 있는 것이다. 사회적 비판 의식까지도 상품화해 내는 '만족의 문화'의 지배는 교묘하다.

많은 현대인들은 대중 매체가 제공하는 갖가지 스펙터클의 '구경꾼'으로서, 또 실업의 공포에 시달리면서, 또 한편 그런 나쁜 상황에 처하기 전까지는 '만족의 문화'에 안주하면서 꼼짝달싹 없이 자본의 노예로 일생을 보내게 되는 거다.

4.

너희는 이제 선택의 기로에 있다. 자본의 독주에 시달리는 '인력'이 될 것인지 다시 '인간'이 될 것인지? 후자를 택하려면 그것은 '생존'이 아닌 '삶'의 목표를 가질 수 있을 때 가능하다. 그리고 그것은 '삶'을 함께 나눌 사람이 있을 때 가능하다. 지구를 살리는 일에 몰두하는 삶, 욕심을 줄이고 함께 나누는 즐거움을 누리는 삶, 남과 나눌 이야기가 있는 삶 말이지. 그리고 생산 노동과, 자기 지역에서 생산하는 것에 관심을 갖는 일이 중요해. 물건을 상품 가치로 고려하기보다 사용 가치로 판단하는 것, 내가 꼭 필요한 것이 무엇인지 알아내는 것이 곧 시장 지상주의를 극복하는 길이다. 이것은 곧 문화 혁명이고 삶의 양식 전부를 바꾸어 가는 일이다.

모든 것을 상품으로 만들어 버리는 거대한 자본의 힘을 무력화시키는 길은 그것을 거부하고 피하는 것이 아니라 그 세상에 적극적으로 개입해 들어가서 문화적 생산을 함으로써 가능해진다. 고도 관리 사회란 모든 것을 획일화시키면서 다양한 것처럼 보이게 하고, 강제된 것이면서 합의의 질서처럼 보이게 하는 재주를 가지고 있다고 이미 말했었지. 그런 상태에서 너희들은 그냥 흥겨운 댄스 음악이나 들으며 조각난 시간들을 흘려 보내며 살아갈 수도 있다. 그러면서도 분열된 자신과 무기력감에 빠져드는 것을 종종 느낄 것이다. 그런 것을 느끼지 않는다면 병은 치유 불가능한 상태까지 간 것일 테지.

너도 이미 컴퓨터 통신을 통해 알 만큼은 알고 있을 것이지만 실제 삶과 점점 더 유리되는 '욕망의 제조 과정'에 대해 21세기를 살아갈 너희들은 보다 민감해져야 할 것이다. 현대인들이 가장 많은 영향력을 받고 있는 대중매체는 대중의 자발적인 헌신을 끌어낼 수 있는 막강한 힘을 가지고 있어. 그것은 바로 욕망을 만들어 냄으로써 가능해져. 10년 전에 십대들이 나이키를 신으려고 난리를 피운 적이 있어. 나이키를 신지 않으면 안 된다는 강박관념은 어디서 났을까? 소비 시대로 접어드는 시기에 나이키 광고는 나이키를 신으면 신세대가 되고 중산층이 된다는 이미지를 시청자들에게 심는 데 성공했던 거야. 그래서 새로운 존재로 태어나고 싶어하던 아이들은 어떤 일이 있어도 나이키를 신어야 했지. 그것이 바로 자신의 존재를 새롭게 태어나게 해줄 것 같은 생각을 심어 두었으니까 결사적일 수밖에….

요즘 대중 가수 생산업은 또 어떤지 살펴보자. 십대를 위한 대중 문화 상품을 만드는 회사는 그 또래의 아이들 중에 잘생긴 아이들을 뽑아서 '대중'이 좋아할 만한 팀을 만들고 그들을 상품으로 제조해 내기 위해 갖가지 방법을 다 쓰지. 상업주의 시대에 그것을 탓할 수 없지만, 한창 새로움을 받아들이면서 자신을 만들어 갈 열여섯 나이에 인기 가수가 되어 전속 계약에 묶여 있는 아이를 생각해 봐. 온갖 잡다한 대중 매체 프로에 끌려 다니며 공상할 시간은 물론 제대로 잠을 자거나 밥 먹을 시간도 없지. 그것도 5년 계약. 그 아이는 우리가 늘 안쓰러워했던 낡아빠진 동아줄에 목숨을 걸던 서커스단의 아이와 크게 다를 바 없다. 22세에 평생 먹을 돈을 벌었다 해도 그 세상에서 어느 날 버림받아 떨궈져 나온 아이는 남은 50년 여생을 어떻게 살아갈까?

대중 스타 시스템에는 그나마 스타가 되는 아이만 있는 것이 아니라 무수한 실패자들이 있다. 개중에는 학원비를 바치며 맹훈련을 하는 이들도 없지 않지만 더 많은 아이들은 노력도 않으면서 스타가 되는 꿈속에 살지. "짧고 굵게 살다 가죠 뭐"라는 자포자기한 분위기를 만들면서 말이다. 가수가 되는 것은 좋은 일이야. 그러나 그룹 비틀즈가 그랬듯이 고등학교 다니면서 팀을 만들고 방과 후에 맹연습을 하여서 사회로 진출을 하면 안 될까? 나는 시급하게 교육 개혁을 해야 한다고 기회만 있으면 말해 왔지만, 너희들도 이제는 힘을 모아 이런 시도를 자체 안에서 해보아야 한다.

'경제 개발주의'로 치달아 온 우리 사회는 자생적 문화 공간을 전혀 만들어 내지 못했어. 우리들이 즐겨 부르는 노래들 대부분이 자생적 공간에서 만들어진 후에 잘된 것들이 '선택'된 것이 아니라, 돈을 벌 목적으로 만들어진 기획 회사에서 만든 것들임을 너는 잘 알고 있을 것이다. 그런 면에서 나는 주체적으로 대중 문화 생산에 뛰어들어 커다란 교훈을 남긴 '서태지와 아이들'과 같은 그룹에게 무궁화 국민훈장을 주어야 한다고 생각한다.

최근 급격하게 형성되고 있는 '무법자적 청년 문화'도 실은 거대 자본이 만들어 내는 불확실한 미래와 분열적 상황을 견디지 못한 주변인들의 몸부림이 만들어 내는 문화이다. 제임스 딘으로 표상되는 시대적 반항의 문화는 때론 반인종주의적 사회 운동과, 때론 반전 운동이나 남녀 평등 운동과 연대하면서 새로운 시대를 열어갈 것 같으면서 아직 제대로 돌파구를 찾지 못한 상태에 있다. 청년 문화는 여전히 시궁창 같은 기성 사회를 비판하면서 시궁창을 맑게 하는 방안을 내놓지 못하고 있다. 뮤직 비디오에 자주 등장하는 찰나적인 죽음과 칙칙한 허무주의와 변신의 이미지들은 또다른 시궁창이 될 위험성이 적지 않다. 그냥 포기해 버리고 싶은 유혹을 너희들은 수시로 느끼겠지. 그럴수록 더욱 너희들은 너희들의 불만을 체계적으로 잠재울 수 있는 대중 매체의 생리, 문화 산업의 논리를 간파하고 있어야 한다.

대중 문화 자체를 무시하는 것은 크게 잘못된 생각이다. 인구가 많아지고 사회가 복잡해진 만큼 대중 매체는 발달될 수밖에 없고, 대량 복제 기술은 발달했어야 했어. 그 많은 사람들이 서로 의사 소통을 하고 각자가 가진 문제를 풀어내 놓고 집단적으로 지혜를 모아 가고 즐거운 축제를 벌여 갈 수 있는지 방법을 찾기란 매우 어려운 일이야. 고도의 기술 복제가 가능한 과학의 발달로 실은 그 일이 가능해질 수 있는 것이다. 문제는 우리가 대중이 참여하는 대중 문화를 만들어 가지 못하고 자본에 모든 것을 맡기고 있다는 것이지. 문화 생산자와 문화 수용자가 나누어진 현상이 바로 그것을 단적으로 말해 주고 있다.

문화적 주체가 된다는 것은 자기 삶의 주인이 된다는 말이고, 자기 삶을 표현하는 능력을 말한다. 상업주의가 개인의 욕망까지도 조작해낼 수준에 이른 시대에 문화적 주체가 되기란 결코 간단한 일이 아닐 것이다. 고도의 상업주의에 맞설 수 있는 유일한 방법은 자기 스스로 즐길 수 있는 능력, 자기 스스로를 표현할 수 있는 방법을 갖는 것이다. 점점 더 흥미로운 깜짝쇼를 기대하는 '수동적 관중'이 아니라 자신의 삶의 터전을 일구어 가는 '적극적 문화 향유자'가 되어야 한다는 것이다. 그러려면 모여서 자주 판을 벌여야 한다. 스스로를 즐겁게 하는 마당을 벌이고 함께 노래도 돌아가면서 부르고 여행도 자주 다녀야 한다는 말이지. 다시 학예회를 부활시키고 운동회를 찾자는 것이다. 마이크가 없으면 노래를 못하는 사람이 점점 더 많아지고 있지. 소비 자본이 정해 준 놀이 공간에서만 놀 줄 아는 현대판 꼭두각시들이 양산되고 있는 것이지.

너는 그러면 어떤 정체성과 성향을 가진 존재여야 하는 걸까? 앞에서도 말했지만 우리 세대는 '부지런히 일하는 산업 역군'이면서 한 민족 국가의 '국민'이 되기만 하면 되었다. 그러나 너희 시대는 '부지런하고 탁월한 능력을 가진 노동자'이면서 '지혜로운 소비자'이면서 '적절히 놀 줄 아는 문화적 주체자'이면서 '지구를 살리는 세계인'으로 협력할 줄 알면서 여전히 존재하는 국가 경쟁에서 살아남는 '국민'이면서 '자기가 사는 지역을 일구는 지역 주민'이어야 한다. 전지구적 시장에서 제대로 살아남기 위해서는 국산품을 애용하는 배타성이 아니라 적극적으로 좋은 상품을 생산해 내는 포용성과 창조성이 필요하다.

그런 경쟁 가운데서도 너희들은 '노동 중독증'에서 벗어나 일과 놀이가 어우러지는 삶의 방식을 회복해야 하고, 그래서 지금과 같은 비정상적인 삶의 속도를 정상 궤도에 올려놓아야 한다. 인간으로 남을 것인가, 인력으로 남을 것인가에 대해 심각하게 질문을 던져야 한다는 것이다. 무수하게 쏟아지는 엇갈린 정보들 속에서 바른 길을 찾아가기도 쉽지 않을 것이다. 이는 결국 인류가 불확실성과 불안정 속에서 빠져 죽고 말 것인가, 아니면 계속 지구상에 지혜로운 존재로 살아남을 것인가에 대한 질문으로 이어진다. 숨가쁘게 변화하는 전지구적 환경은 어느새 너희들을 둘러싸 버렸고, 너희는 더 이상 변화를 두려워해서는 안될 것이다. 오히려 그 변화를 파도 타듯 유연하게 타고 갈 감수성과 능력을 길러야 할 것이다. 기존의 경계선들이 허물어지고 다시 만들어지는 전환기에 유연한 정체성을 가져야 하고, 고정관념을 버리고 상대주의적 시선으로 현상을 바라보면서 다양한 관계들을 맺어 가야 한다는 것이다. 살인적인 속도의 근대화의 한계를 깨닫고 요즘 '전통으로 돌아가자'는 구호가 들리기 시작한다. 그러나 너희가 회복해야 하는 것은 '뿌리'라든가 '고향'이라는 이미지나 감정으로 압축되는 막연한 추상으로서의 전통이 아니다. 그것은 지금 네가 살고 있는 바로 그곳의 삶이고 관계다.

네가 몸으로 느끼고 있듯이 인류 미래의 전망은 그렇게 밝지 않다. '하면 된다'는 신념 속에 살아온 세대에게는 더욱 받아들이기 힘든 현실이지만 분명 세기말적 암울함이 감돌기 시작했다. 따지고 보면 지구상에 많은 생물들이 적응을 하지 못해 멸종을 했고, 인류라는 존재도 예외일 수는 없을 것이다. 물론 신이 인간만은 멸망시키지 않을 것이라는 인간 중심적 신앙을 가진 이들도 없지 않다. 불행히도 나는 그런 믿음을 가지고 있지 않으며,

설혹 신이 있다 해도 그의 뜻을 인간이 어찌 알겠니? 우리 인간에게는 최선을 다할 권리와 의무만이 주어져 있다.

5.

네가 학교를 떠난 것은 이러한 맥락에서 보면 아주 의미 있는 행동이었다. 거대하게 관료화된 한국의 학교는 좀체 변하지 않을 것이다. 제도 교육 현장을 지배하고 있는 시대 착오적인 문화는 정말 놀라울 정도로 끈질기다. 학교는 '신성한 곳'이며 '학교를 가지 않으면 죽는다'는 식의 믿음이 깨지지 않고서는 변화를 기대할 수 없을 것이다. 사람들은 위기를 인정하려고 들지 않는다. 특히 교육에 관련될 때면 그런 성향이 강해지는 것 같다. 학교에 전력투구하지 않고도 행복할 수 있다거나, 자신이 원하는 것을 하면서 '사회'를 기웃거려도 굶어 죽지 않는다는 것을 보여줄 때가 온 것 같다. 앞으로 오는 시대는 오히려 그래야 더 행복하고 능력 있는 사람이 될 수 있다는 사실을 교사와 부모와 그외 많은 어른들이 알아차려야 할 것인데 그들은 그러고 싶어하지 않는다. 이미 짜여진 거대한 드라마가 변할 때 올 혼란에 대한 공포가 너무 큰 모양이다. 그들 자신이 너무 도구적이고 순응적인 삶을 살아왔기 때문일 것이다.

청소년 이야기를 새로 쓰기 위해서 한국 사회에 사는 우리가 일차적으로 해내야 하는 것은, 청소년들 대부분의 시간을 잡아두고 있는 학교를 흔드는 일이다. 이제는 학교를 흔들어야 한다. 그래서 위기 상황을 위기 상황으로 인정하게 해야 한다. 사실상 나는 너의 떠남이 제도 교육의 변신을 재촉하는 자극제가 될 것을 내심 바라고 있다. 지식을 주입하는 교육이 아니라 지식을 찾아내는 방법론을 가르치는 학교, 과거의 인식에 매달려 있다가 빠져 죽는 아이가 아니라 혼돈 속을 살아남을 아이를 기르는 학교, 자신의 일상 문화와 학습 문화가 통합된 교육이 이 땅에 들어설 수 있게 하는 충격 말이다. 삶의 체험을 체계적으로 박탈하면서 상상력을 죽이고 있는 갖가지 벽들을 하나씩 하나씩 차분하게 허물어 가면서 너희들 스스로의 공간을 확보해 가기 시작해야 한다.

이런 일을 해내기 위해서 지금 우리들에게 시급하게 필요한 것은 생각을 바꾸는 것이다. '청소년기'에 대한 새로운 철학을 세울 때라는 말이다. 더 이상 청소년기를 어른이 되기 위한 유예 기간, 또는 준비 기간으로 보지는 말자. 물론 준비 기간인 측면도 있지만 동시에 그것 자체로 삶이어야 한다는 사실을 간과해서는 안될 것이다. 삶은 과정이며 그 자체가 목적이지, 부모의 기대라든가 사회적 성공이라든가 부가 목적이 될 수는 없다. 그런 만큼 삶의 어떤 기간이 행위자 자신의 의도와는 전혀 관련 없이 입시 준비나 학교에 의해 완전 장악되어서는 안될 것이다.

그런 면에서 나는 너희들이 지금부터 '시민으로서의 권리'를 확보하는 운동을 벌여가야 한다고 생각한다. 학교에서 열네 시간을 사는 학생의 길을 택했다면 학교 생활을 어떻게 만들어갈 것인지에 대한 제안권과 투표권을 행사하기 위해 투쟁해야 한다. 학교에 식당을 만들 것인지, 체벌 교사를 어떻게 처벌할 것인지, 교내 폭력을 어떻게 이해하고 해결해 가야 할 것인지, 매달 마지막 달에는 댄스 파티를 여는 것은 어떨지, 야간 자율 학습을 자율적으로 할 것인지, 일본과 축구 경기가 있는 날은 학교를 일찍 끝낼 것인지, 두발 자율화를 할 것인지, 교복을 입을 것인지, 수학 여행을 소모임으로 갈 것인지, 교육적인 여행인 경우 한 학기당 일주일 정도는 여행을 해도 결석이 아닌 것으로 할 것인지, 계절마다 문화제를 벌일 것인지 운동회를 할 것인지 등에 대한 주제를 두고 학교에 있는 어른들과 협상하기 시작해야 한다고 생각한다.

너처럼 학교를 떠나기로 한 경우는 학교 밖에서 더욱 적극적으로 자신의 삶을 통합적으로 만들어갈 방안을 모색해야 하겠지. 학교를 택했건 아니건 간에 너희들은 하나의 세대로서 학교 안에서건 바깥에서건 너희들이 몸담고 있는 여러 현장에서 시민으로서의 지위를 획득하기 위해 연대해야 하겠지. 학교의 학생으로서, 대한민국의 청소년으로서, 한 가정의 '시민'으로서, 한 동네 '시민'으로, 그리고 세계의 '시민'으로서의 권리와 의무에 대해 심사숙고하고, 권리를 얻어 내기 위해서 말이다.

후기 산업 사회로 갈수록 '청소년기'가 연장될 것이라고 전문가들은 내다보고 있다. 그래서 청소년기에 대한 생각을 바꾸어야 한다. 이런 맥락에서 투표권 나이를 낮추자는 이야기도 진지하게 나오고 있다. 나 역시 16세 청소년들에게 예비 투표권을 주었으면 하는 생각이다. 나라에 중대한 선거가 있을 때 너희 나이라면 충분히 너희들의 미래를 좌우할 사안에 대해 할 이야기가 있어야 하고, 또 있을 것이라 생각한다. 참정권이 없다 하더라도 노인정과 여성회관이 지역마다 있듯이 각 동네에 청소년들의 집을 마련해 주겠다는 정치가를 밀어주는 선거 운동을 벌여도 좋겠지. 어리광을 부리거나 불평만 하기에는 인생이 아깝지 않니? '시민'으로서의 자리를 만들어 가는 것, 현실에 참여하는 것, 자신의 미래를 만들어 가는 일에 적극성을 가지고 모이는 것, 어려울까?

6.

짧고 쉬운 편지를 쓰려고 했는데 길고 어려운 편지를 쓰고 말았구나. 이 글이 지금은 낯설고 어렵게 읽히겠지만 실은 세계 여러 나라에서 네 또래들은 이미 이런 주제로 많은 토론을 하고 있다. 나는 우리 나라 청소년들도 2, 3년 안에 이런 주제를 두고 활발하게 토론하게 되리라고 믿는다.

조급하게 서두르지는 말자. 조급증이야말로 우리들이 늘 경계해야 할 적이다. 한꺼번에 500만 명의 청소년들을 구제할 방안은 어디에도 없다. 각자의 장에서 자신들이 할 수 있는 일을 해내야 할 것이다. 나는 얼마 전 영상에 관심이 많은 아이들을 위한 작은 고등학교를 만드는 준비를 하고 있다는 이들을 만났다. 청소년 문화의 집들을 만들려는 구상을 정부에서 하고 있다는 말도 들었다. 조만간 변화가 있을 것을 기대하면서 우리 편에서 준비를 해가자.

이 편지를 읽고 있는 네 얼굴을 떠올려 본다. 침통한 표정이겠지. 기가 죽어 있니? 감당하기 힘든 짐을 지고 너희 세대가 요즘 심하게 흐트러지려는 모습을 자주 본다. 너희 세대의 방황하는 혼이 내뿜는 무기력함에 때론 나 역시 질식할 것 같다. 너희 세대가 좋아하는 영화들이 절망적인 사랑을 주제로 하거나, 「내츄럴리 본 킬러」라는 영화에서처럼 "나는 태어날 때부터 나쁘게 태어났어요" 식의 말을 아무렇지도 않게 하는 것, 이해 못하는 것 아니다. 그런 종말론적 성향이 실은 상당 부분 너희들이 지고 있는 시대적 중압감에서 오는 것이고, 아주 급진적인 전환의 필요성을 절감하는 너희 세대의 올바른 시대 인식에서 오는 것임을 나는 알고 있다. 너희들 세대가 유사 이래 짙은 화장을 하고 짙은 향수를 뿌리고 다니는 것 역시 너희들 자신이 아주 새로운 빛깔을 가진 시대를 만들어 내야 함을 감지하고 있기 때문이라고 보고 싶다. 그러니 섣불리 흐트러지지는 말자.

30년 후에 십대들인 아이들에게 지금 이야기를 들려주면 어떤 표정을 지을까? 그들은 공부 기계가 아니면 수동적인 텔레비전 광(狂)을 양상해낸 지금의 시대를 보고 그 문화적 야만성과 무지에 대해 깜짝 놀랄까? 그들은 우리가 새로운 시장 경제와 과학 기술에 적응하지 못한 채 압도당했으며, 자신들이 가진 고정 관념에 사로잡혀 자녀들을 병들게 했으며, 그런 문제들을 풀어가기에 적절한 교육도 전혀 하지 못한 아주 뒤떨어진 암흑 시대를 살았다며 측은해 할까? 그들이 만약 초등학교부터 대학까지 신기술을 의사 소통을 위한 방편으로 활용하는 법을 배우고, 정부는 문화의 중요성을 인식하고 갖가지 문화 활동을 지원하면서 '시장'의 독주와 상품 광고라는 멍에로부터 사회 구성원들을 해방시키려고 노력하는 시대를 산다면 그들 눈에 우리는 당연히 그렇게 비춰질 것이다.

이런 상상은 물론 우리를 위로한다. 그러나 미래는 지금보다 더욱 암울해질 수도 있다. 네가 내 나이가 되었을 때, 너는 후배들에게 어떤 내용의 편지를 쓸까? 21세기는 네가 살아가야 하는 시대이고, 너희들이 주도해야 하는 시대이다. 너희는 다시 인간의 빛깔과 향기를 되찾아야 하는 세대이다. 나는 네게 한마디만 하라고 한다면 "너 자신을 배려하라"고 말하고 싶구나. 일차적으로 네게 주어진 시간을 관리하는 훈련을 하기 바란다. 자기 방 청소를 하는 것, 작은 일에 충실하는 훈련을 할 필요가 있다.

삶은 거창한 것이 아니라 작은 시간과 약속의 연속이다. 기차가 제 시간에 떠나는 것, 신뢰 관계를 형성하는 것, 이것은 작은 일인 것 같지만 아주 큰 일이다. 다음으로, 현실은 네가 만들어 가는 이야기/꿈속에 있음을 잊지 말기 바란다. 그리고 미래는 바로 그 현재 속에 있다. 과거와 현재를 잇는 이야기가 있는 한, 그리고 그 이야기를 할 상대가 있는 한 우리는 잘 버텨낼 수 있다. 조만간 만나자. 네가 만들고 있는 빛깔이 어떤 색인지 보고 싶구나. 너를 알게 된 것을 행운이라 생각한다. 오늘은 그럼 이만.

일천구백구십칠년 팔월에

컬트 영화 같은 세상은 누가 만든 세상?

김현진

조한혜정 선생님께

선생님의 긴 글, 한번에 다 읽어 버리기가 아까워 아껴 가며 야금야금 읽었습니다. 많이 추운데, 감기 같은 것으로 고생하시지는 않는지… 건강하시길 바랍니다.

전 솔직히 말씀드려서 선생님이 하신 말씀에 답변하는 것으로 이 글을 적을 능력이 없습니다. 그럴 자신도 없구요. 지금 많이 지쳤다고 할까요? 제 문제, 제 주위 문제… 같은 걸 생각하기만도 힘겹고 지겨운 상태여서 구조적 문제까진 생각할 여유가 없는 것 같습니다.

하지만, 제 문제, 제 주위 문제… 그런 것들의 속내가 아마도 선생님이나 다른 여러 선생님들이 걱정하시고, 바꾸고자 하시는 문제들일 거라 생각합니다. 학교를 박차고 나온 지, 몇 달이 흘러갑니다. 매스컴들, 많이 관심을 보였죠. 절 꽤 진절머리 나게 할 정도로… 자정이 다 되어 찾아오는 열성부터 시작해서 '심경 고백'을 원하

---

* 김현진은 고등학교를 자퇴했다. 현재 한국예술종합학교 영상원에 재학중이다. 『네 멋대로 해라』(1999, 한겨레신문사)를 썼다.

는 여성지, 심지어는 어느 포르노 잡지까지 취재를 원하더군요(이런!). 저희 집은 상당히 완고한 편이고… 섭외 중 응한 것은 그래서 반의 반도 안 되는 것 같습니다. 그런데도 그 반의 반도 안 되는 것들을 보고 참 많은 반응들이 왔고… 그걸 보면서 전 더 많은 생각들을 하게 됐습니다.

'국내 최연소 편집장' '영화 감독 지망생' 심지어는 '우리 시대의 진정한 신세대'라는 식으로 불리는 나, 자랑스럽지도 우쭐하지도 않았습니다. 그 중에 아무 데도 전 없었기 때문입니다. 전 그리 특출나지도 않고, 단지 영화를 아주 좋아하고, 제 세계를 모욕하는 곳에 더 이상 머무르고 싶지 않았을 뿐입니다. 오해가 많습니다. 지금 하고 있는 네가진 NEGAZINE(http://www.sss.co.kr, www.negazine.com)에 대해 애정은 있지만 결코 그것을 하려고 학교를 나온 것이 아닌데, 사람들은 제가 잡지 하나 만들러 나온 줄 알더군요. 그 기사들 중의 아무 데도 약간 괴팍스럽고 영화를 사랑하는 평범한 청소년 저 김현진은 없었습니다. 네가진을 함께 하고 있는 사람들은 모두 5명, 그들 중 아무도 저 정도의 개성을 갖지 못한 사람은 없습니다. 하지만 늘 팀 인터뷰를 해도 저에게 질문의 화살이 돌려지는 건 어쩔 수 없었습니다. 남과 다르니까 … 학교를 안 다니니까? 어떻게 보면 엄청 단순한 것 같은 이유가 그렇게도 컸는지… 상당히 무례하게 굴던 어느 방송국 프로듀서가 생각납니다. '자신있게 살아가는 바른 청소년들의 모습을 그려보겠다'고 열변을 토하며 집요하면서도 별로 깔끔하지 못한 방법으로 섭외를 거듭하던 그 사람은 제가 최후 대책으로 좋다, 우리 네가진 팀만큼 그렇게 자신있게 사는 사람들 없다, 네가진 팀을 소개해 주겠으니 취재하라고 하자 안 된다며 머뭇머뭇거리더니 제가 다그치자 결국 '그 사람들은 학교를 다니지 않냐'며 화를 버럭 내는 것이었습니다. 그때부터 조금씩 고민들이 꼬리를 물고 늘어졌습니다.

저는 네가진 팀들에 대해서 누구보다 자부심을 갖습니다. 웹진을 만드는 데 있어서 물론 이해 관계가 중요한 스폰서와의 관계에서는 지칠 때가 많지만 저희 팀에 관해서만은 저는 자신을 얻습니다. 그들은 어떤 면에서는 저보다 훨씬 용기 있는 사람들이거든요. 저희 팀 아이들은 정말로 다양하고 독특합니다. 학교를 배척하지 않으면서도 적극적으로 자신의 색깔 찾기를 하는 녀석, 스스로 아예 어른들의 찌꺼기 문화를 개조해 신나게 살고 있는 엉뚱한 녀석 등등…. 그래서 늘 전 인터뷰가 있을 때마다 "한국 청소년에겐 모델이 없다. 그래서 전 네가진 팀을 통해 새로운 모델을 보여 주겠다"고 자신있게 말했습니다. 하지만… 점차 고민스러웠습니다. 그걸 보는 사람들이나, 다른 사람들의 눈에는 소속된 이와 소속되지 않은 이의 차이가 확연히 보일 것이고, 제시된 모델은 저만으로 보일 것이 분명했기 때문입니다. 어른들에겐 어떻게 보이든 상관없습니다. 그들에겐 제가 일단은 자기 자신의 문제는 아니니까요. 하지만, 청소년들에게는 다릅니다. 그들에게는 바로 동시대를 사는 같은 세대의 문제, 즉 바로 자신들의 문제이기도 한 거니까요.

이러고 있을 바에는 저희가 그렇게도 경멸하던, 한국 청소년의 유일한 모델인, 안경 낀 공부벌레가 어디 합격하고 "나는 이렇게 공부했다"며 나불대는 그런 것과 성격만 조금 틀릴 뿐 다를 바가 없다고 절감했습니다. 남을 위해 사는 것은 아니고, 남에게 보여 주기 위해 한 일도 아닙니다. 그러나 저는 "청소년이 숨쉴 수 있는 공간이 되겠다"는 모토를 가진 웹진을 맡고 있는 사람이고, 창간사 대신 「청소년 해방 선언서」를 발표했었습니다. 일단 공적으로 비춰졌다는 겁니다. "한국 청소년의 모델을 보여 주겠다"는 건, 배짱 좋은 선전 포고였습니다. 저는 그렇게 저희 팀 아이들과 저를 보여 주었지만 사람들의 눈에 띈 건 그저 저였던 겁니다. "학교를 뛰쳐나왔다"밖에 없는. 이대로라면 이건 모델은커녕 정말 "나는 이렇게 합격했다"와 다를 바가 없었던 겁니다.

지금 청소년들이 아무런 대안을 찾지 못하고 있는 상황에서, 공부를 잘하는 아이이건 못하는 아이이건 다른 방면에 재능이 있는 아이이건 아니건 모두 "나는 이렇게 합격했다"에 때려맞춰지는 이 환경, 이 시대. 학교 안에서도 어떤 선택이 없고, 학교를 나와서는 더더욱 어떤 선택도 가질 수 없는 상황에서, 여과없이 제가 어떤 모델로 보였다는 것이 비록 의도했던 바는 아니라 하더라도 청소년 단 한 명에게라도 어떤 혼란으로 다가가지 않았을까, 하는 고민을 끊임없이 하게 됐습니다.

지금 저희들은 도대체 '청소년'이라는 것의 정의가 무엇인지도 모르겠습니다. 어깨에 각목 들어간 듯한 어른들은 말하죠. "청소년기에는 심리가 불안정하고 예민하며… 어쩌구 저쩌구 따라서 어른의 지도를 받을 필요가 있다…" 우린 그런 이들을 경멸합니다. 저나, 저희 네가진을 보고 반항적이라고 말하는 사람이 많습니다. 저는 거의 불량아 선봉같이 됐죠. 특별히 저희가 반항적인 것이 아니라, 그저 애들은 이제 더 참아줄 맛이 나지 않는 겁니다. 더 이상 '선도'되어야만 하고 '보호'받아야만 하고 '관리 대상'인 위치에서 참을 맛이 나지 않는 겁니다. 어른들이 폼잡고 말하는 것 중에 "눈높이를 아이들과 맞추자"고 얘기하는 게 있죠. 웹진에 나타나는 청소년들의 반응을 보면서 저는 "일단 그 아이라는 말부터 집어치워라"고 말해 주고 싶습니다. 어른들이 '눈높이'를 맞추겠답시고 나오는데 이미 지쳐 버린 아이들의 냉소를 봅니다. 아직 아이들은 박제가 되지는 않았습니다. 그들은 가상 공간에서 자신들이 지쳐 있음을 토로합니다. "청소년 지도자 모임? 웃기지 마라"면서요. 누가 그들을 우리의 지도자로 임명해 주었냐고 말입니다. 누가 지도해 달라고 했냐구요. 네가진의 성격이 쌍욕을 한다든지 저급하지는 않지만 다분히 비판적인 면이 있습니다. 역시 가상 공간에서 친근해진 몇몇 독자들은 "이거 나라에서 보면 넌 안기부에 잡혀갈 것"이라며, 하지만 "우리 나라에 어깨 각목 들어간 어른들 중에 인터넷할 줄 아는 어른들은 몇 없을 테니까 발 뻗고 자라"며 씁쓸한 농담을 하기도 합니다. 대화를 아직 포기하지는 않았지만 지쳐 가는 겁니다.

저도 10년여쯤 되는 학교 생활 동안 일단 교사들로부터 많은 한계를 느꼈습니다. 특히 자퇴를 결심하게 된 고등학교에서의 갈등. 제가 다니던 학교의 교장은 공공연하게 "열린 교육이 무슨 소용이고 인성 교육이 무슨 상관이냐, 대학 못가면 말짱 꽝이다"는 말을 서슴없이 하는 사람이었습니다. 93%의 대학 합격률을 자랑하면서 그 숫자 뒤에 지쳐 가는 학생들은 거들떠보지도 않았고, 제가 하겠다는 영화에 "별 재능도 없어 보이는데 왜 난리냐"는 말을 망설이지 않고 퍼붓던 교장. 다큐를 찍고 싶다는 제 말에, 다큐는 둘째치고 학교 교실을 배경으로 한 8분 가량만 찍고 싶다는데 전체 시나리오를 '검열'해야 하겠고, 또 하나의 문화에서의 활동에 촉각을 곤두세우며 그들의 책을 가져와 보라는 둥, 제 주변 '성향'을 알아야겠다는 둥 하는 말에 제가 "절 지금 발그스름한지 아닌지 의심하시는 겁니까?" 하고 분개하자 말을 더듬던 학생 주임. 결국엔 "회의 끝에 다른 학생들에게 악영향을 끼치는 학생이라고 사료되어 허락할 수 없다, 일체 더 이상 촬영하겠다고 어떤 수작이라도 할 시에는 어떤 일이 일어날지 장담할 수 없다"는 모멸적이고도 협박성을 띤 통보. 심지어 자퇴 후에도 제가 가장 친하게 지내던 성적이 우수한 친구의 어머니와 통화해서 "사회에 대해 비판적인 학생이니 가까이 어울리지 못하게 하라"고 했다던 담임.

저는 결코 무례한 불량 학생도, 열등생도 아니었습니다. 그들이 늘 아침 조회에서 부르짖던 학생과 '눈높이'를 맞추는 교육을 몸으로 실천했더라면 최소한 저에게 통보를 하지는 않았을 겁니다. 입만 살았기 때문에, 그들은 왜 제가 한사코 영화를 하려는지, 그 열정을 한 번 들어볼 생각도 하지 못했고, 자기네가 안 된다는데 그걸 고개 숙이고 받아들일 수 없는지, 안 된다면 안 되는 거지 왜 말이 많은지를 도저히 이해하지 못했던 겁니다. 저를 그들보다 열등하고, 저열한 존재로 보았기 때문에 설마 지가 무슨 말을 하랴고 생각하고 "다른 아이들에게는 절대로 입 다물고 가만히 있어"라는 비겁한 언사마저 서슴지 않았던 겁니다. 그들에게 "저는 어쨌든 편견 없는 지성을 믿습니다"라는 말을 던지고 학교를 나왔을 때, 저를 말린 친구들은 없었습니다. 오히려 위로했습니다. "니가 있을 곳은 여기가 아니다, 이딴 더러운 데는 우리가 있을 테니 더 멀리 날아라"라는 격려를 해준 그 친구들을 저는 잊지 못할 겁니다.

제가 지금 웹진을 통해서 조금이라도 청소년의 생각을 전달해 보려고 낑낑대는 것도, 결국은 그들을 위해서였습니다. 지금 그애들이 지쳐 가는 겁니다. 웬만하면 교사를 비롯한 어른들과 잘 지내고 싶고, 예쁘게 살고 싶어하는 그애들이 지쳐 가는 겁니다. 위험한 건, 어른들이 생각하듯이 매스컴을 수놓는 그런 애들이 아니라, 평범한 대다수가 지금 지쳐 가고 있다는 겁니다. '눈높이'니 '인성 교육'이니에 이젠 더 이상 속지 않겠다는 말입니다. 전혀 학생의 입장이 반영되지 않는 학교, '학교 폭력'이라면 교사 폭력은 당연하다는 듯이 간과해 버리는 사회. 청소년의 인권이 없는 나라. "잘 먹고 잘 입으면 됐지 무슨 배 부른 소리냐"는 사람들도 있겠지만 우리는 지금 전후 세대가 아닙니다. 그리고 어른들이 일구어낸 현재도 이제는 의식주를 걱정하는 차원을 떠나 "어떻게 좀더 인간답게 사느냐"가 중요한 시대라고 봅니다. 일단 태어날 때부터 풍요한 의식주에 익숙해진 상황에서 자연히 풍요한 정신생활을 갈구하자 "배 부른 소리 마라"며 정신은 전후 세대로 돌아가길 강요하는 건 현격한 모순이라고 봅니다.

우리는 존중받길 원합니다. "니네가 해놓은 게 뭐 있다고 존중받냐"고 말한다면 아마 더 이상 아이들에게 통하지 않을 겁니다. 오히려 어른 공경하라는 말에 "집 밖에 나가기 무서운 사회를 만들어 놓았으면서 뭘 하라는 거냐"고 아마 코웃음을 칠 겁니다. 우리는 말뿐이 아닌 진정한 눈높이를 원하는 겁니다. '눈높이'라는 건 말 그대로 같은 위치를 말하는 것이지 경험과 나 이상의 우월함을 빌미로 내려다보며 이래라 저래라 잔소리하는 게 아닙니다. '대화'란 결코 '훈계'와는 다릅니다. 일단 청소년들을 '미성숙하고 관리해야만 할 존재'라는 생각을 갖고 대하기 때문에 "청소년들을 이해 못하겠다"는 어른들의 투덜거림이 그치지 않는 겁니다.(저희는 이것을 한사코 투덜거림이라 표현합니다.) 그렇지 않다면 '청소년 문제'라는 웃기는 말이 존재할 리가 없습니다.

만약에 누가 잘못을 했는데 그게 애였다, 그러면 이제 나라 뒤집히는 겁니다. '청소년 문제' 어떻고 저떻고 신문에는 '오늘의 청소년' 칼럼에다가 모자이크 사진 등장하고… 얼마 전 그 난리 한 번 났었죠. '빨간 마후라'인지 뭔지 해서 나라가 발칵 뒤집어졌던 것 말입니다. 그게 만약에 스무 살만 넘은 '어른'(글쎄, 열아홉 살에서 스무 살이 된다고 갑자기 뿅 하고 어른이 될까요? 미스테리죠)이었다면 어떨까요. 솔직히 걸리지도 않았을 겁니다. 그거 직접 연출하고 감독했다는 그 남자애도 한 2 - 3년만 나이가 더 들었더라면 더욱더 많은 연구와 실습 끝에 유호를 능가하는 포르노 영화 제작자가 되어서 돈방석 위에 올랐을지도 모르죠. 말 그대로 '남세스럽게' 다 벗는 누드 모델 이승희가 '한국의 딸'이 되고 섹시하지 않으면 도태될 것 같은, 정작 어른들은 아무런 가치관도 제시해 주지 않으면서 어른 흉내 조금 냈다 하면 벼락같이 달려들어 떠들어대고 잡아가는 시대에서, 소위 그 '청소년 문제'라는 것이 발생하지 않는 것이 이상한 것 아닙니까? '청소년 문제'라는 말을 쓰는 빈도만큼 '성인 문제'라는 말을 쓴다면 나라 뒤집히지 않을 날이 없을 겁니다. "대통령도 잡혀 가고, 대통령 아들도 잡혀 가고, 이 컬트 영화 같은 세상은 누가 만든 세상이냐" 하면 변명할 겁니다. "무책임한 일부 어른들의 잘못으로 너희들을 볼 면목이 없구나" 등으로. (학교 조회 등에서 많이 듣는 어구입니다.) '일부 어른'이라… 자신들이 잘못한 건 '일부 어른'이죠. 그런데 그들의 논리대로라면 우리 청소년들은 모두 폭력 집단이요, 파행적인 집단인 겁니다. 왜 그렇게 사회적으로 논란이 되고 있는 무리들도 우리 중 '일부'일 뿐이라는 생각은 하지 못하는 걸까요? 그게 다 청소년이라는 존재를 자신들보다 하등하고 열등한 존재로 보고 있기 때문인 겁니다.(제가 이런 얘기를 하면 "감히 어른한테 맞장 뜰려 그러냐"며 화를 버럭 내는 사람들이 꼭 있습니다.) 그렇지 않다면, '청소년 보호법'이니 '청소년 통금 구역'이니 그런 웃기는 것들이 생기지는 않았을 겁니다.

그 법 자체를 비난하고 싶지는 않습니다. 하지만 '청소년'들에게 관계가 되는 법이란 말입니다. '청소년'들에게 직접 적용되는 법이라구요. 그런데, 그 실제적인 대상이 되는 청소년들에게 그 법을 만든 사람들이 누군지는 모르지만 한 번이라도 물어본 적이 있습니까? 없단 말이죠. 그게 다 '청소년을 열등하고, 사고 능력이 정착되지 않은, 사고할 줄 모르는 나약한 존재'라고 보고 있기 때문인 것 아닙니까? 거기까진 다 좋습니다. "스스로 생각할 줄, 판단할 줄 모르는 청소년이니까 그런 세심하고 오밀조밀한 규정까지 다 알아서들 해주시는 거겠죠. 감격해서 눈물이 다 나는군요. 그렇다면 왜 한켠에서 '요즘 애들은 나약해서 제 손으로 할 줄 아는 건 하나도 없어'라고 이러쿵 저러쿵 하는 걸까요? 그렇게 될 수밖에 없는 논리 아닙니까? 알아서들 다 해주시면서, 저희가 손 댈 데는 하나도 없잖아요. 가라는 데(학교, 학원, 독서실)만 가면 되고, 가지 말라는 데(당구장, 노래방 등 주로 남녀가 같이 있는 데)만 안 가면 되지 않습니까? 알아서 다 해주시면서, 해달라고 하지 않은 것까지 그렇게 세심하게 다 해주는데 제 손으로 할 줄 아는 게 하나라도 생기면 이상한 거 아닙니까?"

그런 이야기를 했더니 한 친구 녀석이 그러더군요. "야, 그래서 우리는 관상용이라는 거 모르냐? 우린 원래 어른들 관상용이야" 이러는 겁니다. 그래서 "너는 참붕어, 나는 블루길" 하며 한참이나 웃었던 기억이 납니다. 비리비리한 열대어가 되서 사랑을 받느니 혼자 사는 튼튼한 참붕어 할 거야, 난 다 잡아먹는 블루길 될 테다면서 냉소했었습니다. 녀석은 "우린 어른들 다마고치잖아. 그냥 주면 먹고, 재우면 자고, 개기면 얻어맞고, 다마고치보다 나을 게 뭐 있냐? 근데… 아무래도 난 고장난

거 같다…" 하더군요. 그래서 전 "음… 난 날 때부터 불량품이야" 하며 둘이서 열심히 다짐했었습니다. 주면 먹고 재워줄 때 자는 다마고치 말고 차라리 당당한 불량품이 되자구요. 그렇게 되느니 아예 스스로 건전지를 빼버리자구요.

물론 정말로 어른들 말대로 웃기지도 않은 애들도 있습니다. 무조건 어른들 흉내만 내는 애들 말이죠. 그 형태가 이유 없는 폭력이든, 그저 본능에만 따른 성교든. 일단 어른들이 하는 일을 보아왔고, 그게 좋건, 나쁜건 무조건 흉내만 내보는 애들. 우린 그런 애들은 경멸합니다. 하지만, 뭔가 스스로의 삶을 제대로 꾸미겠다는 열정이 조금이라도 남아 있는 아이들이 신문지상을 장식하는 '파행적 청소년'의 커다란 활자 뒤 어딘가에 분명히 남아 있고, 그런 아이들, 그리고 저와 제 친구들은 목에 칼이 들어와도 다마고치가 되지는 않을 겁니다. "요즘 애들, 요즘 애들" 하지만 요즘 어른들도 문제란 점을 그들이 잊지 않았으면 좋겠습니다. 그리고 중요한 점은, 아직 저희는 대화 채널을 포기하지 않았습니다.

선생님.

이렇게 말하는 저도 지쳐 감을 느낍니다. '청소년 문제'가 아니라 저 자신이 말입니다. 저는 결코 몇몇 사람들이 생각하듯 뛰어나지 않습니다. 가끔 채팅할 때도 알아보는 사람이 있는데, 의외로 소심한 듯한 저를 보고 이구동성으로 하는 말이 "자신감 넘치는 사람인 줄 알았다"는 겁니다. 전 결코 신세대의 전형도, 자신으로 똘똘 뭉친 똑똑이도 아닙니다. 자신 없고, 지금도 가끔씩 제 선택에 대해 후회는 하지 않지만 고민도 하고, 쓸데없는 생각도 많이 하고, 교육 문제 등에 관심은 있으시지만 아직 절감하신 적은 그다지 없는 평범한 저희 부모님의 마음을 제가 상하게 한 것에 대해 드러내지는 않지만 큰 죄책감을 지울 수 없는 평범한 김현진일 뿐입니다. 아버지가 전화 통화하시며 "차라리 평범한 딸이었으면 좋겠다" 하시던 그 말씀이 아직도 가슴에서 잊혀지지 않는, 그리고 어머니의 눈물이 아직도 가슴에 남은.

비판 들을 것도 적지는 않았습니다. 선생님도 아시는 예의 그 신문 독자 투고란의 거의 고발성의 "불법 취업에다 악영향을 주는 학생이다"는 투고, "너희 집이 인터넷 쫙 깔아놓은 부잣집이냐"는 터무니 없는 인신 공격성 발언, "열일곱 살이 뭐 이러냐, 나쁜 것만 본다"는 이상한 공격….

하지만 그럴 땐 독자들이 보내온 메일들에서 참 힘을 얻었습니다. 제가 조금 풀이 죽어 있을 때 "세상을 너무 일찍 알아버렸지만 그렇기에 더욱더 남아 있는 순수를 지키려 하는 모습인 것 같다"며 격려를 보내온 사람들도 저는 잊지 못합니다. 영원한 건 세상에 없고, 절대적인 것도 없지만 저와 친구들은 불완전과, 모든 불확실함을 믿습니다. 지금의 삐걱대는 세상도, 불완전하고 불확실한 모습들도 역설적으로 모든 가능성을 가리킨다고 믿기 때문입니다.

제가 걸어온 길, 제가 가야 할 길. 모든 아이들이 '퇴폐적인 십대'인 것은 아닙니다. 그리고 십대만이 청소년이 아니고… 저희는 청소년이라는 단어가 아예 사라지기를 원합니다. 그런 세상엔 소위 '노땅'도 없으니까요. 모두가 평등한 '인간'으로 살아가는 세상, 권위가 사라진 세상이 아니라 권위를 부르짖지 않아도 어른이 존중받는 세상, 어리다고 무시받지 않는 세상. 그런 것이 진정 평등한 세상이 아닌지…. 저희가 가야 할 길은 잘 보이지 않고, 막막할 때도 많습니다. 하지만, 그럴 때 어른들이 등떠미는 것이 아니라, 잡아끄는 것이 아니라 부드럽게 길을 가르쳐 주고 손을 한 번 잡아 준다면, 그리 어렵진 않을 겁니다.

저희는 기존 질서의 파괴가 아니라 진보를 원합니다. 어떤 일이 있더라도, 지금 저희가 추하게 여기는 어른들 같은 모습은 되지 않을 겁니다. 최소한, 저희들의 자녀들이 "엄마는 어떻게 이런 세상에 자식 낳을 생각을 했어"라는 말은 안 하게 할 생각입니다. 불가능한 일은 아니라고 봅니다. 단, 서로 조금씩의 틈만 준다면요. 세대 차이는 고개를 뻣뻣하게 들고서는 결코 극복 못하는 일입니다. 하나 바라는 게 있다면, 저 같은 아이가 다시는 없었으면 좋겠습니다. 학교보다는 영화를 사랑했기 때문에 어쩔 수 없는 선택이었지만, 이제는 정말로 '학생을 위한 학교'가 되었으면 합니다. 학교는 학생을 위한 곳입니다. 교사 전용 공간은 교사 스스로 청소를 해야 하는 것처럼 단순한 문제에서부터 학생의 인권을 존중해 나가기 시작할 필요가 있습니다. "목숨 걸고 학교 다닌다"는 농담이 들려오고 있습니다. 더 이상 간과하고 모른 척해도 되던 때는 지났습니다. 일단 졸업시켜 놓고 보자는 생각도, 오래는 가지 못할 겁니다. 더 이상 아이들은 바보가 아닙니다.

이제 날씨가 엄청 춥게 느껴집니다. 공부하는 데도 더 가속을 붙여야 할 때가 오는 것 같습니다. 조금 게으르게 살기도 했었고, 제대로 신경 쓰지 못한 면도 많았습니다. 저를 지켜봐 주시는 분들이 많다는 것을 염두에 두면서 꼭 지금 비싼 대가를 치른 대로 해내고 말 겁니다. 제 나우누리 아이디는 '고다르X'입니다. 제가 늘 장 뤽 고다르를 경쟁자라고 농담하던 거 생각 나시죠? 그게 농담이 되지 않도록 할 생각입니다. X는 미지수죠. 앞으로 어떻게 될지 모르지만 고다르 이상의 가능성을 지녔다는 다소 건방진 생각에서 X를 덧붙였습니다. 반드시 노력해서 영화를 사랑한 만큼 해내고 말 겁니다. 그게 저를 아껴준 선생님들, 친구들에 대한 최소한의 인사라고 생각합니다.

소위 '불량 청소년'의 껍데기 뒤에 아직 지치지 않은 아이들은 남아 있고, 우리는 환상의 유토피아가 아닌 다 함께 갈 수 있는, 그저 좀더 나은 세상을 꿈꾸기를 포기하지 않을 겁니다! 건강하시고 안녕히 계세요.

일천구백구십칠년 시월 현진 드림

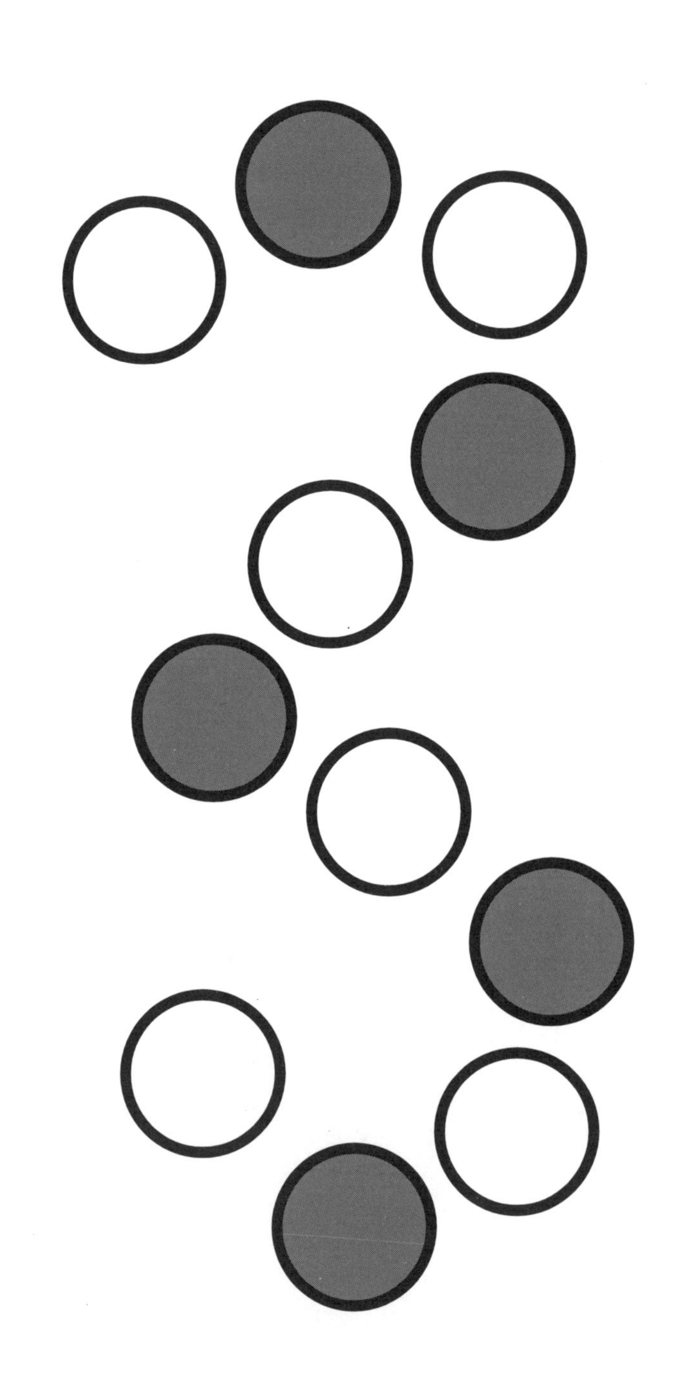

III. 왜 지금 「청소년」을 이야기하는가? —「학생」과 「청소년」 사이

3 21세기 비전과 교육

문화 비전 2000 보고서

동아시아와 동남 아시아는
21세기 세계 경제의 새로운 중심 지역으로 주목을 받아 왔지만
번영과 함께 생겨나는 즐거움이란
노동에 굴종하도록 정신과 육체를 재생시키는 정도의 것들이다.
가장 치명적인 일은 어린이의 정신과 육체마저
교육이라는 이름으로 식민화되고 있다는 점이다.
— 노마 필드, 1996, 「전지구적 동원을 향하여 : 문명론과 자본주의」 중에서

---

* 1997년에 생긴 문화체육부 자문 기구인 '문화 비전 2000 위원회' 보고서용으로 작성했던 글이다.

관점의 공유

제도 교육은 문화적 빈곤을 심화시키는 주요 변인으로 등장하고 있다. 교육 현장은 더 이상 종속 변수가 아니라 독립 변수로 사회 경제 문화적 침체를 심화시키고 있다.

한국의 제도 교육이 실패하였음은 이제 모든 사람들이 동의하는 바일 것이다. 파행적 역사 진행은 파행적 교육 제도를 낳았고, 제도 교육 현장은 문화적 잠재력을 상실한 다수의 인간을 생산하는 장소로 전락했다. 특히 지난 사반세기의 급격한 경제 성장은 일상의 생활 세계를 심하게 파괴하고, 교육 영역의 극단적 피폐함을 초래했다.

지금 시점에서 교육을 논하려면 우리 사회가 거쳐온 지난 2세기에 걸친 파행적 근대화가 초래한 현실에 대한 인식이 공유되어야 할 것이다. 파행적 근대화 과정에서 독재적 정치 권력의 수단으로 전락한 공교육은 정치 권력 체제의 변화에 따라 변하는 종속적 기구였으나, 장기간에 걸쳐 형성된 이 체제는 이제 그 자체로서 독자적 재생산 체제를 가진 거대한 관료 체제로 굴러가고 있다. 모두가 입을 모아 교육 개혁을 하자고 외치지만 변화를 이루어낼 수 없는 이유가 여기에 있다. 현재 제도 교육은 문화적 빈곤을 심화시키고 파행적 현실을 강화하는 독립 변수이다.

교육 개혁은 진보주의와 개발주의 논의로는 해결할 수 없다. '경제 발전'을 따라잡기 위해서 '교육 개혁'을 하고 '문화 발전'을 하자는 식의 진보주의적 논리로는 문제가 풀릴 수 없다. 바로 그 진보주의적이고 도구주의적인 논리를 상대화할 수 있는 비판적 거리를 확보함으로써 비로소 현 위기 상황을 돌파할 대안을 찾을 수 있다. 사람을 구조에 종속시키고 문화를 경제에 종속시키며 의사 소통을 물질 세계에 종속시키는 시대 언어를 바꾸어야만 한다.

인간은 상징을 통해 환경에 적응해 온 동물이다. 문화란 한 사회의 상징 체계로, 그것은 곧 그 사회 집단이 가진 위기 관리의 능력을 말한다. 위기 극복을 위해서 필요한 것은 위기 상황에 대한 정확한 인식과 그 상황을 극복해 나갈 자원을 확보하는 것이다. 이를 위해 사회 구성원들 사이의 원활한 의사 소통이 이루어져야 하며, 개인적 체험이 구조 변동으로 연결되는 통로가 열려 있어야 한다. 좋은 문화란 개인의 체험과 자기 표현이 중시되고 의사 소통의 의지와 능력이 높이 평가되는 사회이며, 체제로서 '유연성'과 '다양성'을 가진 상태를 말한다. 거대한 금융 자본의 독재 시대가 열리는 가운데 자존을 지키며 살아가야 할 다음 세대 아이들을 우리는 어떻게 길러낼 것인가? 그것은 자기 시대를 비판적 거리를 두고 바라볼 수 있으면서 자기에 대한 사랑과 타인에 대한 신뢰를 가진 인간을 길러 냄으로써만 가능하다.

지금의 제도 교육은 21세기를 살아갈 아이들을 기르는 기관으로서 무용할 뿐 아니라 해악적이다.

현재의 교육은 고부가 가치 시대에 걸맞은 '인력'을 양성하지 못할 뿐 아니라 청소년들을 거대한 하류층 문화의 수용자로 전락시키고 있다. 1980년대 입시 교육은 수출 위주 대량 생산 시대에 나름대로 적합성이 있었을지 모르지만 지금은 거의 순기능을 상실했다. 시대적 기능을 상실한 비합리적 공간에서 수년을 보낸 학생들은 자학적이고 자폐적 증세를 보이거나 극단적으로 수동적이다. 대학은 냉소적이고 수동적이며 피해 망상적인, 또는 경쟁만을 할 줄 아는 입학생들이 뿜어내는 파괴적 에너지로 가라앉아 있다. 한마디로 대학은 고시원과 요양소로 전락하고 있다. 어떤 사람을 기를 것인가?

21세기는 전지구적 자본주의화가 가속화되는 고도 경쟁 시대이며, 문화와 경제의 경계가 불분명해지는 시대이다. 자본의 전지구화와 자동화로 인해 노동과 자본의 갈등은 심화될 것이고, 국가간, 계급간 빈부 격차 역시 더욱 심화될 것으로 보인다. 소비 상업주의는 고도로 세련된 대중 매체 기술을 통해 사회 구성원들의 욕망을 조작해 내고 그를 통해 효율적 통제를 하려 들 것이다. 21세기 교육 관련 종사자들은 이런 체제에서 어떻게 인간으로서의 감수성과 지력을 잃지 않고 살아갈 사회 성원을 만들어 갈 수 있을지를 두고 심각하게 고민해야 한다. 더 이상 '성장'과 '진보'의 이미지로 미래를 꿈꿀 수 없으며, 대신 '성숙'과 '지속 가능성,' 또는 '인류 생존'의 관점에서 교육을 생각해야 할 것이다.

'문화적 역량'의 두 차원

후기 산업 사회의 경제적 활성화와 사회적 안정은 그 사회의 문화적 역량에 크게 좌우되리라는 전망이다. 지금까지 과학 기술주의적 패러다임에 종속되어온 제도 교육의 이상이 이제 급진적인 선회를 해야 할 시점에 왔다. 학교는 대량 생산 체제에 적합한 수동적이고 참을성 있는 기계적 인간이 아니라 스스로 문제 상황을 파악하고 고부가 가치 상품을 만들어 낼 수 있는 문화적 인간을 기르는 곳이어야 한다.

1990년대에 들어서 정부나 기업에서는 '문화적 역량'을 길러야 한다는 점을 누누이 강조해 왔는데, 그것은 경제적 위기 의식에서 나온 것이다. 구체적으로 전지구적 차원의 '경제 전쟁' 시대로 돌입하면서, 그리고 그 전쟁이 아이디어의 전쟁이므로 '문화 산업'을 개발해야 한다는 인식을 가지게 되면서 문화를 강조하게 된 것이다. 정부나 기업에서 강조하는 차원의 문화적 역량은 그런 면에서 당장 고부가 가치 상품을 만들어 내어 국가 경쟁력을 높이기 위한, 단기적 안목에서 '경제를 위한 문화적 잠재력 발굴'을 강조하는 측면이 강하다. 이 측면을 강조하는 문화주의자들은 주로 좁은 의미에서의 문화, 곧 예술과 인문학적 지식을 부각하고자 하며, 이런 능력을 경쟁력 있는 문화 상품을 생산해 내는 기술 개발 차원에서 인식하는 경향을 보인다. 예를 들어 대중 문화의 중요성이 높아지면서 대단한 영화를 만드는 것이 거대한 공장을 짓는 것보다 더 많은 수입을 올릴 수 있다는 경제적 타산에서 '문화'를 강조한다는 것이다.

실제로 단기적 경제 발전/유지를 위해 문화적 잠재력을 개발하는 것은 시급한 일이지만 21세기의 문명 비판가들은 이보다 장기적인 차원에서 문화가 회복되어야 함을 강조한다. 이들이 말하는 '문화적 역량'은 사회 구성원들이 하나의 의사 소통 공동체로서 지니는 사회 인식 능력이며 사회 생활의 질을 말한다. 개인 차원에서 보면 자신의 일상을 주체적으로 영위하는 능력을 뜻하는데, 이는 좀더 포괄적이고 넓은 의미의 문화로, 구체적으로 상징적 상상력과 사회 성원들 사이의 의사 소통력(신뢰성)이 그 핵심을 이룬다.

요컨대 건강한 문화를 가진 사회란 개인이 구조로부터 소외당하지 않는 체제, 도구적 합리성이 일상성을 지배하지 않는 체제, 구성원들의 감수성과 상상력과 분석력이 현실을 바꾸어 가는 데 적극적으로 작용하는 체제이다. 한국의 미래 교육은 당장 문화 산업 역군을 배출해야 하는 급박함을 안고 있으면서 동시에 심하게 식민화된 일상성을 회복해낼 문화적 주체들을 배출해야 한다. 갈수록 거대해지는 기술력과 자본력에 지배당하지 않고 그 힘을 관리해낼 수 있는 문화적 주체들을 길러 내야 한다는 것이다.

문화 산업을 기르기 위한 예술과 인문학 교육

전지구적 차원의 시장이 형성되고 경쟁이 심화되면서, 또한 대량 생산 공산품이 아니라 고부가 가치 상품, 문화 상품이 비중을 차지하게 되면서 세계 각국에서는 세계의 노동 시장에 걸맞은 인력을 기르기 위해 교육 제도를 바꾸려는 노력을 기울이고 있다. 단순한 노동을 재빨리 기계가 대체해 가는 탈대량 생산 시대에 필요한 인력은 시장의 변화를 재빨리 간파하고 새로운 상품을 만들어 내는 사람들이다. 현실을 제대로 읽어낼 수 있고, 순발력 있게 자발적으로 일을 기획할 수 있는 사람들이 필요한 것이다. 이런 사람들은 기술적 교육으로 길러질 수 있는 것이 아니라 인문 예술적 조예와 훈련을 통해 길러질 수 있다. 미래를 대비하는 청소년 교육에서 예술과 인문학을 강화하자는 이유가 여기에 있다. 급변하는 상황을 제대로 파악하고 문제의 다각적 해결 방안을 찾아내며 공동 작업을 하는 능력을 인문학적 사고 훈련을 통해서, 그리고 연극이나 영화, 음악, 또는 미술 등을 통한 언어적 비언어적 자기 표현력을 높임으로써 개발하겠다는 것이다. 이런 능력은 유연한 경제 체제가 일차적으로 요구하는 노동력의 핵심이다.

한국 사회에서도 경제 성장 초기부터 피아노와 미술 등 예술 교육이 강조되어 왔지만 그것은 어디까지나 기술 교육이며, 점수를 따기 위한 것이었고, 신분을 과시하기 위한 도구였다. 여기서 말하는 예술 교육은 독창적으로 자신을 표현할 수 있는 능력과 표현 욕구이다. 이러한 표현 욕구와 표현력은 그 자체로 값비싼 광고의 카피가 되고 영화 시나리오가 된다. 달리 말해서 사회 구성원들의 표현 욕구를 억제한 사회는 문화 산업의 발전을 원초적으로 막아 버린 셈이 된다.

학생들이 어릴 때부터 자기 의사를 표현하는 것을 장려해야 하고, 그때의 의사 표현은 언어적 표현에 국한되는 것이 아니라 만화, 노래, 영상 등 비언어적 매체를 포함한 다양한 방식을 포괄한다. 어릴 때부터 이런 능력을 길렀던 사람들과 입시 위주 교육에 시달리다가 대학에 가서 이런 활동을 해보는 사람들 사이에서의 승부는 시작도 하기 전에 끝이 난다. 자생적 산업화 과정을 거친 제1세계와 그렇지 못한 제3세계 간의 문화 전쟁에서 제3세계가 밀릴 수밖에 없는 이유는 바로 어릴 때부터 문화적 향유자로서의 자기 표현과 창조의 경험을 체계적으로 박탈당했기 때문이다. 오로지 국가에 충성하는 '국민', 그리고 경제 생산에만 몰두하는 '온순한 생산자'를 만들어 내는 데 맞추어진 한국의 제도 교육은 이제 적극적으로 자신의 정체성을 만들어 가고 자기 표현을 하는 인력을 기르기 위해 교과 과정을 바꾸어 가야 한다.

청소년을 위한 예술과 인문학 특별 프로그램이 마련될 필요가 있는데, 그것은 학교 안의 정규 프로그램 개발과 실험 학교를 개설하는 방식을 겸함으로써 퇴화된 문화적 감수성을 빠른 시일 안에 회복시켜야 할 것이다. 기본적으로 총체적인 기획력과 자기 표현력을 높이는 데 효과적인 연극 과목을 필수 과목으로 한다거나, 학교 내외에 각종 예술제 — 전국 고등학생 대상 영상제, 록 음악회 등 — 를 통해 각자가 자신이 원하는 예술 활동을 활발하게 벌여 가게 해야 할 것이다. 이때 기존의 고급 예술에 대한 고집과 '대중문화'에 대한 고정 관념을 가진 교사들을 위해 재교육이 필요할 것이며, 사실상 자기 소외적이지 않은 예술 교육을 해낼 수 있는 교사 육성이 시급하다. 미국의 한 조사에 따르면 제대로 된 예술 교과 과정이 있는 학교에서는 중퇴율과 장기 결석률이 줄어든다고 하였다. 예술 교육은 단순히 문화 산업 역군을 기르는 것만이 아니라 갈수록 통제하기 어려워지는 청소년들의 건강한 사회 생활을 위해서도 강조되어야 할 부분이다.

후기 산업 사회에 문화적 주체를 기르는 교육

후기 산업 사회 내지 탈근대 사회는 인류의 종말이 현실화될 위험을 가진 위기의 시대로도 인식되고 있다. 과학 기술과 자본과 대중 매체가 주조하는 도구적이고 구경꾼적인 의식은 인간의 소외를 심화시키고 일상성을 파괴해 왔다. 특히 한국 사회가 추진해온 개발 제일주의적 초고속 근대화는 도구성이 공동체성을 압도하는 문화를 낳았다. 거대 자본이 독주하는 시대에 오로지 '인력'으로 전락하는 인간의 위기, 고도 기술 시대가 초래하는 '노동의 종말', 그리고 계급의 양극화에 따른 '무법자 하위 문화'의 형성은 복합적인 위기 상황을 낳고 있다. 날로 암울해지는 인류의 미래와 고학력 취업난, 입시 위주 교육의 결과로 형성된 무기력한 청소년 문화는 한국의 문화 지형을 급격하게 변화시키고 있다.

특히 급격한 한국 사회의 변동은 '비동시성의 동시성'이라는 복합적인 갈등 상황을 초래했으며, 이는 같은 공간에 살면서 전혀 다른 시간을 사는 사람들을 만들어 내었다. 봉건적 농경 시대의 시간성을 내재화한 인간과, 기계가 주도하는 시간성에 익숙한 근대적 인간, 그리고 유목민적 생활 리듬에 끌리는 탈근대적 인간들이 한 공간에 살아가고 있다. 상황은 아주 복합적이고 뒤죽박죽이어서 의사 소통을 시도할수록 관계는 더욱 악화되고 피해 망상 증세가 늘어나는 쪽으로 나가고 있다. 교육 현장에서도 이런 양상은 예외 없이 나타나고 있다. 교사와 학생들 사이의 체험과 감성의 괴리가 갈수록 커지고 있고, 시간과 공간 개념 자체가 다른 이들 사이의 갈등도 높아지고 있다. "선생님은 알 필요 없어요"라고 쏘는 학생들의 말이나 눈초리를 교사는 이제 아무 소리 없이 접수해야 하게 되었다. 세대간 의사 소통을 포기한 청소년들은 이 땅에서 이루어지고 있는 것보다 서구에서 만들어지고 있는 '무법적 하위 문화'에 더욱 친화력을 느끼면서 소비 자본이 부추기는 놀이를 하느라 바쁘다. 제3세계의 청소년들은 서구 사회에서보다 더욱 급격하게 파편화되는 '주체의 소멸' 위기를 경험하고 있는 것이다.

학생들을 둘러싸고 있는 일상은 입시 체제로 굳어진 관료제와, 교육에 여전히 기대를 거는 부모와 상업주의적 대중 문화이다. 그곳에서 아이들은 심한 분열을 경험하고 있다. 구체적으로 지금 한국의 제도 교육 현장은 자신감에 넘치는 우물 안의 개구리인 소수의 '모범생'들과 초국적 청년 대중 문화에 편승하는 '날라리'들을 양산하는 곳이 되고 있다. 모범생들은 조만간 전지구적 경쟁 체제에서 좌절할 운명에 있으며, 다수의 날라리 청소년들은 무법적 하위 문화에 침잠해 들어가고 있다. 상업주의적 대중 문화의 확산은 대중을 문화의 주체로 만들기보다 갈수록 자신의 역사에 대해 구경꾼의 위치에 서게 하는 방향으로 나아가고 있다. 딱히 이 땅의 사람들만이 아니라 세계에 살고 있는 사람들의 다수가 여전히 가난에 쪼들리거나, 그렇지 않으면 일상의 관리된 분주함에 시달리느라 자신의 주변에 일고 있는 지식을 기억하고 반추하고 행동으로 옮길 수 있는 문화적 주체가 되지 못하고 있다.

자신의 일상에서 소외된 자들은 파괴할 힘은 있어도 생산할 힘은 없다. 입시 교육 현장은 현재 한창 감수성이 예민한 십대들로부터 문화적 주체가 될 잠재력을 체계적으로 빼앗고 있고, 일상의 소외를 문제 의식 없이 받아들이도록 길들이는 공간이 되고 있다. 이런 위기 상황에서 자신을 주체로, 스스로 적극적으로 만들어 갈 수 있게 돕는 교육이 시급하다.

그 동안 도구적 합리주의와 통계 숫자가 판을 친 사회가 얼마나 인간의 문화적 잠재력을 퇴화시켰으며, 그럼으로써 우리 자신들의 장기적 적응 능력을 퇴화시켰는지를 인식하고, 앞으로 오는 시대에 대한 비판적 인식을 할 수 있도록 후기 자본주의의 문화 논리가 지닌 위험성을 가르칠 필요가 있다. 이는 동시에 편협한 민족주의적 주체 인식에서 벗어날 것을 요구한다. 새로운 질서와 주체를 형성하고, 이성과 감성의 조화를 이루며 의사 소통을 회복하는 일에 집중할 때가 된 것이다.

끊임없는 소비의 유혹에 시달리지 않고 주체적 소비를 할 수 있게 하는 건전한 소비자 교육, 생산주의 시대의 '노동 중독증'에서 벗어나 일과 놀이 속에서 유연한 생산에 참여할 수 있는 생산인 교육, 자신의 운명 공동체와 연대감을 인식하는 공동체 교육이 이루어져야 한다. 특히 전지구적 생존에 관심을 가지면서 자신의 국가와 지역과 가족 등 의미 있는 관계를 유지하는 신뢰성 있는 인간을 기르는 것이 중요하다.

학교 문화 회복을 위한 지침

다음 세대를 후기 산업 사회의 문화적 주체로 바로 서게 하는 데 있어서 현재의 입시 위주 제도 교육은 속수무책의 상태에 있다. 많은 이들은 '총체적 난국'임을 핑계로 서로에게 책임을 미루고 있다. 문제를 총체적으로 파악하되 각자는 자기 현장을 적극적으로 바꾸어 나가야 한다. 지금처럼 총체적으로 병든 학교 사회에서 부분적 제도 개선은 별로 도움이 되지 않는다. 포괄적인 학교의 일상 문화에 주목할 때이다. 최근에 늘어나고 있는 청소년들에 의한 자발적 학교 이탈 현상은 교육계의 실상에 대해 많은 것을 말해주고 있다.

학교의 일상성 회복은 바로 초고속 근대화가 가져온 일상성의 파괴, 특히 시간과 공간의 분열을 인식하는 것에서 시작되어야 한다. 현재 위기에 대한 인식은 상당히 폭넓어지고 있으나 이를 극복하려는 합리적인 방안들은 나오고 있지 않다. 그러한 진공 상태에서 한편에서는 기성 세대의 보수주의와 권위주의적인 목소리가, 다른 한편에서는 청소년 세대의 "삶을 포기하겠다"는 협박적 원성이나 "내버려둬 주세요"라는 애원의 목소리가 들린다. 학교의 무기력한 일상 문화를 생기 있는 문화로 바꾸어 가는 일이 시급하다. 저항과 거부의 감성이 시대적 언어로 표현될 수 있는 조건을 마련해야 한다.

그런데 그 조건은 기성 세대에 의해 만들어질 수 있는 것은 아니다. 학생 자신들의 자치 공간 속에서 만들어질 부분이다. '어른'들은 직접적으로 개입하기보다 그들에게 공간을 마련해 주면서 자리를 피해 줄 필요가 있다. 지금은 어른의 존재 자체가 청소년들에게는 부담스러운 시대이다. 세대의 문제는 개인의 문제가 아니라 구조적 문제라는 것이며, 그런 면에서 기성 세대는 '하면 된다' 식의 강박적 집착증에서 벗어나 다음 세대를 풀어놓을 줄 알아야 한다. 이것이 학교 문화를 회복하기 위해 어른들이 염두에 두어야 할 가장 중요한 원리이다.

일상성 회복을 통해 학생들을 문화적 주체로 서게 하기

일상성 회복을 통해 학생들을 문화적 주체로 서게 하기 위한 첫 작업은 학교의 일상성 속에서 언어의 힘이 다시 자리를 잡도록 학습 분위기를 바꾸는 것이다. 언어는 힘이며, 그것이 곧 문화의 힘이다. 자기 표현과 새로운 아이디어를 적극적으로 내놓을 수 있는 분위기가 형성되어야 한다.

현재와 같은 교사와 학생과의 위계 서열적 관계는 자기 표현을 어렵게 만드는 요인이 되고 있다. 최근에 학교 현장에서 교사가 교실에서 존댓말을 사용하는 문제가 거론되고 있는데 이 방안은 학교의 일상 문화를 바꾸어 가는 데 매우 효과적인 방법이 될 수 있다. '연장자'와 '연소자' 사이의 불합리한 권력 관계는 일상 문화를 새롭게 만들어 가는 데 장애가 된다. 상호 인격적 존재로서의 교류 방법을 찾는 것이 중요하며, 나이와 신분과 상관없이 상대를 다중적 주체를 가진 인격체로 인정하고 상호 작용하는 기본 훈련이 필요하다.

언어가 힘을 갖기 위해서는 또한 체험의 중요성이 인정되는 학습이 되어야 한다. 동시에 삶의 체험을 진하게 할 수 있는 여행이나 자원 봉사 활동을 필수 과목으로 할 필요가 있다. 중학생은 근처에 있는 탁아소에서 아이를 보살피는 경험을 하고, 고등학생은 노인들을 보살피게 하는 방법이 있다. 이런 경험은 남을 위해서가 아니라 바로 자신들이 시대를 알아 가고 삶을 배워 가기 위함이다. 바로 그런 경험을 통해서 학생들은 근대적 시민이 갖추어야 할 새로운 시민 의식을 갖게 될 것이며 쉽게 무법자 하위 문화에 빠져들지 않을 것이다. 지금 아이들에게 일차적으로 필요한 것은 스트레스를 발산할 최소한의 시간과 공간이다. 빈둥거릴 수 있어야 한다는 것이며, 그래서 자기 표현을 할 수 있게 되어야 한다.

이는 두번째의 과제, 곧 일상의 시간과 공간을 재구성하는 작업과 이어진다. 학교에서 지내는 절대 시간을 줄이는 것이 일상성을 회복하기 위한 중요한 요건이다. 학생들은 학교 생활에서 리듬감을 가질 수 있어야 한다. 하루 단위로 신체적 운동과 정서적 활동을 할 공간과 시간을 배치하고, 주 단위로 자신이 가장 하고 싶은 일을 할 특별 활동 공간과 시간을 배치해야 한다. 계절별로 축제와 문화제를 열어 학생들이 무엇인가를 장기적으로 기획하고 연습하고 마무리할 수 있는 공간과 시간이 주어져야 하며, 반드시 학교 안에서만 일어나는 행사가 아니라 전국 고등학교 종합 문화제라든가 아시아 지역 고교생 대중 음악 축제 등도 마련되어야 한다. 여기서 가장 중요한 것은 학생들의 자치 공간과 시간의 확보이다. 특별 활동과, 개별, 집단별 여행 등 학생들이 스스로 체험하고 기획하는 활동이 교육의 가장 핵심적 부분임을 확실히 할 필요가 있다. 이 점에서는 선배들과 연계를 맺어서 이미 대학교에 가거나 사회에 나간 선배들이 후배들의 활동을 끌어 주고 사회와 연계

할 수 있게 돕는 방안을 모색할 필요가 있다.

이와 동시에 물리적 공간의 재구성 작업이 이루어져야 한다. 한 반 학생수를 30명 선으로 줄여야 하며, 토론 가능한 교실이 많아져야 할 것이다. 공간이 부족할 경우, 인근 지역에 있는 문화 회관이나 청소년 극장, 카페 등을 연결하여 자치 활동을 마음껏 벌일 수 있도록 지원해야 한다. 현재 문화적 욕구는 높은데 갈 곳은 없는 학생들 사이에는 미성년자 출입 금지인 카페나 나이트 등지에서 노는 것이 상당히 일상화되어 있다. 그들이 소비 자본에 의해 만들어진 상품적 공간에서 시간을 소모하게 하기보다는 더욱 적극적으로 삶을 체험하고 원하는 일을 기획하고 경험할 수 있는 공간을 학교 밖에도 많이 만들어 가야 할 것이다. 청소년들의 활동을 지원하기 위한 제대로 된 문화 공간이 마련되고 문화적 감수성을 가진 '문화 안내자' 집단이 학생들의 활동을 지원하는 체제를 마련해야 한다.

세번째로 학생들의 일상 문화와 관련하여 이제 학교에 침투해 있는 대중문화를 인정해야 할 때다. 대중 문화의 소비자로 첨단을 가는 학생들은 학교 교육과 동떨어진 소비 문화를 교실로 끌어들임으로써 실은 매우 분열적인 문화 상황을 만들어 내고 있다. 두 개의 상반된 공간 속에서 갈등 없이 살아가는 방법은 일관된 사고를 포기하고 상황에 따라 변신을 하면서 조각난 시간을 때우며 지내는 것이다. 이는 결과적으로 자신의 일상 문화에서 소외된 청소년들을 양산해 낸다. 이제 분열을 조장하는 문화를 바꾸어 갈 방안이 필요하다. 문화적으로 주체적이 된다는 것이 무엇인지를 인식하게 할 필요가 있으며, 이때의 교육은 대중 문화와 별개의 문화 교육이어서는 안 된다.

한국 사회는 1980년대에 이미 본격적인 소비 자본주의 시대로 접어들었고, 다수의 사람들은 거대한 복제 기술에 의한 대중 문화의 영향권 아래 놓여 있다. 대중의 욕망은 대중 매체를 통해 표출되고, 대중 문화와 엘리트 문화의 이분법은 의미를 잃어 가고 있다. 학교는 고급 문화를 방어하기보다 대중 문화를 적극적으로 수용하면서 그 수준을 높여 가기 위한 논의를 시작해야 한다. 세계적인 음악가로 추대 받고 있는 비틀즈도 영국 고등학교의 대중 음악 문화가 길러낸 밴드이다. 대중 문화가 발전하려면 세련되게 포장되어 방출되는 문화 산업이 아니라 자생적인 문화인들이 주체가 되는 문화 활동이 활성화되어야 한다.

문화 산업 시대에 수동적인 '구경꾼'을 양산하지 않으려면 적극적으로 대중 문화를 학교 안으로 끌어들여 생산을 하고, 또 대중 문화 비판을 할 수 있어야 한다. 기 드보르[1]의 표현대로 세련된 자본주의는 구색 갖춘 시간의 블록을 판매한다. 스펙터클적 상품은 오로지 그것에 상응하는 현실의 심화된 빈곤 때문에 유통될 수 있다. 문화적 감수성은 십대 이전에 거의 형성되는 만큼 일찍부터 문화적 생활에 익숙해지는 교육이 이루어져야 한다. 고전 음악, 대중 음악, 만화, 패션, 영화, 문학, 텔레비전 읽기, 소설 쓰기 등을 통해 십대부터 자기를 표현하고 그것을 남들과 공유한다는 것이 갖는 의미를 알게 되는 길만이 대중이 구경꾼으로 전락하는 것을 막는 길이다. 이것이 바로 성찰성을 높이는 교육이며, 이 시대가 필요로 하는 문화 산업을 발전시키는 길이며 장기적인 사회 적응력을 높이는 방법이다.

네번째로 학교 현장에 만연한 폭력 문화를 바꾸어야 한다. 청소년 폭력 문화는 사실상 그 원인이 폭력적/수동적/비주체적 분위기에 의해 재생산되고 있다. 구체적으로 체벌의 이름 아래 행해지는 교사 폭력이 문제이다. 일상에 만연해 있는 폭력 문화를 바꾸어 내기 위해서 일시적이나마 모든 종류의 체벌을 금할 필요가 있을 것이다. 체벌이 꼭 필요하다고 생각되는 경우에는 절차를 거쳐서 하게 하는 방법을 써야 한다. 사실상 고등학교에서 행해지는 체벌은 구타이며 폭력이다. 그런 폭력을 당한 사람은 극심한 혐오감에

---

1) 기 드보르, 1996, 『스펙타클의 사회』, 이경숙 옮김, 현실문화연구.

휩싸이게 되는데, 그것은 폭력을 가한 사람에게만이 아니라 폭력을 당한 자신에 대한 혐오감과 무력감이기도 하다. 이와 관련하여 성희롱과 성폭행 문화를 바꾸어 가기 위한 조치가 시급하다.

문화는 최악의 상태에서 탈출할 대안이 있다고 생각하는 사람들에 의해서 바꾸어진다. 그런 면에서 일상 문화를 바꾸려면 교육의 주체로서 학생과 부모들에게 확실한 선택권이 주어져야 한다. 교육을 받는 당사자들이 스스로 선택을 한 후 그 선택에 책임을 지는 방향으로 교육 제도가 바뀌어야 한다는 것이다. 지금의 평준화 교육은 획일주의를 강화시키고 있고 탈락의 공포와 상대적 박탈감을 심화시키며 다수를 심리적으로 무력한 존재로 만들고 있다. 교육을 둘러싸고 '공포의 문화'가 형성되어 있는 것이다. 이제는 대안을 마련하고 대안이 있음을 알림으로써 교육의 주체들이 교육 개혁에 적극 나설 수 있어야 한다. 다양한 실험 학교들이 만들어지고, 필요에 따라 학교별 입시 제도를 부활시켜야 할 것이다. 학교를 일렬로 세우는 것이 아니라 다양성을 살리는 방향으로 유도하면서 대안 교육 프로그램을 적극 지원해야 할 것이다. 그래서 하루 14시간을 공부만 해서 한국에 있는 일류 대학에 가는 것이 생의 목표인 학생은 그런 학교에 갈 수 있게 하고, 영화 감독이 되고 싶은 학생은 마음껏 책을 읽고 여행을 하고 영화 감독을 만나서 이야기를 나눌 수 있는 학교에 가야 한다. 착실하게 기차가 제 시간에 떠나게 하는 일에 관심을 가진 학생은 그가 원하는 대로 착실한 소시민적 삶을 사는 것에 자부심을 느낄 수 있는 전인적인 생활 문화 교육이 이루어져야 할 것이다.

문화와 권력 : 관료적 세력의 판도 바꾸기

학교의 일상성 회복은 학교의 권력 구조가 바뀌어야 가능한 일이다. 무사안일한 관료주의적 학교 문화가 재생산되는 것을 막으려면 책임자들의 역할이 중요하다. 이 면에서 교육감을 비롯하여 학교 책임자들의 인선 절차가 중요하다. 우선은 대학 입시만을 목표로 하는 이기적인 학부모의 압력을 물리칠 수 있는 사람을 뽑아야 하고 공평한 절차를 통해 인선이 이루어져야 한다. 일차적으로 책임자는 기존 관료제의 부패에 연루되지 않은 인물이어야 한다. 지금까지의 교육 관련 기득권층은 권위주의적이고 부패한 관료 체제와 어떤 식으로든 관계를 맺고 있었다. 권력 지향적인 부패의 구조에 개입되어 있는 '왕당파'들은 학부모나 외부의 압력에 쉽게 굴복하거나 야합할 수밖에 없다. 이런 측면에서 볼 때 청소년을 단속하기 전에 기존의 부패 구조와 야합하고 있는 '어른들'을 규제 단속할 필요가 있다. 새로 기용할 교장은 변화에 대한 의지가 있어야 하며 교육계의 흙탕물에 젖지 않은 인물이어야 할 것이다. 개혁 의지가 사그라지지 않은 청렴한 교육자라든가 남성 중심적 부패 구조와는 거리가 먼 여성 교육자라든가 젊은 세대의 교육자를 대거 발굴할 필요가 있다.

학교장 급의 인사는 교사 집단 내 권력 관계의 변화와 함께 이루어져야 한다. 교사들 중에 '왕당파'가 아니라 '개혁파' 쪽에 무게가 실려야 한다는 것이다. 교사 연수원에서 청소년 문화에 대해 강의를 하면서 나는 수강생인 교감이나 교무주임, 또는 교사들이 다양할 뿐 아니라 그 실력의 격차가 엄청나다는 것도 알게 되었다. 이제 교사도 실력제로 인선이 이루어져야 할 것이고, 필요에 따라 봉급 체제에 차등을 둘 필요가 있다. 지금 학교 현장에 절대적으로 필요한 교사를 고용하기 위해서 봉급을 따로 줄 수도 있다는 것이다.

동시에 21세기적 감수성을 가진 교사들이 늘어야 한다. 새로운 시대에 대한 언어를 이해할 수 있으며, 학생들과 교감을 나눌 수 있는 상징 분석가적 역할을 해낼 교사들이 필요하다. 그들을 대거 영입해서 특활이나 그 외 교내 문화 기획을 담당하게 해야 한다. 신세대 교사가 대거 신규 채용되어야 할 것이고 학교 문화를 활성화하는 프로그램에 지원금을 따로 할당할 필요가 있다.

고질적인 권위주의 교무실 문화를 바꾸기 위해서는 교무실 공간 배치를 새롭게 할 필요가 있다. 삼성 재단이 학교를 맡으면서 교무실 공간을 크게 바꾼 강남의 한 고등학교에서 교사들의 학구적 활동이 매우 활발해졌다는 보고서를 읽었다.[2] 그 보고서에 따르면 이전의 공간은 교감에 의해 감시당하고 있는 구조였으며 밀집되어 있어서 개인의 활동이 어려웠던 반면 새 공간은 개인 공간을 마련해 줌으로써 집중력이 높아졌고 학생들과 깊이 있는 상담도 가능해졌다고 한다. 또 전문적 영역에 따라 교사간의 협력도 용이해졌고, 권위주의적 서열 문화를 일의 전문화와 효율성이 중시되는 문화로 전환을 이루어낼 수 있었다. 변화는 단순히 인식을 바꾸라고 해서 이루어지지 않는다. 오히려 공간을 재배치함으로써 얻어낼 수 있는 효과가 크다.

관료적 문화를 바꾸려면 또한 학교를 공개해야 한다. 지금은 학교가 마치 비밀 조직처럼 닫혀 있고 영화를 만들거나 참여 관찰을 하는 것이 거의 불가능한 상태이다. 교장은 입시 위주 교육에 방해가 되기 때문이라고 하지만 그것은 실은 부분적인 이유에 불과할 것이다. 현재 이루어지고 있는 교실 안의 분위기를 노출하기 싫은 심리가 다분히 작용하고 있다. 관료적 무사안일주의 탓만이 아니라, 학교측에서는 많은 학생들이 수업 진도를 따라가지 못해 자거나 무력감에 빠져 있는 모습을 보여 주고 싶지 않은 것이다. 교육 현장 문화를 바꾸어 내기 위해서는 교실에 조용히 참관할 사람들은 학부모든 연구자든 참관을 허용해서 현장의 상태를 파악하고 개선해갈 수 있게 해야 할 것이다.

지금 교육 개혁을 어렵게 하는 가장 큰 힘은 사실상 교육과 관련된 일상

---

2) 조정민, 1997, 사회 조사 연습 개인 보고서. 신수진, 1997, 「교무실이 바뀌고 있다」, 『새로 쓰는 청소년 이야기 · 2』, 도서출판 또 하나의 문화, 143-152쪽 참고할 것.

문화에서 오는 압력이다. 구세대인 교사와 부모들이 가진 생각, 예를 들어 "배우는 시기를 놓치면 끝이다" 식의 공포감이 아이들을 감옥과 같은 학교에 마냥 잡아 두게 하면서 대안적 교육을 모색하는 작업조차 어렵게 하고 있다. 이제 교육과 계급 상승에 대한 강박 관념에서 벗어날 때가 되었다. 그러기 위해서 더욱 학교 현장은 학부모와 외부 연구자들, 그리고 그 외 교육에 관심이 많은 시민들에게 열려 있어야 한다.

여기서 배움과 관련하여 인식의 전환이 필요하다. 이제 더 이상 학생을 배움의 시기에 있는 '어른 이전의 존재'로만 보아서는 안 된다. 지금 어른이 살던 시절에는 배우는 나이가 정해져 있었고, 교육 기회도 한정되어 있었다. 그러나 후기 자본주의 시대로 접어들면서 학교는 학생을 유인하기 위해 광고를 해야 하는 서비스 업종이 되었고, 급변하는 상황에 적응하기 위한 평생 교육의 필요성이 높아지고 있다. 어른들이 직장인이면서 학생이듯이, 학생들 역시 학생이면서 소비자이며, 때로 아르바이트로 돈을 버는 노동자이며, 자기 발언의 권리를 가진 문화적 주체로서 확실한 자기 위치를 갖는 것이다.

이제 문화 혁명이 학교 안에서 일어야 한다. 학교는 작은 국가이며, 교육계는 더 이상 정부를 위해서, 나라의 발전을 위해서 존재하는 것이 아니다. 작은 국가는 이제 '국민'의 행복을 위해 존재해야 한다. 학생들에게 학생권이 주어지고, 학교의 일상성이 회복될 때 학생들은 문화적 주체로서, 그리고 2000년대를 이끌어 갈 주역으로서 당당하게 자랄 것이고, 우리 사회 전반에 걸친 삶이 회복될 것이다. 문화는 모든 곳에서 이루어지는 교육 활동이며, 의사 소통의 행위이다. 작은 교실과 교무실에서 이루어지는 일상 속에 실은 총체적 그림이 담겨 있다. 작은 것을 회복하는 것이 곧 거대한 문제를 풀어 가는 것이라는 인식이 바로 사람을, 교육을, 그리고 문화를 살린다.

4 청소년의 인권과 시민권

다 왔지 이제는 거의 다 왔다고 믿었어

알았지 내가 언제 다 안다고 그랬어

그랬지 언제든 커서 어른이 되면 알 수 있을 테지

모르지 나는 아직 어른 아인지…

그랬지 언제든 커서 어른 되면 알 수 있을 테지…

어른은 다 알지 어련히 알 테지

어른은 다 알지 어련히 다 알 수 있을 테지

— 자우림의 「어른 아이」 중에서

---

* 이 글은 1998년 봄, 문화관광부 청소년 정책 자문을 하기로 마음을 정하면서 입장을 정리하여 쓴 글이다.

들어가는 말

한국 청소년 정책은 이제 근본적인 전환을 이루어 내야 할 때이다. 초국적 자본이 종횡무진으로 떠다니면서 한 국가의 경제 토대를 뒤흔들어 버릴 수 있는 시대가 왔고, 국내 의사 소통 체제는 심하게 망가져 가고 있다. 근본적인 구조 조정이 이루어져야 할 때이고, 새롭게 국가와 기업의 관계, 국가와 시민의 관계, 그리고 개인과의 관계가 재규명되어야 할 때이다. 이제 거의 사라져 가고 있는 한국의 '청소년들'을 되살려 내기 위해서 더욱 포괄적인 역사적 전망에서, 그리고 구체적인 현장을 바탕으로 청소년에 대해 생각해 보아야 한다. 특히 유신 체제에 만들어진 감시와 처벌의 틀을 넘어설 수 있는 방안을 찾아내야 한다. 그래서 전 세계를 하나의 소용돌이 속으로 몰아넣은 서구 자본주의의 전개로부터 논의를 시작한다.

아동기의 출현과 인권

'아동기'나 '청소년기'를 생애 주기의 한 독자적인 범주로 인식하게 된 것은 근대에 들어서이다. 근대 이전에도 아동과 청소년들은 있었고, '성년식'이 거행되었지만, 기본적으로 그들은 어른들이 하는 생산과 공동체 활동에서 배제되지 않았다. 그들은 성인이 되어 가는 과정에 있는 '작은 어른'이었고 그 과정은 단절적인 것이 아니었다.[1] 생애 주기를 성인기, 청소년기, 아동기

1) 이탈리아 타비아니 형제가 감독한 「빠드레 빠드로네」(1977년 깐느 영화제 황금종려상과 국제비평가상 수상)는 가족이 생산 공동체였던 시대에 아동이 갖는 사회 경제적 역할과 지위를 아주 잘 그린 영화이다. 이 영화는 양을 치라고 아버지가 아이를 학교에

로 나누어 범주화하기 시작한 것은 근대 자본주의화 과정에서이다. '작은 어른'이었던 아이들을 '아동'이라는 독자적인 범주로 묶어 내고 미성년인 '아동'의 세상과 성년인 '성인'의 세상을 분리시키게 된 것은 자본주의적 경제 체제와 근대 국가의 출현에 따른 것이고, 아동의 인권 개념도 이 시점에서 출현한다.2)

구체적으로 산업 자본주의적 생산은 '일터'와 '가정'을 분리하고, 가문 중심의 가족을 휴식과 애정의 공간으로 변화시켰다. 가족의 생계 부양자인 아버지와 그 수입으로 살림을 하는 어머니, 그리고 그 두 성인의 보호 아래 순진 무구하게 자라는 두 명의 자녀로 이루어진 핵가족이 현대 가족의 이상형으로 등장했다. 이 '애정 중심의 가족'에서 자녀는 소비체이자 극진한 보살핌의 대상이다. 아동은 부모에게 삶의 의미와 즐거움을 안겨다 주는 존재이자 극진한 사랑과 보호를 받을 권리가 있는 존재로서의 의미를 지니게 된 것이다.

아동들이 폭력과 강제의 희생물이 되는 것을 방지하기 위해 아동 노동이 엄격하게 금지되었고 이때부터 아동의 인권 개념이 자리잡게 된다. 아동 복지 문제가 사회적으로 진지하게 다뤄지는 것도 이때부터이다. '아동'을 위한 장난감이 생겼으며, '아동복'이 따로 만들어졌고, '행복한 유년기에 대한 기억'이 인기 있는 문학적 주제로 떠올랐다. 동시에 아동을 연구하고 관리하기 위한 새로운 교육학적, 의학적 담론이 생겨났다. 이렇게 우리가 알고 있는 천진난만하고 교화를 필요로 하는 아동의 이미지가 탄생하였고 '아동들'

서 끌고 나가는 장면에서 시작하는데, 근대 국가에 의해 전근대적 생산 공동체 가족이 해체되는 과정을 잘 보여 주고 있다.

2) 아동기의 출현에 대한 논의는 프랑스 역사학자 Philippe Aries, 1962, *Centuries of Childhood: A Social History of Family Life*, Trans. Robert Baldick, New York: Vintage Books 참조.

은 학교라는 공간에 따로 분리하여 '육성'하게 되었다. 미래를 짊어지고 갈 예비 국민으로서 훈련을 받게 된 것이다.

청소년기/사춘기의 출현과 시민권

힘든 노동에 시달려야 했던 아동이 부모와 국가의 극진한 보호 아래 공부만 하면 되는 시대가 온 것을 두고 역사의 진보를 이야기하는 사람들이 있을 것이다. 아동이 고된 노동을 강요당하던 때와 비교한다면 분명 상황은 나아졌다. 그러나 그런 식의 비교는 너무 단순하다. 거시적으로 볼 때 그 변화는 생산 양식의 변화에 따른 사회 문화적 진화의 과정이었을 뿐이고 아동이 더 행복해졌다는 식의 판단을 내릴 성질이 아니다. 산업 자본주의화가 진전하면서 이 '아동기'에 대한 문제 제기가 이루어지게 되는데, 그것이 바로 아동의 범주에 속해 있던 십대들에 의해서였다는 점은 주목을 요한다.

자본주의화가 진행되면서 학교에 다니는 기간이 길어졌고 아동기 역시 길어졌다. 사회가 급격하게 분화되고 변화의 속도가 빨라지면서 아동과 어른의 생활권은 점점 더 분리되어 갔고, 이에 따라 '미성년'으로 범주화된 십대 아이들은 자기들 또래의 세상을 만들어 갔다. 성인이 되어 가는 과도기에 처한 '큰 아동'들은 자본주의적 발달의 한 시점에서 자신들이 기성 세대의 엄격한 보호, 관리, 선도의 대상인 것에 대해 불만을 터뜨리기 시작한다. 부모에게 경제적으로 의존해 있거나, 학교에 다니는 사람은 모두 일방적으로 미성년자로 간주하면서 관리되었는데, 그들의 보호와 통제가 합리적이지 않다는 생각을 하게 된 '아동들'이 생겨난다. 제임스 딘의 「이유 없는 반항」으로 잘 알려져 있는 십대의 반란이 그 시작을 알리는 것이다.

사춘기 연구에서 뛰어난 작업을 한 마가렛 미드는 사모아 사회와 미국 사회의 십대들을 비교하면서 사춘기 청소년들의 방황과 갈등은 근대화된 서구 사회에서 나타나는 특수한 현상임을 밝혀낸 바 있다.3) 사춘기적 반항과 갈등은 세대간 경험의 괴리가 매우 큰 상황에서 생기는 것이지, 세대간의 생활 세계가 분리되어 있지 않으며 공동체적 유대가 강한 사회에서는 찾아보기 힘들다는 것이다. 부모가 하던 일을 그대로 전수받는 전근대 사회에서는 세대간 연속성이 자연스럽게 이루어지지만, 변화의 속도가 빠르고 개인 중심으로 구조화된 '근대'로 들어서면 세대간의 경험이 분화되고 통합적 의례가 사라지게 되면서 세대 갈등이 생긴다는 것이다. 십대들의 저항이 강해지자 서구의 학자들은 그런 생애 주기를 따로 분리시켜 '사춘기'라는 이름으로 부르면서 그 나이가 지닌 발달기적 특성을 신체 변화와 관련시켜 설명해 내려고 하였다. 그러나 미드는 사춘기 문제는 호르몬 등의 단순한 생리 심리적 변화에 의한 것이 아니라 사회 문화적 현상임을 강조하면서 이를 문화 변동의 문제로 풀 것을 제안하였다.

급변하는 사회일수록 세대간에 공유하는 경험은 줄어들기 마련이다. 세대간의 공유점을 찾기가 점점 힘들어지는데, 서구 청소년들의 '반란'은 이런 역사적 배경에서 출현한다. 구체적 사례로 미국에서 세대 갈등이 노골화된 1950년대는 풍요를 누리기 시작한 때이다. 소비 자본주의화가 진행되면서 놀이 공간이 늘어나고 라디오와 전축, 그리고 텔레비전을 통한 대중 문화가 가정과 학교 깊숙이 침투해 들어가게 된다. 십대들은 부모와 학교 외부에서 많은 정보와 자극을 받게 되고, 그 과정에서 부모와 학교가 반드시 옳거나 정당한 것만은 아님을 알게 된다. 십대들은 '기성 세대'의 규제를 부당하다고 느끼면서 자기들만의 시간과 공간을 만들어 갔다. 한 연령대가 스스로를

3) Margaret Mead, 1928, *Coming of Age in Samoa*, New York: Morrow.

동일시하여 '세대 운동'을 일으키기 시작한 것이다.

프랑스 사회학자 뒤베는 2차 대전 후 베이비붐 세대가 청소년기에 달한 1960년대 중반부터 1980년대까지를 '세대 운동'의 시기로 보고 있다.[4] 신세대는 보수적인 기성 세대 문화에 등을 돌리면서 더욱 진보적인 세계관과 라이프 스타일을 만들어 가고자 했다. 로큰롤을 매개로 형성된 대중 문화는 젊은 세대를 하나의 경험으로 묶어낸 주요 영역이다. 미국 중산층에서 발생하여 문화 산업이 유포시킨 로큰롤 문화는 청소년기에 대한 새로운 표상과 이미지들을 만들어 내었다. 비틀즈를 표상으로 하는 젊은이들의 저항 문화는 전 세계 젊은이들을 「이매진」이라는 노래 하나로 새로운 비전을 가진 집단으로 묶어 냈으며, 이 문화는 1970년대 이후 다른 세대에까지 그 영향력을 뻗쳤다.

청소년들은 이 시기를 통해 아동과 자신들을 분리시키면서, 또 기성 세대와 자신을 분리시키면서 독자적인 문화 공간을 마련하게 되었고, 성인/아동, 성년/미성년의 경직된 이분법을 깨고 준시민으로서 입지를 굳혀 갔다. '반문화 운동'이라고 불린 서구 청년들의 움직임은 신세대가 기성 세대와 스스로를 구분하면서 근대성의 새로운 가치를 심어 가는 과정이었으며 이 과정에서 청소년들은 학교와 가족 밖에서 상당한 발언권/참정권/시민권을 확보하였다. 학습권이나 학교 활동, 그리고 아르바이트에 이르기까지, 그 외 국가와 시장이 마련한 시공간에서 청소년들은 자신들이 원하는 것을 마음껏 실험하는 권리를 확보하게 되었다. 이런 변화는 청소년들의 경제 사회적 자립이 가능해지고, 또래 집단의 영향력이 늘어나며 대중 매체 문화가 다른

---

4) 프랑스와 뒤베, 1997, 「현대 프랑스의 청소년 문화」, 「프랑스 청소년의 삶 : 학교생활과 자기다운 삶 사이의 고민」, 크리스천 아카데미 주최 『스스로 만들어 가는 청소년 문화』 발제 원고. 「프랑스 청소년의 삶」은 『새로 쓰는 청소년 이야기 · 2』, 도서출판 또 하나의 문화, 270-283쪽에 재수록되어 있다.

모든 전통적 통합 의례나 세대간의 의사 소통을 압도해 버리는 단계에 보편적으로 일어나는데, 이는 상당 수준의 경제 성장과 소비 자본주의화가 된 시점을 말한다.

1970년대 히피 운동과 반문화 운동을 포함하여 청소년들이 일으킨 하위 문화 운동은 사실상 '문화 혁명'적 성격을 띤다. 근대 사회는 '청소년'들에게 일종의 자유로운 유예기를 허용하면서 그들을 통제해 왔는데, 자본주의가 어느 단계에 도달하면 그들의 '허용된 일탈'은 도를 넘어서 저항 문화화하게 되었고, 이 저항 집단이 만들어낸 대안 문화는 장기적으로 보면 급변하는 사회를 더욱 원활하게 돌아가게 하는 촉매 역할을 하였다는 것이다. 세대 갈등을 통한 정치·문화·경제적 구조 조정은 그 세대들의 요구에 의한 그 세대를 위한 것이면서 동시에 당시 불균형 발전의 상태에서 진통을 겪고 있던 서구가 더 나은 사회 문화적 변동을 이루어 내기 위해서 해내야 했던 개혁인 것이다. 이렇게 세대 갈등과 그 갈등을 풀어 가는 방법은 '근대'의 한 단계에서 다루어 내야 할 중요한 과제로서, 좀더 적응력 있는 문화를 만드는 바탕이 된다.

1990년대 들어서서 서구 사회에서는 '사회 전체의 청소년화'라는 말이 나오고 있다. 그리고 청소년 문화가 가진 문명사적 가능성에 대한 논의가 활발하게 일고 있다. '카오스의 시대'에 '카오스의 아이들'의 역할이 주목되고 있는 것이다. 후기 산업 사회로 갈수록 취업이 어려워지고 일상 생활에서도 자립보다는 공존이 강조되면서 청소년기가 연장되고 있는 추세이다. 고등학교만 졸업하면 아르바이트를 하면서 자립하는 것이 정상으로 되어 있던 서구의 분위기도 많이 변해서 지금은 스무 살이 훨씬 넘어도 부모 집에 얹혀서 사는 '청소년'들이 많아지고 있다. 반은 선택에 의해 반은 경제 사정으로 인해 청소년기가 길어지고 있는 것이다. 후기 자본주의 사회로 가면서 개인은 십대에서 이십대에 이르는 10년이 넘는 시기를 성인이 아닌 중간 범주로 살아가는 것인데, 그렇다면 청소년기를 성인이 되기 전에 잠시 거쳐가는 중간 범주로 보는 것은 적절하지 않다. 오히려 연장된 청소년기를 생애 주기에서 새로운 의미를 갖도록 재규정하고 청소년들의 사회 참여를 적극적으로 제도화하는 것이 바람직하다.

실제로 청소년기는 한 사람의 지적, 정서적 토대를 마련하는 아주 중요한 시기이다. 한 사회의 미래는 바로 이들, 성장하는 과정에 있는 십대들이 얼마나 풍부한 경험을 하면서 자유롭게 상상력을 키워 나갈 수 있는지에 달려 있다. 청소년기는 한 사회의 중요한 문화 실험기인 것이다. 앞으로도 변화가 지금의 속도로, 또는 더욱 가속화된다면 유연성을 특성으로 하는 청소년 시기에 있는 사회 구성원들의 문화적 촉매 역할은 더욱 중요해질 것이다. 이미 전지구상에 있는 청소년들은 여행을 통해, 인터넷을 통해 서로 연결을 시도하고 있으며 새로운 시대를 준비하고 있다. 이들은 근대적 청소년기를 통해 일었던 청년 운동과 사회 정책 제안들, 환경 운동 등에 적극적으로 참여하고 있으며 전지구적으로 형성되고 있는 각종 활동에도 적극적으로 참여하고 있다. 특히 대중 매체를 통한 문화적 교류에 적극적인 활약을 하고 있으며, 이런 활동은 앞으로 더욱 활발해질 것으로 보인다.

가능성을 점쳐 보며

나는 개인적으로 지금 인류에게 닥친 총체적인 난국을 뚫고 나갈 잠재력은 중심이 아닌 주변에서 나올 것이고, 특히 청소년들에게서 나올 것이라고 보고 있다. 청소년들은 지금 오고 있는 상상하기 어려운 세상에 대한 '감'을 상대적으로 가지고 있는 편에 속하며, 사실 그 시대는 그들 자신이 주인으로 살아가야 할 시대이다. 그들 자신이 미리 경험하는 '카오스적' 시대에 대처하는 감수성은 분명히 새로운 시대를 만들어 가는 바탕이 될 것이며, 현재 많은 창조적 문화 활동이 청소년기에서 시작되는 점을 보아도 그러하다.

1960년대 이후로 서구의 청소년 문화 정책은 청소년들의 창조적 활동을 적극 지원하는 방향으로 나아갔으며, 그 결과로 더 이상 단일한 저항 세력으로서의 세대 운동은 일어나고 있지 않다. 오히려 진보적인 지식인들이 염려하는 부분은 세대 안의 계급 문제이다. 공동의 역사적 경험을 가진 '세대'로서의 정체성보다 청소년기에 이미 사회 구조적 선발 메커니즘을 통해 세계 체제의 엘리트와 그 체제에서 탈락하는 이등 시민으로 차별화되는 측면에 전문가들은 초점을 맞추기 시작했다. 뒤베 교수는 청소년들이 일상 생활을 통해 경험하는 문화 자본과 학교에서 경험하는 교육과 자본 간의 일치/불일치를 기준으로 프랑스 청소년들을 세 범주로 나누고 있다. 첫째는 자신의 일상적 문화 자본과 '교육 자본'이 통합되는 통합형 엘리트 집단이고, 둘째는 형식적으로 학교에 다니면서 실은 학교 밖에서 직업이나 취미와 관련된 일에 몰두하는, 생활 문화와 교육 자본이 이중적으로 존재하는 병렬형 집단이다. 셋째는 학교 경쟁의 패자인 청소년으로, 교육 자본과 문화 자본이 서로 배치되는 모순형 집단이다. 이 세 분류는 사실상 전지구화되는 과정에서 재편되고 있는 계급화에 그대로 상응한다.

전지구적 자본주의의 미래를 논하는 사회 과학자들은 세계가 전지구적 엘리트 집단과 주변화된 언더클래스 underclass로 양분화되는 현상에 주목한다. 이 양극화된 범주 사이에는 불안정한 고용 상태에서 살아갈 중간층 청소년들이 자리하고 있다.[5] 뒤베가 말한 통합형의 청년들은 전지구적 시장

---

5) 제레미 리프킨, 1996, 『노동의 종말』, 민음사 ; 노마 필드, 1996, 「전지구적 동원을 향하여」, 『창작과 비평』 가을호 ; 레스터 C. 써로우, 1997, 『자본주의의 미래』, 고려원 ; J. K. 갤브레이스, 1993, 『만족의 문화』, 동아일보사 ; 비비안느 포레스테, 1997, 『경제

에서 총애를 받거나 세계적인 지도자들이 될 사람들이다. 그들은 유럽 통합 여권과 유럽 통화를 가지고 자유롭게 국경을 넘나들면서 새롭게 만들어지고 있는 세계 질서에 선두 주자로 편입되어 가고 있다. 모순형 역시 어떤 면에서는 전지구적이다. 영국 영화 「트레인 스포팅」이나 프랑스 영화 「증오」에서 보듯이 마약을 하고 범죄 조직에 끼여들기도 하는 그들은 또한 국경을 쉽게 넘는다.[6] 병렬형에 속하는 다수 청소년들은 점점 더 방어적이거나 무기력해지고 있는데, 1986년에 프랑스에서 대학 입학 선발에 관한 법안을 두고 일었던 학생 운동은 이들 병렬형 학생들이 주축이 되어 일어난 운동이라 한다. 뒤베는 청소년들이 이제 더 이상 하나의 미래로서 목소리를 내지 않고 있음을 염려한다. 그는 자신들의 지위를 방어하는 데 목표를 둔 이런 류의 청소년 운동이 활발해지면 문제가 해결되기보다 파시즘적 성향이 높아질 것이라는 점에서 우려를 표하고 있다.

지금까지 자생적 자본주의화를 이루어간 서구의 경험을 통해서 아동기와 청소년기가 어떻게 만들어졌으며, '미성년'들의 인권과 시민권 개념이 어떻게 제기되고 다루어졌는지를 간략하게 살펴보았다.[7] 이미 전지구적 자본주

적 공포』, 동문선.

6) 프랑스 영화 「증오」(마티외 카소비츠, 1995)의 주인공들은 1994년 3월 빈곤한 교외에서 일었던 과격 시위에 참가한 게토 지역 청소년들이다.

7) 최근 서구 사회에서는 아동기와 청소년기의 경계를 재편하는 경향을 보인다(최윤진, 1998, 「'보호'로부터 '자율'로의 청소년 정책 전환을 위한 제언」, 『21세기를 향한 청소년 정책』, 아우내재단 미래문화연구원 청소년 정책 토론회 ; A. Cavalli & O. Galland eds., 1995, *Youth in Europe*, London: Pinter ; J. R. Gillis, 1981, *Youth and History*, New York : Academic Press). 그동안 아동기와 청소년기의 경계는 사춘기로 불리는 신체적 정서적 지적 발달의 성숙도에 근거해서, 청소년기와 성인기의 경계는 학업 종료와 직업 세계로의 진입, 그리고 결혼을 통한 독립 가구의 형성에 근거해서 구분되었는데, 최근에 들어서서 청소년기가 연장되고, 그 경계가 모호해지고 있어서 새로운 논의의 틀이 필요해지고 있는 것이다. 특히 학업을 마치고도 취업을 하지 못하거나 부모로부터

의의 팽창 질서에 편입된 한국 사회도 이러한 변동과 무관하지 않은 변화를 겪어 왔다. 청소년에 관한 논의는 매우 구체적인 한국적 근대화의 맥락 안에서 이루어져야 하며 동시에 급격하게 일고 있는 전지구적 공동체의 차원에서 다루어져야 할 문제이다. IMF 위기를 맞아 다시 한번 전지구적 차원의 질서 개편이 일어나고 있는 것을 인정하지 않을 수 없는 상황에서 청소년기에 대한 논의는 더 보편적이고 장기적인 틀 안에서 이루어져야 할 것이다. 한국의 경우를 살펴보자.

한국의 근대화와 '청소년'의 역사

아무런 생각 없어 그저 날이 추워
바람 사이로 들리는 말 내 귀를 스쳐 가 "시험 잘 보고 와"
내일이면 다 까먹을 이 많은 것 때문에
우린 그렇게 지금까지 삶을 반납했었나
쉬는 시간이 됐어 너무 답답했어 "야 담배나 한 대 피러 가자"
복도엔 구름 화장실에 천둥번개 치네
우리는 대체 무슨 꽃을 피우려고
우리 인생엔 먹구름이 이토록 자욱하나

[랩] 참어 참어 참어 참어! 모든 건 대학 간 후에 해도 돼 대학 가기 전까지 니넨

독립이 늦어지거나 독립을 해도 혼자 사는 이십대 '청소년들'이 늘어나는 현상을 놓고 청소년기를 다시 둘로 나누자는 논의가 일고 있다. 그래서 십대 이전의 아동기에는 보호 중심의 복지권이, 십대 청소년기에는 복지권과 자유권이, 그리고 이십대 청년기에는 자유권이 강조되고 있다.

죽었다고 생각해 딴 생각하지마 이등은 필요 없어 앞만 보고 달려가 내려오는 사람들 얘기 듣지마 이 선생 말이 진리란 말이야 내가 하라는 대로만 해 공부만 해 친구들이랑 사귀면서 도대체 언제 공부할 꺼야 무조건 외워 외워 외워 피타고라스 정의 외워 시 같은 건 느끼기 전에 외워 니네들이 다르게 생각해도 그건 답이 아니지 참고서에 뭐라고 쓰여 있는지 보고 밑줄 치고 그대로 외워!

— 연세대 인문학부 96학번 이준승 작사 작곡, 「겨울이 끝나는 날」 중에서

점진적인 근대화 과정을 거친 서구에 비해 한국의 근대화는 압축적이고 파행적인 형태로 진행되었다. 식민지 체제에서 근대적인 제도가 만들어졌고, 극단적 경제 위주의 산업화가 진행되어 온 것이다. 근대적 '아동기'는 일본 식민 정부에 의해 국민학교가 생기면서 본격적으로 제도화된다고 할 수 있다. 1920년 조선 총독부는 「조선 교육령」을 개정하여 보통학교를 4년제에서 6년제로 바꾸고 '일본 제국의 국민'을 가르치는 작업을 시작하였다. 1920년대부터 사회 문화적으로도 '아동'을 만들어 내는 각종 영역들이 열리기 시작했다. 근대 가족이 출현하는 시점에서 우량아 선발 대회가 열리고 아동 교육에 대한 과학적 논의들도 나오기 시작한다.[8)]

일제 시대와 해방 전후의 상황에서 자녀에게 행복한 아동기를 제공할 조건을 가진 부모의 수는 그리 많지 않았다. 그저 자녀를 굶기지 않으면 좋은

---

8) 1932년 경성 연합 아동 보건회가 주최한 우량아 대회에 뽑힌 아기의 어머니들은 '아동' 양육을 서구의 의학 지식과 관련하여 이야기하고 있다. 예를 들어 고영순 씨는 "첫재 통 간식을 못하게 합니다. 둘재로, 젖을 일년만 되면 떼고 생우유를 오륙 세까지 먹게 합니다. 또 한가지는 의복을 열브게 닙힙니다. 겨울에도 날로로 방전체를 따뜻한 긔운을 돌게 하고 융 한겹즘으로 가벼히 뛰놀게 합니다. 그러고 될스록 양복을 입힘니다. 양복이 아이가 놀기에 편하고 또 어머니의 시간도 덜 걸려서…" 하면서 어머니의 과학적 양육의 중요성을 강조하고 있다. 김혜경, 1998, 「일제하 '어린이기'의 형성과 가족 변화에 관한 연구」, 이화여자대학교 사회학과 박사논문, 151쪽에서 재인용.

부모였으며, 보통 부모들의 바람은 가능한 한 아이들을 국민학교라도 마칠 수 있게 하는 것이었다. 훌륭한 부모란 자녀를 대학까지 보낼 수 있는 능력을 뜻했는데, 그들은 선택받은 소수였기에, 자녀를 대학에 보내는 것은 모든 한국 국민들의 가망 없는 염원이었다. 그러나 다행히도 급격한 경제 성장으로 인해 그 꿈이 실현 가능해졌고, 이로써 한국의 모든 아동들은 학교에서 거의 대부분의 시간을 보내게 되었다. 한국의 특수성은 바로 이 점, 자녀가 독립적 인격과 인권을 가진 '아동'이기 전에 '학생'이라는 점일 것이다. 한국의 아동이나 청소년들은 그들 나름의 아동기나 청소년기를 보장받고 즐기기보다 오로지 공부하는 학생으로서, 부모의 희망으로서, 국민 교육 헌장을 외우는 미래의 국민으로서 살아야 했다.

현재와 같은 청소년이 만들어지는 것에 결정적인 역할을 한 것은 유신 시대이다. 유신 체제는 한국의 근대화를 오로지 경제 발전의 차원에서 규정하면서 그 외의 모든 영역을 억압하였다. 1960년에 들어서면서 나름대로 청소년들의 자유로운 표현과 작업들이 이루어지기 시작했는데, 유신 정권은 이를 극단적으로 억압하였다. 장발과 미니 스커트 단속은 그 탄압의 초기 과정에서 생긴 것이다. 유신 정권은 오로지 국가 경제 발전을 위해 헌신하는 '국민'만을 필요로 했다. '국민' 이외에 '시민'이라든가 '지역'이라든가 '여성'이라든가 '청소년'이라는 범주는 허용되지 않았다. 유신 이후로 줄곧 이어진 개발 독재 경제 체제에서 '청소년'은 사라지고 '입시생'만 남게 되었다. 해방 이후 대학 입학 시험 제도가 여러번 바뀌었지만, 그 변화는 국가가 점점 더 예비 인력을 독점 관리하게 되었고 입시생의 노동 강도가 갈수록 심해졌다는 면에서 정도의 차이를 보일 뿐 질적인 변화를 의미하지는 않는다.[9]

---

9) 해방 이후 건국 초기부터 대학과 정부는 서로 입시 제도를 관장하려는 각축전을 벌였

1968년 12월에 선포된 「국민 교육 헌장」은 그러한 변화를 보여주는 기념비적인 선언문이다. 이 헌장을 아침 조회 때마다 외우면서 자란 세대에게 '문화'란 사치스런 것이며 반역적인 것이다. 이 헌장을 외우지 않은 세대를 위해 전문을 인용해 본다.

> 우리는 민족 중흥의 역사적 사명을 띠고 이 땅에 태어났다. 조상의 빛난 얼을 오늘에 되살려, 안으로 자주 독립의 자세를 확립하고, 밖으로 인류 공영에 이바지할 때다. 이에, 우리의 나아갈 바를 밝혀 교육의 지표로 삼는다. 성실한 마음과 튼튼한 몸으로 학문과 기술을 배우고 익히며 저마다의 소질을 계발하고, 우리의 처지를 약진의 발판으로 삼아, 창조의 힘과 개척의 정신을 기른다. 공익과 질서를 앞세우며 능률과 실질을 숭상하고, 경애와 신의에 뿌리 박은 상부상조의 전통을 이어받아, 명랑하고 따뜻한 협동 정신을 북돋운다. 우리의 창의와 협력을 바탕으로 나라가 발전하며, 나라의 융성이 나의 발전의 근본임을 깨달아, 자유와 권리에 따르는 책임과 의무를 다하며, 스스로 국가 건설에 참여하고 봉사하는 국민 정신을 드높인다. 반공 민주 정신에 투철한 애국 애족이 우리의 삶의 길이며, 자유

다. 초기에는 '대학별 단독 고시제'(1945-1953)로 대학이 관장을 하다가 잠시 정부가 '국가 고시 연합고사 제도'(1954)를 시행하려는 시도를 하게 되는데, 그 시도가 실패하고 다시 '대학별 단독 시험, 무시험제'(1955-1961)로 입시 제도를 대학이 관장하게 된다. 5 · 16 이후 군부가 강력한 국가 주도적 사회를 만들려는 과정에서 대학 시험도 '국가 자격 고시제'(1962-1963)로 개혁을 하지만, 이 역시 반발에 부딪쳐 '대학별 단독 시험제'(1964-68)로 잠시 되돌아갔다. 그러나 1969년부터 실시된 '예비고사 제도'(1969-1981) 이후, '학력고사 제도'(1982-1993)와 '수학능력고사 제도(1994-)'로 이어오면서 국가가 계속 입시를 관장하게 된다(이진재 외, 1986). 이로써 예비 인력을 기르는 일을 국가가 독점하게 되었으며, 이 기간 동안 중학교 무시험제(1969)와 고등학교 연합고사제(1974)가 실시되면서 명실공히 평준화 교육이 뿌리내리게 된다. 평준화 교육은 매우 독특한 평등주의/동등주의 의식을 사회 전반에 심게 되는데, 실질적으로 사회 전반에 걸쳐 다양성과 개성을 죽이고 획일주의적, 전체주의적 성향을 심는 데 일조하였다. 1990년대 들어서서 이러한 '하향 평준화'는 사회 경제적 발전에 심각한 걸림돌이 되고 있다.

세계의 이상을 실현하는 기반이다. 길이 후손에게 물려줄 영광된 통일 조국의 앞날을 내다보며, 신념과 긍지를 지닌 근면한 국민으로서, 민족의 슬기를 모아 줄기찬 노력으로, 새 역사를 창조하자.

이 국민 교육 헌장은 이제 더 이상 현장에서 외우는 일은 없어졌지만 교육자들의 머리 속에 그대로 남아 현재까지도 상당한 효과를 발휘하고 있다. 이 이후 군부 독재 시대를 통해 국민은 오로지 수출 역군이어야 했으며, 청소년은 오로지 공부하는 학생이어야만 했다. 경제 지표와 상관이 없는 모든 종류의 사회 분화는 억제되었고 오로지 '선진 조국' 건설을 외치는 규율 사회로 돌입하게 된 것이다.

그래서 박정희 정권이 원하던 '국민 교육'의 목적은 얼마만큼 달성되었을까? '민족 중흥의 역사적 사명'을 띠고 태어나 저마다의 소질을 계발하고 창조의 힘과 개척의 정신을 길렀는가? 명랑하고 따뜻한 협동 정신을 북돋우었는가? 1996년에 한 고등학교 3학년생이 국민 교육 헌장을 풍자하여 쓴 아래의 글이 그 현주소를 알려준다.

우리는 일류대 합격의 역사적 사명을 띠고 이 학교에 들어왔다. 선배의 빛난 얼을 오늘에 되살려 안으로 절대 정숙의 자세를 확립하고 밖으로 모의 수능 점수 향상에 이바지할 때다. 이에, 우리의 나아갈 바를 밝혀 학습의 지표로 삼는다. 적당한 학습지와 믿을 만한 과외로 사탐과 과탐을 외우고 익히며 타고난 저마다의 어문 계열 지망의 꿈을 계발하고 우리의 방학을 약진의 발판으로 삼아 밤샘의 힘과 침묵의 정신을 기른다. 자기 반의 이익을 앞세우며 위선과 이유 없는 반항을 묵인하고 불신과 비난이 어색하지 않는 사제 관계의 전통을 이어받아 공감대 없고 타성에 젖은 수업 정신을 북돋운다. 우리의 내신과 수학 능력을 바탕으로 학교가 발전하며 학교의 융성이 곧 나의 발전의 근본임을 깨달아 육성 회비와 등록금에 따르는 책임과 의무를 다하며 학교의 운명을 좌우하는 막강한 배후로서의 학부모

> 정신을 드높인다. '반 A고'(경쟁하는 학교 이름) 정신에 투철한 '愛석차 愛통계'가 우리의 삶의 길이며 대명 세계의 이상을 실현하는 기반이다. 길이 후배에 물려줄 영광된 고합격률 대명의 앞날을 내다보며, 이기심과 욕심을 지닌 근면한 학생으로서, 전교생의 '죽어지낸 3년'을 모아 줄기찬 노력으로, 새 합격률을 창조하자.
> —3학년 7반 허은영. '대명'이라는 학교 이름은 가명.

이 글에서 보는 것과 같이 국민 교육 헌장 시대가 길러 낸 '국민'은 오로지 입시 공부에 매달린 경쟁적이고 이기적인 개인이며 불신과 비난과 위선을 찾아내는 아이들이었지, '슬기'라든가 '긍지'라는 것과는 거리가 먼 존재들이었다. 그리고 피나는 노력 끝에 대학에 들어와서 긴장을 푼 이들은 갑자기 주어진 엄청난 양의 자유와 선택 앞에서 극단적 무기력감에 시달리게 된다. 유신 체제와 그 이후로 이어진 반공 규율적 체제는 자유와 탐색과 상상력을 먹고 자라는 청소년들의 날개를 완전히 꺾고 말았다. '국민적 정서'와 '안정'이라는 단어가 생활의 모든 영역을 관리하는 주요 단어가 되었고, 더욱이 1980년대를 지나면서 교육계 인사들은 중고생들을 '과격한 학생 운동'으로부터 분리시켜야 한다는 일념에서 통제를 강화했다. 전교조가 결성되면서 교사 집단은 이분화되고 더욱 방어적인 분위기가 형성되면서 학교는 더욱 폐쇄적인 공간이 되어 갔다. 청소년 정책은 그들이 '사고'를 치지 않도록 통제하는 원리 일변도로 움직였으며, 그래서 이전에는 대학에 간 선배와의 연결도 있었고 그들과 함께 갖가지 수준 높은 서클 활동도 할 수 있었지만, 이제 학교는 선배들의 출입마저 통제된 '비밀 집단 수용소'와 같은 곳이 되고 말았다.

유신 체제는 대량 수출 시대에 적합한 동질화된 인력을 길러 내는 데 온 힘을 기울였으며, 그 목표는 어느 정도 달성되었다. 학교는 수출형 축적과 권위주의적 발전 동원 체제에 적합한 인력을 대량으로 길러 냈으며, 이들은 한때 경제 성장의 주축 멤버로 활약을 했다. 그러나 그 체제는 지금 파산지경에 이르렀고, IMF 금융 지원 사태 이전에 위기는 이미 청소년들의 삶에서 여실히 드러나고 있었다. 사실 지금 급격한 소비 자본주의의 물결 속에서 심하게 흐트러지고 있는 청소년들을 보면 이미 때가 늦었다는 생각이 들 정도이다. "입시 제도가 없어지면 폭동이 난다"는 식의 말이 공공연히 나올 정도로 청소년들이 처해 있는 상황은 피폐하다.

이렇게 된 근본 원인은 지금까지 청소년들에게서 스스로 삶을 만들어 가는 경험을 체계적으로 박탈해 버린 데에 있다. 지금 많은 청소년들은 "생각하기 싫다"고 한다. "아이, 짜증 나"라는 말은 이들이 가장 잘 쓰는 말이다. 이들은 자신의 권리와 의무에 대해 생각하려 들지 않으며, 기성 세대에 대해 대단한 적개심을 가지고 있으면서, 그 적개심을 드러낼 가치조차 없다고 생각하는 지경에 이르렀다. 무조건 생각을 꺼버리고 가능한 한 '즐겁게' 놀겠다고 한다. 물론 그 비용은 당연히 부모가 감당해야 하고 그렇지 못한 부모는 '무책임한' 부모가 되는 것이다. 자존을 찾기 어려운, 어떻게 손을 대야 할지를 알아내기 어려운 절박한 상황이다.

한국 청소년들의 현주소

교실 현장을 그린 글을 통해 1998년 청소년들의 삶이 어떤 지경에 와 있는지 살펴보자.

> 수업 시작한 지 20여 분이 지났는데도 여기저기서 앞의 아이, 옆의 아이와 계속 속닥여 댄다… 참다 참다 수업 시작부터 내내 떠들고 있는 녀석의 등짝을 몇 대 치면서 야단을 쳤다. 그런데, 야단맞는 아이 옆 짝이 천연덕스럽게 뒤에 아이

하고 또 떠든다. 뭐 이런 녀석이 있나 싶어 그 아이에게 뭐라 하고 있는데 이번엔 반 전체가 다 떠들어댄다. 화가 치받쳐서 반 아이들을 야단치면서 교단 쪽으로 향했는데 앞에서 한 녀석이 교과서를 발기발기 찢고 있다. 놀라서 "너 이게 무슨 짓이니?" 하니 표정 하나 안 바뀌면서 "제 취미예요" 한다. 실랑이를 하는 동안 종이 쳐서 교무실로 불렀다. 교무실에 와서도 끝까지 "선생님과 상관없는 일이에요. 제 취미라니까요" 한다. 그 상황이 짜증나고 싫어서 교과서를 찢고 있었다는 걸 다 아는데, 그리고 아무리 짜증이 난다 해도 감히 교과서를 찢다니 싶은데 한 걸음 더 나가서 취미랜다. 선생님과는 아무 상관이 없는 일이랜다. 그 녀석이 공부를 잘하는 아이여서 어쩌면 충격이 더 컸는지도 모른다.
— 김혜련의 교사 일지 중에서10)

고 3 담임을 하던 지난해 봄의 일이다. 반강제적으로 하던 야간 자율 학습을 아이들이 자율적으로 선택할 수 있도록 기회를 주었다. 51명 중 8명이 집에서 또는 독서실에서 정말로 자율적으로 하고 싶다는 뜻을 밝혀 왔다… 그러나 여름이 지나고 가을쯤, 기대를 저버리고 아이들은 하나 둘씩 자신과의 싸움에서 패배하고 돌아오기 시작했다. "혼자는 도저히 안되더라고요"… 결국 8명 중 6명이 돌아오고야 말았다. 비참했다. 아이들은 그냥 풀어놓으면 안 된다는 사람들에게 아이들도 스스로 잘할 수 있다는 걸 큰소리 치며 보여 주고 싶었는데 안타까웠다. 그러나 곰곰이 생각해 보면 그들의 패배는 예정된 것이었다. 그것은 그들의 책임이 아니다. 어릴 때부터 타율적으로 억지로 공부하게끔 강요해온 학교, 교사, 학부모 모두의 책임인 것이다. 이미 그들은 스스로 날 수 있는 방법을 잃어 버리고 누군가가 끌어서 날게끔 해주기를 바라는 습성이 온몸 가득 배어 버린 것이다.
— 손성호/울산 삼일 여고 교사11)

청소년들이 10시간 이상을 보내는 학교 현장은 바로 이런 지경에 와 있다.

---

10) 김혜련, 「아이들 이해하기, 교실에서는 지금」, 『여성신문』, 1998년 5월 8일자.
11) 「자율성 막는 야간 자율 학습」, 『한겨레신문』, 1998년 5월 8일.

소수의 특수 목적고나 입학 시험을 통해 학생을 선발하는 고등학교를 제외하고는 학교 수업이 제대로 이루어지지 않고 있는 상태인데, 그래도 청소년들은 다들 학교에 간다. 이들은 학교가 지긋지긋하고 짜증나는 곳이지만 빠져나갈 생각을 안 한다. 아니, 실은 그런 생각을 못한다. 이 점이 더 심각한 문제이다. 이들은 학교가 그냥 일단 지옥 같은 곳이라고 접어 두고 그 속에서 시간을 때울 생각을 하는 것이다. 어차피 대학을 가기 전까지는 딱히 갈 곳도 없으니까 그나마 자기들끼리 모여 있을 수 있는 학교라는 감옥에 남아 있기로 자발적으로 선택을 한 것이다. 대학은 요즘 부도 나는 대학까지 합치면 어디든 갈 수 있을 것이고, 고등학교를 졸업하고 일을 하기보다는 부모에게 돈을 타서 대학을 다니며 노는 것이 한결 나은 선택이라는 계산은 이미 마친 상태이다.

공부 잘하는 아이들은 그 아이들대로 학습권이 전혀 달성되지 않는 상태에 대해 불만이 가득 쌓여 있지만 그냥 교실 자리를 빌려 공부하는 식으로 개별적으로 적응을 하고 있다.[12] 부모들은 학교에 와서 특별반을 빨리 만들어 달라고 요구하는데, 사실 그들의 요구는 정당한 것이다. 기본적으로 학습이 이루어지지 않는 곳을 두고 왜 학교라 불러야 하는가? 학업 능력 수준 차이가 엄청나게 나는 아이들을 50명이나 한 교실에 몰아넣고 학습을 시킨다는 것 자체가 어불성설이다. 오래 전에, 적어도 1988년을 전후해서 근본

---

12) 한국서 공부 잘하는 아이들은 뒤베가 말한 세계 엘리트가 될 '통합형'과는 거리가 멀다. 서구에서 말하는 통합형이 자신들의 일상적 생활 문화와 배움이 일치하는 것을 말한다면 한국의 통합형은 암기형 입시 공부에 자신을 일치시켜야 하는데, 그렇게 하기 위해서는 자신의 창의력과 감수성과 자발성을 일찌감치 포기해야만 한다. 결국 한국의 청소년들은 입시에 성공적이든 성공적이지 않든 전지구적 계급으로 보면 2류 시민이 될 수밖에 없는 운명에 처한 것이다. 일국주의에 빠져 있는 한 이런 이야기들은 별다른 '위협'이 되지 못할지도 모른다. 그러나 IMF 사태를 보면서도 일국주의를 고집할 수 있을까?

적인 구조 조정이 있어야 했고, 교육 제도는 고부가 가치를 창출할 수 있는 상품 생산 체계에 맞게, 또한 더 민주적이고 자유주의적으로 개선되어야 했다. 여전히 '위화감' 운운하며 '하향 평준화'를 고집하면서 획일적 통제로 밀고 나감으로써 결국 모든 아이들을 개별적 일탈자로 만들고 있는 교육계의 무능력은 대단한 수준이다.

교육계는 사실상 자체 내 치유 능력을 상실한 것으로 보인다. 달리 표현하면 교육계에는 전문가들이 너무 많고 부모와 사교육계를 포함하여 개입된 이권 집단들이 너무 많으며, 교사와 아이들은 이미 너무 오래 만성적인 질병을 앓아 왔기 때문에 건강한 상태에 대한 감을 잃었다. 누군가 학교에 대해 비판적인 말을 하면 잘 되어 가는데 왜 그러느냐고 오히려 반문하는 교장 선생님들이 적지 않다. 내가 보기에 현재 고등학교 학생들은 자신을 3년간 감옥살이를 해야 하는 죄수로, 교사를 간수쯤으로 여기고 있다. 학생과 교사들은 암묵적으로 '휴전 협정'을 맺은 셈이다. 그들은 가능한 한 서로를 건드리지 않으려고 애를 쓰면서 각기 그 체제에서 챙길 것들을 챙긴다. 얼마 전까지만 해도 고등학생들은 자신들의 처지를 동정하는 교사를 좋아했다고 한다. 그런데 요즘 고등학생들은 오히려 간수처럼 구는 비인간적인 교사들이 마음 편하다고 한다. 자신들을 빼내 주지도 못할 것이면서 동정하는 교사/간수들이 더 "재수 없고 밉다"는 것이다.[13]

위의 교사 일지에서 보듯이 많은 아이들은 3년이라는 세월을 운명처럼

---

13) 출구가 없다고 느끼는 이들은 역시 출구가 없는 하층민이나 게토 청소년들의 삶을 그린 영화를 보며 많은 공감을 느낀다. 「증오」(마티외 카소비츠, 1995), 「중경삼림」(왕가위, 1995), 「트레인스포팅」(대니 보일, 1997), 「저수지의 개들」(쿠엔틴 타란티노, 1993), 「라스베가스를 떠나며」(마이크 피기스, 1995)는 나름대로 생각이 깊은 청소년들이 공감하면서 본 영화다. 대다수의 고등학생들은 입시 스트레스를 풀기 위해서 단순 폭력물이나 포르노를 주로 보게 된다고 한다.

받아들이면서 소수는 나중의 삶에 별 도움이 되지 않는 공부에 몰두하고, 다수의 학생들은 실은 태업에 들어가기로 했다. 일단 학교에 남아 있기로 하였으되 최소한의 학생 자격으로만 있기로 한 것이다. 이들은 교실 안에서 각자 자기 나름대로 시간을 괴롭지 않게 보낼 방안들을 찾아냈다. 교실에서 자기 진도에 맞게 따로 공부를 하거나 친구나 대중 가수 '오빠'에게 편지를 쓰거나 마구 잡담을 하거나 '재수 없게 구는' 교사를 골탕 먹이거나 멋있는 남자 친구를 사귀는 법과 다이어트, 그리고 옷 입는 법을 가르쳐 주는 십대 잡지들을 읽거나 장미 접기에 몰두하거나 포르노 만화를 돌려보거나 담배를 피우는 등 갖가지 일들을 찾아낸다. 학교 밖을 나서면 독서실 간다고 하고서는 사방에 깔린 소비 공간에서 논다. 당구장이나 호프집에 가서 놀고 PC 통신에 들어가서 채팅을 하다가 만나서 놀고 비디오방에서 성관계도 갖고, 나이트에 가서 밤늦도록 춤추기도 하고 폭주족이나 삐끼와 사랑에 빠지면서 때론 폭력 서클에 가입하기도 한다.

분명 지금의 많은 청소년들은 학생 신분에서 '탈출'하는 데 성공했다. 그리고 같은 세대로서의 동질감을 형성해 가는 듯 보이기도 한다. 그러나 서양의 1960-70년대처럼 기성 문화에 저항하여 새로운 대안 문화를 만들어 갈 여력은 안 보인다. 오히려 일찍이 '티티테인먼트'의 향유자가 되어 부모 세대보다 더 많은 돈을 써야 하고 편한 것을 좋아하고 생각하는 것을 싫어하는 모습이 역력하다.[14] 이들은 뒤베가 분류한 바에 따르면 병렬형과 모순형을 합친 모습으로 살아가고 있으며, 한국의 청소년 다수가 이런 모습으로 살고 있다.

---

14) '티티테인먼트'란 즐긴다는 뜻의 '엔터테인먼트'와 엄마 젖을 뜻하는 미국 속어 'tits'를 합친 말로서 오락물과 적당한 먹거리의 절묘한 결합을 통해서 이 세상의 좌절한 사람들을 달랜다는 뜻이다. 한스 피터 마르틴 · 하랄드 슈만, 1997, 『세계화의 덫』, 강수돌 옮김, 영림 카디널, 27쪽.

군대식 집단 수용소와 크게 다를 바 없는 학교와 현란한 소비 공간, 그리고 왕자와 공주를 기르는 중산층의 자녀 중심 핵가족 등 각기 다른 원리 아래 움직이는 공간들이 서로 큰 마찰을 일으키지 않으면서 공존하는 것이 바로 현재 한국 청소년 삶의 공간이다. 서로 상충하는 이 공간에서 살면서 사고의 일관성을 유지하기란 쉽지 않다. 일관된 사고를 하려는 사람은 도태되고, 일찌감치 사유의 세계와 현실 세계를 분리시켜 버리는 기술을 가진 사람들이 이런 상황에서는 살아남는다. 지금 많은 청소년들은 어른들이 망가뜨린 세상, 어른들이 알아서 하라는 식이다. 공동체 의식은 희박한, 매우 개별적이고 이기적인 존재가 되어 가고 있다.

부모와의 관계는 어떤가? 압축 성장이 가져온 경험 세계의 엄청난 괴리는 의사 불통과 좌절감, 그리고 배신감을 낳았다. 예를 들어 사춘기 때 부모에게 반항한 경험이 있는 부모라면 사춘기에 반항하는 자기 자녀를 이해할 가능성이 많지만 현재의 부모 중에는 그런 경험이 없으므로 편집증적인 상태에서 자녀를 감시하거나 포기해 버려서 상황을 악화시키고 있다. 지금 한국의 소비 세대인 십대와 개발 도상국형 생산 세대인 부모와의 관계가 바로 그런 극단을 달리고 있다.[15] 경제주의 사회에서 부모 자식 관계는 이미 나빠질 대로 나빠져 왔다. 경제 성장 과정에서 돈을 버느라 바빴던 부모들은

---

15) 요즘 인기를 끌고 있는 자우림 그룹이 부른 '마론 인형'이라는 노래는 광기 어린 눈으로 감시를 하고 있는 부모, 애인, 교사, 학교, 기성 세대 등에 대한 청소년들의 감정을 잘 표현한 노래이다. "살금살금 다가와 내 하루를 뒤쫓는 너의 시선은 날 미치게 해 돌아보면 어느새 내 뒤에 서 있는 너의 얼굴은 나를 미치게 해 넌 이걸 알아야 해 난 네 인형이 아냐 지겨워 이제는 네 질투가 떠나 줘 이제는 내 곁에서 화가 나 너의 그 얼굴에 나를 바라보는 그 눈에 네 광기 어린 눈 넌 미친 사람 같아 난 너의 인형이 아니야 드레스를 입히고 왕관을 씌우고 유리 신을 신기고 날 공주라고 부르지마 지겨워 이제는 네 질투가 꺼내줘 이제는 상자에서 숨막혀 너의 그 시선에 나를 괴롭히는 집착에 내 머릴 만지지 마 내 이름 부르지 마 난 너의 인형이 아니야…"

부모 노릇을 자녀의 학비를 대고 피아노를 사주고 생일 파티를 해주는 것으로 착각하고 있었다. 그래서 부모의 능력은 자녀가 원하는 것을 소비할 수 있게 자금을 대는 능력에 비례하게 되었다. 요즘 대학생들은 자신들이 "계속 부모를 사랑할 수 있을까?"라는 질문을 던지며 괴로워한다. 충분히 돈을 주지 못하는 부모에 대한 적개심과 충분히 돈을 줄 수 있는 경우에는 존경을 할 수 없기 때문에 그들은 괴로워한다. 자녀들은 지금까지 "공부만 잘해 달라"는 어머니의 요구에 따라 부모를 위해서 공부를 했는데, 지금 그 공부가 앞으로 자신이 살아갈 세상에 크게 도움이 되지 않는다는 것을 깨달으면서 속았다고 느끼고 있으며, 마음 깊이 원망과 적개심을 품고 있다. 청소년들은 지금 사회에게도, 학교에게도, 부모에게도 전혀 기대를 하고 있지 않다. 어떤 면에서 그 동안 지속된 경제 성장은 문제가 표면화되는 것을 돈으로 막아왔다. 살고자 하는 동기도 없고 생각하기도 싫은 아이들은 돈 쓰는 재미로 나름대로 견뎠던 것이다.

나는 기성 세대가 현재의 위기 상황을 그렇게 심각하게 느끼고 있지 않다는 것에서 가장 심각한 위기를 느끼고 있다. 현재 청소년들이 처해 있는 긴박한 상황을 그리는 데 많은 지면을 할애한 것은 일차적으로 위기감을 공유하기 위해서였다. 압축 성장과 파행적인 근대화 과정에서 아동의 인권이라든가 청소년의 시민권이라는 개념은 초기 방정환 선생이 제창한 이후 본격적으로 거론된 적이 없었다고 해도 과언이 아니다. 부모들 중에는 "때려서라도 공부를 시켜 주세요"라고 교사에게 부탁할 정도로 공부만 잘 시키면 된다는 생각을 가진 이들이 많았고, 교육자들 역시 "공부는 때를 놓치면 안 된다"면서 아이들을 학교에 장시간 잡아두려고만 했지 그들의 삶에 깊은 관심을 기울이지 않았다.[16] 그래서 아직까지도 학교에서 교사 폭력이 이루

16) 인기 가수 '젝스키스'는 「아리랑」의 선율을 차용한 「학원 별곡」이라는 노래를 불러

어지고 있고, 청소년 정책이 성년/미성년의 이분법 속에서 규제와 통제 일변도로 나가고 있어도 문제 제기를 하는 이들이 드문 것이다.

제3세계적인 불균형 발전과, 평준화 이후 줄곧 이어진 하향 평준화 입시 교육의 결과로 한국의 청소년들은 자신의 일상적 삶과 미래를 위한 준비로서 교육이 통합되는 것을 상상할 수도 없게 되어 버렸다. 학교와 학교 밖이라는 두 개의 별개 세상에 이중적으로 적응하면서, 그들은 자포자기함, 수동성, 후퇴 등의 성격을 드러내 보이고 있다. "그냥 생각 없이 어울려 놀러 다니는 것이 너무 재미있는," 획일적인 댄스 뮤직에 몸을 맡기는, 그래서 자연스럽게 후기 산업 사회의 수동적인 구경꾼으로 전락해 버린 인간들을 대량 생산해 내고 있는 것이다. 이들은 기성 세대에 대한 강한 적개심을 품고 있다. 그러나 그것을 생산적인 저항으로 이어가지 못하고 자신들만의 폐쇄 공간을 만들어 출입 금지시키거나 숨어들어 버리고 있다.[17] 아니면

인기를 모은 적이 있다. 그 노래 가사는 다음과 같다. "아리 아리 아리요 스리스리예 아주아주아주 먼길을 왔네 아리아리아리 공부 고개를 오늘도 넘어간다 음악 미술은 저리 미뤄 두고 국, 영, 수를 우선으로 해야 아리아리아리 인정받고 일류 대학으로 간다 소리가 나지 않는 전화처럼 난 아무 표현 없이 세상을 살아가고 있다 학교 종이 땡하고 울리면서 우리들의 전쟁은 다시 시작된다 모두의 친구는 모두의 적 모두가 서로 모두 밟으려고 발버둥을 친다 이렇게 싸우다가 누가 살아남나 가엾게 뒤로 처진 자는 이제 뭔가? [후렴] 어디서 무얼 하다 이제 돌아와 아직도 숙제 안하고 나중에 넌 뭐할래? 어기적거리다가 남들 다갈 때 너 혼자 인생 망치고 낙오자 돼 뭐할래? 오늘도 난 아주 변함없이 창살이 없는 감옥에서 살다 잠이 든다 꿈속에서 난 새가 된다 하늘을 향해 자유롭게 날아간다 어느새 나타난 우리 부모님과 선생님이 나를 향해 손짓을 한다 깜짝 놀라며 나는 떨어진다 그리고 나는 땀에 절어 잠을 깬다 [합창] 중간고사 (나 한 번 잡아 봐라) 기말 고사 (화나면 잡아 봐라) 내신 성적 (화나면 이겨 봐라) 수능 시험 (내가 일등이야) 딴 생각들은 집어치워 (그저 시키는 대로만 달달 외워라) 난 컴퓨터가 될 꺼야 (이러다 미쳐 버리고 말 꺼야)." 실제 노래를 부를 때 아이들은 "어느새 나타난 우리 부모님과 선생님이 나를 향해 손짓을 한다… 나는 떨어진다"를 "나를 향해 총을 쏜다…"로 부른다.

스스로 목숨을 끊거나 폭력과 성에 탐닉하는 식의 파괴적 저항을 통해서 '발언'을 할 뿐이다.

그들에게 책임을 지게 하자

나는 이런 비극적 상황이 초래된 것에 대해 누구를 나무랄 생각은 없다. 이런 현상은 거대한 전지구적 기획 속에서 일어난 것이며, 최근의 압축적 고도 성장이 가져온 살인적인 속도는 사태를 더욱 악화시켰다. 압축적 경제 성장 과정에서 사람들은 서로를 심하게 도구화할 수밖에 없었고, 문화적 성찰력을 상실해 버리고 말았다. 그래서 지금 한국 사회에는 전략적 사고와 복제한 하드웨어만 있지 공동체적 의사 소통과 문화적 감수성을 담은 소프트웨어는 없다. 청소년은 없고 청소년 회관과 청소년 프로그램만 많은 것이다. 우리는 여기서 이 사실을 인정하면서 새로운 시작을 해야 한다.

그러면 청소년 정책의 방향을 어디에 두어야 할까? 그것은 원론으로 돌아가는 수밖에 없다. 그 동안 압축 성장 과정에서 국민은 경제 발전의 동원 대상이었지 복지를 위한 대상은 아니었듯이 청소년은 '내일'을 짊어질 인력이었지 인권과 시민권을 가진 사회 구성원은 아니었다. 그리고 지금 기성세대는 그들을 내일을 짊어질 인력으로 만드는 것에서조차 실패하고 있다.

그 동안 청소년 업무의 관장 부서와 명칭의 변화를 보면 청소년 정책 변화를 한눈에 파악할 수 있다. 신현택[18] 문화관광부 청소년 국장이 정책 토론

---

17) 1990년대 들어서서 록카페에 조금만 나이가 든 사람이 가면 '물을 버린다'고 들여보내 주지 않는 풍습이 생겼다. 이런 식의 '나이 많은 사람 기죽이기'가 청소년들이 많은 곳에 가면 횡행한다.

회를 위해 작성한 발제문에서 자세하게 정리하고 있듯이 정부 수립 이후부터 1988년 6월 체육부에 청소년국이 설치될 때까지 사실상 일관된 청소년 정책이란 없었다. 청소년 정책은 문제를 일으키는 청소년을 보호 관리하기 위한 임시적 조치 차원에서 이루어졌는데 그 점은 청소년 관련 기구의 설립과 이전의 양상에서 명백히 드러난다. 가장 먼저 청소년 관련 업무를 맡게 된 기구는 1964년 내무부에 설치된 '청소년 보호 대책 위원회'였다. 이 기구는 '청소년 대책 위원회'라는 명칭 변경과 함께 1977년 국무총리실로 담당 부서를 이전하였고, 1983년에 교육부 산하로 넘어갔다가 1985년에 다시 국무총리실로 조직을 옮겼다. 1987년 청소년 관계 최초의 종합 법률인 '청소년 육성법'이 제정되어 시행되면서 1988년 청소년 담당 독립 부서인 청소년국이 설치되고 청소년국은 1991년 청소년 정책 조정실로 확대 개편되었다. 1993년 '청소년 육성법'이 '청소년 기본법'으로 대체되면서 이 업무들은 문화체육부 청소년 정책실로 이전된다. 청소년들 주변에 유해 환경이 늘어나자 청소년들을 보호하려는 의미에서 '청소년 보호법'이 1997년에 제정되었고 이를 시행할 청소년 보호 위원회가 발족되었다. 청소년 조직은 김대중 정권이 들어섬과 함께 청소년 정책실에서 청소년국으로 축소되어 문화관광부 소관으로 남아 있고, 청소년 보호 위원회는 국무총리실 소속으로 변경되어 청소년 보호 업무를 담당하게 되었다.

이렇게 법과 정책 방향이 많이 변화해 왔으며 이와 동시에 청소년 관련 건물들도 크게 늘어났다. 그러나 그런 정책 변화가 어떤 철학과 원리에서 이루어졌는지는 별로 명확하지 않다. 문제 청소년 중심의 정책에서 변화를 이루어 내고자 한 의도는 보이는데, 현실적으로 청소년들이 절대적으로 입

---

18) 신현택, 1998, 「'국민의 정부'의 청소년 정책 기본 방향」, 『21세기를 향한 청소년 정책』 아우내 재단 미래 문화연구원 청소년 정책 토론회, 17-18쪽.

시에 묶인 상태여서 어떤 일을 할 수 있었는지도 의문이다. 앞으로 현실성 있는 정책과 기구 개편을 하고자 한다면 선행되어야 할 것이 바로 이런 과정을 평가하는 작업이다. 1964년 이후 지난 30여 년 동안, 특히 물적 자원이 늘어난 지난 10년 동안 청소년 관련 정책과 기구가 얼마나 늘어났으며 그런 변화를 추진한 주체는 누구였는지, 그리고 실제 어떤 구체적 프로그램들이 만들어졌고, 그런 프로그램의 수혜자는 누구였는지를 엄정하게 평가해볼 필요가 있다는 것이다. 그런 정확한 평가와 자료 분석을 바탕으로 명실공히 청소년들을 위한 정책 방향이 세워져야 할 것이다.

청소년 관련 정책 방향은 인권과 시민권 개념을 바탕으로 해야 한다. 일차적으로 청소년을 '학생/입시생'으로서 보는 시각에서 벗어나야 한다. 청소년은 학생이기 이전에 하나의 인격체로서 존중되어야 하는 존재이며 사회의 전반적 활동에 주체적으로 참여하면서 삶을 일구어갈 권리가 있는 시민이다. 청소년은 보호와 선도의 대상이 아니라 참여의 주체라는 것이다. 서구 사회는 점진적 과정을 통해 청소년에게 인권과 시민권을 부여해 왔지만 압축 성장 과정에서 그 모든 권리의 과정을 생략한 한국 사회는 이제 청소년들에게 인권과 시민권을 동시에 부여하면서 그들과 함께 성숙해 가는 방법을 모색해야 한다.

그러면 청소년들의 인권과 시민권을 찾기 위한 구체적 방법으로 어떤 것이 있을까? 일차적으로 청소년들에게 선택권을 주어야 한다. 청소년들에게 권리와 의무가 있는 삶을 돌려주어야 하는 것이다. 그들에게 시간과 공간을 돌려줌으로써 사회 문화적 주체로서의 감을 잡을 수 있게 해야 한다. 먼저 공부를 할 것인지 아닌지에 대한 선택권이 주어져야 한다. 고등학교를 갈 것인지 그만 갈 것인지, 학교를 갈 경우에 어느 학교에 갈 것인지 선택할 수 있어야 한다는 것이다. 이 말은 학교를 계속 가지 않기로 했을 경우에 갈 곳이 만들어져야 하고, 가기로 한 경우에 선택할 다양한 학교가 만들어져야 함을 말한다. 지금으로서는 고등학교를 가지 않을 경우 제대로 아르바이트를 할 곳도 없다. 15세 이상이 되면 법적으로 취업을 할 수 있고 스스로 다양한 경험을 하면서 인생을 만들어 갈 수 있도록 여건을 마련해야 한다. 그리고 일이 년 후에 다시 고등학교에 가려면 재입학이 가능해야 한다. 공부라는 게임을 선택하는 사람은 그것을 선택함으로써 얻는 것과 잃는 것이 있어야 하고, 그렇지 않은 사람들 역시 자신의 선택에 대해 책임을 지고 열심히 자신이 선택한 것을 추구해 갈 수 있는 여건이 마련되어야 하는 것이다.[19)]

자신이 직접 경험을 하지 않고서는 자신감을 가진 사람이나 창의적인 사람이 나올 수 없다는 사실을 분명히 할 필요가 있다. 사실상 입시 교육의 가장 큰 병폐는 바로 경험의 기회를 박탈함으로써 한국 청소년들을 모두 자신감이 없는 사람으로 만들고 있다는 데 있다. 획일적 평준화는 이제 시효가 지났다. 학교의 다양화와 특성화가 하루 속히 이루어져야 하고 교사와 학생이 개인적 능력을 제대로 발휘할 수 있는 체제가 만들어져야 한다. 청소년들에게 자신감과 사고력과 상상력을 돌려주는 학교들이 생겨야 하고, 제대로 학습을 시키지 못하는 학교는 문을 닫아야 한다. 이미 대학에서는 다양한 재능을 가진 주체적 인간을 선발하려고 준비를 하고 있다. 더 이상 학습권조차 보장되지 않는 학교에 청소년들을 방치해 두어서는 안 된다.

이런 제도적 변화가 더디게 이루어진다면 제도 교육 외곽에서부터라도 할 일이 많다. 청소년들에게 자치 공간을 주어 스스로 일을 꾸려 가고 책임을 감당하도록 하는 일이다. 지금까지 학생 신분으로서의 존재만을 인정했던 청소년들에게 학생 외의 신분으로, 곧 사회 성원으로 여러 가지 일을 스스로 벌이고 경험해 나갈 수 있는 공간을 마련하는 일이 시급하다. 지금까

---

19) 중고생 아르바이트가 미국에서는 70%가 넘는데 우리는 10%가 되지 않는다.

지 청소년들은 적극적으로 자신이 원하는 일을 추구해 본 적이 없다. 오히려 모든 책임은 간섭과 규제로 일관해 온 어른들에게 있다고 하면서 자기 편리대로 책임 회피를 하게 하였다. 이제는 청소년들이 자치 활동을 마음 놓고 할 수 있는 자치 공간을 가까운 지역마다 마련해서 스스로 삶을 일구어 가는 경험을 하게 해야 한다. 청소년들에게 권리와 의무가 있는 삶을 돌려주어야 하는 것이다.[20] 그들에게 시간과 공간을 돌려줌으로써 사회 문화적 주체로서의 감을 잡을 수 있게 해야 한다.

지금 많은 청소년들이 계급적 배경과 관련 없이 머리에 염색을 하고 화장을 하거나 '날라리'적 외모로 변신하고 있다. 이들은 '정말 짜증나게' 만드는 기성 세대를 향해 연대하는 듯이도 보인다. 청소년들은 분명 기성 세대와는 다른 '근대적'인 삶에 대한 욕구를 가지고 있고, 그 동안의 급속한 변화 속도를 감안한다면 이것은 당연한 현상이다. 그들은 생산주의 세대인 부모와 좀더 다른 방식으로 의사 소통을 하고자 하며, 부모들의 물질주의적인 삶의 방식을 비판하면서 좀더 민주적인 삶의 양식을 구현하고자 한다. 그러나 그 방법이 잘 찾아지지 않아서 매우 괴로워하는 중이다. 지금 한국 청소년들이 팬클럽을 만들어 HOT에 열광하거나 고등학생이면서 화장을 시작하거나 머리에 물을 들이는 것은 언뜻 보면 서구의 펑크족이나 무법적 하위문화를 무작정 모방하는 것처럼 보이지만 그 속에는 부모와 학교의 통제로

---

20) 나는 얼마 전 여자 중학교 3학년 네 명이 집단 자살한 것을 두고 신문 칼럼을 쓴 적이 있다. 그때 나는 제목을 "십대에게 삶을 돌려주자"고 썼는데 기자가 보내 온 원고를 보니 "십대에게 삶의 가치를 알려주자"고 되어 있었다. 그리고 소제목으로 "주인의식을 일깨워야"라고 되어 있었다. 신문 데스크에 있는 분은 여전히 기성 세대가 청소년들에게 '삶의 가치를 알려'줄 수 있다고 생각하고 있는 것이다. 이런 안일함이 문제 해결을 어렵게 한다. 이 책 끝부분에 있는 칼럼 읽기에 「동반 자살」이란 제목으로 실려 있다.

부터 독립해서 '자신을 스스로 만들어 가고자 하는 욕구'가 숨어 있다.

지역의 청소년 문화 공간은 이런 욕구들이 제대로 표출되어서 새로운 하위 문화를 형성해 갈 수 있는 장소가 되어야 한다. 지금은 건강한 세대 문화 운동이 일어야 하며, 지금까지 적극적으로 무엇인가를 해보지 않았던 청소년들에게 이런 일을 벌이는 것은 결코 쉬운 일이 아닐 것이다. 나는 청소년 자신들이 참여해온 프로그램을 평가하게 하는 작업으로부터 그 훈련을 시작하자는 제안을 하고 싶다. 청소년들을 오로지 관리의 대상으로 삼아온 기존 학교 체제가 학생들에게 평가권을 주지 않았던 것은 바로 평가권을 주는 것이 그들로 하여금 주체적으로 사고를 하게 하고 참여를 요구하게 되리라는 것을 알고 있기 때문이었을 것이다. 새로운 청소년 정책은 바로 평가 작업을 청소년들에게 하게 함으로써 청소년들로 하여금 주인의 눈으로 사회를 바라보고 적극적으로 사회 참여를 하도록 유도해 나가야 할 것이다.

평가 작업을 장려하면서 동시에 그런 작업이 개별 작업으로 이루어지기보다 협동 작업이 되게 할 필요가 있다. 사실상 청소년 한 명이 하는 평가의 수준이 높을 리 없다. 그러나 만일 세 명이 팀이 되어서 자신들이 참여한 프로그램이나 지역 환경에 대한 평가를 하게 된다면 한 명의 전문가가 한 작업보다 더욱 깊이 있는 작업을 해낼 가능성이 높다. 지금까지 청소년 프로그램이 군대식 훈련이거나 일회용 이벤트 회사들에 의한 '티티테인먼트'에 머물렀다면, 이제부터 청소년 문화 프로그램은 청소년 자신들을 삶의 주인으로 자리매김하는 프로그램이 되어야 하는 것이다.

청소년들이 그들의 참여가 보장된 공간에서 새로운 감수성과 주체 의식을, 그리고 공동체적 참여 의식을 기르기까지는 상당한 준비와 시간이 필요할 것이다. 오랫동안 속아온 청소년들은 그 공간이 일시적 유인책이 아닐지 의심할 것이고, '대책 없이 놀기만 하려는' 아이들이 몰려들어 '훼방'을 놓을 것이며, 뭐든 획일적으로 처리하려는 분위기는 얼마간 지속될 것이다.

압축적 시간성 속에서 제대로 일을 추진하기란 쉽지 않고, 열심히 추진한 일이 엇갈려서 그 효과를 제대로 내지 못하게 되는 경우도 허다하게 생긴다. 이는 무엇인가를 해보려는 사람들을 좌절시키고 전반적인 사회 분위기를 자포자기로 이끄는 면에서 더욱 심각한 폐해를 낳았다. 이런 어려움을 예상하면서 청소년 프로그램 담당자들은 청소년들의 욕구를 제대로 읽어 내면서 그들로 하여금 일을 벌이는 분위기를 잡아 주는 일을 해야 할 것이다. 청소년들의 욕구는 아주 다양한 형태로 분출되고 모일 것인데, 그것은 대중 음악적 표현일 수도 있고 연극일 수도 있으며 땀 흘리는 신체적 훈련일 수도 있고 패션의 창조일 수도 있을 것이다.

지금은 자기 분열과 모순을 느끼는 청소년들로 하여금 삶에 동기를 가지고 적극적으로 사회에 참여하게 해야 할 시기이다. 이들이 움직이지 않고 파괴적인 에너지로 나가면 우리 사회의 미래는 아주 암울해진다. 앞으로 세상은 점점 더 살기 힘들어질 것이고 고도 경쟁 사회에서 미리 포기하는 아이들이 늘어날 것이다. 앞으로 오는 시대에서 살아남을 아이는 스스로 문제 제기를 하고 문화적 주체로 살아가는 방법을 알고 있는 아이들일 것이다. 스스로 시행착오를 함으로써 배우고 자신감을 가지는 것, 스스로 불행해지기도 하고 행복해지기도 하면서 그것을 책임질 수 있는 것이 중요하다.

끝으로 '청소년기'를 어느 시기로 볼 것인지를 생각해 보자. 지금까지 한국 사회에서는 청소년기를 단순하게 십대라든가 중고등학생으로 범주화하였는데, 실제로 청소년기는 경제 사회적으로 완전 독립을 이루지 못한 전환기에 있는 생애의 한 시점이며, 변화하는 시대를 느끼면서 새로운 문화 공간을 만들기 위해 자유로운 문화 실험을 할 수 있는 시기이다. 최근 30여 년간 한국 사회에서 다수의 청소년은 오로지 입시생으로 살아온 편이고, 그래서 부모로부터 독립하는 시기가 아주 늦어졌다. 기실 학교를 졸업하고서도 부모에게 의존해 있는 이들이 많은 점에서 한국 사회는 일면 청소년기가 기형적으로 긴 사회에 속한다. 서양의 경우 첫 임금을 받는 나이는 19세인데 한국은 27세라고 한다.[21] 초봉을 받는 시기가 27세라면 사실상 한국의 이십대 청년 다수는 긴 청소년기를 보내고 있는 셈이다. 청소년 기본법에 따르면 청소년은 9세부터 24세에 이르는 인구를 말하는데, 나는 일차적으로 이 분류에 동의한다. 숫자가 아닌 식으로 말한다면 부모의 품에 뭔가 불편함을 느끼는 사춘기 때부터 군대에 가기 전까지라고 할 수 있을 것이다. 이렇게 범주화를 하면 1,200만여 명에 이르는 인구가 여기에 포함된다고 한다.

이제 청소년은 더 이상 통제의 대상이어서는 안 된다. 청소년기는 다양한 삶의 체험과 실험이 가능한 독자적인 생애 주기이며, 학생/시민/주민으로서 갖가지 활발한 활동을 벌일 주체가 되어야 한다. 지금은 대학에 와서야 자신들이 가진 생각을 표현하게 되는데 그 수도 그리 많지는 않다. 내가 좋아하는 연세대학교 문과대 록밴드 '빵'은 자신들의 삶을 성찰해 내는 훌륭한 작품들을 내놓았다. 춤을 추고 싶으면 나이트에 가야 하는 세상을 화장실이 없는 집에 빗대어 노래하거나 발렌타인 데이에는 초콜릿을 주라고 강요하는 백화점의 유혹을 말하면서 상업주의가 좀먹어 가는 욕망을 성찰한다.[22] 그런데 다수 학생들은 더 이상 효율적이지 않은 입시 체제 속에서 이미 아무것도 하지 않고 모든 것을 미루는 식의 생활이 체질화되어 버렸다.

대학에 들어온 학생들은 사실상 고등학교 후배들과 자신의 경험을 나누고

---

21) 교육민회의 한 작은 모임에서 문용린 교수가 발제한 중에 나온 이야기이다.

22) 두 곡 다 국문과 2학년, 전인태가 작사 작곡했다.

"그 애와 밤새 춤추고 싶어 나이트에 가야 하나요 / 혼자서 소리 지르고 싶어 노래방에 가야 하나요 / 화려한 무대는 필요 없어 주머니엔 동전 몇 닢뿐 / 난 기타 치고 넌 노래하고 우리 시곈 멈춰 버렸지 / 우리 집에 화장실이 없나요 싸 버리고 싶어."

"오늘은 발렌타인 데이 초콜릿 주는 날 / 백화점 선물 바구니가 알려주었네 / 꼭 이런 날엔 선물 받아야 하나 / 꼭 이런 날에만 애인 있어야 하나…"

싫어하는데 고등학교 당국에서는 선배들이 오는 것을 가장 싫어한다고 한다. 1960년대에 고등학교에 선배들이 자주 오가는 모습과 비교하면 좋은 대조를 이루는 부분이다. 교사들은 선배들이 아이들의 마음을 흔들어 놓을 것을 염려스러워 하는 것이다. 사실상 입시에 목을 맨 '입시생'들에게 제대로 문화를 가지라고 하는 것은 무리한 요구이다. 이런 특수한 상황을 감안한다면 한국의 청소년 정책은 입시에 묶여 있는 청소년과 입시 전쟁에서 어느 정도 물러선 청소년, 그리고 입시 전쟁을 치른 청소년 등으로 나누어 각 상황에 맞게 입안되어야 할 것이며, 이들이 서로 연계를 맺어서 건강한 청소년 문화를 만들어 갈 수 있도록 총체적 그림을 가지고 있어야 할 것이다.

그 동안 한국 대학생들의 '과격한' 정치 참여에 대한 이미지를 가지고 있는 보수적인 기성 세대는 이런 제안에 대해 선뜻 동의하기가 어려울 것이다. 그러나 대학 캠퍼스에서는 과격한 학생 운동이 많이 사라지고 있고, 중고등학교에서 새로운 형태의 문화를 만들어 내려는 움직임들이 문화적 감수성을 지닌 대학 선배들의 지원을 필요로 하는 시점이다.[23] 한국의 청소년들을 그저 '침묵하는 바보'로 만드는 것이 목적이 아니라면 대학생들이나 비학생 청소년들과의 연계 활동을 적극 장려해야 할 것이고 이를 통해서 한국의 문화 수준을 높여 가야 할 것이다. 더불어 전지구화되어 가는 세상에서 살아갈 청소년들에게는 일국주의를 넘어선 경험이 절대적으로 필요하다. 이미 전지구적 단위의 청소년 프로그램들이 많아지고 있는데, 우리 청소년들이 이런 프로그램에 적극 참여하면서 전지구적 질서 재편에 한몫을 할 수 있도록 하는 일도 앞으로 정책적으로 고려해야 할 부분이다.

---

23) 1998년도 연세대 문과대학 신입생 수련회의 주제는 「경계를 넘어서 : 지배와 훈육의 우물에서 자치와 연대의 바다로」였다. 대학생 축제도 다양성을 중시하는 방향으로 나아가고 있는 것은 매우 고무적이다.

지금 한국의 청소년들은 소극적인 거부의 몸짓 정도를 내보일 뿐 '세대로서의 운동'을 만들어 내지 못하고 있다. 사실 그들은 그냥 개별적으로 흐트러지면서 창조적 에너지를 소모시키고 있다. 기성 세대들도 청소년들에 의한 건강한 세대 운동이 사회의 재활력화를 위해서 얼마나 필요한지를 잘 알지 못하고 있다. 지금은 청소년들이 벌이고 있는 소모전을 생산적인 저항/문화로 바꾸어 내야 할 때이다. 이제 유신 체제식 '청소년 다루기'와는 결별할 때다. 청소년들에게 이제 건강한 또래 집단과 선후배를 돌려주자. 그리고 상상력과 실험, 탐색, 문화, 성숙, 창작 등의 단어를 그들에게 돌려주자. 그래서 심한 문화적 지체 현상 속에서 쇠잔해 가는 청소년을 통해 한국 사회 전반에 걸쳐 문화적 활력소를 불어넣기 시작해야 할 것이다. 십대에 감수성을 죽이면 더 이상 감수성이 풍부한 인간이 될 수 없으며 자라나는 청소년들의 감수성을 죽인 사회는 오래 버티지 못한다. 초국적 자본이 독주하는 시대에 한국 사회가 살아남을 가능성은 실은 청소년들의 문화적 감수성을 얼마만큼 살려낼 수 있을지에 달려 있다. 청소년 문화가 살아나면 한국 사회가 건강하게 살 수 있다는 말이다. 이제 청소년들에게 인권과 시민권을 돌려주어 스스로 자랄 수 있게 하자.

5 청소년 '문제'에서 청소년 '존재'에 대한 질문으로

청소년의 반대말은 '자유'이다.
우리 나라의 비인간적인 교육 현실과 십대들에 대한
사회의 인식이 변하지 않는 한 이 말은 진실이다.
나는 청소년이라는 딱지를 거부한다.
내 자신을 청소년이라고 인정하는 것은
곧 내 주체성을 포기하고 사회의 통제에 움직여지는
꼭두각시임을 인정하는 것이기 때문이다.
— 연세대 인문학부 1학년 19세

---

* 이 글은 1999년 한겨레신문사와 연세대 청년문화센터가 공동 주최한 국제 학술 대회, 「'청소년'과 근대성 : "왜 지금 우리는 '청소년'을 이야기하는가?"」를 위해 준비한 글이다.

누가 '청소년'이며 누가 청소년을 말하는가?

'청소년'이란 청년과 소년을 합친 말이다. 그 단어는 한자어이고, 아마도 19세기쯤 일본에서 만들어졌을 가능성이 높다. 잘 쓰진 않지만 일본서 '청소년'이라고 하면 청년인 대학생까지 포함하는 용어로 쓰인다. 중국서는 14세 정도까지의 아동을 위한 '소년궁'이 있고, 40세 장년을 포함하는 '공산주의 청년단'이라는 것이 있어서 거의 사십대까지를 청소년으로 포함시켜 왔다. 최근까지 세계 청소년 관련 대회에 가면 제1세계에서는 십대와 이십대 초반 나이의 청년들이 참석하는 반면 제3세계에서는 삼십대나 심지어 사십대 나이의 관이나 학회 관련 사람들이 참석하여 이상한 진풍경이 연출되어 왔다. 요즘 인터넷에 들어가서 유럽 쪽을 보면 18세에서 24세, 24+라는 식으로 '유스 youth'의 나이를 구분하면서 거의 30세까지로 그 나이를 넓혀 두고 있다. 후기 근대로 접어들면서 '유스'의 범주가 점점 더 넓어지고 있는 현상을 보이는 것이다.

이렇게 청소년 범주화는 각 사회에 따라, 그리고 시대에 따라 큰 차이가 있다. 근대사를 통해 보편사적인 흐름이 깔려 있지만 동시에 각 사회의 특수한 근대사에 따라 특수성을 뚜렷하게 보여온 것이다. 한국에서는 '청소년'이라고 하면 '미성년 출입 금지'의 분위기가 강하고, 중고등학생을 연상하게 된다. 「청소년 기본법」에 따르면 청소년이란 9세부터 24세까지의 인구를 말하는데, 실제로 9세의 어린이를 청소년이라고 보는 사람은 별로 없으며, 대학생 중에는 자신이 청소년이 아니라고 단호하게 선언하는 이들이 적지 않다.[1] 청소년을 사춘기 시절로 보는 이들이 있는가 하면 대중 매체에서

---

1) 나는 1999년 봄 학기 「인간과 문화」라는 수업 시간에 학생들에게 "청소년은 누구인가?"라는 주제로 글을 써보라고 했다. 특히 자신을 청소년이라고 보는지를 써보라고

는 '1318'이라는 줄임말로 13세에서 18세 사이의 인구를 청소년 범주에 넣기도 한다. 또 청소년 범주에 청년을 넣어야 한다고 강하게 주장하는 이들도 있다. 이런 의견의 불일치는 무엇을 말하는가?

자율적 주체로서의 '청소년'을 이야기하기 위해서는 '청소년'이라는 용어 사용에 대한 논의부터 이루어져야 한다. '청소년'이라는 용어의 계보를 따

했다. 다음은 강지은(연세대 인문학부 1학년)이 쓴 글이다.

"청소년이라는 말의 본질적 개념이 무엇이었는지는 잘 모르지만, 내가 생각하기에 우리나라에서 이 단어는 기성 세대가 십대들을 손쉽게 통제하기 위해 만든 것이다. 청소년이라는 이름하에 해도 되는 것과 안 되는 것을 구분짓고, 그 틀을 벗어났을 경우에는 여러 가지 수단을 통해서 억압하는 것. 이것이 '청소년'이란 한 단어가 가진 힘이다. 이렇게 눈에 보이지 않는 사회의 강요와 억압과 통제는 청소년 각자의 정신 속에 자연스럽게 각인되어 스스로가 자신의 행동을 제한하게 만든다. 나는 지금까지의 내 인생에서 통제와 억압이 가장 심했던 중고등학교 시절 '청소년'이란 딱지의 무게를 심하게 느꼈으며, 그 결과 대학생이 되어서는 '청소년'의 무게에서 벗어나기 위해 내가 대학생임을 모든 사람들에게(모르는 사람에게까지) 알리고 싶은 충동을 느꼈다. 나는 더 이상 순진하게 학교가, 사회가 지시하는 것을 따르지 않아도 아무런 문제가 없는 '청소년을 벗어난' 사람이라는 것을 만천하에 떠들고 싶었다. 생각해 보면, 지금의 고등학생과 나는 2,3년 정도의 차이가 날 뿐인데도 마치 내가 그런 '고삐리'들과는 차원이 다른 자유로운 인간인 것처럼 느끼고 행동했다. 6년 동안 받은 억압이 심했던 만큼, 지금의 '청소년'들과 나의 위치에 차이를 두는 것에 만족을 느끼기도 한다. 가끔은 이런 나의 모습을 보면서 나도 기성 세대들처럼 '청소년'과 나를 분리시키며, '청소년'의 역할을 정하고 그들의 자유를 제한하고 있는 것은 아닌지 불안하기도 하다.

청소년의 반대말은 '자유'이다. 우리 나라의 비인간적인 교육 현실과 십대들에 대한 사회의 인식이 변하지 않는 한 이 말은 유효하다고 생각한다. 그러므로 나는 내 스스로를 청소년이라고 말할 수 없다. 내가 내 자신을 청소년이라 인정하는 것은 곧 나의 주체성을 포기하고 사회의 통제에 의해 움직이는 꼭두각시임을 인정하는 것이다."

이 글에서 보듯이 이 학생은 청소년은 아주 수동적으로 중고등학교를 다니는 학생 정도로 생각하고 있으며, 자신은 그러한 범주에 절대로 들어가서는 안 된다는 강한 거부감을 가지고 있다.

져 한국에서 '유스'라는 범주가 어떻게 형성되어 왔는지를 살펴보고 한국 근대사에서 '청소년'들이 차지하는 자리를 정확하게 파악해 볼 필요가 있다. 이 글에서 나는 근대화라는 전지구적 질서 개편의 과정에서 한국의 '어린/젊은 세대'의 범주화가 누구에 의해 어떻게 이루어져 왔는지를 살펴볼 것이다. 이것은 젊은이들의 삶과 잠재력을 중심으로 새롭게 근대의 역사를 써보는 작업이기도 하다. 이런 역사적 과정에 대한 파악을 바탕으로 '청소년'들이 적극적인 사회 성원으로서 역사적 진행에 참여하는 방안을 제시할 것이다.

한국 근대화와 청소년 담론

보편사적으로 보는 근대 청소년의 자리

길게 보면 근대사는 젊은이들에 의한 역사이다. 16-7세기 진취적인 상인들과 발명가와 탐험가들에 의해 시작된 자본주의는 18세기 프랑스의 젊은 시민 혁명가들에 의해 전지구적 근대 기획의 기틀을 잡았던 것이고, 20세기 청년들의 문화 혁명에 의해서 또 한차례 변신을 한 것이다. 이런 과정을 거치면서 '유스'는 사춘기적 방황과 갈등, 이상 사회에 대한 열망과 실험정신, 대안 문화 등과 같은 이미지로 자리잡게 된다.

근대사적으로 '유스'라고 불리는 존재가 사회적으로 가시화된 것은 두 단계에 걸쳐서이다. 첫 단계는 근대 형성기이고, 두번째 단계는 후기 근대적 맥락에서이다. 자본주의가 자생적으로, 그리고 가장 먼저 진행된 서양의 경우 1940년대에 그 첫 단계의 유스 컬처 youth culture가 형성되기 시작한다. 단적인 예로 1947년 7월 7일 '모터 갱'이라 불리던 폭주족이 경찰의 제지에도 아랑곳없이 사흘 동안 미국 캘리포니아 홀리스터라는 도시를 점거하다시피 하며 광란의 파티를 벌인 사건이 있었다. 이 사건은 전국적 뉴스가 되었고 20세기 사진 앨범에 수록되어 있다.2) 근대적인 자아 정체성을 가진 '유스' 집단이 기성 세대에 반하여 자기 표현을 하기 시작한 것이다.

그 이후 부모로부터, 그리고 기성 세대로부터 독립하고, 또 구별되기를 원하는 '유스'라는 존재는 하나의 확고한 사회 세력으로 자리잡게 된다. 근대사에 새롭게 등장한 '유스' 집단의 이미지는 제임스 딘이 출연하는 「이유없는 반항」(니콜라스 레이, 1955)과 같은 할리우드 영화를 통해서 전세계적으로 알려지게 된다. 세대를 기준으로 형성된 이 사회 문화 집단은 자신들만의 영웅을 갖게 되었는데, 엘비스 프레슬리와 비틀즈가 그 초기 영웅들에 속한다. 1970년대에 들어서서 거세게 일었던 히피 운동이나 반문화 운동은 사실상 평등과 자유라는 근대적 이상을 실현하려는 '유스'들의 움직임이었는데, 유스 서브컬처 youth subculture가 더 이상 소극적인 하위 문화로 남겨지는 것이 아니라 주류 문화를 적극적으로 변화시키는 원동력이 된 역사적인 사건이었다.

두번째 단계는 대량 실업과 세기말적 혼란 속에서 일고 있는 움직임이다. 20세기 끝머리에 '유스'는 또 한번 거대한 불안 세력이자 가능성의 세대로 부상하고 있는 것이다. '유스' 실업 문제가 앞으로 풀어가야 할 핵심적인 사안으로 떠오르자, 유럽 공동체에서는 '유스'의 범주를 30세까지로 확대하면서 청소년들의 일과 삶 전반에 걸친 취업 학습 대안을 마련하려고 많은 투자를 하고 있다. 1999년의 파리 시위에 적극 가담한 고등학생들에 대한 기사는 '유스 파워'의 나이가 점점 내려가고 있음을 보여 줬고, 영국의 훌리건 또는 독일의 폭력적 청소년 관련 기사는 '유스'가 21세기의 사회 불안정

---

2) 「굿 바이 20C 사진 앨범」, 『한국일보』, 1999년 10월 12일.

세력임을 드러낸다.[3] 반면 미국에서는 여전히 부모의 돈을 쓰면서 많은 여가 시간을 가진 십대가 시장을 주도하는 거대한 소비 세력으로 부상하고 있다.

후기 근대적 위기는 '정당성의 위기'가 아니라 '동기상의 위기'라고 말한 하버마스의 정의대로라면, 실업과 동기상의 위기로 방황하는 '유스'의 상태는 그 사회의 안정과 삶의 질을 가늠하는 지표가 되는 것이다. 서구 사회의 '유스' 집단은 폭력과 고실업, 그 외 복합적인 위험이 도사리고 있는 혼란의 시대를 살아가야 하는 존재로서 지금까지 해온 것처럼 나름대로 자구적인 실험을 계속할 것이고, 인류의 미래는 상당 부분 그들의 실험 작업에 의존할 것으로 보인다.

그러면 한국의 '유스'는 근대화 과정을 통해 어떤 역사를 써 왔는가? 한국의 근대화는 어떤 '유스'를 만들어 냈으며, 그들은 어떤 문화적 가능성을 주류 문화에 제공해 왔는가? 한국의 '유스'라고 하면 가장 먼저 떠오르는 이미지는 대학생 운동일 것이다. 한국의 대학생들은 반독재 정치 운동의 선봉이었고, 피끓는 젊음을 '대의'를 위해 바친 혁명적 운동가로 세계적으로 이름이 나 있다. 그러나 그들의 운동은 위에서 언급한 세대간의 구별화 과정, 곧 청년 문화 운동 youth cultural movement과는 성격이 다르다.

1980년대는 대학생 운동의 절정기였으며, 그 시대의 청년 문화는 사실상

---

3) 1999년 10월 11일 『한겨레신문』 국제면에서 백경학 통신원은 독일 청소년 폭력이 급증한다는 기사를 실었다. "옛말된 '안전한 나라' 작년 하루 평균 1300건, 갈수록 조직화, 난폭화, 처벌 강화론 설득력"이라는 타이틀을 뽑고 있다. 특히 최근 청소년 폭력의 특징은 약한 학생을 상대로 한 집단 테러라고 하는데, 그곳 신문은 근본적인 대책이 마련되지 않을 경우, 일본의 이지메나 한국의 왕따와 같은 현상으로 발전할 가능성에 대해 우려를 표하고 있다고 했다.

기성 세대의 문화와 크게 다를 바 없이 엄숙하였다. 조직력과 이데올로기성이 극도로 강조되는 분위기에서 청년적인 실험성과 자유로움이 들어설 자리가 없었던 것이다. 그들은 기성 세대와 다른 문화 문법을 가진 신세대이기 이전에 기성 사회의 엘리트이며 정치적 투사 집단이었고, 그들이 벌인 운동은 기성 세대로부터 스스로를 구별해 내는 새로운 세대로서의 정체성을 확보하기 위한 문화 운동과는 거리가 멀었다.

'유스'에 의한 문화 변혁적 운동이 없었던 것은 아니다. 1930년대 '신여성'과 '모던 보이'들이 불러일으켰던 신문화 조류나 1960년대 말부터 일었던 '청년 문화 운동'이 그러한 움직임의 맹아적 성격을 띠고 있었다. 그러나 통기타와 히피풍 패션으로 대변되는 1960-70년대 청년 문화 운동은 서구 풍조의 모방이자 퇴폐 풍조로 간주되어 박정희 정권은 장발과 미니 스커트를 단속하는 등 삼엄한 단속 정책을 펼쳤고, 새로운 일을 벌이던 청년들은 군대를 갔다오면 곧바로 기성 세대 체제에 편입되어 버렸다.

1988년 서울 올림픽 이후 반독재 투쟁은 어느 정도의 결실만을 이룬 채 퇴조하게 되는데, 이때 다시 청소년들이 술렁거리기 시작했다. 그러나 이들의 행보는 곧 소비에만 열중하는 '신세대'로 규정당하고 만다. "신세대 네 멋대로 해라"와 같이 청소년 당사자들이 새로운 목소리를 내지 않은 것은 아니나, 하나의 세력을 형성하기에는 역부족이었다. 두 번에 걸친 기회가 있었지만 매번 '운동의 주체'를 형성하지 못하고 무성한 말과 뉴스만 남긴 채 사그라졌다.

나는 이런 담론의 특성을 제3세계적 자본주의화의 길을 걸어온 사회가 드러내는 특징으로 본다. 청소년 담론은 전형적인 제3세계로서 식민 지배와 압축적인 경제 성장을 경험한 한국의 특수한 근대화 과정 속에서 파악해야 한다는 것이다.

1) 국가 주도적 경제 성장기의 '학생/근로 청소년', '학생/불량 청소년'의 이분법

청소년을 지칭하는 용어의 변화와 그 용어의 저변에 깔린 이분법적 논리를 근대사를 통해 좀더 자세히 살펴보자. 근대 한국사에서 '청소년'의 정체성이 어떤 식으로 형성되었는지를 살펴보면 크게 세 번의 전환기를 거친다.

첫 단계는 대가족의 '소인'일 뿐이었던 청소년들이 가족을 빠져 나와 '학생'이라는 독자적인 정체성을 갖기 시작하는 단계이다. 근대 국가 기구는 모든 아이들을 '근대적 국민'으로 만들기 위해 학교를 지었고, 이 과정에서 아이들은 가정에서 벗어나 개인의 공간을 갖기 시작한다. 학생이라는 새로운 정체성을 획득했고, 이 시대에는 청소년 자신들이 이 정체성을 선호했다. 두번째 단계는 청소년의 정체성이 학생의 정체성과 동일시되는 시점이다. 고도 경제 성장기를 거치면서 대다수의 청소년이 '학생'의 신분을 갖게 되는데, 시기적으로는 1970년대부터 1990년대 초반까지가 이 단계에 속한다. 세번째 단계는 대량 생산 체제를 지나 소비 자본주의 단계로 접어들면서 시작된다. 청소년들은 서서히 '학생'의 정체성을 벗어난다. 대신 '청소년', '신세대' 또는 '소비자' 등의 다양한 이름을 얻게 된다. 이 과정을 좀더 자세히 살펴보자.

'학생/근로 청소년'의 이분법

근대화 초기, 가족의 '소유물'이었던 '아동/청소년'이 '학생'이 되는 과정은 지난했다. 유가의 가르침에 따르면 여자와 결혼을 하지 않은 아동/청소년은 '소인 小人'이다. 결혼을 하지 않은 '청소년'은 나이가 십대건 삼십대건 상관없이 엄격하게 가부장 어른의 통제 아래 있는 '소인'의 범주에 들었다. 그 '소인'이 가부장적 가족을 벗어나 새로운 정체성을 형성하는 것은 근대

제도 교육의 장이 생기면서이다. 곧 학생이라는 신분을 얻으면서 청소년은 가족으로부터 벗어나 독자적인 삶의 영역과 정체성을 갖게 된다.

최근에 나온 「내 마음의 풍금」이라는 영화에서 잘 그려지고 있듯이 새로운 삶의 공간으로 등장한 학교는 '근대적 아동/청소년'에게 선망의 공간이었다. 학교는 자기 집보다 깨끗하고, 학교 선생님은 자기 부모보다 멋있고 더 많은 것을 가르쳐줄 수 있기에 모든 아이들은 학교에 가고 싶어했다. 이 시대에 행운아는 자기를 상급 학교에 보내줄 만한 경제력이 있는 아버지나 잡다한 집안일을 시키지 않고 숙제를 하도록 배려하는 어머니를 가진 아이였다. 소수의 선택된 아이만이 학교에 갈 수 있었던 시대에 '학생'이 되는 것은 축복이었다.

이 시점에서 '학생'에 속하지 않는 청소년은 주변적인 범주인 '근로 청소년'에 속한다. '근로 청소년'은 '학교'에 갈 여건이 되지 못하는 불우한 청소년이며 '소외 계층'이다. 교복을 입은 같은 또래의 '학생'을 선망의 눈길로 바라보는 계층인 이들을 위해 1970년대에 국가는 '산업 역군'이라는 이름을 붙여 주고, '근로 청소년 회관'을 지어서 검정 고시반을 운영하거나 취미 교실을 운영하여 이들을 '위로'하기도 하였다. 대학생과 사회 운동가들의 경우, '야학'을 운영하여 근로 청소년들의 향학열을 나름대로 충족시켜 주려고 노력했다. 1970년대 후반에는 화장법, 꽃꽂이 강습을 가르쳐서 이들을 '숙녀'로 만들어 내려고 노력하기도 했다. 그러나 1980년대에 들어서면 더 이상 학생과 '근로 청소년'의 이분법은 성립되지 않는다. 근대화가 진행되어 대다수의 아이들이 고등학교에 갈 수 있게 되면서 판도가 바뀐 것이다.

'학생/불량 청소년'의 이분법

한국은 초등학교까지만 의무 교육이지만 1979년에 93.4%가 중학교에, 90.7%가 고등학교에 진학하게 된다. 한국은 구태여 고등학교 의무 교육을 할 필요가 없을 정도로 향학열이 높은 사회였던 것이다. 대다수가 학교에 다니는 것이 기정 사실이 된 시점에서 학교에 다니지 않는 이들은 더 이상 불우한 청소년이 아니다. 대신 그들은 부적응자이거나 일탈자로 범주화된다. 이 시점에서 십대는 '학생'과 '비학생'으로 이분되고, 학생은 '좋은 청소년'을, 비학생은 '불량 청소년'을 의미하게 된다.

1980년대까지 지속된 대량 생산 체제에서 학교는 그 체제가 필요로 하는 인력을 대량으로 생산해 내는 기능을 수행했으며, 기성 사회는 그 체제에서 이탈하는 청소년을 '불량 청소년'으로 낙인 찍었던 것이다. 청소년은 '도약하는 조국'의 예비 국민이자, 그 목적에 맞게 동원될 수 있는 '학생' 국민으로서의 정체성만을 갖게 된다. 이 시점에서 한국의 청소년은 대학생과 중고등학생으로 구분되고, 청소년이란 용어는 중고등학생을 지칭하는 것으로 변한다.

대학생들이 고등학생들을 의식화시킬 것을 두려워해서 선배들이 모교에 와서 서클 활동을 하던 것이 금지되었고, 그래서 많은 선후배가 함께 하는 청소년 동아리들의 맥이 끊겼다. 청년 대학생들의 변혁 운동이 가장 활발했던 80년대를 통해 소년들의 공간인 중고등학교는 가장 폐쇄적인 공간이 되어갔으며, 중고등학생 청소년의 경우, 학생 이외의 정체성을 체계적으로 '지워야' 했다. 강압적이고 통제 일변도의 학교 분위기가 형성된 것도 이런 특수한 역사적 과정을 거치면서이다.

이 시대에 만들어진 '학생/불량 청소년'이라는 이분법은 아직도 일상 생활을 지배하고 있다. 낮에 길거리를 활보하는 비학생 청소년들은 순경으로부터 수시 검문을 당하고, 또 그런 청소년을 보면 눈살을 찌푸리는 국민이 아직도 상당수 있다.

2) 소비 자본이 부상하는 후기 근대의 '학생/청소년', '학생/소비자'의 이분법

1990년 전후 본격적인 소비 자본주의 체제로 들어가면서, 청소년들에게는 새로운 생활 세계가 펼쳐진다. 더 이상 학생의 정체성으로 십대들을 묶어내기 힘든 상황에 접어드는 것이다. 체육과 문화 관련 정부 부서에서는 '학생'들의 활동 공간을 넓히기 위해 '청소년'이라는 단어를 부각시키기 시작하고, 소비 자본은 십대 시장을 겨냥하여 십대 청소년들을 소비자 고객으로 극진하게 '모시게' 된다. '학생/청소년', '학생/소비자'라는 새로운 이분법적 논리가 등장하는 것은 바로 이 시점이다.

'학생/청소년'의 이분법

경제 성장이 어느 단계에 접어들고 소비 자본주의가 본격화되는 시점에서 교복은 더 이상 선망의 대상이 아니다. 오히려 학교가 억압적이라고 느껴져서 적극적으로 이탈하는 아이들이 생겨나게 된다. 동아시아 나라들은 비슷한 입시 경쟁 체제로 인력을 길러 왔고, 그래서 비슷한 청소년 문제를 안고 있다. 그러나 한국의 경우, 평준화 정책으로 인한 '하향 평준화'와 1980년대의 대학생 운동에 대한 거부감의 여파로 중고등학교 문화는 일본이나 대만과 비교해 볼 때 그 폐쇄성과 억압성의 강도가 매우 심한 편이다.

1990년대 들어 여론에서는 전인 교육과 열린 교육을 이야기하기 시작했다. 정부에서도 교육 개혁에 박차를 가해 대통령 직속 특별 위원회를 구성하는 등 패러다임을 전환하자는 논의가 활발하게 일기 시작했다. 특히 고부가가치 상품 생산을 해내야 하는 시점으로 접어들면서 인력의 질이 달라져야 한다는 논의와 함께 교육 개혁에 대한 논의가 활발하게 진행됐다. 입시 위주의 교육과 강도 높은 암기식 교육, 그리고 권위주의적 학교가 아이들의 창의성과 자발성을 죽인다는 주장이 거세게 일기 시작한 것이다. 정부에서는 학교에 묶인 아이들을 '풀어 주기' 위한 방안으로 '청소년 정책'을 세우기 시

작했다. 서울 올림픽을 전후한 시점의 일이다.[4)]

1987년 청소년을 육성하자는 취지에서 체육부에서 청소년 육성법을 제정한다. 1988년에 체육부 안에 '체육 청소년국'이 설치되고, 1990년에는 청소년 헌장이 선포되며, '체육부'가 '체육청소년부'로 명칭을 변경할 정도로 당시 청소년에 대한 관심은 높아지고 있었다. 청소년 정책이 처음으로 국가 정책의 하나로 인정받게 되고, '선도 · 보호 · 규제' 중심의 청소년 대책에서 전체 청소년의 잠재력 개발로 정책의 무게를 옮기자는 논의가 활발하게 일었다.[5)] 이 당시에 정부 내에서 일었던 일련의 움직임은 학교에 묶여 있는 청소년들에게 새로운 정체성을 주려는 매우 획기적인 움직임이라고 할 수 있다.

청소년들을 '학생'의 신분에서 풀어 내어 '청소년'이라는 좀더 전인적인 존재로 부각하려는 의도에서 시작한 정부의 개혁적 움직임은 학생이라는 이름만으로 규정될 수 없는 '청소년'의 이미지를 사회에 심어 놓는 데는 성공했지만 실질적으로 학교에 묶여 있는 십대들의 삶을 크게 바꾸지는 못했다. 그 일차적 요인은 정부 자체의 조직 문제에 있었다. 당시 정부의 청소년

---

4) 그 전까지 청소년 관련 정책은 전무했다. 1961년 박정희 정권이 들어서면서 제정된 청소년 정책과 관련된 법령은 미성년자 보호법(1961년 12월 31일 제정)과 아동 복리법(1961년 12월 31일 제정) 정도였다. 여기서 아동은 "18세 미만의 者"(아동 복리법 2조)를 말한다. 미성년자 보호법은 "미성년자의 흡연과 음주 및 선량한 풍속을 해하는 행위를 제한 또는 금지함으로써 미성년자의 건강을 보호하고 선도 육성함을 목적으로 한다"는 문구로 시작하는데, 1970년에 미성년자 보호법 시행령이 발표되고, 1997년에 청소년 보호법으로 개정된다. 미성년의 기준이 청소년 보호법에는 19세 미만으로, 문화 관련 법률에는 18세 미만으로, 한편 민법의 성년 기준 나이는 20세로 되어 있는데, 2000년 10월 현재, 성년 기준을 19세로 낮추는 민법 개정이 이루어지고 있다.

5) 제6차 경제 사회 발전 5개년 계획(1987-1991)에 청소년 부문이 최초로 포함되었고 1991년에 청소년 기본 계획(1991년 6월 27일)이 수립되었다.

관련 정책은 총체적인 전망을 가지고 부처간 조정을 하면서 세운 것이 아니었기 때문에, '학생'이라는 정체성에만 주력해온 교육부와 새롭게 '청소년'이라는 정체성을 부여해 보려는 다른 부처간의 조정이 이루어질 수 없었던 것이다. 청소년의 삶과 관련된 부처간 대립에서 최근까지 우위를 차지한 것은 교육부 쪽이다.

당시 청소년 정책 입안의 내용 역시 획기적인 전환을 이루어낼 수준의 것은 아니었다. 법안의 내용을 보면 대량 생산적 국민 동원 체제의 언어를 그대로 사용하고 있다. '청소년 육성법' 1조는 "이 법은 청소년의 인격 형성을 도모하고, 청소년의 보호, 육성, 선도 및 지원에 관한 사업을 효율적으로 추진함으로써 청소년이 국가, 사회 발전에 이바지할 수 있는 건실하고 유능한 국민으로 성장하도록 함을 목적으로 한다"고 쓰고 있다. 1991년에 마련된 청소년 기본법에 따라 청소년 활동은 활성화되는데, 이때 청소년 활동의 초점은 잠시 학교를 떠나 자연 속에서 수련하는 것에 있었다. 청소년 범위를 '9세'부터 정한 것도 학생들을 수련원 활동을 하게 하는 차원에서 청소년 정책을 세운 때문으로 보인다.[6)]

'국민의 정부'는 1997년 이래로 다시 청소년 5개년 계획을 수립하고 청소년 헌장을 개정하는 등 '학생'이 아닌 '전인적 청소년'을 살려내기 위한 노력을 기울이고 있지만 교육부와 교육청의 헤게모니가 막강한 상태에서 '학생이 아닌 청소년' 활동을 활성화하는 것은 사실상 쉽지 않은 일이다. 또한 '국가 발전'을 위해 청소년을 기르겠다는 식의 국가주의적 패러다임이 여전

6) 청소년 관련 학자이며 당시 청소년 기본법 제정에 참여했던 한 교수는 청소년 기본법의 나이를 9세에서 24세로 한 것은 일단 보이스카웃 등 청소년 활동 단체들의 회원이 9세 정도부터였으며, 또 청소년들의 수가 많다는 것을 보여 주어야 정부에서 관심을 보일 것이라고 생각했기 때문이라고 회고했다. 그렇게 되면 전체 인구의 1/4인 1,200만 명 가량이 청소년에 속한다.

히 잔존해 있는 한 큰 변화를 기대하기는 어렵다. 국민을 '동원'과 '구제'의 대상으로 보는 '관'의 시각이 근본적으로 바뀌지 않는 한 관에 의한 청소년 사업은 여전히 주류 청소년들로부터 외면을 당할 것이다.7)

'학생/소비자'의 이분법

학생 중심의 세계가 급격하게 변하기 시작한 것은 흥미롭게도 국가나 시민 사회가 아닌 자본에 의해서였다.

국가에서 청소년을 위한 수련거리를 마련하고 있을 때 자본은 청소년들의 소비 공간을 이미 마련해 가고 있었다. 거리 농구장을 마련하고 나이키를 팔았으며, 십대를 위한 잡지와 패션 책을 통해 십대만을 위한 무수한 이야깃거리를 제공하였다. 청소년들은 정부에서 벌인 행사에서와는 달리 시장에서 만든 공간에는 '자발적으로' 찾아다녔다. 노래방, 오락실, 호프집으로 몰려다녔고, 밤새 오락과 채팅을 할 수 있는 피시방에서 학교에서는 할 수 없던 일에 몰두하였다. 1990년대 들어서면서 거대 소비 자본에 의해 청소년들의 학교 밖 놀이 공간들이 광범위하게 만들어졌으며, 청소년들은 그 공간에서 자기들만의 개별 공간을 만들어 가기 시작했다. 드디어 자본은 근대사를 통

---

7) 동원을 하지 않는 행사를 하기 위해서 최근 문화관광부에서는 여러모로 새로운 시도를 하고 있지만 아직도 다수의 청소년이 '학생'의 정체성에 묶여 있는 상태에서 적절한 정책 추진 주체나 방법론을 찾아내지 못하여 그 돌파구로 대중 매체와 인기 연예인들과의 연결을 시도하기도 하였다. 그러나 대중 매체와 인기 가수들을 동원하여 청소년을 유인하는 행사를 하게 될 경우, 청소년들을 '자발적으로' 모아 내기는 하겠지만 일시적 스트레스 해소용 행사에 그치며, 그런 행사를 구태여 나라 돈을 들여서 주도할 이유가 있느냐는 비난을 듣고 있다. 올 여름에 청년 기획자들과 소년 자원 봉사자들이 주축이 되어 진행한 「새 천년 맞이 청소년 축제」는 그런 측면에서 볼 때 제3의 방법을 모색한 시도였다.

해 형성된 학교 중심의 헤게모니를 무너뜨린 것이다.

정확하게 말하면 한편에서는 자본이 만든 새롭고 광활한 소비 공간의 유혹을 받고, 다른 한편에서는 낙후된 학교가 밀쳐 내는 가운데 십대들은 독자적으로 움직이기 시작한 것이다. 인터넷으로 온갖 정보를 접할 수 있게 된 아이들에게 학교는 배울 것도 없고 재미도 없는 공간이며, 오래 머물다가는 심히 낙후된 인간이 될지도 모른다는 불안감을 갖게 하는 공간이다. 학교를 이탈한 아이들이 성공하는 사례가 속출하면서, 아이들은 더 이상 '학생'으로만 머물 생각이 없어진다. 대량 생산 체제를 벗어나는 후기 근대적 시점에서 아이들은 학교에서 가르치는 지식은 별로 쓸모가 없으며, 졸업장도 전처럼 그렇게 막강한 힘을 휘두를 수는 없다는 것을 알아챘다. 고도 성장 시대처럼 공부 잘한다고 좋은 직장이 보장되는 것도 아니며, 직장을 얻었다고 평생이 보장되는 시대가 아니라는 것을 아이들이 알아차리기 시작한 것이다. 컬러 텔레비전과 수십 개의 채널을 가진 케이블 TV, 그리고 피시 통신이라는 소통 매체에 익숙한 아이들에게 더 이상 흑백 텔레비전 시대의 문법이 먹혀들 리 없다.

아이들은 나름대로 자구책을 찾거나 그런 능력이 없을 경우에라도 최소한 '학교에 순응하는 것은 아니다'는 표현을 하기 시작했다. 최근에 언론을 통해 크게 보도되고 있는 학교 붕괴 내지 학급 붕괴 논의는 이런 현상이 공론화되면서 일어난 것이다.[8] 그 동안 막강한 국가 기구의 보호를 받으며 군림해온 학교라는 거대한 관료 기구는 대량 생산 체제를 벗어나는 시점에서, 또 정보화가 본격적으로 진행되는 시점에서 더 이상 아이들을 '잡아둘 수' 없게 되었다. 파행적 근대화 과정에서 강화된 어른 중심주의는 세대간의 의사 소통을 차단시켜 버려서 상황을 더욱 악화시켜 왔다. 실제 학교를 떠나는

8) 이 책의 1절, 「학급 붕괴」를 참고할 것.

아이들의 수는 적지만 다수의 아이들이 몸만 학교에 있는 식의 태업에 들어갔고, 상당수는 학교 생활을 삶의 일부로만 간주하는 사고 방식을 갖게 되었다.

이 과정에서 생겨난 청소년들의 정체성은 '학생/소비자'의 이분법을 둘러싸고 있으며, 학생의 정체성은 더 이상 우위를 차지하지 못한다. 광고 소비시장과 대중 매체에서는 '십대'라든가 '신세대', '1318', 베이비붐 세대를 지칭하는 'X세대', 영상 세대를 가리키는 'V세대', 디지털 네트워크를 강조하는 'N세대' 등 무수한 용어로 청소년들에게 새 이름을 붙여 주었다. 그리고 이 소비자로서의 청소년들은 대중 매체를 통해 부각되는 '십대'라든가 '신세대'의 이미지로 자신을 표현하고 싶어하거나, 자신들을 규정해온 이분법 자체를 거부하는 움직임을 보이고 있다.

이분법을 넘어서기

이제 논문의 주제로 들어가 논의를 정리해 보자. "청소년들은 얼마만큼 자율적 주체인가?" 한마디로 청소년들은 별로 자율적이지 못한 상태에 있다.

최근 일고 있는 '교실 붕괴' 현상이라든가 청소년들의 '이탈 현상'은 근대화 과정에서 전환이 절실함을 알려주는 징후이다. 앞서 논의한 바대로 그것은 역사적 시점에 따라 모든 자본주의 사회에서 일었던, 그리고 일어나고 있는 일이다.[9] 근대화가 어느 정도 진행되고 소비자본주의 단계에 들어서면

9) 일본에서는 1999년 8월 20일부터 22일까지 겐지 賢治의 학교가 중심이 되어서 학급 붕괴에 관한 전국 집회를 열었다. 집회를 소개하는 문건은 다음과 같다. "학급 붕괴! 아이들이 외치는 소리가 들립니까? 교사도 외치고 싶습니다! '내 반은 괜찮다.' '내 학교

아동도 아니고 성인도 아닌 중간 지점에 청소년들이 생기고, 기성세대와 큰 세대차를 느끼게 되는 이들은 독자적으로 자신들만의 시간과 공간을 원하게 된다. 그리고 그 자기들만의 시간과 공간 속에서 세기말적 전환의 시대를 살아갈 준비를 스스로 하게 되는 것이다.

그런데 식민지로부터 시작하여 극도로 압축적인 근대화 과정을 거쳐야 했던 한국 사회는 국민의 일부가 이런 단계에 들어가는 것을 지원하기보다 상대적으로 심하게 막아온 사회에 속한다. 한국 사회에서 청소년의 삶은 학생이라는 정체성에 과도하게 묶여 있었다. 특히 1970년대 이후 강화된 국가 주도적 개발 독재 시대를 거치면서 청소년적 주체는 심하게 억압당한 상태에 있었다. 구체적으로 1970년대 이후 한국의 청년 — 이십대 — 들은 반독재 투쟁에 열을 올렸고, 그 이후에는 군대를 가야 하기 때문에 새로운 일을 벌이지 못했다. 소년소녀 — 십대 — 들은 80년대에 실시된 평준화 교육을 통해서 '젊은 국민'으로 하향 평준화되었고, 다양성과 질 높은 노동력이 필요한 현 시점에도 필요한 전환을 이루어 내지 못하고 있다. 십대들은 입시 공부에 매여서 사춘기, '유스', 젊음, 또는 청소년기라는 단어가 주는 방황과 새로운 실험, 열정, 대안 문화 등과는 거리가 먼 삶을 살고 있는 것이다.

가끔 우리는 한국의 청소년들이 서양에 비해 학교에 잘 붙어 있고, 덜 폭력적이라고 자랑스럽게 말하는 '애국자'들을 만난다. 학교에 대한 문제 제기를 '학교 망신'시키는 행동이라고 하면서 여전히 원시적인 검열로 현실

는 즐겁다'라고 하던 학급이 어느 날 갑자기 붕괴하기 시작했습니다. 지금은 그러한 시대입니다. 우리가 생기가 넘치지 않으면 우리반도 생기가 넘치지 않습니다. 우리가 생기 있는 몸을 되찾아야 합니다. 서로의 고민을 나누며 해결의 길을 찾읍시다." 대만의 청소년 단체가 마련한 행사 안내문에서도 사막처럼 삭막한 삶을 살고 있는 청소년들에게 비밀의 정원을 마련해 주자는 주장을 읽을 수 있다. 동아시아의 청소년들이 특히 압축적 고도 성장과 어른 중심주의에 의해 상대적으로 심한 억압을 받은 것으로 보인다.

유지를 하려는 학교장도 적지 않다. 청소년 문제가 너무나 심각하고 해결책이 없으니까 그냥 덮어 두자고 노골적으로 말하는 전문가도 있다. 기성 세대가 현실을 직시하지 않는 동안, 발산할 데 없이 '열만 받는' 아이들은 자살을 하고 서로를 따돌리는 문화를 만들어 왔다.[10] '과잉 학교화'된 사회에 적응하기에 급급하던 십대들은 그래서 사실상 매우 보수적이고 수동적이며 분열적인 문화를 만들고 있다.

자율적 주체성은 몸과 마음이 통합되어 무엇인가를 지향해 가는 상태를 말한다. 하지만 그런 자율적 존재가 되기에는 청소년들의 삶의 자리가 너무나 분열적이다. 훈육의 공간인 학교와 다양한 배경의 청소년들이 영위하는 일상 공간 사이에는 큰 격차가 있다. 특히 1990년대에 들어서서 소비 자본은 급격하게 '소비자'로서의 청소년 정체성을 부각시키면서 학생으로서의 정체성을 마구 흔들어 대고 있다. 다수 청소년들은 파행적 근대화가 낳은 훈육 공간인 학교와 건강한 의사 소통을 기대하기 어려운 가정, 그리고 찰나적 쾌락을 공급하는 소비 공간을 넘나들면서, 분열되지 않는 삶을 살기가 거의 불가능한 상황에 적응해 나가야 하는 것이다.

---

10) 『한국일보』 '1318 마당'에 덕성여고 2학년 김의선이 쓴 글을 읽어보자. 「왕따를 면하는 5가지 원칙」이라는 제목으로 쓴 글의 일부이다. "지금 우리는 '따'가 되지 않으려고 친구를 사귄다… 하루의 반 이상을 보내는 학교에서 자신이 '따'가 아니라는 것을 확인시켜 주는 그런 친구다. 이런 종류의 친구들과 관계를 계속 유지하려면 5가지 원칙을 지켜야 한다. 첫째로 이쁜 척, 있는 척, 잘난 척 말고 둘째, 성적에 관해서 이러쿵저러쿵 말하지 말며, 셋째, 외모를 깔끔하게 해야 한다. 넷째, 아무 때나 나서지 말아야 하고 다섯째는 유행에 민감해야 한다… 나 자신도 '따'가 되지 않으려고 이런 규칙들을 성실히 준수한다. 어디서부터 잘못됐는지, 언제까지 이 노릇이 계속될지는 모르겠지만 우리는 끝이 없는 긴 터널을 가고 있는 느낌이다. 인간이 인간을 무시하고 억압하는 세상은 더 이상 희망이 없다. 아니, 희망이라는 성스러운 단어는 이제 이 세상과 어울리지 않고 이 단어를 사용하기에는 세상이, 그리고 너와 내가 너무 더럽다…"(『한국일보』 1999년 10월 8일자)

그러나 한 가지 분명한 것은 청소년들이 이제 '거부하는 주체'로서의 정체성을 가지지 시작했다는 것이다. 십대들이 자주 쓰는 말이나 그들이 만든 영화 제목을 보면 이런 점이 분명해진다. 이들은 "싫어요." "냅둬요!" "관심꺼!"라고 말하면서 기성 세대가 만들어둔 것과는 가능한 한 거리를 두고 싶어한다.[11] 그래도 '어른들이' 눈치없이 관여해 들어오면 그들은 비상구로 도망을 가거나 "배 째라"고 하면서 버티거나 내심 "닥쳐"라고 소리치며 개긴다. 무표정으로 일관하는 수동적 저항은 이미 오래 전부터 시작되었고, 그것이 부정적으로 발전해서 무엇인가를 열심히 하려는 사람을 왕따시키는 분위기는 계속될 전망이다. 내버려 달라며 제각기 노는 현상이 두드러지고 있으며, 그래서 십대들이 모인 장소는 거의가 산만하기 그지 없다. 이런 현상이 교실에서 연출되는 장면을 기성 세대는 '교실 붕괴'라 부르고 있는 것이다.

이들 거부하는 주체들이 거부의 문화를 넘어서서 스스로의 문화를 생산해내는 주체가 될 수는 없는 것일까? 수동적 저항이 생산적인 에너지로 발전할 가능성은 없는가? 프랑스의 청소년 연구가 프랑스와 뒤베[12] 교수는 청소년들의 자율성 문제를 일상 생활을 통해 경험하는 문화 자본과 학교에서 경험하는 교육 자본 간의 일치와 불일치 문제에 주목하여 풀어낸 바 있다. 자신의 일상적 문화 자본과 교육 자본이 통합되는 경우, 자발적인 학습이 가능하고 주체적인 인간이 될 수 있다는 것이다. 현재 우리 상황에서 이런 '통합형'은 해외 유학을 포함해서 기존 학교를 그만두고 문화 자본이 많은

---

11) 이런 청소년들의 심리는 「또 하나의 문화」 동인들이 편집한 『새로 쓰는 청소년 이야기』에서 찾아볼 수 있다. 그리고 최근에 나온 김현진의 『네 멋대로 해라』 등 십대의 글에서도 쉽게 찾아볼 수 있다.

12) 프랑스와 뒤베, 1997, 「프랑스 청소년의 삶」, 크리스천 아카데미 주최 『스스로 만들어가는 청소년 문화』 발제 원고.

학교 밖 공간으로 이동한 극히 소수의 탈학교 청소년들에게나 가능한 일이다. 그리고 자신의 일상적 문화 자본과 교육 자본이 너무나 상호 모순적이어서 학교를 그만둔 경우에도 자율적 주체가 될 가능성은 적지 않다. 그러나 이는 그들을 수용할 만한 대안적 공간이 학교 외곽에 만들어져 있을 때의 일이다.

현재 학교에 남아 있는 다수의 청소년들은 '병렬형'인 삶을 살 수밖에 없다. 병렬형의 삶이란 학교에 가서 잠을 자건 딴짓을 하건 형식적으로 다니긴 다니면서, 실은 학교 밖에서 직업이나 취미 활동과 관련된 일을 하는 삶을 말한다. 소니 워크맨을 사기 위해 아르바이트를 하는 '학생', 교실에 앉아서 방과 후에 어떤 패션으로 거리를 돌아다닐지를 구상하는 '학생', 코스프레에 적극적으로 참여하는 학생, 인터넷을 통해 정보를 검색하고 보고 싶은 디자인 하우스에도 들르고 웹진을 만들다 밤을 지샌 후 교실에서 잠이 든 '학생', 이들은 사실상 학생이기 이전에 노동하는 청소년이며, 문화적 스타일을 통해 자기를 표현하려는 패션 디자이너 지망생이며, 또 사이버 키드들이다. 그런데 사실상 두 체제에 적응하는 것만으로도 힘겹기에, 이들은 상당히 산만한 상황에서 에너지를 집중시키지 못하고 있으며, 그래서 이들에게 문화적 주체가 되라고 말하기는 어렵다.

일단 소수이지만 그러한 가능성을 보이는 삶의 스타일을 만들어 가고 있는 청소년의 유형을 몇 가지 살펴보자. 이들은 기성 세대에게 불만을 터트리거나 무조건 개기기보다 독자적으로 자기 세상을 만들어 가고 있는 유형인데, 기성 세대가 걱정으로 가득 차 있을 동안 '저만치' 가버리고 있는 청소년들이라고 할 수 있다.

한 부류는 학교에서는 모범생이지만, 따로 사이버 공간이나 댄스 연습, 또는 밴드 활동 등 자신들이 몰두하는 영역을 학교 밖에 확보해 놓고 있었다. 이들은 별도의 작업 공간을 마련하고 있기 때문인지 학교에 대해서 큰 기대도 불만도 없는 편이다. 이들은 그냥 관찰을 하거나 잠을 자거나 공상을 하면서 교실에서의 시간 때우기 방법을 나름대로 터득하고 있었다. 어떤 면에서 자기만의 생산 공간을 마련했기 때문에 그렇지 않은 아이들보다 훨씬 덜 괴롭고 덜 불안하게 학교를 다니고 있었다.

두번째 부류는 아예 학교를 떠난 아이들이다. 이들은 학교 밖에서 학원에도 다니고 여러 종류의 비공식적인 모임에 참여하거나 독학을 하면서 자신의 삶을 기획해 가고 있었다. 문화 센터를 통해 영화 만드는 것을 배운다거나 아르바이트를 통해서 사회 경험을 하는 등 새로운 학습의 공간을 개척하고 있는 것이다. 부모나 교사들은 아이들이 학교를 벗어나는 것에 대한 공포를 가지고 있지만 이 아이들은 오히려 학교라는 틀에 매어 있다가 생길 결과에 대한 공포로 인해 학교를 '탈출'하기로 결정한 경우인 것이다.

세번째 부류는 딱히 자기만의 창조적 공간을 마련했다고 보기는 어렵지만 열심히 노는 아이들이다. 인기 대중 가수의 열성적인 팬 클럽 회원이기도 하고, 때론 나이트나 콜라텍 등에 가서 열심히 춤도 추고 노래방에 가서도 적극적으로 노는 아이들이다. 이들은 발랄하고 당돌한 신세대의 전형적인 모습을 연출한다. 자기 주장이 뚜렷하고 선호도도 분명한 아이들인데 이들 중에는 코스프레를 기획하거나 열성적 팬클럽 회원을 하다가 정말 음악을 좋아해서 전공자가 되거나 대중 문화 기획자가 되는 사람도 나올 것이다.

네번째는 앞의 청소년들보다 수동적이지만 무엇인가를 여전히 탐색하고 있는 아이들이다. 어머니를 실망시킬 수 없으니까 학교에 가라면 가고, 텔레비전도 조금 보고, 친구를 따라 콜라텍에도 가끔 가고 노래방에도 간다. 질문을 하면 이들은 아주 자연스럽게 "별 생각 없어요"라고 말하다. 이들은 깊이 생각하는 것을 내심 촌스럽다고 여기고, 어차피 자신이 할 수 있는 선택의 폭이 별로 없다고 생각하기 때문에 인생을 '골 아픈 생각 않고' 살아가기로 일찍부터 작정한 아이들이다. 미래에 대해 물으면 "어떻게 되겠죠 뭐"라고 답한다. 생산주의적 시대 논리에 젖어 있는 부모를 설득시키기보다 그들의 돈을 잘 써주는 것으로 효도를 한다고 생각한다. 일중독증에 걸려 놀 줄 모르는 부모 세대를 위해 그들의 보호를 받으면서 계속 놀고 편안하게 살려는 모습이다. 아마도 이들이 현재 청소년들의 다수를 차지할 것이다. 이들은 사방에 널려 있는 대중 문화 소비 공간을 방문하면서 일하지 않고 용돈 받으며 사는 지금이 가장 즐거운 때라고 말한다. 어쩌면 이들 중 다수는 10년 후에도 이런 생활을 하고 있을지 모른다. 이들은 부모 세대에게, 또는 기성 세대에게 이렇게 말할 가능성이 높다. "당신이 시킨 대로 학교를 다녀 주었고, 졸업하고 취직을 해보려 했지만 잘 되지 않더군요. 내 인생을 책임지세요. 즐겁게 놀아줄 테니 돈만 대세요." 이들은 이십대가 되어서도 경제 자립을 하지 않고 적지 않은 사회적 부담 인구로 남게 될 가능성이 많다. 그러나 이들의 수동성과 산만함 속에는 여전히 새로움을 탐색하는 호기심이 숨어 있다. 문제는 이들의 호기심을 끌어내 줄 환경이 준비되어 있지 않은 데 있다.

앞으로 오는 21세기는 자본과 국가와 시민 사회가 어떻게 자리를 잡아가는지에 따라 삶의 질이 결정될 시대이다. 특히 국가는 시민 사회와 손잡으면서 '얼굴 없는 자본'을 '얼굴 있는 자본'으로 만들어낼 때에만 건재할 수 있다. 내가 기존의 이분법을 거부하며 스스로를 규정하려는 십대들, 동원의 객체가 되기를 거부하면서 자구 공간을 만들어가고 있는 이들에게 주목하는 이유가 바로 여기에 있다. 피시 통신에 공간을 마련한 '중고등학생 복지 위원회' 멤버나, 학교 밴드, 학교 방송국 제작팀, 또는 십대들의 웹진인 '채널텐' 멤버들, 주말이면 춤 연습실에 몰려드는 아이들, 홍대 앞에 몰려 있는 언더와 인디 밴드들, 일산 호수 공원에 주말이면 어김없이 모여드는 스케이트 보더들, 이들은 적극적으로 자기의 삶을 기획하고 관리하려는 의지를 가진 청소년들이다. 지금은 수가 적지만 이들이 바로 '불확실성의 시대'를 이

끌어갈 주역이며, 21세기에 많이 생겨날, 그리고 많아져야만 할 새로운 국민/시민의 모습인 것이다.

더 이상 학교가, 그리고 사회가 붕괴하고 낙후하는 것을 막고자 한다면, 학교는 이제 아이들이 '이탈'하는 것을 막으려 하기보다 풀어 주면서 다시 아이들을 끌어들일 방안을 모색해야 할 것이다. 정부는 이제 '말 잘 듣는 국민에게 떡 주는 시대의 논리'와 결별해야 한다. 민간에서 일고 있는 움직임을 적극 지원하면서 관민 협동의 프로젝트를 성사시켜 나가야 한다. 대량생산 체제에서 고착된 이분법으로 청소년 문제를 해결할 해법을 찾아내려고 해서는 안 될 것이다. 기존의 안경을 끼고 '문제 청소년'을 가려 내거나 청소년 '문제'를 찾으려고 시간을 보내기보다 우리 곁에 있는 청소년의 '존재'를 통해 시대를 새롭게 보고 그들과 함께 새 시대를 만들어 가야 할 때이다.

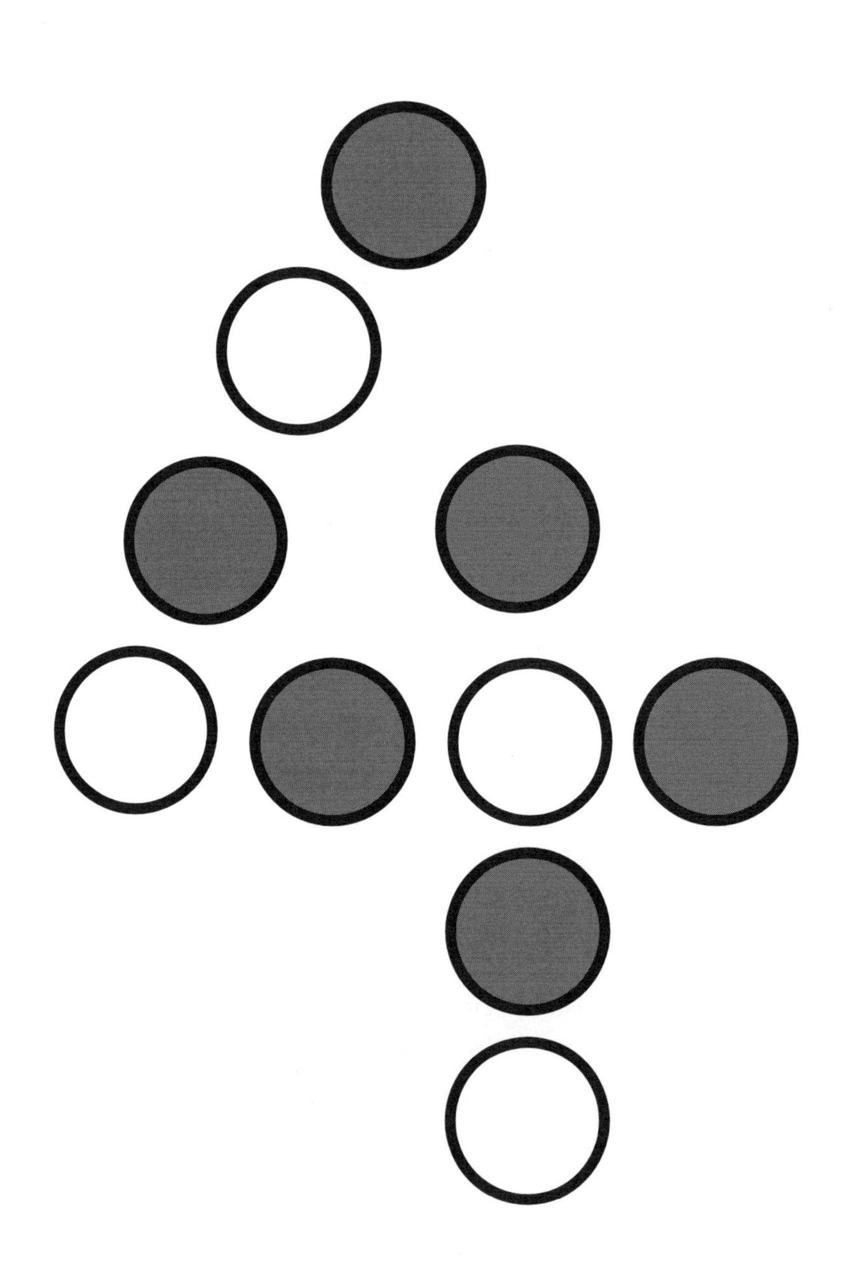

Ⅳ. 새로운 교육 실습 — 다품종 소량 생산 시대, 정보 사회의 「학교」

6 지식 기반 사회의 학습

20세기 말에 내 나름으로 지식 기반 사회를 준비하면서 쓴 작업 노트의 일부이다.

「경험의 정보화를 이제 시작하자!」는 문화관광부 장관 자문 노트로 방향성을 정리한 글이고, 1999년 1월 22일 작성했다.

「사이버유스 이야기」는 1998년 10월부터 1년간 문화관광부가 지원한 청소년 사이버 문화 공간 프로젝트에 관한 간략한 소개글이다.

「고딩 영화제의 오늘과 내일」은 많은 십대들이 이미 몰려들고 있는 영상 분야를 업그레이드해 보려는 뜻에서 쓴 행사 자료집용 글이다.

외국에서의 변화를 보기 위해 1998년에 방문했던 도쿄의 대안 학습장, '도쿄슈레' 이야기를 함께 싣는다.

경험의 정보화를 이제 시작하자!

제2건국과 함께 '신지식인' 논의가 일고 있다. 한일 문화 개방을 앞두고 일본 문화에 먹혀들 것을 우려하는 목소리가 높고, 21세기 지식 정보 시대에 대비하기 위해 '지식 정보화 특별 위원회'를 만들자는 논의들이 나오고 있다(『한겨레신문』 1999년 1월 19일). 그토록 '세계화' '정보화'를 떠들고, 그토록 많은 투자를 하고도 정보 산업과 문화 산업에 실패할 수밖에 없는 것은 소프트웨어가 없기 때문이다. "하드웨어만 있고 소프트웨어는 없다"는 현실이 초래하는 위기에 관한 한 정보통신부를 비롯하여 모든 부처가 절실하게 인정하고 있는 것이 사실이고 문화관광부 장관 역시 임기 초기부터 강조해온 바이다. 아무리 많은 돈을 들여 관리 체제를 확립해도 관리할 정보의 내용이 무의미한 것일 때는 모래성을 쌓는 것과 같다. 한국 사회의 가장 큰 문제는 유의미한 정보가 만들어지지 못한다는 것인데 유의미한 정보란 경험을 통해서 만들어지는 것이다. 경험을 지식화하는 단계가 생략된 정보화란 물거품이다. 그래서 지금은 무엇보다도 '경험의 정보화'를 강조해야 하고 '일상의 문화'를 강조해야 한다.

문화는 결과가 아니라 소통하는 관계이며 체화된 경험이다. 그리고 실제 생산물을 낼 수 있게 하는 인프라이다. 그런 인프라를 만들지 않고 무엇을 생산하자는 말은 아무것도 생산하지 말자는 말이다. 외국에서 온 대단한 정보들을 아무리 많이 알고 있어도 그것이 우리 현실에서 소화되고 경험화된 지식으로 전환되지 않는다면 우리 사회는 백년 하청의 상태를 면치 못할 것이다. 정보를 축적하고 유통시키는 체제 정비도 중요하지만, 먼저 경험을 할 수 있는 체제가 만들어져야 한다. '경험의 중요성', '문화의 중요성','경험을 정보화할 수 있는 문화인'. 문화관광부에서 내걸어야 할 캠페인은 바로 이것이다. 현재와 같은 심각한 인재난은 문화 자본을 기르지 않으면 해결할 수 없고, 문화 자본은 인간의 다양한 경험의 장 없이는 축적되지 않는다.

사업의 원리

(1) 패러다임 전환을 해낼 비전 제시적 모델 사업들이 조속히 추진되어야 한다. 특히 이삼십대 '신지식인' '신문화인' '문화 독립군'(자본에 포섭되지 않으면서 자생력을 가지고 문화를 창조하고 있는 소수 집단)들로 하여금 새로운 기획안을 마련하고 실제 행사를 진행해갈 수 있도록 힘을 실어주면서 폭넓은 공모 작업, 지원 작업에 들어가야 한다.

(2) 청소년들을 21세기 지식인으로 만들자. 1997년 '문화 비전 2000' 위원회에서는 20세가 되는 젊은이 2,000명을 세계로 보내 2000년 아침에 인터넷을 통해 서로의 위치를 알리고 방송을 하고, 또 책자도 내는 계획을 구상한 바 있다. 그런데 전혀 추진이 되지 않은 상태이다. 바로 이런 계획을 프랑스 정부에서 지난 14일 파리 리옹역에서 발표했다고 한다(『조선일보』 1999년 1월 18일자 「새 천년 맞이...들뜬 지구촌」). "젊은이 2,000명 유럽 작전"이라고 하는 이 구상은 2000년에 만 20세가 되는 청소년 2,000명을 2,000프랑

의 참가비를 받고 세계 여행을 시키는 것으로, 애초 참가할 때 계획한 기사 작성 등의 의무가 주어진다. 우리의 경우 대중 문화 개방과 월드컵을 앞두고 한일 교류를 적극 지원하면서 그 동안 너무 서구 중심이었다는 반성 속에서 '아시아 지역'에 초점을 맞추는 것이 좋을 것이다. 지금부터 기획해서 분야별로 장단기적 교류 준비를 시키고 인터넷을 사용해서 지속적으로 교류하면서 2000년 정초에 청소년 문화를 부각시킬 필요가 있다. 이를 2002년 월드컵 준비와 연결시킨다.

(3) 축제와 문화제 공간. 전지구화와 지역주의가 진행되는 새로운 공동체 축제를 열어갈 때다. 2000년 축제 기획을 위해서도 지금부터 연습이 필요하다. 1999년에는 지역 중심이면서 전국으로 모아지는 축제로 "내가 살아가는 공간 : 집, 학교 그리고 소비 공간과 매체 공간" 등의 주제로 춤, 만화, 사진, 영상 등 모든 장르에 걸친 청소년들의 축제를 기획하며, 특히 내용 수준을 높일 수 있도록 기획해야 할 것이다.

청소년 문화 공간

작년에 청소년 정책 5개년 계획 방향을 '보호 규제에서 자율 육성으로' 바꾸었다. 헌장 개정, 공청회 방식, 선포 방식의 참신함으로 여론을 환기시켰으나 그 후속 활동이 부진한 상태다. 교육부가 '학생 인권 선언'을 아직 못하고 있는 현실을 감안한다면 아주 중요한 일을 한 것이지만, 청소년을 살려내는 정책 방향을 고수하면서 활발하게 청소년을 육성시키기 위한 여론화 작업을 하고 청소년들의 공간을 지속적으로 마련해 나갈 필요가 있다.

(1) 관 : 우선 청소년 관련 업무 부서는 취약한 부서로 취급되고 있다. 돈과 직접적 정치 권력과 맞닿아 있지 않으면 힘을 못쓴다. 국가 지원을 받는 공공적 청소년 단체나 조직 현황을 보면 현재는 문화체육부 시절의

관변 단체들이 그대로 재정 지원을 받고 있다. 1980년대를 지나면서 청소년을 대상으로 하는 체육과 레크리에이션 사업체 비슷한 형태로 운영되고 있는 단체나 기구들이다. 새로운 개념으로 청소년들과 더 가깝게 작업을 하려는 사람들이나 새 모임, 특히 젊은 청소년 관계자들이 생기고 있는데 그들에게는 거의 지원이 되지 못하고 있어서 청소년 관계 활동의 수준 향상을 기대하기 어렵다. 청소년 기금의 활용 방안을 새롭게 마련해야 할 것이고, 인센티브를 주는 식으로는 지원해야 할 것이다.

(2) 시민 단체 : 인재난 人才亂이 심각하다. 청소년 시설 운영 상황을 점검하고, 청소년 단체 협의회 활동을 파악하여 국가 기관과 관련된 청소년 사업의 질을 높일 방법론을 찾아내야 한다. 최근까지는 청소년의 이름을 걸면서 초등학교 학생 중심의 활동을 벌이거나 학생들을 동원하는 행사가 주를 이루었다. 아니면 청소년들과 상호작용이 별로 없이 장소를 빌려 주는 수준이 대부분이다. 그나마 생활권에 청소년 회관이나 청소년 문화의 집 등이 생기는 것은 고무적인 현상이나 프로그램을 보면 동네 커뮤니티 센터 수준이다. 최근 광주 '젊은 모임'과 같이 자발적인 시민 모임의 성격을 가진 단체들이 만들어지고 있다. 소년 시절부터 작업을 해온 청년들이 새로운 문제의식을 가지고 소년들과 함께 하려는 움직임을 보이고 있는데, 이런 시민적 움직임을 지원함으로써 새로운 청소년 정책을 실현해갈 체제 정비를 해야 할 것이다.

실제 시민 단체 활동의 활성화 면에서 보면 현재로서는 아직은 인재난이다. 아주 새롭고 획기적인 일을 해낼 인력풀이 만들어져 있지 않다. 지금은 먼저 모델을 만들어서 보여 주고 뜻 있는 청년들을 길러야 할 시점이다. 제대로 된 기획력과 재정력을 갖춘 모델 프로그램들이 나와 주어야 할 단계이고 청소년과 함께 작업을 할 청소년 전문가를 교육하는 센터가 필요하다. 체제 정비가 필요한 현 시점에서는 기존 청소년 단체 지원을 줄이고, 다양하고 새로운 프로그램들을 지원하는 식으로 방향을 바꾸어 '아래서부터 일고 있는' 청소년을 위한, 청소년에 의한, 청소년들의 활동을 활성화시켜 나가야 한다.

(3) 청소년 육성을 위한 작업에서 가장 큰 문제는 '청소년들이 없다'는 점이다. 인문계 학생 위주로 생각하기 때문에 그렇다. 올해의 정책 방향은 '문화적 주체'로서의 청소년 상을 부각시켜야 한다.

제안 사항과 원리

우선 청소년들이 드러나게 하자

(1) 다양한 청소년들의 현장을 부각시킬 필요가 있다. '인문고생' 위주로 보는 한, 청소년의 존재를 부각시킬 수 없다. 당사자들이 미디어를 통해 자꾸 보여야 한다.

(2) 인문고생을 위해서는 동아리 활동 활성화에 초점을 맞춘다(1999년 현재 한겨레신문사 황석연 기자가 추진중이다). : 수련원 등이 제대로 활용될 수 있으려면 창의적인 프로그램들을 개발하고 교육부와 작업을 해야 한다.

(3) 청소년들이 다양한 모습으로 살아가고 있음을 드러내야 한다. 숨어 있는 청소년들을 끌어내기 위해서 일차적으로 대학교 1, 2학년, 직업 청소년, 실업자 청소년 그리고 중학생을 대상으로 활성화 방안을 마련해야 한다.

(4) 청소년들이 스스로 자기 지역의 시설과 프로그램에 참여하여 관찰하는 식의 평가 체제를 개발한다.

(5) 학생증이 없는 청소년들의 존재 인정 : 청소년 카드제(공청회, 청소년 위원회 위원 제안 사항). 비디오도 못 빌린다. 수시 검문을 받는다. 그 카드가 있으면 문화 공연 등에 할인을 받을 수 있게 한다.

(6) 청소년들의 노동권 문제를 노동부, 보사부, 교육부와 협의해서 풀어가

야 할 시점이다. 경제 위기와 가족 해체 상황에서 이 문제가 심각해지고 있다(직업 학교 입학 자격 등 제한을 풀고 준비된 청소년들이 입학해서 성과를 거둘 수 있게 할 것).

(7) 청소년들이 스스로 건강한 시민으로 정치 세력화할 필요가 있다. 청소년 의회, 청소년들의 의사가 반영되도록 하는 제도적 장치가 필요하다. 18세에서 24세 이하 청소년들이 참가하는 '청소년 유권자 연맹'이 만들어질 수 있다(프랑스의 십대들).

청소년 문화 공간 마련을 마련하자

(1) 문화제와 콘테스트 사업 : 장단기로 청소년들이 주체가 되는 각종 문화제와 콘테스트가 이루어져야 한다.

(2) 실제 문화 공간 마련 : 각 지역에 청소년들의 문화 거리를 지정하고 주말에 차가 다니지 않게 한다. 공연과 전시를 하게 한다. 지하철 광장 등 공간에서 크게 방해가 되지 않는 한 퍼포먼스, 댄스, 음악 공연, 사진 전시 등 자기들의 활동을 드러내 놓고 신나게 할 수 있게 한다. 이를 위해 관할 파출소의 협조가 필수적이다. 우선 허가제가 아닌 신고제로 바꾸고, 청소년 육성을 담당하는 경찰이 따로 있으면 좋을 것이다(그런 경찰을 모아서 따로 청소년 개발원 같은 곳에서 교육을 시킬 필요가 있다). 우선 봄부터 문화관광부 옆의 광장에서 새로운 축제 기획을 한다('문화 비전 2000' 위원회와 연계해도 좋다. 보건복지부와 협의하여 공연법을 푸는 문제가 남아 있다).

(3) 공중파 방송의 지원 : 현재의 선정주의와 엄숙주의를 넘어선 제3의 공간. 시청률이 좀 떨어져도 청소년들이 문화적 체험, 직업 체험 등을 통해 문화 자본을 가질 수 있는 좋은 프로그램을 만들어 내도록 유도한다. 역시 축제 기획과 연계해서 할 수 있다.

21세기적 시민을 기르자

청소년 국제 교류가 매우 중요한 사안인데 현재로서는 실질적인 효과를 거두고 있지 못한 상태이다. '행사를 위한 행사'라는 비난을 듣고 있다. 체계적으로 현재의 프로그램을 평가하고 교류가 실질적 효과를 거둘 수 있는 방식으로 이루어지게 한다. 만화 축제, 대중 음악 분야에 몰두하는 이들간의 교류, 대안 학교 학생들간의 교류, 직업 학교들간의 교류. 장애자·여성 등 민간 단체에서 지속적인 사업 과제로 수행하도록 한다. 교류과에서 선정을 하는 것이 아니라 기획 공모를 받아야 한다. 특히 한일 교류를 일차적 사례로 추진해 본다(한일 교류를 위한 기획 위원회 구성). 인터넷을 통해 정보화 작업을 동시에 한다. 월드컵과도 연계시킨다.

청소년 사이버 문화 공간을 마련하자

현재 이런 흐름을 계속 홍보하고 자료화하면서, 청소년들이 스스로 문화적 주체로 활동하는 자치 공간이 필요하다.

(1) 청소년을 '문화적 주체'로서 살려내는 모델 공간, 참여와 자율적 공간 마련.

(2) 21세기적 자원을 가진 젊은 시민을 만드는 작업 공간 : 전 지구에 걸쳐 있는 한민족 교류, 한국에 있는 외국인 청소년들의 공간, 아시아 청소년 교류 등.

(3) 청소년 인터넷 방송을 발전시켜 대안 매체화할 필요성.

사이버유스 이야기

사이버유스의 탄생

1998년 정부 청소년 정책의 방향이 청소년들의 보호와 관리, 규제에서 자율, 참여, 육성으로 변화하면서 청소년 인권과 시민권 그리고 문화적 주체로서의 청소년의 존재가 새롭게 부각되었다. 이를 배경으로 청소년들이 다양한 형태로 존재한다는 것을 드러내고, '대상'이 아닌 '주체'로서의 청소년 문화를 생산해 낸다는 취지로 1998년 10월에 사이버유스 프로젝트가 시작되었다. 사어버유스는 인터넷 사이트(CyberYouth, 그림 1)과 실제 공간(그림 2)으로 현실화되었다.

사이버유스의 인터넷 사이트는 청소년 관련 분야에서 의미 있는 활동을 해온 전문가들과 십대들이 만나 함께 정보를 생산하고 공유하는 데 중점을 두었다. 초기 실무 제작팀은 강성혜와 황원희, 박문경 등이었으며, 필진으로

---

* 이 글은 백영선(사이버유스 편집팀장), 이민우(사이버유스 담론발전소 팀장), 조한혜정이 정리했다.

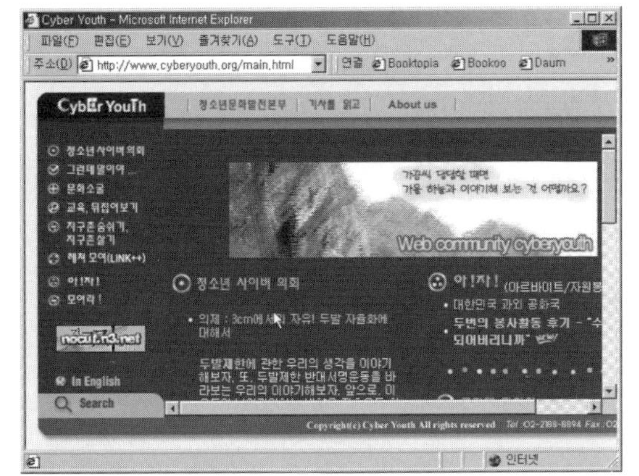

그림 1.
사이버유스 홈페이지

그림 2.
실제 공간

김종휘, 조한혜정, 박세라 등 여러 분야에 걸쳐 있는 다양한 이들이 참여했다. "실제 공간 없이 사이버 공간은 없다"는 인식에서 작은 실제 공간을 마련했으며, 십대들이 오가며 벽화와 사진을 비롯한 문화적 흔적을 남겼다.

개설 취지는 사이버유스를 여는 글에서 읽을 수 있다.

사이버유스가 뭐야

혜성처럼 나타났던 '서태지와 아이들'이 그렇게 빨리 은퇴하지만 않았어도, 이런 동네를 만들 생각을 하지 않았을 것입니다. 아니, 그들이 은퇴한 후에 다양한 공익 재단들이 생겨서 제2, 제3의 서태지들을 줄줄이 탄생시키고 자신이 원하는 일을 할 수 있는 청(소)년들이 크게 늘어났다면 우린 이런 일을 벌일 필요가 없었을 것입니다.

분명 이 땅에는 청소년들이 살고 있습니다. 청소년 기본법에 보면 24세까지의 '젊은 국민'을 청소년으로 규정하고 있습니다. 전 국민의 20%가 넘는 숫자이지요. 그런데 가만히 보면 청소년들이 안 보입니다. 청소년들은 모두 학교에 가고 없습니다. 거리를 나도는 청소년들은 '비행 청소년'이라는 딱지가 따라 붙습니다. '어른도 아니고 아이도 아닌' 이 젊은 국민들은 가장 힘이 없는 집단입니다. 청소년들이 판을 친다고들 하지만 실은 어른 중심주의가 굳건하게 지배하는 세상입니다. 청소년들은 누군가에 의해 규정된 대상일 뿐 주체로서 존재하지 않습니다. 그래서 청소년들은 '청소년'이라는 단어 자체에 대해서도 거부감을 가집니다.

이 공간은 생물학적으로 소년기과 청년기를 지나고 있는 젊은 국민들이 실제 이 땅에 살고 있으며 그것도 아주 다양한 형태로 살아가고 있음을 보여 주기 위해 만들어졌습니다. 지금은 그런 의도를 가진 어른이 주도가 되어 만들고 있습니다만 곧 '그들' 자신들이 이 작업을 가져가기 바랍니다. 우선 '그들/당신들'이 서로에게 자신들이 존재함을 알려 가기를 바랍니다. 그냥 '사회'에 순응하는 존재로서가 아니라 또는 그냥 '사회'에 대해 불만만 많은 존재로서가 아니라 하고 싶은 말이 있고, 스스로 하고 싶은 일이 있고, 또 함께 무엇인가를 만들어 가고 싶어하는 존재로서 서로를 만나 가기 바랍니다. 그래서 일상 문화를 바꾸는 일에서부터 정책 참여에 이르기까지 하고 싶은 일들을 하나둘씩 착수해 가기 바랍니다.

통신에 들어가 보면 마음대로 욕을 하고 배설할 수 있는 '자유 공간'이 적지 않습니다. 하루종일 놀아도 바닥이 나지 않는 흥미진진한 볼거리와 게임도 있습니다. 그러나 그런 것에 만족하지 못하는 이들이 있습니다. 이 사이트는 그런 이들을 초대합니다. 이 공간에서는 나이 차별, 학력 차별, 성차별, 지역 차별을 안

합니다. 그러나 경험의 폭과 사유의 깊이에 따른 차이를 인정하고 존중합니다. 자기의 빛깔을 한껏 드러내면서 서로의 기운을 살려 가는 무지개빛 마당을 펼쳐 갈 수 있기를 바랍니다. 시공간을 뛰어넘는 사이버 공간의 장점을 활용하여 다양한 모임들을 만들고 연결해 내면서 '청소년 문화 운동'을 신나게 펼치기를 바랍니다.

처음에 이곳 사무실을 꾸린 청소년들은 이곳을 '어른 문제 대책 본부'라고 불렀습니다. 때론 '청년 문화 발전소'라 부르기도 하고 '무지개 송신소'라거나 '담론 발전소'라고 부르기도 합니다. 화면에는 '청소년 문화 발전 본부'로 나가 있지요. 개발 독재 시대를 넘어서야 할 우리에게 사실 '발전'이라는 단어는 거부감을 주는 단어입니다. '본부'라는 단어 역시 중심과 주변의 이분법을 상기시키기에 별로 마음에 드는 말은 아니죠. 자기가 사는 곳이 곧 '본부'가 되어야 하겠지요. 하고 싶은 많은 일들을 차분히 해가도록 합시다.

1999년 6월까지 사이버유스의 진화

98년 12월에 처음 인터넷 사이트를 연 사이버유스는 안팎의 모니터링을 통해 지적된 문제점을 보완하고 진전된 모습을 보여 주기 위해 팀을 재정비했다. 백영선, 곽영선, 이민우 중심으로 새로운 기획단이 꾸려졌고, 1999년 2월, 팀을 정비한 사이버유스는 이전의 사이트에 뭉뚱그려진 내용들을 서로 다른 성격을 지닌 세 개의 사이트로 분리할 것을 결정했다. 청소년들이 참여하고 만들어 가는 웹진 형태의 사이버 공간인 사이버유스 www.cyberyouth.org, 한국의 청소년 문화에 관심 있는 외국인, 교포, 영어 사용 가능한 한국인들이 모이는 사이버유스 영어판, 그리고 청소년 관련 자료를 축적해 디지털화하는 청소년 문화 발전 본부 www.cyberyouth.org/center가 바로 그 세 개의 사이트다. 그 중 웹진 사이버유스는 5월 3일 오픈해 6월 초 두번째 발행을 앞두고 있으며 영어판은 5월 중순, 청소년 문화 발전 본부는 5월

21일에 각각 오픈해 디지털화된 청소년 관련 자료를 축적하고 있다.

세 개의 사이트, 그 각각의 행보

웹진 사이버유스

초기의 사이버유스가 주로 활동 분야를 갖고 있는 어른들의 경험을 축적한 자료로 운영되면서 청소년들이 오히려 소외되는 사이트가 되었던 문제점을 보완하기 위해 내용 면에서는 현재 청소년들의 삶과 문화에 초점을 맞추면서 사이트 운영은 청소년들의 직접적인 참여를 유도하는 방향으로 웹진 사이버유스를 발행했다.

우리가 관심을 갖고 있는 내용은 크게 네 가지이다. 미래를 볼모로 현재의 삶을 저당잡히고 있는 청소년들의 인권에 대해 관심을 환기시키고, 청소년 인권을 위해 활동하고 있는 여러 단체들과 연대해 청소년 인권에 대해 진전된 문제 의식을 내놓는 것이 그 첫번째이다.(사이버유스의 '청소년 사이버 의회', '만만찮군' 참조.)

두번째는 '대학 입시를 준비하는 학생'이라는 청소년에 대한 사회적 규정 때문에 당연히 해야 할 청소년의 사회, 문화 활동이 무시되는 상황을 탈피하기 위해 청소년들 스스로가 찾아가는 학업 이외의 활동에 대한 관심, 특히 '동아리 활동'에 대한 관심이다. 21세기의 주역이 될 그들이 하고 싶은 것을 못하는 상황들이 반복된다면, 우리 사회의 미래는 없다는 절박한 심정으로 추진하고 있는 기획이기도 하다. 그리고 그런 청소년의 사회, 문화적 활동을 위한 사회적 인프라 구축을 위해 무엇을 해야 하는지 생각해 보려는 기획이기도 하다.(사이버유스의 '헤쳐 모여' 참조.)

단지 '입시를 준비하는 인문고생'뿐만 아니라 여러 형태의 다양한 청소년들이 존재하고 있다. 그들이 만들어 가고 있는 삶과 문화를 드러내는 것,

표 1. 사이버유스의 사이트 구성

큰 항목	작은 항목	비고
청소년 사이버 의회	의제/발제문	
	나의 한마디	게시판
	의제 제안	게시판
헤쳐 모여	접속! 동아리	동아리 기획 기사
	동아리 한마당	게시판(동아리 소개 / 정보 교환)
	보물창고	게시판(자료실)
	함께 가는 youth	대학 동아리 소개
그런데 말이야…	청소년은 누구?	게시판
	재미있게 삽시다	게시판
	쬐그만 게 돈이나 밝혀?	게시판
문화 소굴	1999 youth culture	청소년 공간, 씬, 아이덴티티 등 분석
	My style, Our mode	스타일과 유행 분석
	공간을 확보하자	청소년들이 활동할 사회적 공간 확보
	In my every life	청소년 생활 문화
Cyberyouth, '그'와 만나다		인터뷰
교육, 뒤집어보기	학교에서	학교 개혁 관련 칼럼
	'학교'를 넘어서	대안 교육 관련 칼럼
	현장 스케치	현장 탐방기
	만만찮군	청소년 인권…
지구촌 숨쉬기, 지구촌 살기	탐방! 지구촌의 젊은 공간	세계 각 지역의 청소년 공간을 찾아서
	서핑! 서핑!	웹 서핑
모여라!	무지개 통신	이러저러한 정보를 나누는 게시판
	Talk	채팅방

바로 청소년 문화에 대한 관심이 세번째 사이버유스의 화두이다. 청소년들 스스로가 자신의 삶과 문화에 대한 보고서를 쓰도록 하고 있다.(사이버유스의 '문화 소굴' 참조.)

마지막으로 사이버유스는 청소년의 언어를 한 단계 높이는 데 관심을 갖는다. 청소년들은 자신을 억누르고 있는 상황에 대해 민감하게 반응하지만,

이런 상황을 맥락화하고 분석하고, 대안을 내놓지는 못한다. 아직까지 그런 경험이 없기 때문이다. 때문에 사이버유스는 '어른'들과의 토론을 통해 자신들의 언어를 정교화할 수 있는 경험을 갖도록 토론장을 열고 있다.(사이버유스의 '그런데 말이야' 참조.)

이런 내용을 이끌어 가면서 사이버유스는 사이트 전반을 움직이는 저변의 힘이 청소년들의 목소리라는 원칙을 세우고 있다. 이를 위해 각각 관심과 친교 네트워크가 다른 청소년들을 기자단으로 꾸려, 자신의 삶과 문화 속에서 자연스럽게 나오는 언어를 사이트에 담고 있다.(가칭 '사이버유스 청소년 기자단'.) 물론 청소년에 관심 있는 '어른'들이 함께 참여하지만, 궁극적으로는 청소년들이 자신의 존재와 목소리를 드러내는 것을 도와주는 역할을 하게 될 것이다.

사이버유스 영어판

보통 한 사이트의 영어판이라고 하면, 영어로 번역한 사이트라고 생각하기 쉽지만, 사이버유스 영어판은 성격이 다르다. 사이버유스 한국판의 내용이 번역되어 실리기는 하지만, 영어판은 독자적인 성격을 갖는 또 하나의 사이트이다. 이 영어판은 한국인이든 교포이든, 외국 국적을 가진 사람이든간에 영어를 사용할 수 있는 사람들을 대상으로 한다. 여기서는 한국 청소년 문화를 포함한 아시아 청소년 문화와 관련된 쟁점들을 다룬다. 이미 발행된 첫 호에서 각 나라마다 다른 '가족'과 '청소년'의 의미에 대해 토론하고 있다. 이 사이트는 궁극적으로 아시아 청소년 네트워크를 지향하고 있으며, 사이버유스의 중요한 역할이 될 것으로 기대하고 있다.

표 2. 사이버유스 청소년 문화 발전 본부 구성도

주메뉴	내용
우리끼리 이야기하기	청소년과 관련된 1차 자료들이다. 첫 번째 메뉴는 새로운 청소년 현장에 관한 이야기이며, 그밖에 십대들이 직접 쓴 칼럼과 주요 쟁점들에 대한 토론 내용이 있다.
사이버 작업장	사이버유스의 작업이 청소년들의 현장과 직접 만나는 부분에 대한 이야기이다. 사이버유스 실제 공간 만들기를 비롯해 김종휘, 신일섭 씨의 칼럼, 그리고 청소년 현장의 사진들이 올라간다.
Networking area	다른 청소년 관련 작업들, 상점들, 단체들, 학교들을 연결하는 곳이다. 이름과 연락처만 적어 놓기보다는 직접 탐방하고 조사한 내용들이 축적된다.
담론 발전소	청소년 관련 지식을 보존하고 생산하는 활발한 도서관의 모습이다.

사이버유스 청소년 문화 발전 본부

사이버유스 청소년 문화 발전 본부는 청소년 문화 관련 정보 및 지식을 축적하고 청소년 관련 소프트웨어를 생산하는 데 있다. 청소년 문화 발전 본부는 3단계의 변화를 거쳐 완성된 모습을 보이게 될 것이다. 그 첫 단계는 정보화 단계로 자료를 축적하고 디지털화하는 과정이다. 두번째는 정보의 재구성 단계로 사용자 인터페이스를 강화하고, 유스씩 youthseek과 같은 편리한 정보 검색 장치를 마련하는 단계이다. 세번째 단계는 이 성과물을 바탕으로 사이버커뮤니티를 만들고, 지역적, 세계적인 네트워킹을 실현하는 단계이다. 현재 사이버유스 청소년 문화 발전 본부는 첫번째 단계로 자료들이 계속 보강되고 있으며, 사이버유스 웹진 등의 자료실 역할도 하고 있다.

현재 청소년 문화 발전 본부 사이트의 구성은 다음과 같고, 이 사이트를 구성하고 있는 정보들은 교수와 연구원, 청소년 자신들, 청소년 정책에 관여하고 있는 공무원들, 청소년 문화 현장에 참여하고 있는 활동가들의 지식과 경험이 축적된 것들이다.

1999년 10월부터 2000년 10월 현재까지 사이버유스의 진화

1년간의 프로젝트를 통해 어느 정도 자리를 잡게 된 이후 1999년 10월부터 「사이버유스」는 한국 청소년 개발원으로 옮겨갔다. 현재 청소년 개발원의 담당자들과 박준표, 김유진, 박경수, 이다슬, 이영욱, 김한울 등 청소년들이 웹진 부문을 열심히 업데이트시키고 있다. 「그런데 말이야」 게시판의 '자퇴 : 세상을 학교 삼아'라든가 「청소년 사이버 의회」의 '만 18세 선거권', '청소년 아르바이트와 노동권', 그리고 '두발 제한 반대 운동'은 아주 큰 인기를 끈 아이템이다. 올해 들어 '두발 제한 반대 운동'을 활성화하기 위해 사이버유스 팀은 다른 청소년 웹진(채널 텐 www.ch10.com과 아이두 www.idoo.net)과 연대하여 13만 8천 명의 서명을 받아내는 등 성공적인 운동을 벌여왔다.(www.mywith.net 참조.) 앞으로도 더욱 지속적으로 청소년 인권과 시민권 확장에 앞장설 것으로 기대된다. 그러나 애초 확장하고자 했던 영어판과 담론 발전소 작업은 아직 본격화되고 있지 않다. 한국 청소년 개발원에서 조만간 이 분야로까지 확장해서 「사이버유스」를 청소년을 위한 훌륭한 사이트로 키워 나가기를 초기 '산파'들은 바라고 있다.

고딩 영화제의 오늘과 내일

"십대에 밤을 새우며 책을 읽어보지 않은 사람은 인문학을 전공해서는 안 된다. 십대에 밤을 새워 영상물을 구상하고 찍어 보지 않은 사람은 문화 분야 일을 해서는 안 된다."

이것이 요즘 내 지론이다. 고등학교 때 소설을 읽은 적이 없는 사람이 커서 인문학을 한다고 자리를 차지하고 있고, 영화를 만들어 본 적도 없는 사람이 텔레비전 제작자가 되는 세상은 즐거움이 없는 세상이다. 나는 호기심이 많은 사람들이 사는 사회, 시키는 대로 하기보다 자기 하고 싶은 것에 몰두하는 사람들이 많은 사회, 생기 넘치는 표정을 가진 사람들이 많은 사회에 살고 싶다.

한 살 때부터 「뽀뽀뽀」를 보면서 자란 세대는 당연히 직접 텔레비전 프로그램을 만들어 보고 싶어할 것이고 영화를 찍어 보고 싶어할 것이다. 그런 생각이 든 적이 없는 사람은 분명 아주 무기력하거나 너무 에너지가 넘쳐서 사고력이 퇴보해 버린 사람일 것이다. 고등학교에서 가장 인기가 있는 동아

---

* 고딩 영화제 자료집, 1999년 8월.

리 활동은 당연히 영상반일 것이고, 10년 후 걸작품을 내는 감독과 제작자는 당연히 영상반 출신일 것이다. 당연히 학교와 지역의 문화 회관에서는 해마다 영상제가 열릴 것이고, 부모님과 동네 문화 예술인들이 그날 모두 함께 영화를 보면서 십대들의 삶을 서로 나누는 시간을 가지게 될 것이다.

그런데 실제 상황은 어떤가? 고교 영상반 활동은 별로 활발하지 않고, 영상 기자재가 있어도 고장 날까봐 곱게 모셔 둔다는 학교도 적지 않다. 이제 대학도 특기를 가진 학생을 선호하는데 대학 보내는 것이 목표인 고등학교가 영상반 활동을 적극 지원하지 않는 것은 뭔가 대단히 잘못된 일이다. 지역의 공공 문화 시설에 가면 건물만 덩그마니 있거나, 다행히 기자재가 있어도 영상 제작을 하는 법을 알려줄 사람이 없다. 고딩 영화제는 이런 '비정상 상태'를 바로잡기 위해 필요한 행사이다.

기본적으로 나는 두 가지 면에서 고등학교 영상 활동을 지지해 왔다. 하나는 앞에서도 언급했지만 일찍부터 영상 만들기에 익숙해진 사람들이 많아져서 우리 사회도 빼어난 작품을 만들어 내는 제작자와 감독이 많아지기를 원하기 때문이다. 그러면 우리 나라 문화 산업이 발달할 뿐 아니라 나 자신 좋은 영화를 볼 수 있어 행복할 것이다.

다른 하나는 고등학교 때 영상 작업을 해본 사람은 적어도 스펙터클 시대의 수동적 관객으로 전락할 위험에서 벗어날 수 있다. 영화가 만들어지는 과정을 아는 사람은 텔레비전 뉴스건 드라마건 액면 그대로 받아들이지 않고 걸러서 볼 줄 안다. 고도의 관리 사회가 되어도 나름의 자존과 개성을 지키는 주민으로 살아가는 면역이 되기 때문이다.

구체적으로 말하면, 카메라를 통해 세상을 바라본 경험이 있는 사람은 "관찰하고 성찰하면서 삶을 살 수 있게" 된다. 그는 "세상은 있는 대로 있는 것이 아니라 보는 대로 있다"는 상대성의 원리를 알게 되어 삶의 고통을 순화시킬 수도 있고, 문제 해결을 더 합리적으로 해갈 수 있다. 예를 들어서 가족 관계가 왠지 불편할 때, 또는 학교 생활이 괴로울 때, 줄담배를 피우는 자신이 싫을 때, 카메라로 그 상황을 찍는다고 생각해 보자. 그러면 자신이 처한 상황이 좀더 객관적으로 보인다. 마냥 괴롭다는 느낌에 빠져 있기보다 그것을 바라볼 수 있는 거리를 확보하게 되는 것이다. 영상 작업은 현실을 거리를 두고 바라보는 훈련을 통해 무기력증에서 빠져나와 적극적으로 대안을 모색하는 자세를 자연스럽게 익히게 하는 방법이다.

나는 우리 나라 청소년들이 가장 강력하면서 가장 무력한 집단이며, 그런 극단적 불균형이 이들의 삶을 조건짓는 특징이라는 주장을 해왔다. 가정에서는 입시 준비생으로, 상업주의가 판을 치는 사회에서는 소비자로 대단한 대우를 받지만, 또한 여전히 입시생이고 미성년자라는 이름 아래 많은 제약을 받고 있다. 그리고 그러한 제한에 일관성이 없기에 청소년들은 잘 따져서 생각하기보다 자신들도 일관성 없이 기회주의적으로 행동하게 된다. 그런 면에서 더욱 나는 우리 나라 고등학생들에게 카메라를 안겨 주어야 한다는 생각이다.

다행히 최근에 스스로 자기 살 길을 찾아가는 십대들이 나타나기 시작했다. 홈페이지를 제작하고, 만화를 그리며, 또 영상물을 제작하는 이들이 늘고 있다. 콜라텍에서 춤으로 자신을 표현하거나 코스프레에서 연기력을 과시하는 십대들 역시 기성세대의 눈에는 진중하지 못한 취향 정도로 보일지 모르지만 실은 진지하게 문화 산업이라는 영역에서 미래를 준비해 가는 과정이다.

나는 이제 어른들이 할 일은 이들 청소년들이 하고 싶은 일을 하도록 지원하는 일이라고 생각한다. 지금까지 미래를 위해 하기 싫은 공부만 하라고 했지만 이제 더 이상 강요는 통하지 않는다. '학급 붕괴'가 심각해 가는 상황에 더 이상 아이들을 묶어둘 방법은 없다. 이제는 하고 싶은 일을 하면서 하기 싫은 공부도 좀 하게 하는 방향으로 전략을 바꾸어야 한다. 자기 표현을 할 수 있도록 밀어주면서 자기 훈련을 할 수 있게 해야 한다는 것이다. 그렇지 않으면 대한민국은 곧 "모두 당신들이 만들었으니 내 인생을 책임지세요"라면서 아무 일도 하지 않으려는 '환자들'의 천국이 되고 말 것이다.

학교마다 영상 동아리가 생기고 영상 편집실이 생기며 영상 동아리 선후배들이 적극 후원하는 영상 축제들이 정기적으로 열리는 날이 오기를 기대해 본다. 다행히 새 시대를 내다보는 교장 선생님들이 늘고 있어서 전망은 그리 어둡지 않다. 영상에 관심이 있는 교사 집단과 지역에서 독자적으로 영상 문화 활동을 벌여온 전문가들이 맺어진다면 아주 쉽게, 그리고 빨리 훌륭한 영상 동아리와 특활 프로그램이 가동될 수 있을 것이다. 대중 매체가 주도하는 고도 관리 시대로 들어서면 미디어 교육이 정규 과목의 핵심이 될 터인데, 영상 동아리 활동은 바로 그런 전환을 위한 비옥한 거름이 될 것이다.

고딩들의 영상 활동을 활성화하는 가장 효과적인 방안은 생활권 중심으로 영상 모임을 만드는 것이다. 예를 들어 서울에 많은 영상 집단들이 있지만 모두가 서울 전역을 대상으로 하고 있고, 그래서 특성이 없다. 아이들은 먼 거리를 찾아다니느라 지쳐서 열성을 내다가도 곧 포기하게 된다. 지역에 뿌리 박은 문화 활동가들과 이웃에 사는 십대들이 거리에서 시간을 소모하지 않고 집중적으로 활동을 할 수 있는 공공 문화 공간이 필요하다. 그리고 그러한 문화 공간은 고등학생들의 일과를 고려해서 저녁 시간과 주말을 충분히 쓸 수 있도록 개방 시간을 적절히 조절해야 할 것이다. 지금 국민의 세금으로 지은 공공 문화 시설은 겉으로는 훌륭하지만 내실이 없다는 점에 이의를 제기하는 이는 별로 없을 것이다. 건물과 기자재만 사두고 활용하지 않는 책임은 누가 질 것인가? 이제는 지역 안에 있는 공공 시설과 기자재들을 최대한 활용하여 제대로 된 소프트웨어를 만들어낼 때이다.

이를 위해서 교사와 시민 단체, 청소년 단체, 그리고 문화 예술인들은 밀접한 유대 관계를 맺어 관의 자원을 제대로 분배할 방안을 마련하고, 좋은 프로그램에 대한 생각을 나누기 시작해야 할 것이다. 동시에 기업들도 장기적인 사회의 발전을 위해 기금을 투자할 수 있도록 유도해야 할 것이다. 나는 또한 진취적인 젊은 문화 활동가들이 영상 카페 사업을 해나가는 방안도 생각해 보았다. 청소년들을 위한 문화 시설이 절대적으로 부족한 상황이기에 돈도 벌면서 사회에 필요한 일을 하는 새로운 사업으로 청소년 영상 카페는 승산이 있어 보인다.

새로운 시대는 새로운 만남과 연대에 의해 가능해진다. 기존의 경계를 넘어서 적극적으로 새로운 만남이 이루어져야 할 것이다. 이 중에서도 가장 중요한 만남은 물론 어른들과 십대들의 만남이다. 어른과 아이의 이분법에 매이지 않는 자유로운 어른들과 아이들이 새로운 만남을 통해 새 세상을 열어가야 한다는 것이다. 급변하는 시대에 세대마다 경험한 내용은 아주 달라서 사실상 세대간의 만남은 쉽지 않다. 실은 같은 세대 안에서의 만남도 쉽지 않다. 그래서 모두가 '하나'되려 하기보다 '따로 또 같이' 갈 필요가 있다. 중요한 것은 '하고 싶은 것'이 있는 사람이 되는 것, 그리고 그런 이들이 함께 모여서 '하고 싶은 것을 할 수 있는 공간과 시간'을 확보하는 것이다. 스스로 무엇인가를 기획하고 관리하는 것이 현대 사회에서 가장 필요한 능력이다.

건강한 지역 주민이 된다는 것이 무엇보다 중요한 시대가 오고 있다. 고딩들의 영상제가 지역의 주요 축제판이 될 때의 지역 사회를 상상해 본다. 지역 문화 회관과 카페에서, 그리고 학교에서 열리는 고딩 영화제에 일상을 찍은 훌륭한 작품들이 쏟아져 나오는 것을 상상해 본다. 그때가 되면 고딩들의 '분열증'은 사라질 것이고, 사회적 삶 역시 생기를 되찾게 될 것이다.

세기말의 대안 교육 현장, 도쿄슈레를 찾아서

말 건네기

대안 학교라고 할 때 우리에게 가장 친숙한 학교는 영국의 '서머힐'일 것이다. 탈규격화를 해낸 학교. 자유롭고 창의적이면서 스스로 공동체를 꾸릴 줄 아는 인간을 기르겠다고 천명한 학교. 그래서 대안 교육에 관심이 있는 한국의 교육 관계자들은 그곳을 성지 순례를 하듯 다녀왔다. 그런데 내가 성지 순례하는 마음으로 가고 싶은 곳은 실은 그 먼 곳에 있는 학교가 아니라 서울과 아주 가까운 곳에 있는 도쿄슈레였다.

이 학교는 '서머힐'이 지향했던 '높은 뜻'과는 달리 학교 가기를 거부하는

---

* 조한혜정과 사사끼 노리꼬가 '사이버유스 www.cyberyouth.org'의 「탐방! 지구촌의 젊은 공간」에 실었던 글이다. 사사끼 노리꼬는 일본에서 대학을 졸업하고 교사로 근무하다 서울에 와서 연세대 사회학과를 다녔고, 현재는 릿쿄대 사회학과에서 박사 과정을 밟고 있다.

아이들이 시간을 보낼 배움터를 만들자는 소박한 뜻에서 시작했다. 학교가 창의적인 인간을 기르지 못한다는 점이 문제시되었던, 서머힐이 만들어진 1920년대 당시의 유럽은 오히려 '좋은 시절'이었다. 도쿄슈레가 만들어진 1980년대 일본에서는 학교 폭력이 난무했고, 이지메 현상이 심각한 사회 문제로 떠올랐다. 그래서 학교 가기를 '몸으로 거부하는' 학생들이 생겨났다. 도쿄슈레는 교내 폭력과 '집단 따돌림', 그 외 여러 가지 이유로 학교에 가지 않기로 몸이 '작심한' 아이들이 늘어나면서 필연적으로 생겨난 학교이다. 이 학교는 설립 자체를 통해서 학교에 가지 않으려는 아이들에게 학교에 가지 않을 권리가 있음을 사회적으로 널리 알렸으며, 동시에 그런 아이들을 위해서 갈 곳을 마련해줄 어른들의 책임을 상기시켰다. 작년 가을 나는 드디어 도쿄슈레를 방문할 수 있었고, 그 이야기를 여기서 나누어 보려고 한다.

자유, 자율 학교인 도쿄슈레

1983년 도쿄에서는 '등교 거부를 걱정하는 전국 네트워크'라는 모임이 결성되었다. 이지메를 당해서 학교 가기를 두려워하는 아들 때문에 걱정이 많았던 당시 초등학교 교사 오쿠치 게이꼬 씨는 이 모임에 중심 멤버로 참여하여 등교 거부 상담, 정보 교환, 세미나 등을 통해 '부등교 아이들' 문제를 여론화해 가기 시작했다. 현재 이 모임에는 73개 단체 2만여 명이 참가하고 있다. 오쿠치 씨는, 사회는 갈수록 빨리 변하고 있고, 정보 소비 사회로 가면서 많은 변화와 정보를 접하게 된 아이들은 점점 더 학교에 매력을 잃고 있는데, 부모와 학교는 변하지 않고 있어서 등교 거부 문제는 갈수록 심각해지고 있다고 했다.

오쿠치 씨는 여론화 작업만이 아니라 실제 공간도 마련했다. 1985년에 뜻을 함께 하는 사람들과 동경 키타 지역(北區)에 등교 거부자들의 배움터이자 놀이터인 '도쿄슈레'를 만든 것이다. 의식 있는 부모, 교육자, 문화 연구가, 자원 봉사 시민들과 아이들이 함께 만들어 가는 대안 학습 공간이다.

1998년 11월 20일, 나와 (통역을 맡아준) 사사끼 씨를 맞아준 이는 바로 그 사람, 지금은 도쿄슈레의 교장 선생님으로 있는 오쿠치 게이꼬 씨였다. 오쿠치 씨가 직접 들려준 이 학교를 만들게 된 경위는 이렇다. 아들이 병이 나서 장기간 결석을 했는데, 학교에 다시 가면서 심한 이지메에 시달리게 되었다고 했다. 아들은 학교에 갈 시간만 되면 배가 몹시 아파와 도저히 학교에 갈 수가 없었다. 당시 자녀가 학교를 가지 않겠다고 하는 것 때문에 고민하는 학부모들이 많아지고 있었는데, 막상 등교 거부하는 아이를 보낼 곳은 정신 병원이나 아주 혹독한 신체 단련으로 아이를 변화시키려는 요트 학교 같은 곳밖에 없었다. 결국 오쿠치 씨는 교사직을 그만두고 자기와 같은 문제를 가진 학부모들과 함께 작은 건물을 세내어서 대안적인 배움터를 마련한 것이다.

연간 예산은 약 1억 엔(10억 원)으로, 대부분 학부모회에서 충당하고 있으며, 책자 판매와 바자회 등을 통한 수익금도 적지 않다. 이 학교는 출신 아이나 부모가 책을 많이 썼고 매스컴도 타서 이미 잘 알려져 있다. 이 학교는 학부모회가 매우 활성화되어 있고, 경제적인 부분에서도 아주 투명하게 운영을 한다고 한다. 학비는 월 4만 5천 엔이다. 문부성에서는 연구비 명목으로 일부 지원을 해주고 있고, 도요다 재단에서는 거리가 멀어서 오지 못하는 이들을 위해서 가정 학교 홈슈레 제도를 만들 때 통신 교육 체제를 마련할 수 있도록 기금을 주었다.

도쿄슈레에는 7세에서 18세까지의 아이들이 다닌다. 학교 개방 시간은 10시부터 17시까지이며 학교 오는 시간은 자기가 정한다. 교사와 직원은 20명 정도이며 아르바이트 대학생이나 자원 봉사자들이 많은 도움을 주고 있다. 교과 운영은 아이들이 매일 그리고 매주 하는 미팅에서 결정하고, 아이들이 하고 싶은 것을 프로그램화하는 것을 원칙으로 한다.

박물관 가기, 사진 찍기, 요리, 악기 연주, 외국어, 음악 감상, 전자 오락, 그 외 생물학, 물리학, 사회 과학 등 하고 싶은 것이 있으면 가능한 한 할 수 있게 지원하는 것이 교사의 주 역할이다. 예를 들어서 그 주에는 인도와 필리핀 학생들이 여는 인권 집회에 가서 교류하는 것이 중요한 프로그램이다. 내가 방문한 날은 유전 공학과 인류의 미래에 대한 수업, 만화 보는 방, 양파로 실험하는 방, 그리고 혼자서 누런 종이 박스로 아주 많은 다양한 인형의 집을 만들고 있는 아이, 전통 악기 '고토' 강습, 영어 교실, 그리고 혼자 옥상에서 전기 기타를 치면서 노래 연습을 하는 아이를 만났다.

금요일 자치회에서는 학생들끼리 집중 토론을 한다. 여기서 학생들이 아이디어를 내어서 큰 프로젝트를 해내기도 하는데, 얼마 전에는 근교 시골에 학생들이 주축이 되어서 통나무집을 지었다. 지금 그 통나무집은 도심을 떠나서 학습하는 공간으로 활용하고 있고, 여행객들도 머물 수 있게 하였다. 그 외 해외 체험, 유라시아 대륙 횡단, 유럽 자유 학교 학생들과의 교류 프로젝트 등 다양한 활동이 학생의 관심에 따라 이루어져 왔다. 오쿠치 씨는 매번 기획력이 뛰어난 아이가 졸업을 할 때면 앞으로 누가 그런 일을 해낼지 약간 걱정스러워지기도 하는데, 막상 떠나고 나면 또 그런 아이들이 계속 생긴다고 했다.

졸업생들은 10년 전까지만 해도 통신 대학을 포함해서 대부분 상급 학교와 대학에 진학했지만, 최근 들어서는 곧바로 취직을 하거나, 그냥 아르바이트 정도를 하면서 지내거나, 제3의 길을 택하는 이들이 늘고 있다고 했다. 예를 들어서 한 아이는 학교를 다니면서 주로 여행 다니는 것을 프로젝트로 삼았는데, 졸업 후 여행사에 취직을 하더니 일류 대학을 나온 어느 누구보다 빨리 승진을 하고 특별 대우를 받고 있다고 했다. 제3의 길이란 아주 새로운 일을 하는 것을 말한다. 대중 음악 분야에서 창작을 하거나 카메라, 애니메이션, 통나무집 관리 운영 등, 예전에는 '일거리'로 보지 않던 일들을 하면서 새로운 라이프 스타일로 사는 것을 말한다.

오쿠치 씨는 이런 실제 공간의 학교 외에 가정 학교인 홈슈레 일도 하고 있고 부등교 신문 편집장 일도 맡고 있다. 홈슈레는 교류지와 편지, 전화를 통해서 집에서 공부하는 아이들이 스스로 학습하고 또 서로를 연결하는 제도이다. 현재 5백40 가정이 관계하고 있고, 교류지는 7천 부 정도가 나가고 있다. 많은 아이들과 부모들은 학교에 가지 못하면서(가고 싶어도 신체적인 증상이 나타나서 가지 못한다) 자신들이 뭔가 대단히 잘못되었다고 느끼고 있는데, 도쿄슈레의 실험을 통해서 학교에 가지 않아도 된다는 것을 알게 되고, 그 사실 자체로 열등감을 느끼지 않게 되었다고 했다. 이들은 교류지나 편지 그리고 인터넷을 통해 의사 교환을 하면서 힘을 얻고 때로 함께 여행을 떠나기도 한다.

도쿄슈레는 내게 일본 시민 사회의 저력과 일본 교육에 희망이 있다는 것을 보여준 학교이다. 자기 아이를 제대로 사랑할 줄 아는 학부모들이 자기 아이를 위해서 또한 사회 전체를 위해서 얼마나 중요한 일을 해낼 수 있는지를 아주 잘 보여 주는 증거이다. 이 학교가 별다른 재정 지원 없이 자립해서 14년간 대안 교육의 공간을 꾸려온 것, 이것은 분명 이 사회의 희망이고 저력이다.

이 학교를 통해서 본 교육에 대한 생각들

부등교 현상

20년 전부터 일본에는 부등교 학생들이 나타나기 시작했고 이 현상은 부모들을 매우 당황시켰다고 한다. 고도 경제 성장 과정에서 부모들은 점점 더 고학력을 선호하게 되었고, 학교만 열심히 다니면 성공한다고 믿고 있었기 때문에 학교에 가지 않겠다는 아이로 인한 당혹감과 실패감은 아주 높았다고 한다. 그러나 아이들은 많은 경우 몸으로 거부를 했기 때문에(배가 아프거나 두통이 심해지는 등 신체적 증세가 실제로 나타났다) 부모들도 어쩔 수 없게 되었다. 아이들을 어떻게 이해해야 할지 몰라서 당황한 부모들이 늘어났고, 이즈음에 학생 인권 문제가 심각하게 제기되었다고 한다. 1992년에 문부성에서 '부등교는 사회적 문제'라고 천명한 후에 등교 거부 현상에 대해 많은 변화가 있었다. 그 해 '학교 외의 배움터에 가도 출석으로 인정한다'는 문부성의 결정까지 얻어낸 것은 일본의 시민 사회와 학부모 운동이 이루어낸 커다란 성과이다. 일본에서 등교 거부 현상은 여전히 심각해서, 문부성 집계에 따르면 학교가 싫다는 이유로 연간 30일 이상 결석한 초중고의 등교 거부자는 1997년 10만 명을 넘었다고 한다. 최근 아동 권리 선언 이후에 더욱 많은 변화가 학교 안팎에서 일고 있다.

한국과 일본 제도 교육의 한가지 큰 차이

교육 제도에 있어서 한국과 일본의 큰 차이점은 평준화/비평준화이다. 일본의 경우 한국과는 달리 중학교와 고등학교 입학 시험이 늘 있어 왔고, 능력별로 학교가 나뉘어 있다. 또한 공립 학교는 정부에 의해 철저하게 관리되지만, 사립 학교는 자율성을 가진다. 결과적으로 학교는 서열화되어 있는데, 아주 학업 성적이 좋거나 실험적 교육을 하는 사립 학교들이 한편에 있고, 다른 한편에는 형편없는 수준의 사립 학교가 있고, 그 가운데에 대부분의 공립 학교가 있다고 한다.

1980년대에 학생 인권 문제가 본격적으로 제기되면서, 체벌이 금지되고 교복을 입지 않는 학교가 늘어났으며 두발 자율화가 이루어졌다. 많은 중고등 학교에서 지금은 교복을 입지 않고, 귀걸이 또는 머리 염색 등도 '자연스럽게' 허용된 상태라 한다. 그런데 흥미롭게도 일본에서는 더 이상 두발 자율화라든가 복장 문제가 '투쟁'의 주제가 아니다. 오히려 교복이 없는 학교 학생들은 교복 패션 복장을 하고 학교에 다닌다. 또한 학교 안에서는 매년 축제가 벌어지고 교사들이 신나는 축제를 벌여 보려고 열성을 보이지만 오히려 학생측에서 흥미를 보이지 않아 학교측이 조바심을 내는 상황이다.

학생들의 마음은 이미 학교를 떠나 버린 것이다. 자기들만의 사적 공간으로 숨어드는 경향이 갈수록 심해지고 있고, 집단 따돌림 문제만이 아니라 아무런 문제 의식 없이 상표 있는 옷을 사 입고 미소를 지으며 소비 공간을 부유하는 아이들이 늘어나고 있다. 동경대 교육학과 사또 마나부 교수는 지금 십대들 중에는 사회 환경을 자기와는 무관한 단순한 풍경 정도로 생각하는 이들이 늘어나고 있으며, 그렇게 무관심하게 있다가 어느 시점에서 자폭하거나 옴 진리교와 같은 단체의 열성 교도가 되어 버린다면서 걱정스러워 하였다.

'도지꼬모리'(자기 속으로 숨어들기, 자기 방어를 통해 자기를 만들기)

일본에서 학교를 거부하는 아이들이 보이는 행동 중에는 골방에 틀어박혀 자기 속에 숨어드는 '도지꼬모리'라는 이름의 상태가 있다. 이런 이름이 있는 것 자체로 이 현상이 상당히 보편적으로 인지되고 있음을 알게 되며, 일단 어떤 현상에 이름이 붙여지면 해결 가능성도 높아진다. 도쿄슈레에서 도지꼬모리를 앓은 아이들을 만났다. 그들의 이야기를 들어보자.

도쿄슈레에서 만난 히로시는 4년 반 동안 칩거를 하였다고 한다. 학교에 가기 싫었는데 부모가 자꾸 학교에 가라고 하니까 몸이 아파왔고, 몸이 아파서 집에 있었는데 부모가 방에 들어오는 것이 싫어서 들어오지 못하도록 책상과 책으로 방문을 막아 두었다고 했다. 밥만 받아먹으면서 라디오를 듣고 책을 읽고 때론 악몽에 시달리면서 그는 4년 반을 견뎠는데 슈레에 와서 아주 행복해졌다고 했다. 그는 사진 작가이며, 슈레에서 작은 아이들을 돌보고, 또 여러 가지 기획일도 한다.

가와베 나츠끼라는 여자아이도 10개월 동안 도지꼬모리 상태에 있었다고 한다. 중학교 2학년이었는데, 아주 많이 잤다고 했다. 남은 시간에는 음악을 듣거나 책을 읽고 텔레비전도 보았고 또 심한 악몽에도 시달리면서 그저 몸이 말을 안 들어서 틀어박혀 있었다고 했다. 마음속으로는 "나가야 한다. 아르바이트나 해볼까?"라고 생각했지만 몸이 말을 듣지 않고 자신감도 없고 모든 것이 부정적으로만 느껴졌다고 한다. 어느 날 어머니가 사오신 도쿄슈레에 관한 책을 읽으면서 나츠끼는 이곳에 오기로 결심을 했고, 지금은 아주 행복하다고 한다. 앞으로 무엇을 할 것인지를 물으니까 둘 다 그런 생각을 하지 않는다고 했다. 언젠가 무엇을 할지 알게 될 것이지만, 지금은 현재를 즐긴다고 했다.

이 두 아이의 분위기는 이곳에 '그냥' 온 아이들, 부모가 자유주의자들이라 학교 가기 싫다니까 보낸 아이들의 분위기와는 상당히 다르다. 내가 갔을 때 도쿄슈레 교육의 장단점을 이야기해 보자고 해서 토론이 붙었는데, '자유주의자' 부모의 아이인 듯한 한 아이가, 이곳에 온 아이 중에는 "자유에는 책임이 따른다는 것을 모르고 마구 행동하는 아이들이 있어서 싫다"고 말했다. 히로시는 자기는 의견이 다르다고 했다. 그는, 자기는 자유를 찾고 있는 중이지만 자유로 모든 것을 설명할 수는 없을 것 같다는 말을 했다. 다른 사람과 이야기하는 것이 어려운데, 자기는 그 어려운 일을 하는 것이 소중하다고 했다. 히로시는 자유와 평등이라는 가치보다 '보살핌'의 가치를 중요하게 생각하고 있었다. 어쩌면 삶이 무척 어렵다는 것을 경험했기 때문일 것이다. 벽에 부딪쳐본 아이, 벽만을 바라보며 지내본 아이와 그렇지 않은 아이 사이의 거리는 아주 멀다. 근대와 탈근대의 거리만큼.

히로시는 언제까지 슈레에 다닐 것이냐는 질문에도 모르겠다고 했다. "이대로 지나다 보면 떠날 때가 있을 겁니다. 때가 되면 알게 되지요." 슈레를 몰랐으면 아직도 캄캄한 방안에 틀어박혀 있을 자신을 생각하면 이 학교가 엄청 고맙다고 한다. 그래서 자기는 앞으로 도쿄슈레와 같은 대안 공간에서 일을 하고 싶다는 생각을 가끔 한다고 한다. 나츠끼는 열여덟 살이 넘으면 더 이상 슈레에 다닐 수 없으니까 나가겠지만 아마도 그때까지는 있을 것 같다고도 했다.

이 두 아이는 머리를 굴리기보다 자신의 몸을 신뢰하고 있었다. 이들이 앞으로 무엇을 하게 될지는, 마치 자기들이 그 긴 잠에서 깨어나 이제 무엇이 중요한 것인지를 알아차린 것과 같이 때가 되면 알게 될 것이다. 나는 그들의 표정을 보면서 그들이 나보다 더 오래 산 사람들이라는 생각을 했다. 그들은 아주 성숙한 인간들이었고, 어떤 면에서 다가오는 위험 사회, 어두운 시절을 견딜 내공을 자신 속에 쌓아두고 있었다.

이 학교에 대해 더 알고 싶다면

도쿄슈레는 1985년에 동경도 키타쿠(北區) 히가시쥬죠(東十)에서 시작했고 1991년에 오지(王子)로 이사했다. 이후 1994년에는 오타, 1995년에는 신주꾸에도 공간을 열어서 현재 세 개의 공간에서 활동이 벌어지고 있다. 이곳 오지 학교(전화 +81-3-5993-3135~6 팩스+81-3-5993-3137)에 100명 정도가, 이 학교의 한 학부모의 기부로 1994년에 새로 문을 연 도쿄슈레 오타(전화/팩스 +81-3-3735-2360)에 40명, 3년 전에 이지메로 아이가 자살한 사건을 뉴스로 보고 충격을 받은 한 시민이 기부하여 동경의 도심부 공간에 마련된 도쿄슈레 신주꾸(전화/팩스 +81-3-5379-2780)에 40명이 다니고 있다. 도쿄슈레 홈페이지는 www.shure.or.jp이다.

7 청소년 헌장 개정 이야기

시작하는 말

'말'이 힘을 잃은 시대란 생각을 자주 해왔다. 사회 구성원 개인이 힘을 잃어버린 대신, 돈이, 권력이, 또는 폭력이 삶을 지배하는 시대에 '말'이 들어설 자리는 없다. 1990년에 제정한 청소년 헌장을 바꾸어야겠다고 문화관광부 청소년국에서 자문을 구해 왔을 때 언어가 무의미해진 시대에 헌장 개정이 뭐 그리 대단한 의미가 있을까 하는 비관적인 생각을 하지 않은 것도 아니다. 그러나 말의 힘을 믿지 않는다면 지식인의 자리는 있을 수 없을 것이고, 냉소적으로 되기 쉬운 시대일수록 지식인이 할 일은 많지 않은가? 나는 개정된 헌장이 사회 변화를 유도하는 큰 힘을 가지리라는 기대는 일찌감치 포기했지만, 적어도 개정 과정에서 청소년계가 새로운 패러다임으로 움직여 나갈 인프라를 만들어 갈 수 있을지도 모른다는 기대를 가지고 헌장 개정에 참여했다. 개정 추진 작업에 참여하면서 나는 원칙을 세웠다. 내게는 낯선 동네인 관官과 일을 하면서 이해하기 어려운 많은 상황이 일어날 경우, 가능한 한 타협을 하도록 하되, 두 개의 원칙만은 고수하기로 했다. 하나는 청소년들이 대상화되는 일이 없어야 하며, 따라서 개정 과정에 다양한 삶의 자리에 있는 청소년들을 참여시킨다는 것이고, 다른 하나는 그 과정을 자세한 기록으로 남긴다는 것이었다. 그 원칙은 지켜졌고, 전 과정은 문화관광부에서 펴낸 작은 책자「1998년에 바뀐 새로운 청소년 헌장 이야기 — 청소년 인권, 시민권 교육을 위한 토론용 교재」로 나왔다. 원고 집필과 편집은 당시 청소년 정책국 전문 위원이었던 강성혜, 청소년 기획과 사무관이었던 김순식, 그리고 아르바이트로 강경란, 양선영 씨가 함께 하였다.

청소년 헌장 개정 추진 과정

다음은 문화관광부 김순식 사무관이 관공서 문건용으로 정리한「'청소년 헌장' 개정 추진 현황」(1998. 8. 26)이다.

시대 변화에 따라 청소년의 삶도 변화하였고, 이에 청소년이 주인이 되는 청소년 헌장 제정 필요성이 제기되어 기존 헌장의 개정을 검토하였다.

I. 목적

지금까지 청소년을 보호의 대상으로 규정하거나 막연히 미래의 주역으로 인식해 왔다. 이런 경향은 청소년의 자발적인 참여와 활동을 제한하였고, 현재의 삶을 미래를 위해 유보케 함으로 청소년기의 성장을 막아 왔다. 시대의 변화에 따라 청소년을 '독립된 인격체이자 오늘의 사회 구성원으로서' 받아들이는 인식의 전환이 절실해졌다.

우리 부는 1990년 5월 제정된 청소년 헌장이 사회적 변화와 청소년의 요구를 제대로 반영하지 못하고 있다는 판단에 청소년이 주체가 되는 새로운 청소년상이 반영된 헌장을 만들기로 하였다.

II. 추진 경과

□ 최근 들어 청소년 육성 정책에 관심이 높아짐에 따라 청소년 헌장에 대한 가계의 관심이 높아짐

□ 기존 청소년 헌장이 청소년들의 욕구를 제대로 반영하지 못하고 있고 문장 또한 공허하고 세련되지 못하여 개정에 대한 여론이 비등해짐

□ '98. 6 구성된 문화관광부 청소년 정책 자문 위원회에서 헌장 개정이 논의되고, 개정 소위원회 위원장으로 조혜정 위원 선임

□ '98. 7. 16 청소년학회 주관으로 청소년 헌장 개정에 관한 포럼을 개최하여 개정 필요성에 대한 관계 전문가의 의견 수렴

◦ 주요 논의 : 기존 청소년 헌장에 대한 문제점을 지적하고
새로운 개념의 청소년 헌장 제정의 필요성 인식

□ 청소년 개발원 주관으로 청소년 헌장 개정안 초안 마련

◦ 초안 내용 : 새로운 시각의 청소년상 반영, 청소년의 권리와 책임,
청소년의 인권, 청소년에 대한 사회적 책무 명시

□ 청소년 헌장 개정안에 대해 정책 자문 위원들의 자문을 받음.

□ 제1차 청소년 헌장 개정 자문 위원회 개최('98.8.20)

◦ 주요 논의 내용

- 청소년 헌장은 탈계몽주의 언어로 작성. 청소년의 권리뿐만 아니라
- 공동체의 성원으로서 책임도 명시
- 청소년들의 참여 기회가 보장되어야 함
- 청소년 헌장 개정 후 정부의 구체적인 실천 사업이 따라야 함

□ 제2차 청소년 헌장 개정 자문 위원회 개최('98.8.24)

◦ 주요 논의 내용

- 청소년 헌장의 기본 구성에 대한 논의
  • 제1안 : 전문, 청소년의 권리, 청소년의 책임으로 한정하고
    사회적 책무는 별도의 설명 자료로 작성하여 배포
  • 제2안 : 전문, 청소년의 권리와 책임, 사회적 책무
- 청소년의 권리나 의무의 내용은 체계적인 연구에 의해 명시되어야 하며
  진술 수준을 맞추어야 함
- 청소년 헌장 개정 공청회는 새로운 스타일로 진행해야 함
  • 청소년 전문가, 교사, 학생, 시민 단체 성원들에 의한 자유로운
    토론이 이루어지도록 함

III. 향후 계획

□ 청소년 헌장 개정에 대한 공개 토론회 개최
 ◦ 시간 : 1998년 9월 12일(토) 오후 4-6시
 ◦ 장소 : 세종문화회관 대회의실
 ◦ 주요 참석 : 청소년 분야 전문가, 청소년 및 일반인
 ◦ 주요 내용
 - 청소년 헌장 개정안에 대한 제안 설명
 - 청소년 헌장 개정안에 대한 각계의 의견 수렴
□ 청소년 헌장 개정안 확정(98년 9월 중순)
□ 청소년 헌장 개정안에 대한 관계 부처 협의(98년 9월 중순 - 10월 초순)
□ 청소년 헌장 개정안에 대한 청소년 육성 위원회 서면 심의(98년 10월 초순)
□ 청소년 헌장 개정안의 감수(98년 10월 중순)
 ◦ 국립 국어 연구원의 어문학적 감수
 ◦ 서울대 법학과의 법률학적 감수
□ 청소년 헌장 개정안의 차관 회의 및 국무 회의 상정(98년 10월 중순)
□ 청소년 헌장 선포식 계획(98년 10월 20일)
 ◦ 문화의 날에 맞춰 세종문화회관 또는 대학로나 신촌 등 청소년들이

많이 모이는 장소에서 청소년이 주도적으로 참여하여 정부와 공동 발표
◦ 다양한 문화 행사와 더불어 선포식을 개최하고 청소년을 위한 구체적인 정책을 약속하는 자리가 되어야 함(청소년 사이버 문화 공간, 청소년 위원회 등)

계획대로 9월 12일에 세종문화회관에서 청소년 헌장 공청회가 열렸고, 10월 25일 올림픽공원 체조경기장에서 SBS 신세대 가요제를 활용해서 청소년 헌장 선포식을 가졌다. 어른과 청소년들이 다같이 참여한 이벤트였다. 특히 개정 과정에서 내가 가장 신경을 썼던 부분은 공청회와 타 부처 협의 문제, 그리고 선포식이었다. 청소년계의 현실을 읽어 내는 면에서 이때의 경험을 자세히 적어 보려고 한다.

헌장 초안 다듬기

한국 사회에서 청소년 인권 관련 헌장이나 권리 선언의 역사는 일제 시대로 거슬러 올라간다. 1923년「소년 운동 선언」에 아동의 권리 공약이 발표되었고, 1975년「어린이 헌장」 제정, 1990년「청소년 헌장」 제정, 1991년「아동의 권리에 대한 국제 협약」 비준, 1998년「청소년 헌장」 개정으로 이어진다.

1990년에「청소년 헌장」이 제정된 것은 정부에 청소년 육성 담당 전문 부서가 만들어진 직후였다. 그 시기는 올림픽을 치른 직후였으며, 헌장 제정을 담당한 정부 부처는 체육부였다. 청소년 헌장은 그 당시의 시대적 언어를 잘 드러내고 있다.

1990년 청소년 헌장

청소년은 새 시대의 주역이다.

뜨거운 정열을 가슴에 품고 자연과 학문을 사랑하며 한마음으로 굳게 뭉쳐 조국 발전의 일꾼이 되어 세계와 우주로 힘차게 나아가 인류의 자유와 행복을 이룩한다.

여기에 우리 모두가 나아갈 길을 밝힌다.

1. 청소년은 출생 · 성별 · 학력 · 직업 그리고 신체적 조건에 따른 어떠한 차별도 받지 않는다. 모든 청소년은 적성과 능력을 갈고 닦아 스스로 어려움을 헤쳐 나아가는 슬기와 용기를 갖춘다.

1. 가정은 청소년의 정서를 가꾸고 애정과 대화를 나누는 곳이다. 어버이는 올바른 삶의 본을 보이며 자녀는 어른을 공경하는 몸가짐과 밝은 성품을 익힌다.

1. 학교는 청소년이 조화로운 배움을 통하여 교양과 지식과 체력을 기르는 곳이다. 자질을 존중하고 자아 실현을 통하여 삶을 윤택하게 하는 길을 가르치며 문화 의식과 민주 시민 정신을 높인다.

1. 사회는 청소년이 즐겁게 일하며 보람 있게 봉사하는 곳이다. 성장과 발달을 도와주며 더불어 사는 기쁨과 여가 선용의 마당을 제공하고 건전한 환경을 만든다.

1. 국가는 청소년을 사랑하고, 이들을 위한 정책에 최대의 노력을 기울인다. 배움터와 일터를 고루 갖추고 도움을 필요로 하는 청소년 개개인을 각별히 보호하여 적응하고 자립하도록 이끈다.

1990년 5월 12일

개정 헌장 초안 작업 초기 자문

초안 작업은 한국 청소년 개발원 팀이 하였다. 한국 청소년 개발원 팀은 청소년과 기성 세대가 합의할 수 있는 가치를 창출하자는 문제 의식에서 가정, 학교, 사회, 국가의 청소년 육성 방향을 새롭게 정립하고, 청소년의 주체적 자유권을 보장한다는 내용을 담아 냈다. 권리 부분에는 '생존권', '보호권', '자유권', '평등권', '신체 활동권', '학습권', '근로권', '여가권' 등을, 책임 부분에 '자신의 신체와 정신에 대한 책임', '가정, 부모에 대한 공경', '자연과 환경에 대한 애착심', '지구촌 구성원으로서 공동체 의식' 등을 강조했고, 사회적 책무에서는 '가정, 학교, 사회, 국가의 책임'을 나누어 서술하였다.

이 초안을 두고 열린 자문 회의에서는 다양한 의견이 개진되었다.

> 시민적 권리는 근대적인 개념이므로 사용에 유의해야 하며, 현대적인 개념으로는 복지권을 강조해야 합니다. — 조영승 위원, 경기대 청소년학과장

> 지금까지의 헌장 개념을 탈피하여 교훈적인 단어는 지양해야 합니다. — 정유성 위원, 서강대 교수

> 헌장이라기보다 선언문적입니다. 선언문으로 하는 방법도 있습니다. — 오치선 위원, 명지대 사회교육대학장

> 현재에 필요한 삶의 지침서를 만들어야 합니다 — 함병수 위원, 한국 청소년 개발원 정책연구실장

> 청소년의 책임 부분이 부족한데 이는 강조되어야 합니다. 또한 민족의 미래에

대한 청소년의 역할 부분도 명시되어야 합니다. — 곽광자 위원, 한국 걸스카웃 연맹 감사

개정안은 구성과 문장에서 법률 조항과 같은 경직성이 느껴지므로 일반 시민 특히 청소년에게 친근한 표현으로 수정하기를 바랍니다. — 김옥순 위원, 한국 청소년 문화 연구소 연구실장

사회는 청소년들이 신체적, 정신적 장애로 말미암아 경험과 지식을 넓히는 데 부족함이 없도록 지원해야 합니다. — 김정렬 위원, 장애인 권익 문제 연구소장

청소년 자문

헌장 개정 소위원회는 세 명의 청소년을 실제 작업에 참여시켰다. 지금까지 많은 작업들이 청소년들을 위한다는 명목으로 기성 세대 쪽에서 무엇을 베푸는 식이었고, 국가에서 만든 헌장이나 선언문이 '위'에서 만들어 '밑'에서 외우게 한 것인 데 비해, 이번 작업에서는 청소년들이 헌장 초안 작성에서부터 자문 위원회에까지 직접 참여함으로 '어른 중심주의'에 빠질 위험성을 줄이려 하였다. 청소년들이 수정해온 초안의 일부를 여기에 싣는다.

> 청소년은 자기 삶의 주인이다. 청소년은 인류 사회의 구성원으로서 양도할 수 없는 천부의 권리를 갖는다. 따라서 청소년은 자신에게 가해지는 어떠한 물리적 폭력뿐 아니라, 공포나 압력을 포함하는 모든 종류의 정신적 폭력으로부터 자유로워야 한다.
>
> 청소년은 스스로 미래를 만들어 갈 시민적 권리를 갖는다. 청소년은 자신의

행복을 위해 최선이 되는 것을 스스로 판단하고 결정하며, 집회·결사 및 표현의 자유를 누린다. 환경을 보호하고, 대립이 아닌 공존 속에 생명 존중의 가치를 깨달으며, 청소년다운 의지로 정의로움을 추구한다.

이를 위하여 가정, 학교, 시민 사회 그리고 국가는 청소년이 스스로 삶에 책임을 질 수 있도록 제반 여건과 환경을 마련하여야 한다.(중략)

청소년을 위한 사회의 역할

1. 가족은 과도한 기대 혹은 지나친 무관심으로 청소년의 신체적 정신적 건강을 훼손해서는 안 된다.

1. 가족은 청소년이 자신의 의사를 자유롭게 표현할 수 있도록 민주적 환경을 만들고, 자신의 문제를 스스로 결정할 수 있는 기회를 보장해야 한다.

1. 학교는 청소년의 선택을 중시하여 실질적인 진로를 제시하고, 청소년들로 하여금 배움의 기쁨을 느끼며 학습할 수 있는 환경을 마련하여야 한다.

1. 학교는 청소년의 집회 결사 및 표현의 자유를 보장하고, 청소년들을 학교의 정책 결정 과정에 참여하게 한다.

1. 사회는 청소년들이 주체가 되어 새로운 문화를 만들고 이를 통해 사회를 재활력화할 수 있도록 최선의 지원을 한다.

1. 국가는 청소년들을 위한 예산을 충분히 확보하고 이 헌장에 명시된 청소년들의 권리를 보장하기 위한 제도적 장치를 마련한다.

부 칙

1. 청소년 헌장의 개정에는 반드시 청소년이 참여하여야 한다.

2. 이 청소년 헌장에 명시된 권리를 주장한다는 이유로 어떠한 형태의 불이익도 받아서는 안 된다.

2차 자문

청소년들이 손질한 초안을 가지고, 또 한번 의견 수렴 과정을 거쳤다. 아래는 그때 개진된 의견들이다.

> 절차적 측면에서 이 헌장이 이행되고 있는지에 대한 평가가 필요합니다. 또한 이 헌장 상에 명시된 권리를 주장했다 하더라도 어떤 불이익을 받아서는 안 됩니다. — 한인섭, 서울대 법학과 교수

> 청소년은 성장을 위한 과정상의 어려움을 겪고 있는 시기임으로 사회 제도, 사회 환경과 그 외의 위험으로부터 보호되어야 합니다. 청소년은 사회, 국가 발전의 일원으로 이웃에게 관심을 갖고 지역 사회에 봉사하며 문화를 가꾸고 창조해 나가며 지구촌의 일원으로 세계 인류, 평화를 이룩하는 데 참여하도록 기회를 가져야 합니다. — 청소년 연맹

> 모니터링을 학교에서 해보았습니다. 기본적으로 시안을 수업 시간에 읽어 주었더니 참 좋아하고 수업도 잘했습니다. 청소년 헌장 전문의 내용이 좀 어렵기는 했지만, 역시 중학생이라 천부라든가, 양도 등의 단어를 설명해 주었더니 쉽게 이해하였습니다. 청소년 권리 부분을 명시한 내용 중 '청소년은 자기 삶의 주인이다'라는 말은 20명, '시민권'은 12명이 마음에 든다고 대답하였고, 나머지 6명 정도는 책임 부분의 말에 호의적이었습니다. 청소년의 권리와 책임 부분에서 권리 부분은 골고루 다 좋아했지만 특히 청소년의 일할 권리나 사생활권, 정책 결정 과정 참여에 환호했고, 진리 추구 권리나 표현의 자유도 꽤 선호했습니다. 책임 부분은 선택권, 자연 존중, 삶의 주체, 서로에게 신체적 정신적 폭력 금지, 특히 남녀 평등은 압도적이었습니다. 대체로 좋았지만 적당한 휴식을 즐길 권리가 없다고 지적하기도 했습니다. 부록에 들어갈 사회적 책무 부분을 앞의 권리에 따라 정해 보라고 했더니 구체적으로 세부 항목을 잘 만들었는데, 공원 만들기, 방송국 견

학, 직업 안내소, 남녀 공학, 급식, 휴식처 마련, 극장이나 예술관 입장료 인하, 청소년 카페, 예술 교육 강화, 다양한 학교 등 많은 의견이 나왔습니다. — 백영애, 강남여중 교사

'청소년은 자기 삶의 주인이다'를 '청소년은 미래의 주역으로 자기 삶의 주인이며'로 바꿀 것을 제안했고, 청소년 헌장 전문에 '청소년은 이웃과 지역 사회의 발전을 돕는 심성을 기르고 봉사 활동을 통해 민주 시민 의식을 함양한다'는 봉사 활동 관련 문안의 신설을 제안했습니다. — 한국 보이스카우트

각계의 전문가들이 사용하는 언어를 보면 그들이 얼마나 다른 '시대적 언어'를 사용하고 있는지를 쉽게 알 수 있다.

여러 번에 걸친 토론 과정을 통해 '과격한' 언어가 좀 완화된 시안이 확정되었고 9월 12일 세종문화회관 회의실에서 공청회를 하였다.

현장 공청회에서 오고간 이야기

공청회 현장은 명실공히 한국 청소년 인권의 현주소를 여실히 볼 수 있는 자리였다. 공청회는 1,2부로 나뉘어 진행되었는데, 1부에서는 최충옥 한국 청소년 개발원 원장, 이중한 문화 복지 협의회 회장, 신현택 문화관광부 청소년국장이 기조 발표를 했다. 서동욱(연세대 사회학과 3년)의 헌장 초안을 설명하는 발제로 시작한 2부에서는 장동선(안양고 3학년), 이선화(연희실업고 2학년), 김자영(신정여자상업고 2학년), 김현진(대입 검정 고시 합격), 김영웅(명혜학교 고등보 2학년)과 전풍자 인간교육실현 학부모연대 공동대표, 강대근 유네스코 청년원 원장, 정유성 서강대 교수, 김종호 대일여자정보산업고 교사, 최

윤진 중앙대 교수, 박명윤 한국 청소년 개발원 자원 봉사 센터 소장 등이 토론 시간을 가졌다.

기획자이자 사회자로서 내가 가장 신경을 쓴 것은 격의 없는 토론이 가능해야 한다는 점이었다. 공청회는 몇 가지 원칙 아래 진행되었다. 우선 각계의 '어른 전문가들'(청소년 전문가, 학부모, 교사)과, 다양한 영역(학생/비학생, 장애우, 실업고, 인문고, 소녀가장)에서 추천을 받은 청소년들을 발제자로 초대하였다. 공청회에 참가한 어른의 수와 청소년의 수를 동수로 하였고, 공간 배치에서나 각자에게 할애된 시간에서도 공평한 분배를 했다. 호칭에서도 가능한 한 '님'자 만을 사용해 달라고 당부했다. 이런 배치를 통해 민주적인 토론 분위기를 확보하고자 한 것이다. 이날의 분위기는 그 동안 국가가 주도해온 어떤 공청회 현장에서도 찾아볼 수 없는 민주적인 것이었다. 사실 내가 이 행사를 이렇게 꼭 기록으로 남기고 싶어하는 이유는 다음 번에 있을 이런 류의 공청회의 모델이 되었으면 하는 바람 때문일 것이다.

다음은 서동욱 님의 공청회 기조 발제문의 일부다.

> "나중에 나이 들면 나한테 다 고마워할 거야…"라고 우리 사회는 청소년들에게 말합니다. 이 점이 바로 이 청소년 헌장에서 우리가 고쳐 나가고 싶은 부분이었습니다. 이제 청소년의 '오늘'을 생각해야 됩니다. 미래를 위한 희생을 강요하고, 오늘을 살아갈 권리를 박탈해서는 안 됩니다. 그들의 미래가 그토록 중요하다면, 그 중요한 그들의 미래를 스스로 선택할 수 있도록 선택의 폭을 넓혀 주고, 그들에게 선택의 기회를 주어야 합니다. 청소년의 삶은 바로 그들의 것이기 때문입니다. (…)
>
> 현재 청소년들은 마치 배가 몹시 고픈 사람과 같을지도 모릅니다. 배가 고픈 사람을 앉혀 놓고, 이 음식이 가지는 윤리와 역사, 그리고 이 음식을 먹을 때 마땅히 요구되어야 할 식사 예절과 의무 조항을 설명해 봐야 아무 소용이 없습

니다. 딱딱하고 작은 불편한 책걸상 위에서 학생들의 척추가 다 휘고, 구타당하고, 모욕당하고, 소지품 검사를 당하는 그런 청소년들에게 우리 사회는 무엇을 해주었습니까? 우리 사회는 여학생들이 술집으로 빠져나가고, 남학생들이 불량배로, 폭주족으로 커나가는 모습을 텔레비전에서 보고 걱정이나 했지, 떳떳하게 직업을 갖기로 결심한 청소년들에게 어떠한 선택의 기회를 마련해 주었습니까? 그들이 마땅히 가져야 함에도 불구하고 가지지 못한 기본 권리들을 그들에게 찾아 주는 그런 살아 있는 청소년 헌장이 되어야 하겠습니다. (…)

그런 정신에서 만들어진 이 청소년 헌장 개정안 전문에서 우리는 더 이상 미래의 주역이나 보호의 대상으로서가 아닌 오늘을 살아가는 현재의 삶의 주인으로서 청소년을 바라본다는 데 중점을 두었습니다. 그들의 미래를 그들의 선택과 결정에 맡길 때에야 비로소 청소년들이 스스로의 삶에 책임을 느낄 것이라 생각합니다. 책임감이라는 것은 자신의 삶을 스스로 결정할 권리가 있을 때 생겨날 것입니다. 청소년은 그 자체로 천부의 권리를 가진 시민의 한 사람이며 따라서 기존에 청소년과 성인으로 나눈 이분법적 대립에서 벗어나 새로운 공존 속에서 살아가야 할 것입니다. (…)

이어진 각계 전문가들과 청소년들의 의견이다.

이번에 헌장의 개정을 통해서 청소년의 권익이 더욱 신장됨과 동시에 그들의 책임 또한 뒤따라야 되리라고 봅니다. 이를 위해서는 가정이나 학교나 사회 국가가 그들의 권익 보장을 위한 책무를 성실히 이행해야 할 것이고, 이러한 사회가 져야 할 책무의 내용에 대한 합의가 있어야 되리라고 봅니다. — 최충옥, 한국 청소년 개발원 원장

개정안 중 '청소년을 위한 사회의 역할' 부분에 제시된 '사회는 청소년들이 주체가 되어 새로운 문화를 만들고 이를 통해 사회를 재활력화할 수 있도록 최선의

지원을 한다'는 항목이 가장 강조되어야 한다고 생각합니다. — 이중한 한국 문화 복지 협의회 회장

저희들은 금년 들어서 청소년 정책의 변화를 위한 여러 가지 시도를 하고 있습니다. 특히 청소년을 직접 청소년 정책, 청소년 사업에 참여시켜서 그 경험과 입장이 충분히 반영된 정책을 마련해 가고자 합니다. 그 일환으로 오늘 공청회에도 6명의 청소년 대표들을 참석시켰습니다. — 신현택, 문화관광부 청소년국장

사실 청소년 헌장의 개정 작업은 훌륭하고 좋은 일이라고 생각합니다. 여기에서 논의되고 있는 대부분의 것은 꼭 변화되어야 하는 것이고 꼭 필요한 것이겠지만 사실 우리 모두가 이미 다 알고 있는 사실들이 아닙니까? 다 알고 있는 사실을 헌장 제정만을 통해서 개선하려고 하기보다도 그것이 실현될 수 있는 여건이 조성되어 있는지, 조성할 수 있는지, 그것에 대해서 제고해 봐야 할 것입니다. 또 하나 제가 말씀드리고 싶은 것은 청소년에게 자유라는 것이 과연 주어졌는가 하는 것입니다. 우리 나라 청소년들이 자유롭습니까? 아닙니다. 우리 나라 청소년은 너무나 많은 틀에 묶여 있고 수동적인 사고와 피동적인 삶을 강요받고 있습니다. 꼭 하나만 주장하고 싶습니다. 하고 싶은 것을 할 수 있는 여건이 조성되었으면 좋겠습니다. 그러한 여건이 전혀 조성되어 있지 않습니다. 오직 학교 공부만이 그리고 대학 입학만이 목표로서 주어져 있고 또 대학 입학을 목표로 하지 않는 사람들에게는 별다른 꿈을 가지고 사는 것조차 허용되지 않는 현실입니다. 요즘 하는 말들로 청소년들이 비뚤어지고 청소년 비행이 급속히 증가했다고 합니다. 왜 그런 일이 생겼을까요? 저는 그것이 제도적으로 청소년들을 충분히 잡지 못해서 그런 것이 아니라고 생각합니다. 오히려 지나친 규제와 제약이 한창 활동할 나이의 에너지를 잘못된 쪽으로, 음성적으로 표출하게 했다고 저는 생각합니다. 청소년만의 문화도 조성되어 있지 않은 현실입니다. — 장동선, 안양고 3년

우리 주변에는 청소년들을 유혹하는 많은 유해 환경이 곳곳에 산재하고 있습니

다. 이런 환경에서 벗어날 수 있도록 보다 강력한 정책적인 제재와 우리들이 안심하고 꿈을 펼칠 수 있도록 배려가 있어야 한다는 것을 강조하고 싶습니다. 물론 현실적으로는 많은 어려움이 있겠지만 국가의 장래를 짊어져야 할 청소년들에게 어느 정도의 투자와 배려가 있어야 합니다. 다시 한번 이번 헌장에서 말하는 '청소년을 위한 사회적 역할'에 더욱 충실해야 된다고 강조하고 싶습니다. — 이선화, 연희실업고 2년

인문 교육만 강조하고 실업 교육을 뒷받침하지 않는 교육 풍토가 빨리 개선되었으면 합니다. 제가 고등학교에 진학할 때, 부모님과의 갈등도 참 많았습니다. 실업계 고등학교에 다닌다 하면 이상한 눈으로 바라보고, 모두 불량하다는 생각을 하는 어른들이 있습니다. 공부가 좀 부족해 실업계 고등학교를 다닌다는 이유 하나만으로 이렇게 무시당해야 하나요? 이건 우리 사회에서 인문 교육만 인정을 하고 실업계 교육은 인정을 해주지 않기 때문이라고 생각합니다. 실업계 고등학교에 다니는 우리 학생들에게도 자부심을 갖고 노력하여 사회나 대학으로 나아갈 수 있는 문을 넓혀 주셨으면 합니다. — 김자영, 신정여상 2년

일단 말만으로 그쳐서는 안 됩니다. 그게 제일 중요한 겁니다. 여기서 뭐 권리도 많이 명시하고 그랬는데 여기 온 애들도 잘 모르는데 전국에 있는 청소년들이 얼마나 알겠고, 거기에 따라 얼마나 자기 권리를 제대로 이행할 수 있을까요? 이걸 제대로 하는 게 중요한 것 같습니다. 그게 아니면 여기 모여서 공청회를 했다, 선포를 했다, 그냥 종이에 적어 놨다, 거기에 그치는 거지 아무런 의미가 없는 겁니다. 그리고 상당히 유감스러운 것은 청소년 헌장을 개정할 때 청소년들은 별로 안 끼었다고 하는 것인데, 왜냐, 헌장의 주인은 청소년이기 때문입니다. 그리고 권리가 상당히 많이 명시되었는데 그게 상당히 중요하다고 생각합니다. 왜냐면 권리와 책무는 동전의 양면과 같은 겁니다. 지금 어른들이 청소년들이 책임 의식이 없다고 말하는데 권리를 행사해 본 적이 없기 때문에 책임도 모르는 겁니다. 간단하게 말해서, 권리가 일단 있고 그걸 행사해 봐야 권리에 따르는 파

급 효과도 알고 거기에 따르는 책임을 이해할 수 있습니다. 권리를 제도적으로 보장하고 실질적으로 행사할 수 있게 해야 합니다. 저는 고등학교 자퇴생입니다. 그리고 그게 너무나 자랑스럽습니다. 왜냐하면, 공교육에서 아무런 의미도 발견하지 못했는데 남들이 가지 못한 길을 간다는 두려움에 학교에 남아 있고 결국 자기 미래까지 망치는 걸 실패라고 생각하고 그에 따라 행동했기 때문입니다. 그러나 공교육이 저에게 붙인 이름은 '중도 이탈자', '탈락자', '실패자'였습니다. 저는 검정 고시 출신입니다. 그리고 그게 얼마나 사회를 사는 데 불편한지, 여기서 아시는 분이 몇 안될 것입니다. 어저께 모 대학을 지나가다 검문을 당했습니다 불법 집회가 열린다면서요. 근데 신분증을 제시하랍니다. 당연히 없습니다. 학교 학생도 아니고 아직 나이가 안돼서 주민등록증도 안 나왔습니다. 그래서 의료보험증을 안 가지고 왔다고 얘기했습니다. 고등학교 자퇴생은 시민권도 없습니까? — 김현진, 무직 청소년

저 또한 다른 아이들처럼 일반 학교에 다니고 싶습니다. 저뿐만 아니라 다른 아이들도 똑같은 생각입니다. 그러나 교문에서부터 이어지는 턱과 계단 때문에 휠체어에 의지하는 저로서는 이룰 수 없는 꿈일 뿐입니다. 비단 학교만이 아닙니다. 거리를 다니려고 해도 은행이나 상점을 다니려고 해도 상황은 늘 마찬가집니다. 이런 문제로 같은 시기에 다른 친구들이 마땅히 누리는 경험과 지식조차 제때 얻지 못해 대인관계 중 사회성에서 뒤지는 경우가 많습니다. 그러므로 학교에서는 우리 청소년 장애인들이 단지 장애를 지녔다는 이유로 소외되거나 불이익을 겪는 일이 없도록 힘써 주셨으면 합니다. — 김영웅, 장애인 학생

제게는 두 가지 고뇌가 있습니다. 첫째 고뇌는 젊은이들이 쉴 공간이 없다는 것입니다. 둘째 고뇌는 대화 단절로 인한 고립성입니다. 개인은 있되 집단은 없고, 나는 존재하되 우리는 인정하지 않습니다. 개인끼리의 등수 매김과 차례 세움이 오래 지속되다 보니 극단적인 이기심과 개인주의가 사회, 국가, 민족, 인류로 확산되어야 할 박애주의 인도주의와는 딴판으로 개인 위주의 이익에 집착하는 축소

지향적 인간을 양성하기에 이르렀습니다. 청소년들이 어떻게 지내는지 하루라도 그들과 같이 생활하기를 간청합니다. — 박성수, 청소년연맹 한별단

제가 원하는 모습은 아무런 편견 없는 그런 모습이에요. 지금 청소년 헌장 공청회에 이런 말이 왜 나왔나 하실 텐데요, 사회는 그 사람을 보기보다는 그 사람의 배경을 보는 것 같아요. 그 사람이 결손 가정이면 그 사람은 자기 의도와는 상관없이 불량 학생이 되거나 아니면 좀 안 좋은 그런 걸로 매도되기 마련입니다. 저는 그런 편견이 없는 그런 마음가짐으로써 청소년 헌장이 개정되어야 된다고 생각해요. 생각해 보세요, 청소년이 열이라고 했을 때 그 중에 비행 청소년 몇 명이 되요? 하나 둘 그 정도밖에 안될 것입니다. 그런데 우리 건강한 수많은 청소년이 있는데 불구하고 몇몇 부정적인 청소년들만 대상으로 해가지고 그 청소년들의 문제를 확대시키고 또 그런 방향으로만 매도시키고 부각시키면, 어떡합니까? 다른 거보다 편견이 없는 그런 맑은 모습을 기대하고 싶습니다. — 김우겸, 청소년 창안제 수상자

기성 세대 전풍자입니다. 기성 세대 입장에서 봤을 때 여기서는 권리에 대해서 지나치게 강조하고 있다는 생각을 갖습니다. 왜냐면 청소년들의 삶의 장을 가정과 학교와 사회라고 구분했을 때 학교에서는 청소년들이 인권도 유린당하고 권리를 제대로 찾지 못하고 있지만 제가 파악하기로는 현재 이 시대 우리 사회에서 학생들이 사회와 가정에서는 어떻게 보면 무분별할 정도로 여러 가지 사적인 권리를 누리고 있다고 보는 겁니다. 매체도 그렇고 가정도 그렇고 일단 수험생이 되면 왕으로 모시는 이런 풍토 속에서 청소년들이 너무 무분별하게 권리를 향유하는 측면이 있다고 보기 때문에 여기서 지나치게 권리가 강조되어 있다고 생각을 하구요. 요즘 아이들이 담배를 마음대로 피우는 등 너무 많은 권리를 가지고 있습니다. 구체적으로 아까 말씀드린 대로 책임 부분이 좀더 보완이 되었으면 좋겠다는 바람입니다. — 전풍자, 인간교육실현 학부모연대 공동대표

헌장을 기초하는 데 참여했기 때문에 그때 못한 얘기를 하는 것으로 토론을 대신하려고 합니다. 헌장 개정 작업이 여기 같이 있는 청소년을 함께 사는 사람으로 인정하는 계기가 되길 바랍니다. 우리를 둘러싸고 있는 모든 사람들이 청소년을 위한 책임뿐만 아니고 자기 자신에 대한 책임을 같이 통감하는 그런 계기가 됐으면 좋겠습니다. 그리고 앞으로 청소년 관련된 모든 정책이나 문서에 이 헌장이 하나의 기준으로 작용해야 되고 거기에 그것을 구체적으로 실행할 수 있는 방안이 마련되어야 하겠습니다. — 강대근, 유네스코 청년원장

헌장을 만들 때마다 다들 그런 생각을 하시겠습니다만 이번 헌장은 그야말로 구체적인 이상향을 담은 것이 됐으면 좋겠습니다. 좋은 얘기들이 많이 담겨 있지만, 그야말로 구체적인 실천과 연결될 수 있는 그런 내용이면 좋겠다는 뜻으로 구체적인 제안 한두 가지 하고자 합니다. 저도 엄숙주의 냄새가 싫습니다. 그렇다고 가볍게 만들자는 것은 아니고 생활과 더 가까운 그런 언어로 바꾸었으면 좋겠는데, 현재의 개정안은 어른 중심적인 어투라기보다 닳아빠진 표현들이 많이 있습니다. 이를테면, '양도할 수 없는 천부의 권리'라고 이중으로 강조하고 있는데 이런 건 '인간답게 살 권리', 이 문장이 약하다면 '온전한 사람으로 섬김받을 권리' 정도로 강하게, 표현을 바꿨으면 하는 제 바람입니다. 권리에서 저는 교육 저항권을 넣었으면 좋겠어요. 교육 기간 동안 '인간다운 학습과 자아 실현의 권리를 가지며 이를 유보하는 어떤 권위와 제도에 대해서도 저항하고 이를 거부할 권리를 가진다' 정도의 강한 표현이 들어갔으면 좋겠습니다. — 정유성, 서강대 교수

청소년을 학생으로 보는 시각이 상당히 많습니다. 그러면 청소년 문제는 학생 문제로 귀결될 수밖에는 없는데, 학교에 다니지 않는 청소년은 배제되지요. 그랬을 때, 우리 스스로 원치 않지만 다양한 인간의 삶을 무시하게 되지 않겠습니까? 이렇게 되면 다양한 청소년 문제가 전부 교육 문제로 귀결되지 않겠습니까? 두번째 청소년의 책임에 있어서 이것은 대한민국 청소년 헌장이기 때문에 분명히 민

족 구성원으로서의 책임도 있다고 생각합니다. 여러분들은 통일 시대를 살아가야 합니다. 당연히 그것을 위해서 애를 쓰셔야 됩니다. 따라서 민족 구성원으로서의 책임을 명시했으면 어떨까 합니다. — 김종호, 대일여자정보고 교사

헌장에서 소위 주창자, 즉 이 헌장을 주장하는 측과 이것을 받아들이는 측을 크게 우리 청소년 집단하고 기성 세대 집단으로 구분했을 때, 주창자와 청중에 대한 이미지가 분명하게 그려져 있지 않은 것 같습니다. 여기서 얘기하는 청소년을 누구로 볼 것인가를 우리가 분명히 해야 한다는 것입니다. 그 동안 우리는 청소년의 권리를 이야기할 때, 청소년과 아동을 섞어서 생각하는 경향이 있었습니다. 그러다 보니 청소년을 주로 보호해야 할 대상으로 생각하게 되었습니다. 그런데 이번 헌장에서는 지나치게 이십대 이후에 청년 쪽에 색깔을 둔 자유권을 지나치게 우리가 강조한 측면이 있다고 생각합니다. 제 생각에는 청소년과 청년 역시 구분되어야 한다고 봅니다. 청소년은 아동과 청년 사이에서 균형있게 규정되어야 할 필요가 있습니다. 청소년의 경우 권리 존중과 자유의 제한이 동시에 필요하고 적극적인 복지라는 차원에서 보호되어야 합니다. — 최윤진, 중앙대 교수

권리에는 천부의 권리, 사회의 권리가 있고, 책무에는 청소년 보호 육성을 위한 가정의 책무, 사회의 책무, 학교의 책무, 국가의 책무 등이 있습니다. 처음 저희들이 만든 초안에는 이 항목들이 자세히 나와 있었는데 오늘 나온 초안에는 아주 뭉뚱그려진 것 같습니다. 이런 식으로는 각 항목들에서 지표를 개발하기 어렵습니다. 그렇게 되면 우리는 청소년 정책을 평가할 수 있는 좋은 도구를 잃어 버리는 것이 됩니다. — 박명윤, 한국 청소년 개발원 자원 봉사 센터 소장

공청회 이후 뒤풀이 자리에 가서 또 한판 토론의 장을 벌였다. 관료와 교사와 이른바 청소년 전문가들과 청소년들이 허물없이 어우러진 자리였다. 다음은 헌장 개정 공청회를 마치고 한 잡지에 기고한 나의 글이다.

지난 9월 12일 청소년 헌장 개정을 위한 공청회가 열렸다. 개정 헌장 초안은 다음과 같이 시작한다. "청소년은 자기 삶의 주인이다. 청소년은 스스로 생각하고 활동하는 삶의 주체로서, 자율과 참여의 기회를 누린다." 청소년들에게 인권과 시민권을 주어야 한다는 원리를 담은 이 초안을 두고 공청회 안팎에서는 열띤 토론이 벌어졌는데, 그 내용은 사실상 한국 청소년들의 인권의 현주소를 여실하게 보여 주는 것이었다.

공청회에서는 크게 두 가지 흥미로운 현상을 관찰할 수 있었는데, 하나는 어른도 인권이 없는데 청소년 헌장이 무슨 의미가 있겠느냐는 냉소적인 태도였다. 인권 논의 자체가 이 땅에서는 의미가 없다는 자포자기함을 담은 주장으로, 특히 청소년들 중에서 이런 반응을 보인 이들이 적지 않았다. 효력을 보장할 제도적 장치가 마련되지 않은 종이 쪽지에 불과할 헌장 개정에는 관심이 없다는 것이었다. 이는 '말'에 대한 불신, 정부에 대한 불신이 '젊은 국민' 사이에서 상당히 팽배해 있다는 것을 알려 준다.

두번째로는 청소년과 어른 사이에 논쟁이 있었는데 그 논쟁은 매우 열띤 것이어서 사회자가 중재를 해야 할 지경이었다. 그 논쟁은 "요즘 아이들이 담배를 마음대로 피우는 등 너무 많은 권리를 가지고 있다. 책임 부분이 보강되어야 한다"는 한 어른의 주장을 두고 청소년들이 반론을 제기함으로 시작되었다. 김현진(17세, 검정고시 통과) 씨는 "언제 우리에게 권리를 주어본 적이 있느냐, 책임을 이야기하기 전에 권리를 주어 보라"고 논박하면서, 헌장에서 말하는 권리는 자신의 삶의 주체가 될 수 있는 공적 권리를 이야기할 것이며, 바로 그런 공적 권리가 제대로 주어지지 않기 때문에 지금 청소년들이 사회에서 하지 말라고 하는 것을 하게 되었다고 말했다.

청소년들이 너무 많은 권리를 누리고 있다고 생각하는 편과 반대 입장 사이의 거리는 아주 멀었다. 그리고 이 거리는 바로 한국의 현재 상황을 여실하게 드러내 준다. 개발 독재 시대에는 모든 국민이 허리를 졸라매고 '잘살아 보자'는 한 가지 목표 아래 뭉쳐서 인권이나 시민권 없이 그런 대로 '잘' 살았다. 그런데 21세기를 바라보는 지금 상황은 어떤가? 개성 있고 창의성이 있는 문화적 인재들이 많이 나오지 않으면 경제가 살아남기 어렵다고들 말한다. 집단주의와 권위주의는 다품종 소량 생산/지식 산업 위주의 경제 체제에서는 가장 경계해야 할 문제적 문화 논리라 말한다. 또한 고실업 시대가 오고 있는 길목에서 청소년들이 스스로 삶을 개척하고 동기 유발을 해낼 정신력/감수성을 갖도록 하는 것은 아주 중요하다고 말한다. 그렇지 않으면 청소년들이 자신의 실패를 모두 사회의 탓으로 돌리면서 속수무책으로 가족이나 국가에 기생하면서 살려고 하리라는 것이다.

앞으로 오는 전지구적 경쟁 시대에 한국 사회가 살아남으려면 무엇보다도 창조적인 인재가 필요하며, 동시에 사회 탓/남 탓을 하지 않는 자율적인 국민이 필요하다는 점에 많은 이들이 동의할 것이다. 남이 시키는 대로만 하는 수동적이고 의존적인 사람은 가족과 국가 모두에게 큰 부담이 될 것인데, 우리 사회는 현재 부모에게 경제적으로는 심하게 의존하면서 부모 말을 듣지 않는 속수무책의 '이삼십대 늙은 청소년들'을 양산해 내고 있다.

경제 위기 상황에도 아랑곳없이 당장 직장을 내놓으라고 떼를 쓰거나 놀기에 바쁜 '국민'들 역시 스스로 권리를 가져 보지 못하고 수동적으로 살아온 사람들의 또다른 모습이다. 후기 산업 사회로 갈수록 무기력한 국민들이 양산되는 문제는 아주 심각해진다. 이른바 선진 국가에서 '말 잘 듣는 국민'보다 '주체적으로 자기의 삶을 구성'해 가는 국민을 만들어 내려고 안간힘을 쓰고 있는 이유도 이런 시대적 맥락에서 나온 것이다.

사실상 앞으로 시대는 점점 더 불확실하고 불안해질 것이다. 그 시대를 살아갈 청소년 자신들은 부모들이 가진 삶의 논리로는 자신의 시대를 살아갈 수 없음을 감지하고 있다. 그러나 기성 세대는 여전히 자신의 시대 감각으로 자녀들의 삶을 재단하려는 경향을 갖고 있다. 이런 차이는 사실상 변화가 빠른 사회에서는 어디에서나 생기는 현상이며, 여기서 문제가 되는 것은 차이 그 자체가 아니라 그 차이를 좁혀 가는 의사 소통의 구조가 마련되어 있느냐는 점이다. 의사 소통의 문제에 관한 한 너무나 빠른 속도로 압축적 근대화를 거친 한국 사회는 위험한 상태에 와 있다.

현재 보수적인 기성 세대는 청소년들의 권리 주장을 '버르장머리'가 없다는 표현을 쓰면서 '불온'시하는 경향을 보이는데, 이런 시각은 의사 소통이 중요해지는 시대의 관점에서 볼 때 오히려 가장 경계해야 할 '불온'한 시각이다. 잘못된 '어른 중심주의'가 존속된다면 이 사회의 의사 소통 체제는 점점 더 붕괴될 것이며, 사회 문제는 점점 더 심각해질 것이다. 사실상 '어른 중심주의'가 너무 오래 지속된 결과로 지금 비틀린 '청소년 중심주의'가 나오고 있고, 세대간의 적대 상황은 서로를 '말 안 듣는 놈'과 '말 안 통하는 놈'이라고 부르게 된 현실을 낳았다.

지금 청소년에게 인권을 주자는 것은 소외된 자들의 인권을 보호하자는 차원이 아니라 붕괴된 의사 소통 체계를 다시 일으키고 우리 사회가 앞으로 제대로 된 국가로 살아남기 위해서이다. 청소년들이 소지품 검사를 하지 말라든가 일기를 훔쳐보지 말라든지 두발 자율화를 해달라는 것은 단순히 간섭받지 않고 하고 싶은 대로 살겠다는 의미가 아니라 그를 통해서 자기를 표현하고 방해가 없는 공간 속에서 더 질 높은 창조적 작업을 해가겠다는 표현임을 알아야 한다.

이제 청소년들에게 삶을 돌려주자. 그들이 볼모가 아님을 분명히 하면서 스스로 자신의 삶을 책임지게 하자. 청소년들이 자신의 삶을 책임지는 모습을 보면서 어른들도 새로운 시대를 살아갈 준비를 착실하게 해가야 할 것이다. 자신이 살아온 시대의 틀을 넘어서는 지혜로운 어른들과 스스로 삶을 책임질 청소년들의 만남이 어느 때보다 절실해지고 있다.

헌장 개정의 원칙 합의

포럼, 공청회, 각계의 자문을 바탕으로 다시 청소년 정책 자문 위원회가 열렸다. 관에서는 일을 하려면 정말 위원회가 자주 열린다. 나는 헌장 개정안 언어가 관의 냄새 내지 진부한 언어로 변해갈 것을 은근히 두려워했지만 다행히 내가 제안한 다음과 같은 청소년 헌장 개정 원칙을 받아들이면서 큰 수정 없이 개정안을 완성했다.

① 완결된 헌장이란 없습니다. 헌장은 그 시대에 필요한 약속이며, 역사적인 변화를 이루어 내기 위한 계기로서 의미를 가지는 것입니다. 실제 사회 변화를 바람직한 방향으로 이끌어 낼 수 있어야 하며, 더 나은 공동체적 삶을 이루어 내기 위한 토론을 유발시켜 낼 수 있어야 합니다. 청소년들에게 호통을 치거나 규범을 강조하는 것은 의미가 없습니다.

② 이번 헌장 개정은 청소년들에게 자기 공간을 주기 위해 만들어졌습니다. 청소년이 인권과 시민권을 가진 존재임을 다시 한번 공포하여, 입시 교육과 획일주의적 문화 속에서 살고 있는 청소년들의 삶에 변화를 주려는 것입니다. 청소년들이 스스로 책임질 수 있는 존재가 될 수 있는 조건을 만들어 주는 것이 중요하고, 이 헌장은 그런 조건을 만들어 내기 위한 최소한의 약속입니다.

③ 모두가 공감하는 헌장을 만들어 내기는 불가능합니다. 가능한 한 많은 사람들이 공감하면서 시대를 이끌어 내는 헌장을 만들 수 있을 뿐입니다. 그러기 위해서는 그 동안 청소년을 억압해 온 어른 중심주의에서 벗어날 수 있어야 합니다.

④ 현대 복합 사회에서 청소년들은 다양한 삶을 살아가고 있습니다. 남성과 여성, 계층, 지역, 장애자, 가족이 없는 청소년, 학교를 안 가는 청소년 등 청소년들은 매우 다양한 조건에서 살고 있는데, 이들의 다양한 삶을 아우를 수 있는 기본 원칙 차원에서 헌장이 만들어져야 합니다.

⑤ 말을 믿지 않는 시대가 오고 있습니다. 모두가 듣기 좋아할 미사여구는 사실상 아무런 의미가 없다는 것을 사람들은 알아차리기 시작했습니다. 따라서 헌장에 사용하는 단어 하나하나에 신경을 써야 할 것입니다.

⑥ 새 헌장이 널리 알려지고 실질적인 효과를 낼 수 있게 하기 위해 여러 가지 방법을 모색하였습니다. 헌장 초안 작성 작업과 헌장 개정 소위원회에 청소년을 참여시키는 것, 공청회에 청소년들을 참여시키고 민주적인 방식으로 진행하는 것, 선포식을 청소년들과 함께 축제 분위기에서 하고, 청소년들이 좋아하는 배지를 만드는 것, 새 헌장 안내서를 만들어 배포하는 것 등입니다.

정부 부처간 협의를 거치고, 전문가 감수를 받다

최종안을 확정한 후, 곧 국립 국어 연구원과 언론계, 학계 등의 자문을 거쳐 정부 부처 협의에 들어갔다. 부처 협의 과정에서는 교육부를 비롯한 관련 기관의 의견을 수렴하고 차관회의, 국무회의를 거쳤는데 이때 나는 관이 무엇보다 '일의 절차'를 중시하는 곳임을 알게 되었고 제3세계 국가에서 비록 형식적일지라도 그것이 갖는 의미가 상당히 크다는 생각도 하였다. 단어 하나에서 많은 것을 읽어낼 수 있는 이들은 아래 문건을 꼼꼼히 읽어 보기 바란다.

정부 부처의 의견 : 차관 회의에서 나온 의견

청소년의 권리 부분에서 "청소년은 출생, 성별, 종교, **계층**, 학력, 직업 등의 차이와 신체적, 정신적 장애 등을 이유로 차별을 받지 않을 권리를 가진다"를 "계층은 학력, 직업, 출생, 가정 환경 등 여러 변수에 따른 개인적, 집단적인 차이를 포괄하는 개념이므로 이를 삭제하며, 특히 청소년의 연령대는 인간 성장 단계에 있어 완전한 성인으로의 전이 단계라는 특성상 청소년들은 기성 세대로부터 미성숙자 집단으로 취급될 소지가 있으므로 '연령'을 이유로 차별 받지 않는다"로 개정하고자 하는 의견.

교육부가 내놓은 의견(표1 참조)
문화관광부 청소년교류과에서 나온 의견(표2 참조)

표1. 교육부가 내놓은 의견

항	청소년 개정안(원문)	수정안	비고
6	청소년은 자유로운 의사에 따라 모임을 만들고 신념에 따라 활동할 권리를 가진다.	청소년은 자유로운 의사에 따라 건전한 모임을 만들고 올바른 신념에 따라 활동할 권리를 갖는다.	불건전한 모임을 만들거나 잘못된 신념에 따라 행동할 염려가 있음.
8	청소년은 일할 권리와 직업을 선택할 권리를 가진다.	재검토	○ 소질과 적성에 맞는 건전한 직업을 선택할 수 있어야 할 것임. ○ 노동 관련법에 대한 검토
10	청소년은 다양한 문화, 예술 활동에 참여하고 창조할 권리를 가진다.	청소년은 건전하고 다양한 문화, 예술 활동에 참여하고 창조할 권리를 가진다.	문화, 예술 활동에는 청소년이 참여하기에는 적합치 않은 부분도 있음.
11	청소년은 다양한 매체를 통하여 자신에게 필요한 정보와 사상에 접근할 권리를 가진다.	청소년은 다양한 매체를 통하여 자신에게 필요한 정보와 보편 타당한 사상에 접근할 권리를 가진다.	편협된 정보와 사상으로부터 오염될 염려가 있음.
12	청소년은 자신의 삶과 관련된 정책 결정 과정에 참여할 권리를 가진다.	청소년들은 자신들의 삶과 관련된 정책 결정 과정에 민주적 절차에 따라 참여할 권리를 가진다.	현실적으로 이를 학교에 적용할 경우 교사와 학생 간에 존경과 사랑으로 이루어진 학교의 기본 질서가 와해될 염려가 있음.

표2. 문화관광부 청소년교류과에서 나온 의견

개정안	개정 의견
청소년은 인간으로서 양도할 수 없는 천부의 권리와 미래를 만들어 갈 시민으로서의 권리를 가진다.	청소년의 천부의 권리와 미래 주역으로서의 권리만 명시되고 현 성장 단계에서 청소년을 삶의 주체로서 인정하는 헌장 개정 의도가 충분히 반영되어 있지 않으므로 이를 반영하도록 문구가 변경되어야 함
대립이 아닌 공존 속에서 생명 존중의 가치를 깨달으며	무엇의 대립과 공존이냐가 불명확하므로 사회와 인간의 대립, 공존 등으로 명확히 되어야 함
정의로운 공동체의 성원으로 책임 있는 삶을 살아간다.	문맥상 부자연스러우므로 '정의로운'을 삭제하고 '책임 있는' 다음에 정의롭고를 삽입한다.
가정, 학교, 시민 사회 그리고 국가는 위의 원칙에 따라 청소년의 인간다운 삶을 보장하고…	시민 사회는 역사의 특정 단계에서 나타나는 계급적 개념으로 이해될 소지가 있으며, 특히, 서구 사회에서는 시민 사회를 근대 산업 혁명을 주도한 신흥 자본 계급이 주도가 된 사회의 개념으로 이해하고 있으므로 영어로 번역시 오해의 소지가 있음

전문가, 학자들의 의견

"청소년의 권리 중 제3항에서 '청소년은 출생, 성별, 종교, 계층, 학력, 직업 등의 차이와…"에서 청소년은 연령 차별의 희생자이고, 청소년 연령층 내에서도 '한두 살의 연령 차이'가 매우 크게 인식되고 있으므로 '연령 차별'을 포함시켰으면 합니다. 또한, 한국 청소년은 청소년기를 거치면서 출신 지역과 학교를 통해서 '지역 차별 문화'를 습득하므로 '출신 지역'도 포함시키는 것이 좋겠습니다. 따라서 '청소년은 출생, 성별, 연령, 종교, 계층, 학력, 출신 지역 등의 차이와…'로

개정하는 것이 바람직하겠습니다. — 이용교, 광주대학교 사회복지학과 교수

청소년이 한번 들어 이해하기 어려운 개념어로 이루어져서 수용하기 힘들겠다는 것이 첫 소감입니다. 18-20세 청소년이 납득할 쉬운 어휘 구사를 재고할 필요가 있겠다 싶습니다. 현재의 개정안은 '청소년 헌장'이라기보다는 오히려 '청소년을 위한 기성 세대의 헌장'이라는 인상이 짙습니다. 아마도 개정안 초안자는 독일 계통의 대륙법을 공부한 사람일 확률이 크고, 간결성과 목적성만 중시한 관점의 소유자인 듯싶습니다. 왜냐하면, 권리의 12개항과 책임의 9개항에 걸쳐(전문 제외) 법조문식 문장만 구사하였기에, 모두 21개의 주어가 '청소년은'으로 시작될 수밖에 없었을 것입니다. 1990년대, 2000년대 청소년들의 언어 감각과 시대 감각에 맞춘다면 (오늘날 1919년의 기미 독립 선언서를 읽는 정서를 고려해서) 낡은 문법이 되지 않게 배려해야 할 것입니다. — 유경환, 아동문학협회 고문

"청소년은 생존에 필요한 기본적인 영양, 주거, 의료 등을 보장받아 신체적, 정신적으로 균형 있게 성장할 권리를 가진다"라는 항목에 '교육의 기회'를 넣는 것이 좋겠습니다. — 최현무, 서강대 교수

전문 기관, 국립 국어 연구원 의견

"청소년은 인간으로서 양도할 수 없는 천부의 권리와"를 "존엄한 인간으로서의 권리와"로 '원칙', '출생', '압력' 등의 단어를 각각 '정신', '출신', '억압' 등으로 바꿀 것을 제안했습니다.

「청소년 대화의 광장」에서 보내온 의견

"청소년은 장애인을 비롯한 소외받기 쉬운 사람들과 더불어 살아간다"를 "청소

넌은 지역 사회 공동체 안에서 소외받기 쉬운 상황에 처한 사람들과 더불어 살아 간다"로 바꿀 것을 제안합니다.

이런 검토안 중에서 나를 가장 곤혹스럽게 만든 것은 교육부에서 보낸 검토 의견이었다. 당시 나는 연구차 동경에서 머물고 있었는데, 팩스로 "청소년은 일할 권리와 직업을 선택할 권리를 가진다"를 재검토하라는 지적과 그 외 문장에 '건전한' '올바른' 등의 형용사를 붙이라는데 어떻게 할지를 물어왔다. '모임' 앞에 '건전한'을, '신념' 앞에는 '올바른'을, '사상' 앞에는 '보편 타당한'을, '다양한… 활동' 앞에는 '건전하고'를, '청소년은… 정책 결정 과정에 참여할 권리' 앞에 '민주적 절차를 따라'를 넣어 달라는 주문이었다. 비고란에는 "불건전한 모임을 만들거나 잘못된 신념에 따라 행동할 염려가 있음" "편협된 정보와 사상으로부터 오염될 염려가 있음" "현실적으로 이를 학교에 적용할 경우 교사와 학생 간의 존경과 사랑으로 이루어진 학교의 기본 질서가 와해될 염려가 있음"이라고 적혀 있었다. 반공 냉전 체제의 언어에서 한치도 벗어나 있지 않은 '전문가'가 의견서를 보내온 것이다. 이렇게 방어적이고 피해 망상적인 생각으로 어떻게 21세기 아이들을 기를 정책 방향을 결정한다는 말인가? 나는 그런 수식어를 붙여야 한다면 헌장을 만들 필요가 없다고 완강하게 버텼다. 내 뜻은 관철되지 않았다. 관심이 있다면 다음의 문건에서 그 '유령' 같은 단어들이 따라붙어 있는 곳을 확인해볼 수 있다.

1998년 청소년 헌장

청소년은 자기 삶의 주인이다. 청소년은 인격체로서 존중받을 권리와 시민으로서 미래를 열어 갈 권리를 가진다. 청소년은 스스로 생각하고 선택하며 활동하는 삶의 주체로서 자율과 참여의 기회를 누린다. 청소년은 생명의 가치를 존중하며 정의로운 공동체의 성원으로 책임 있는 삶을 살아간다.

가정, 학교, 사회 그리고 국가는 위의 정신에 따라 청소년의 인간다운 삶을 보장하고 청소년 스스로 행복을 가꾸며 살아갈 수 있도록 여건과 환경을 조성한다.

청소년의 권리

1. 청소년은 생존에 필요한 기본적인 영양, 주거, 의료, 교육 등을 보장받아 정신적, 신체적으로 균형 있게 성장할 권리를 가진다.

1. 청소년은 출신・성별・종교・학력・연령・지역 등의 차이와 신체적・정신적 장애 등을 이유로 차별받지 않을 권리를 가진다.

1. 청소년은 물리적 폭력뿐만 아니라 공포와 억압을 포함하는 정신적인 폭력으로부터 보호받을 권리를 가진다.

1. 청소년은 사적인 삶의 영역을 침해받지 않을 권리를 가진다.

1. 청소년은 자신의 생각과 느낌을 자유롭게 펼칠 권리를 가진다.

1. 청소년은 자유로운 의사에 따라 건전한 모임을 만들고 올바른 신념에 따라 활동할 권리를 가진다.

1. 청소년은 배움을 통해 진리를 추구하고 자아를 실현해 갈 권리를 가진다.

1. 청소년은 일할 권리와 직업을 선택할 권리를 가진다.

1. 청소년은 여가를 누릴 권리를 가진다.

1. 청소년은 건전하고 다양한 문화・예술 활동에 자유롭게 참여할 권리를 가진다.

1. 청소년은 다양한 매체를 통하여 자신의 삶에 필요한 정보에 접근할 권리를 가진다.

1. 청소년은 자신의 삶과 관련된 정책 결정 과정에 민주적 절차에 따라 참여할 권리를 가진다.

청소년의 책임

1. 청소년은 자신의 삶을 소중히 여기며 자신이 선택한 삶에 책임을 진다.

1. 청소년은 앞 세대가 물려준 지혜를 시대에 맞게 되살려 다음 세대에 물려줄 책임이 있다.

1. 청소년은 가정・학교・사회・국가・인류공동체의 성원으로서 자기와 다른 삶의 방식도 존중할 줄 알아야 한다.

1. 청소년은 삶의 터전인 자연을 소중히 여기고 모든 생명들과 더불어 살아간다.

1. 청소년은 통일 시대의 주역으로서 평화롭게 공존하는 방법을 익힌다.

1. 청소년은 남녀 평등의 가치를 배우고, 이를 모든 생활에서 실천한다.

1. 청소년은 가정에서 책임을 다하며 조화롭고 평등한 가족 문화를 만들어간다.

1. 청소년은 서로에게 정신적・신체적 폭력을 행사하지 않는다.

1. 청소년은 장애인을 비롯한 소외받기 쉬운 사람들과 더불어 살아간다.

1998년 10월 25일

헌장 선포식과 언론의 반응

대통령의 재가를 거쳐 1998년 10월 25일에 개정 헌장이 선포되었다. 선포식 역시 이전과는 좀 다른 형식을 택했다. 올림픽 공원 체조 경기장에서 열린 SBS 신세대 가요제 자리를 빌어서 장관이 헌장을 선포하였는데, 이는 청소년들이 많이 모이는 곳에 직접 찾아가서 청소년들에게 널리 알리고, 그들에게 힘을 실어 주자는 의도에서였다. 청소년 가요제 중간에 특별히 마련한 영상을 보면서 신낙균 장관이 헌장을 선포했다. 일간지들은 그날 사설과 보도 등을 통해 헌장 선포식을 일제히 다루면서 청소년들의 인권에 대한 여론을 환기시켰다. 사설 몇 개와 기사를 뽑아 싣는다.

청소년과 인권

새 청소년 헌장이 내일 선포된다. 90년 제정된 종전의 청소년 헌장이 청소년을 미성숙한 존재로 보고 기성 세대의 역할을 강조하는 선에 그쳤다면 새 헌장은 청소년을 독립된 인격체로 격상시키고 그에 상응한 기본적인 권리를 명시하고 있는 것이 특징이다. 청소년 인권의 측면에서 괄목할 진전이자 인식의 전환을 이룬 것으로 평가할 만하다.

새 헌장은 구체적으로 청소년들의 '차별 받지 않을 권리' '폭력으로부터 보호받을 권리' '자기 의사를 표현할 권리' '자유롭게 활동할 권리' 등을 인정하고 있다. 그러나 현실을 둘러보면 우리 나라는 청소년 인권에 관한 한 '박토 薄土'라고 하지 않을 수 없다. 입시 지옥 속에 살고 있는 청소년들은 과중한 학습 부담에서 헤어나지 못하고 있다. 무거운 책가방을 들고 밤늦게까지 학교와 학원을 맴돌거나 사회와 가정에서 버림받은 청소년들에게 '권리' 문제를 거론한다는 것 자체가 어딘가 앞뒤가 맞지 않아 보인다.

(…) 새 헌장을 만든 문화관광부는 청소년 인권을 획기적으로 신장시키기 위해 다양한 정책과 사업을 함께 펴나가겠다고 밝혔다. 그러나 청소년 정책에서 가장

중요한 것은 청소년 인권이 근본적으로 보장받을 수 있는 환경을 조성해 나가는 일이다. 새 헌장이 선언적 의미에 머물지 않고 국제 사회에서 '청소년 인권 후진국'이라는 오명에서 벗어날 수 있도록 정부와 사회 각계 각층의 지속적인 관심과 노력이 뒤따라야 할 것이다. —『동아일보』 사설, 1998년 10월 24일

개인 생활, 여가, 정책 결정 과정 참여권 보장

청소년들의 프라이버시와 여가, 정책 결정 과정 참여 권리를 천명한 새로운 청소년 헌장이 선포된다. 문화관광부는 22일 청소년을 사회의 중요한 구성원인 독립된 인격체로 대우하는 내용을 담은 새 청소년 헌장을 발표했다.

새 헌장은 청소년에게 생존권, 평등권, 보호권, 신체 활동권 등 천부적 권리뿐 아니라 학습권, 근로권, 문화 향유권, 여가권과 함께 의사 표현의 권리, 정책에 참여할 수 있는 권리 등 사회적 권리를 부여하고 있다. 또 청소년이 자유롭게 모임을 만들고 신념에 따라 행동할 권리와, 다양한 문화, 예술 활동에 참가하고 창조할 권리를 보장하고 있다.

문화관광부는 앞으로 청소년 기본법 등 관련 법률을 개정해 새로운 청소년 헌장의 정신이 반영될 수 있도록 하는 한편, 청소년으로 구성된 청소년 위원회 설치, 청소년 의회 구성, 청소년 인권 관련 지표 개발, 청소년 인권 실태 조사 등 구체적 실천 방안을 지속적으로 추진하기로 했다. —『한겨레신문』, 1998년 10월 23일

새 청소년 헌장

헌장(憲章)하면 우선 역사적으로 '마그나 카르타'라는 영국의 대헌장이 떠오른다. 국민의 자유와 권리를 허락하는 일종의 칙허장으로 훗날 영국 헌법과 근대 헌법의 모체가 됐다. 그러나 현대에 이르러서는 선언적 의미와 권리 주장의 목적을 담고 있지만 법적인 구속력은 없다. 우리 나라에는 헌장이 수없이 많다.

국민 교육 헌장, 자연 보호, 새마을, 어린이 헌장 등이 먼저 떠오른다. 정작 그 내용과 뜻을 아는 사람은 그리 많지 않다. 청소년 헌장이 8년만에 개정되어

내일 선포된다. 새 헌장은 청소년을 보호 대상이 아닌 사회의 동반자나 독립된 인격체로 보고 기본적인 권리와 이에 상응하는 책임을 규정하고 있다. 즉 청소년을 사회 구성원으로 존중하고 주체적인 삶과 자율적인 참여를 보장한다는 내용이다. 첫 글에서부터 '청소년은 자기 삶의 주인공'이라고 규정한 것도 그 때문이다.

지금 우리의 청소년은 도처에서 억압당하고 제대로 기를 펴지 못한 채 자라고 있다. 사흘이 멀다 하고 입시 제도는 바뀌고 그 틈바구니에서 정책의 실험 대상이 되어 정서 불안마저 겪고 있다. 또 엊그제는 서울시 교육청이 '체벌 없는 학교' 만들기에 앞장설 만큼 폭력에서 시달리는 형편이다.

오히려 억압된 교육 환경이나 퇴폐 환경에서 청소년을 보호해야 할 '어른들의 선언'이 절실한 처지다. 아무리 헌장에서 어른들은 "청소년의 인간다운 삶을 보장하고 청소년 스스로 행복을 가꾸며 살아갈 수 있도록 여건과 환경을 조성한다"고 해도 실천이 없으면 헌장은 또 하나의 장식일 수밖에 없다. 그 동안의 어른 중심 사회에서 벗어나 청소년도 더불어 살아가는 동반자임을 잊어서는 안 된다.
—『세계일보』, 1998년 10월 24일

청소년 헌장보다 중요한 것

정부가 새 청소년 헌장을 발표했다. 지난 90년 5월 제정된 청소년 헌장이 청소년을 '미래의 주역'으로 보고 그 자질과 능력을 키우는 데 목표를 두고 있는 데 비해, 새 헌장은 청소년을 '오늘의 사회의 중요한 구성원'으로 보고 인간다운 삶을 보장하는 데 지향점을 두고 있다는 점에서 청소년을 보는 인식의 차이를 느낄 수 있다. 성인으로부터 보호, 지도 대상인 객체로서의 청소년이 아니라, 자율과 책임이 있고 권리가 보장된 주체로서의 청소년을 강조한 내용들은 확실히 종전과는 다른 새 시대 새 정신을 담고 있다. '청소년 인권 선언'이라고 불릴 만하다. 지난 7월 문화관광부가 발표한 '청소년 육성 5개년 계획'의 일환으로 종전 헌장을 개정해 새 헌장이 공표된 만큼 청소년 정책에 큰 변화가 있기를 기대한다. (…)

청소년 정책은 사회 전반의 과제다. 따라서 어느 부처 한 곳만의 몫이 아니다.

청소년 보호법과 청소년 위원회 등의 법과 제도적 장치가 청소년 문제 해결에 효율적으로 대응하지 못했던 것도 부처간 다각적 대응과 협조가 부족했기 때문이다. 청소년 정책이 범정부적으로 수립, 추진되어야 함을 강조한다. — 『문화일보』 사설, 1998년 10월 28일

새로운 청소년 헌장이 어제 새로운 방식으로 선포됐다. 신세대 창작 가요제를 보러 올림픽 공원 체조 경기장을 찾은 약 8천 명의 청소년들 앞에서 문화관광부 장관이 헌장을 낭독한 것이다. 장관이 청소년들에게 다가가 내용을 직접 전달한 것은 상징성도 있고 보기에도 좋았다. 그간 청소년을 위한 정책들은 그들의 실상을 이해하기보다는 기성 세대 중심으로 만들어져 겉돌았다. 이제는 정부가 스스로 청소년 공간 속으로 들어가 그들의 눈높이에서 실상을 이해하고 실천하겠다는 의지로 읽혔기 때문이다.

90년에 제정된 청소년 헌장은 추상적 선언적인 내용에 그쳤다. 이번에 개정된 헌장은 청소년들을 '오늘의 중요한 사회 구성원'이자 독립된 인격체로 인식했다는 점이 새롭다. '인권'을 강조해온 정부답게 '청소년 인권'도 신장하겠다는 것으로 생존권, 보호권, 신체 활동권, 근로권, 학습권, 여가권, 의사 표현권, 문화 창조권 등 다양한 권리를 보장하고 있다. 정부는 새 헌장 선포를 계기로 청소년으로 구성된 위원회도 설치하고 사이버 의회 등을 통해 정책 참여 기회도 넓힐 방침이다. 정부가 청소년들의 권리와 책임과 역할을 강화해 가겠다는 것에 이의를 제기할 사람은 없을 것이다. 그러나 '청소년 보호법'처럼 아무리 훌륭한 법이 있어도 사회와 기성 세대들이 이를 지키지 않으면 실효를 거두기 어렵다.

청소년 보호 위원회에 파견된 한 검사가 서울의 유흥가 밀착 조사에 나섰다가 벌린 입을 다물지 못했다고 한다. 삐끼 접대부와 손님까지 유흥가는 온통 십대들 판이라니 '청소년 헌장' 선포 의미가 무색하다. — 『조선일보』 1면 만물상, 1998년 10월 26일

새 청소년 헌장을 생각한다*

"청소년은 자기 삶의 주인이다… 청소년은 스스로 생각하고 활동하는 삶의 주체로서 자율과 참여의 기회를 누린다"로 시작되는 새 헌장은 청소년에게 인권과 시민권을 주어야 한다는 내용을 담고 있다. 개정 작업에 참여한 사람으로서 우여곡절 끝에 나온 헌장을 다시 읽으며 그 의미를 되새겨 본다.

개정된 헌장을 읽어본 사람들 중에 헌장이 명문이 아니라는 점에 불만을 표하는 이들이 적지 않았다. 새 헌장은 건조한 법조문 같은 문체로 씌어졌다. 이유가 있다. 청소년 인권이 심하게 억압된 상황인 만큼 헌장이 아니라 인권 선언문을 만들어야 한다는 의견이 있었고, 개정에 참여했던 청소년들은 헌장이 '좋은 말만 늘어놓은 빛 좋은 개살구'가 될까봐 신경을 곤두세우고 있었다.

90년에 제정된 헌장은 다음과 같이 시작한다. "청소년은 새 시대의 주역이다. 뜨거운 정열을 가슴에 품고 자연과 학문을 사랑하며 한 마음으로 굳게 뭉쳐 조국 발전의 일꾼이 되어 세계와 우주로 힘차게 나아가 인류의 자유와 행복을 이룩한다."

박정희 정권 때 제정된 국민 교육 헌장과 매우 흡사한, 개발 독재 시대의 진수를 드러낸 문장이다. 개발 독재 시대는 국민의 가슴을 뜨겁게 하여 '동원'하기 좋은 군중으로 만드는 것이 필요한 시대였다. 그래서 소리내어 읽는 '명문'이 필요했다. 개정된 헌장은 그런 면에서 문체를 통해 국민 교육 헌장의 시대가 막을 내리고 있음을 알린다.

---

* 이 글은 내가 새 헌장 선포 후 일간지에 기고한 글이다. 『한국일보』, 1998년 10월 27일.

새 헌장은 국민들에게 차분해질 것을 권하고 있다. 십대들이 살아갈 세상은 진보를 약속할 수 없는 불확실성과 암울함의 그림자가 드리운 시대이다. 그런 시대를 살아가야 할 '젊은 국민'들에게 부모들의 삶의 논리가 그대로 받아들여질 리 없다. 살인적인 속도의 경제 성장으로 인해 세대간 대화는 단절 상태이며, 실업 문제는 점점 더 심각해지고 있다. 헌장 개정 공청회에서 청소년들이 특별한 관심을 보였던 조항이 "청소년은 일할 권리와 직업을 선택할 권리를 가진다"였던 점은 시사하는 바 크다. 청소년들이 너무 많은 권리를 가졌다고 한 어른의 말에 한번도 선택을 해본 적이 없는데 웬 책임이냐고 청소년은 반문했다. "자신의 삶과 관련된 정책 결정 과정에 참여할 권리를 가진다"는 조항에서는 실제로 어떤 제도적 보장이 될 것인지에 지대한 관심을 보였으며, 문화 향유권과 사적 권리에 대해서도 큰 관심을 드러냈다.

새삼스럽게 청소년의 인권을 주장한 것은 소외된 자들의 인권을 보호하기 위해서이지만 그보다도 붕괴된 의사 소통 체계를 다시 일으키고 우리 나라가 앞으로 제대로 된 국가 공동체로 살아남기 위해 절실하기 때문이다. 나는 충분한 여가 시간을 달라든가, 일기를 훔쳐보지 말라든가, 두발 자율화를 하자는 등의 요구를 그냥 자기 마음대로 간섭받지 않고 살고 싶다는 표현으로 보지 않는다. 자기를 표현하고 성숙시키려는 욕망, 방해 없는 공간에서 더욱 질 높은 삶의 방식을 만들어 가려는 의지의 표현이라고 생각한다. 그런 작업을 통해 경직되고 늙어 가는 후기 산업 사회는 생기를 되찾고 재활력화할 수 있고, 많은 사회 문제가 해결될 수 있다. 위기 상황일수록 '젊은 국민'들의 창의력이 필요하다.

이제 어리다는 이유만으로 상대를 무시하는 일은 없어야겠다. '어른 중심주의'가 너무 오래 지속되다 보니 비틀린 '청소년 중심주의'가 나오게 됐다. 청소년을 보면서 "버르장머리 없다"고 말하기 전에, 기성 세대를 보며 "밥맛 없다"고 말하기 전에, 우리 모두 차분하게 자신을 돌아보는 시간을 갖자.

서로의 인격을 존중하는 연습을 시작하자. 자신이 살아온 시대의 틀을 넘어서는 지혜로운 어른들과 스스로 삶을 책임질 청소년들의 만남이 어느 때보다 절실하다.

글을 맺으면서

새 헌장은 기성 세대와 청소년 세대가 더불어 살아가기 위해 필요한 약속의 공간이다. 더불어 살아간다는 것은 똑같아진다는 것을 뜻하지 않는다. 급변하는 시대에 각 세대가 자신의 시대를 적극적으로 살면서 공존하는 원리를 터득해 가는 것을 말한다. 지금 대한민국이라는 땅에는 다양한 국민이 살아가고 있고, 젊은 국민의 삶의 양식은 기성 세대의 그것과 다른 면이 아주 많다. 모든 사람이 같아져야 한다고 고집하면 더불어 사는 길을 찾기 힘들고 특히 세대간에는 그러하다. 나는 청소년 헌장 선포식을 통해 서로의 인권을 존중하는 것과 서로의 다름을 인정하는 문제를 부모와 아이들이 잠시 생각해 볼 수 있기를 바랐다. 청소년 헌장 선포식을 텔레비전으로 본 사람들은 다들 감동을 받았다고 했다.

그러나 실제 헌장 선포의 현장에서 아이들과 함께 있었던 나는 사실상 아주 충격을 받고 말았다. 장관이 헌장을 선포하는데 그곳에 있는 아이들은 '헌장 따위'에 관심이 없었다. 젝스키스와 H.O.T. 팬들이 몰려와서 각기 자기들의 스타에만 관심이 있었지 장관이 누군지 청소년 헌장이 무엇인지는 관심 밖이었던 것이다. 나는 또 한번 멀리 가버린 그들을 보면서 막막하다는 생각. 이미 너무 늦어 버린 것은 아닌가 하는 생각을 했다. 그러나 적어도 헌장 개정 과정에서 초안을 마련하거나 공청회에 참여하면서 시민적 주체로 눈을 뜬 청소년들이 적지 않고, 그들은 지금 곳곳에서 자신의 자리를 대폭 넓혀 가고 있을 것이다. 또 신문 방송을 통해 청소년에 대한 인식 변화가 공론화된 것만으로도 충분한 의미를 찾을 수 있다고 스스로를 위로해 본다. 문화관광부의 청소년 헌장 개정에 자극을 받아 교육부에서도 그해 안에 '학생 인권 선언'을 만들겠다고 발표한 바 있다. 그러나 교육부에 의해 추진된 '학생 인권 선언'은 끝내 불발탄이 되고 말았다.

헌장은 강제력이 있는 법조문이 아니다. 헌장은 의미 있는 토론을 위한 제안서일 뿐이다. 나라를 사랑하는 국민이 많은 사회에서는 헌장 개정이 큰 효과를 낼 것이다. 그러나 그렇지 않은 사회에서 헌장 개정은 별 의미가 없이 공중 분해하고 만다. 공청회에 온 청소년들이 이구동성으로 원했던 것은 좋은 말만 늘어놓지 말고 효력을 낼 제도적 장치를 마련하라는 것이었다. 문화관광부는 헌장 내용의 구체적 실천을 위해 청소년으로 구성된 '청소년 위원회'를 구성하고 '청소년 사이버 문화 공간'을 마련하며 가능한 모든 영역에서 청소년들의 정책 참여 기회를 확대해 가겠다고 했다. 다양한 청소년 수련원을 마련하고 각 생활권마다 청소년 문화의 집을 만들어서 청소년들의 활동 공간을 대폭 넓히려는 구상도 하고 있다.

우리 사회가 헌장이 공허한 포스터나 팜플렛 한 장으로 걸리적거리는 사회가 아니기를 바랄 뿐이다. 살기 좋은 사회란 사람들 사이에 많은 말이 오가고 그 말들을 통해서 문제들이 풀려지는 사회임을 다시 한번 확인한다. 학생들은 학교 교훈이 구호에 지나지 않는다고 느낀다면 교훈을 고치기 위해서 의견을 나누고 학급 회의부터 열어 보자. 적극적으로 자기가 살아가는 공간에서 일어나는 일, 자신의 곁에 존재하는 사물과 사람에게 새 이름을 붙이기 시작하자. 교훈을 바꾸거나 규칙을 바꾸면서 우리는 부쩍 자랄 수 있다. 새 언어가 필요한 패러다임 전환의 시대가 아닌가?

8 시대적 실험, '하자' 이야기

들어가며

격변기에는 예상치 않은 사건들이 일어나기 마련이고, 후대에 시대적 작업이라고 평가되는 것들도 실은 작은 사건으로 시작한 것들이다.[1] 나는 하자 센터도 그런 사건 중 하나라고 생각한다. 하자 센터는 1997년 후반 한국이 국제 통화 기금으로부터 구제 금융을 받게 되자 국민 모두가 위기 상황을 첨예하게 인식하는 시기에 시작된 프로젝트이다. 시대 언어를 만드는 것을 존재 이유로 생각해온 나 같은 사람이 글쓰는 일을 뒤로 미루고 '집 짓기'에 몰두하게 된 것도 바로 이런 시대 상황 때문이었다.

하자 센터의 모토는 "스스로 업그레이드를 하자"인데 단순한 업그레이드가 아니라 근원적인 질적 전환을 하자는 것이다. 이 책에서 나는 누누이

1) 영국의 서머힐 학교가 그랬고, 스페인의 어린이 공화국 벤포스타가 그랬다. 요즘 나는 에버하르트 뫼비우스의 『벤포스타』(2000, 김라합 옮김, 보리)를 읽으면서 가슴이 살아 있는, 작은 한 '사건'의 중요성을 다시 한번 확인한다.

우리 사회가 '대량 생산적인 산업 사회'에서 '다품종 소량 생산적 정보 사회'로 이행하고 있음을 강조했는데, 하자 센터에는 대량 생산 체제가 몸에 맞지 않는 아이들과 어른들이 모여 고용 불안정 시대, 불확실성과 혼돈의 시대를 돌파할 방안을 찾고 있다.

'아무도 가지 않은 길'
'후기 자본주의와 고실업 시대 라이프 스타일'
'일상과 욕망을 저당 잡힌 시대 끝내기'
'이제는 라이프 스타일을 바꿈으로 세상을 바꿀 때'
'하고 싶은 일 하면서 먹고살기'
'밥 두끼 먹고 연극 보는 삶'
'나답게 살고 부족한 것은 관계로 메우자'
'소통 공동체 회복에 의한 위기 관리 능력의 회복'
'비평의 언어를 넘어서 생산의 언어로'
'자기 관리와 자기 기획'
'경험의 정보화'
'문화로 나라 살리기'
'국민 세금을 제대로 쓰는 공공성'

이런 단어들을 내걸고 시작한 하자 센터는 패러다임 전환의 준비가 되지 않은 이들에게는 낯설기만 한 공간이다. 하자 센터는 1999년 12월 18일에 문을 열었는데, '21세기형 청소년 문화 작업장'을 만들어 보겠다는 구상은 1998년부터 이루어졌다. 연세대 청년문화센터를 중심으로 활동해온 전문가들이 일 년여에 걸친 연구와 실험을 거쳐 제안서를 완성했는데, 초기 운영 계획서에서 사업 추진 배경과 목표를 다음과 같이 쓰고 있다.

추진 배경과 운영 원리

"하고 싶은 일을 해야 하기 싫은 일도 잘할 수 있어요."

앞으로 우리는 고성장/완전 고용/진보주의/단일 매체/국가주의 시대와는 아주 다른 시대를 살아가야 한다. 이미 경제 성장이 늦추어진 상태, 그래서 상대적 결핍감과 불안이 가중되는 저경제 성장/고실업 시대에 일과 놀이의 이분법이 더 이상 먹히지 않는다. 정보화, 문화 산업, 지식, 예술 산업이 공동체적 삶의 질을 결정하며 인터넷, 영화 만들기, 하고 싶은 일 하기가 중요해진다. 통합적 라이프 스타일을 가진 문화 주체가 될 수 있어야 건강하게 살아갈 수 있다.

연세대 청년문화센터의 Youth Vision 2020 팀은 이러한 시대적 인식을 기반으로 새로운 생각들을 만들어 내고 이 생각들을 실행할 새로운 운영 원리를 함께 고민한다. 새 술은 헌 부대에 담을 수도 있지만 새로운 생각은 낡은 방식으로 실현시키기 힘들다. 시대를 담아 내며 하고 싶은 일과 함께 하기 싫은 일 모두가 잘 돌아갈 수 있도록 기본 원리들을 고민해 보았다.

공공성

시민 사회적/공공의 원리로 움직이는 민간 영역의 모델을 제시한다. 이 작업은 파행적/압축적 근대화 과정에서 심하게 왜곡된 공공성을 회복하는 작업으로서의 의미가 크다. 일차적으로 공공 재산이 '이권' 차원에서 분배됨으로 본연의 작업을 해내지 못하고 있는 상황에 대한 문제 제기를 한다. 두번째로 전지구적 자본이 지배력을 강화하는 가운데 국가 공공 부문과 민간 공공 부문의 협동의 대안을 제시하게 될 것이다. 남성 중심주의, 세대 중심주의, 특정 계급 중심주의를 넘어서 청소년들이 '자율과 공생의 원리'를 익혀 가는 것이 이 공간에서 해낼 일이다.

복합성

개발 독재 시대는 도구적 합리성이 의사 소통의 합리성을 압도하는 사회를 낳았고, 이는 다시 말해서 문화적 영역의 말살을 의미한다. 현재 시급한 사회적 문제를 풀기 위해서 제시되는 많은 제안들이 단세포적이고 일차원적 수준을 넘어서지 못하는 이유가 바로 여기에 있다. 이 작업은 장단기적 전망을 가지고 복합적 문제를 복합적으로 풀어 가는 프로젝트의 모형을 제시하게 될 것이다. 시장/민간/국가의 제 차원, 생활권/국가/전지구적 차원, 전문가/아마추어/시민 세력이 어떻게 서로 연결되어야 하며, 문화와 경제의 엇물림, 문화 산업과 생활 문화의 조화, 감성과 이성의 조화를 이루어 내는 일을 해낼 것이다.

실험성

Youth Vision 2020의 창의적 실험은 앞으로 오는 불투명한 시대를 좀더 투명하게 만들어갈 것이다. 그 경험들의 정보화를 통해 사회 전반에 걸쳐 문화적 자본을 축적하게 될 것이다. 이는 후기 산업 사회적 문제를 풀어 가고, 동시에 문화 시장의 성격을 변화시켜낼 것이다.

연계성

이 작업은 지금까지 형식적으로가 아니라 실질적으로 청소년들과 함께 새로운 작업을 해온 전문가들과, 청소년기를 막 지내, 그리고 잘 지낸 청년들과 청소년들이 어우러져서 문제를 풀어 간다는 점에서 연계성의 원리가 중요한 작업이다. 창조적이고 문화적 감수성이 풍부하면서 건강한 시민 의식과 운영 마인드가 있는 청년들이 스스로 일거리를 만들어 내어 문화 자본을 축적해 나가게 될 것이다. 이는 동시에 학문과 현실(문화 연구가/문화 독립군)의 연계 작업으로 현실과 동떨어져 있다는 비판을 받아온 학문 분야를 현실화하는 효과도 낼 것이다.

정보공유

지금까지의 문제는 각각의 경험들이 정리되지 않았다는 점과 그것들이 공유 가능한 형태로 재가공되지 못했다는 데 있었다. 이제 훈련된 인력을 통해서, 그리고 체계적인 데이터 베이스 작업을 통해서 이 실험 공간에서 이루어진 작업들은 널리 공유되어야 한다.

센터의 목표

Vision

새로운 시대를 살아가는 건강한 청소년 커뮤니티 창출

사업목표

- 21세기 고실업 시대에 대비한 자기 관리, 자기 기획
- 21세기적 청소년 문화 공간 형성
- 새로운 공공적 시민의 배출
- 문화 산업의 인프라 구축
- 새로운 청소년 프로그램을 제공하는 센터
- 아시아 청소년 문화의 메카
- 거대 도시 서울의 문화 혁신

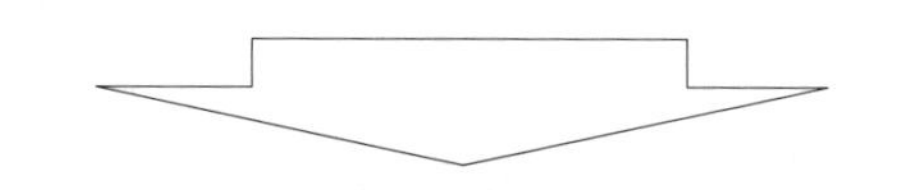

문화 생산과 직업 교육이 결합된 대안적 청소년 문화 활동	미래 시민을 길러 내는 대안 시민 교육 활동	전국 및 아시아권 전역을 연결하는 Virtual Youth Network 구축
단순한 기술을 전수하는 직업 교육을 넘어서, 자신을 능숙하게 표현하고 개발할 수 있는 다양한 방법들을 제공하는 청소년 직업 센터의 구축	파편화된 개인성을 초월하여 상생과 소통이 가능한 청소년 육성을 통하여 건강한 사회의 기초 단위를 확보함	전국 및 아시아권 전역의 대안적인 청소년 커뮤니티 창출과 아시아 청소년 관련 전문 연구자들간의 연구 및 교류 증진

연세대 청년문화센터 Youth Vision 2020팀은 1999년 5월에 서울시 위탁 운영 공모제에 응모해서 10대 1의 경쟁을 뚫고 영등포에 있는 '남부 근로 청소년 회관'을 '특화 시설' 중 하나로 운영하게 되었다. 서울시와의 계약 기간은 3년이며 재계약이 가능한 조건이다. 시기로 보면 아직 초기 단계이지만 하자 센터의 형체는 이미 상당히 분명해지고 있다.

센터가 공식으로 문을 연 지 1년이 지난 요즘, 하자 게시판에는 "인천에두, 부산에두, 광주에두, 전국의 청소년들에게 하자를 달라"(타잔 친구)는 글이 오르고 있다. 그 글 아래에 다음과 같은 '리플'(응답)이 달려 있다.

> '달라!'고 하지 말고 '가져갈 게요!'라는 조금 능동성이 있는 말이 어떨까요? 달라고 조르지 말고 와서 가져가세요. — 모험소녀

이에 다시 리플이 달린다.

> 우훗… 정말 사고 방식의 전환이 필요한 것 같아여. 말 한마디서부터… 제가 하자인이 되려면 아직 멀었나 봅니다. 소녀님 정말 멋지다니깐여. 하자를 인천에 델구 올래여." — 타잔 친구

하자 센터는 어떤 곳?

공식적 글 한 편과 하자 소개 비디오를 통해 하자 센터를 소개해 볼까 한다. 다음은 서울시정연구원 12월 회보에 실린 글이다. 하자 센터가 공식적으로 문을 열 즈음에 서울시 관련자들을 위해 썼던 글이다.

청소년 문제 해법을 찾아서
— 서울시립 청소년 직업 체험 센터 공식 오픈에 부쳐

"교실이 무너지고 있다," "인천 참사, 청소년 54명 사망," "탈학교 청소년 40만 명," "청소년들 아이디어가 21세기 이끈다."

21세기의 가장 심각한 문제 중 하나는 청소년 문제일 것이다. 후기 근대로 들어서면 무엇을 하고 싶은지, 어떻게 살아야 할 것인지를 몰라 방황하는 아이들이 늘어나고, 폭력, 마약, 성 문제가 심각해진다. 사회 분위기는 심하게 흐트러지고 청소년 실업이 심각한 상태에 달하게 된다. 한국의 경우, 사회 변화의 속도가 너무 빨랐던 데다가, 입시 위주 교육으로 지나치게 오랫동안 십대들을 수용소와 같은 학교에 묶어 두었기 때문에 그 정도는 아주 심각한 편에 속한다.

1970년대만 해도 학교를 가지 못해 한이 맺힌 청소년들이 많았다. 서울시에서는 학교 갈 나이에 일을 해야 하는 이들 '소외 계층 청소년'들을 위해 공단 지역에 '근로 청소년 회관'을 만들어 주었다. 20년이 지난 지금, 모든 청소년들이 학교에 다닐 수 있게 되었는데, 아이들은 이제 학교에 다니기 싫다고 아우성을 치고 있다. 졸업장만 아니라면 학교를 그만두고 싶다는 중고생이 40%에 달한다는 조사가 나와 있다. 기성 세대는 아이들 모두가 '불량 청소년'이 되고 있다고 걱정이 태산이다.

아주 새로운 청소년 정책이 나와야 할 때다. 그 정책은 한편으로는 점점 심각해지는 청소년 문제를 해결하고, 다른 한편으로는 청소년들과 함께 새로운 시대를 만들어갈 터전을 마련하는 것이어야 한다. 서울시가 '정보 문화 센터', '성문화 센터', '직업 체험 센터'의 이름으로 기존의 청소년 회관을 기능 전환을 하고 민간 위탁하기로 한 것은 이런 상황에서 매우 시의 적절하고 의미 있는 결정이었다. '젊은 국민/시민'을 살려내기 위해 새로운 관민 협동의 시대가 열리고 있는 것이다.

연세대학교 청년 문화 센터가 위탁 운영하기로 된 '서울시립 청소년 직업 체험 센터'는 이런 시대 상황에서 만들어졌다. 십대들의 에너지를 창조적인 문화 산업과 시민 문화를 꽃피우는 쪽으로 유도하기 위해 만들어진 이 센터를 우리는 '하자

haja! 센터'라고 부른다. 어떤 이들은 '하자!'가 아니라 '놀자!' 센터가 아니냐고 물어오는데, 우리가 목적하는 바가 바로 그것이다. 놀면서 일하는 것, 그것이 바로 21세기 시민들이 추구하는 삶의 방식이며, 학습 방식이 아닌가?

'하자! 센터'는 자율과 공생의 원리로 움직이는 공간이다. 하고 싶은 일을 하면서 하기 싫은 일도 하는 후기 근대적 일꾼, 그리고 정보화 시대에 맞게 정보를 공유할 줄 알고, 네트워크 능력을 가진 시민을 기르는 곳이다. '하자! 센터'는 기존의 직업 훈련소와는 판이하게 다르다. 창의력을 살려 자신감을 심는 직업 체험의 장이고, 대안 교육의 산실이며, 문화 산업을 육성해갈 생산적 작업장이다.

십대들의 에너지를 생산적으로 끌어냄으로 서울을 젊고 활기찬 도시로 새롭게 태어나게 하려는 '하자! 센터'는 12월 18일에 공식 오픈한다.

홈페이지 http://www.haja.net

하자 스태프가 만든 소개 영상물을 통해 좀더 자세히 하자 센터를 살펴보자(영상물이 필요하면 하자 홈페이지에서 필요한 정보를 얻을 수 있다).

1부는 "왜 지금 청소년을 이야기하는가?"라는 타이틀로 나가는데, 첫 장면에 교복을 입은 까까머리 아이들이 조회하는 모습이 뜬다. 1968년에 만들어진 「국민 교육 헌장」, "우리는 민족 중흥의 역사적 사명을 띠고…"를 외우던 시절, "우리의 맹세. 하나! 우리는 대한민국의 아들딸 죽음으로 나라를 지킨다. 하나! 우리는 강철같이 단결하여 공산 침략자를 쳐부순다…"는 구호 속에 함축되어 있는 개발 독재 시대의 학교 모습을 보게 된다. 곧 이어 1980년대 '민족 중흥'의 결과로 치열해진 입시 전쟁 속에서 자살하는 아이의 모습이 나타난다. 한 어머니의 "어차피 대학 가는 수는 한정된 것이고…" 하는 신경질적인 목소리는 1988년에 만들어진 강우석 감독의 영화 「행복은 성적순이 아니잖아요?」에서 따온 장면이다. "드디어 우리도 GNP 4천 불을 넘어섰다"는 홍분에 겨운 교사의 말소리와 목매다는 아이. 경제 성장기의 아이들은 부모의 '못 배운 한'을 풀어 주기 위해, 또 더 나은 삶을 보장받기 위해 '대학 입학을 향한 역사적 사명'을 띠고 학교에 목매달게 되었다. 그 사명을 완수하지 못할지도 모른다는 불안 속에 방황하다가 삶을 마감하는 아이들이 늘어난 시대였다.

그로부터 10년이 지난 1999년, 아이들은 더 이상 성적 때문에 자살하지는 않는다. 1999년 KBS 「추적 60분」(권혁만 PD, 10월 21일 방영)은 교실 붕괴의 장면을 카메라에 담았다.

교사 : 자리에 앉아 주세요. 자리에 앉아… 자리에 앉으라고 이야기했어. 자리에 앉아! 야! 자리에 앉아, 야! 자리에 앉으라고 얘기했어!

학생들은 교실에서 잠을 자거나 마구 떠들고 있다. 가방을 창 밖으로 내던져서 무단 탈출을 하기도 하는 상황. 이어서 모든 아이들이 똑같은 무표정한 모습으로 줄을 지어 거대한 공장의 어둑한 복도를 종종 걸음으로 걸어가고 있는, 핑크 플로이드의 뮤직 비디오 「벽 The Wall」의 장면이 나온다. "뭐! 니가 시인이라구!…"라며 아이의 머리를 책으로 치면서 냉소하는 학사 가운을 입은 교사와 아이들의 합창 장면이 교차된다. 아이들이 합창하는 내용은 다음과 같다.

학생 : 거짓 교육은 싫어요.
[학사 가운을 입은 한 나이든 교사 : "밥을 먹어야 후식을 줄 거 아냐"]
학생 : 꼭두각시 교육은 싫어요.
[교사 : "식사도 않고 후식을 달라고?"]
학생 : 무지한 교육으로 조롱 말아요.
[교사 : "너 말야! 시라고? 지가 시인이라는군!" 아이에게 삿대질을 한다.]
학생들 : 선생님 우릴 그냥 놔 둬요. 당신은 또 하나의 벽일 뿐이죠.

한때 희망의 장소였던 학교가 또 하나의 벽으로 전락한 시점, 그 벽을 어떻게 넘을 것인가? 아이들은 이제 공장 시대에 종말을 고하고 싶어한다. 이어서 나오는 음악은 신해철의 「니가 진짜 원하는 게 뭐야?」.

니가 진짜로 원하는 게 뭐야… 뭐야! 뭐야!
니가 진짜로 원하는 게 뭐야… 뭐야! 뭐야!
니가 진짜로 원하는 게 뭐야… 뭐야! 뭐야!…

그 노래에 맞추어서 십대들이 몰두해서 작업하고 있는 다양한 활동 공간들이 보인다.

엄밀하게 말하면 청소년 문제는 단지 한국 사회만의 문제가 아니라 전지구적 현상이다. 영상물에서는 전지구적 네트워크가 필요하다는 것을 세계 여러 청소년 센터와 대안 학교를 보여 주면서 강조한다. 특히 어른 중심주의가 강한 동아시아에서 '학교 붕괴 현상'은 심각한 수준에 와 있다. '신세대/젊음/소통/학습'이 억압되는 사회의 미래는 어두울 수밖에 없음을 자막을 통해 알리면서 하자 센터를 소개한다.

"하하하하, 하자."
"재미있게 하자."
"내가 하고 싶은 것을 하자."
"준비되었을 때 하자."
"하기 싫은 사람 빼고 하자."
"즐겁게 웃으며 하자."

센터는 대중 음악, 시각 디자인, 영상, 웹, 시민 문화 등 여러 개의 작업장으로 구성되어 있다. 이들은 문화 산업 시대에 가장 각광을 받는 분야이면서 십대들이 가장 하고 싶어하는, 그리고 그들의 참여가 실제로 산업 발전상 매우 중요한 분야이다. 여기에는 인문 사회 과학도, 엔지니어, 문화 기획자, 디자이너와 영상 작가 등 다양한 분야의 전문가들이 모여 있다. 학습의 방식은 기본 교습도 있고, 도제식 작업도 있으나 기본적으로 배우는 사람이 중심이다. 십대들과 함께 직접 작업하는 스태프들은 '판을 돌린다'는 의미에서 '판돌'이라는 별명으로 불린다. 개별 작업장 외에 언제든 작품을 발표하고 나눌 수 있는 쇼케이스, 다양한 축제와 공연을 할 수 있는 유스텍, 춤 연습실, 밴드 연습실과 회의실 등이 있다.

하자 벽 곳곳에 붙어 있는 일곱 가지 약속은 하자 공동체의 성격을 분명히 드러내 준다.

1. 하고 싶은 일 하면서 해야 하는 일도 할 거다.
2. 나이 차별, 성차별, 학력 차별, 지역 차별 안 한다.
3. 어떤 종류의 폭력도 행사하지 않을 거다.
4. 내 뒤치다꺼리는 내가 할 거다!
5. 정보 때문에 치사해지지 않을 거다. 정보와 자원은 공유한다.
6. 입장 바꿔 생각할 거다. 배려와 친절.
7. 약속은 지킬 거다. 못 지킬 약속은 안 할 거다.

하자 센터의 장기 구상은 작업장을 중심으로 대안 교육 '하자 콜레지오 haja collegio'와 '이-하자 e-haja'가 서로 시너지 효과를 내면서 굴러가는 삼각 구도이다. '하자 콜레지오'(collegio.haja.net)는 인터넷 시대에 맞는 학습의 장을 만들어 가는 공간으로, 새로운 대안 학교를 십대와 '판돌'들이 함께 만들어 가고 있다. 스스로 학습하고 스스로 기획하기, 시공간을 넘나들고 기존의 장르를 넘나들며 배우기를 하는 곳이다.

'e-haja'는 하자의 온라인 사업이면서 십대 창업 프로젝트를 말한다. 이미 명함 회사(namecard.haja.net), 인터넷 라디오 방송국(radio.haja.net), '코코봉고' 스낵 바가 출범해서 '직업 체험'과 함께 '이윤 계산'이 한창이다. 온라인 사업은 하자 홈페이지가 버전 1.0에서 2.0으로 업그레이드되면서 논의가 본격화되고 있다. 하자 사이트에는 작업장별 홈페이지와 십대들이 만든 개인 또는 동아리 홈페이지, 그리고 인터넷 피에스타(www.internet-fiesta.or.kr)와 디지털 스토리 페스티벌(www.dstory.net) 등을 통해 이미 적극적인 십대들의 온라인 커뮤니티가 형성되어 있는데, 인터넷 시대에 이 커뮤니티는 그 자체로 고부가 가치를 창출할 커다란 잠재력을 가지고 있다.

'하자 센터'라는 이름을 말하면 "'안 하자 센터'는 없나? '하자 하자' 하는 것 정말 싫다"고 하는 말을 가끔 듣는다. 박정희 시대 이후 참으로 숨가쁘게만 살아온 지금, 많은 어른들, 특히 '성찰적인' 사람들에게 '하자!' '하면 된다'는 말은 거의 저주에 가까운 말처럼 들리는 모양이다. 그러나 지금 아이들은 아무것도 '안 한다.' 부모를 위해 공부를 해줄 뿐이다. 후기 근대의 '동기상의 위기' 현상은 바로 아무것도 하기 싫어하는 십대들이 양산되는 현상을 말하는 것이다. 너무나 '하라'는 말을 많이 들어서 아무것도 '안 하자' 세대, "냅둬요/닥쳐요/배 째라" 세대가 되어 버린 것이다. 이런 시대적 맥락에서 볼 때 '하자' 센터는 구체제에서 '탈출'하고 싶어하는 아이들이 모이는 곳이자 십대 중에서 새로운 시대를 만들어갈 돌연변이가 나오기를 기다리는 곳이다. 한마디로 공공의 돈과 대학의 머리와 '민 民'의 가슴으로 시대적 위기를 돌파할 '돌연변이 문화'를 만들어 내려는 관학민 공동 프로젝트이다.

아이들을 통해 보는 하자 센터 : 다양한 범주의 아이들

풍요롭고 강하고 아름다운 사람이 되고 싶어요. — 원

다 엿 같은 줄 알았는데 생각해 보니 나쁘지 않더라 — 마로

정식으로 문을 열기 전부터 '하자'에는 십대들이 어슬렁거리기 시작했다. 우연히 '고교생 원탁 토론 대회'에서 만나 눈이 맞은 원이, 「민들레」 아이들, 스태프들이 데리고 온 아이들, 영상과 웹을 배우러 자기 발로 찾아온 아이들… 별로 광고를 한 것 같지 않은데, 촉각을 세운 더듬이를 가진 아이들이 하자 센터는 뭔가가 다르리라는 기대를 가지고 모여들기 시작했다. 12월 정식 개관 전후로 쏟아진 매스컴의 보도를 보고 온 아이들도 적지 않았는데, 부모가 적극적으로 추천을 해서 온 아이도 있고, 부모는 절대 못 가게 하는데 몰래 온 아이도 있었다.

일 년이 지난 지금, 제법 많은 아이들이 이곳을 '놀이터' 삼아 '작업장' 삼아, '학교' 삼아 들락거린다. 실제 공간에는 한 달에 500여 명이 들락거리고, 잠시 공연 등을 보러 오는 수를 합하면 1천여 명은 넘는다. 사이버 회원은 2000년 10월 31일 현재 4,763명, 하루 평균 접속자 수는 700명이다. 아이들은 가정 환경 면에서나 학교에 적응하는 면에서나, 가치관이나 기질, 그리고 능력 면에서 아주 다양하다. 참고로 2000년 8월 23일에서 9월 3일까지 하자 센터가 주관한 문예진흥원 인사미술공간 기획 초대전 「미술관 습격」 프로젝트에 참여한 십대 작가들의 프로필을 보자.

남이 — 19세. 방통고 3학년. 시각적인 작업으로 이미지를 생산하는 것을 좋아하고 지금까지 여러 차례의 파티 기획과 퍼포먼스를 했다. 남이는 "다국적 정체성을 가진 사람이 되고 싶다"고. 인간의 불안정한 감정에 따른 뇌파의 변화를 보여

주는 그래픽 작업을 설치한다.

김윤의 · 최유리 — 15세. 전교생이 160명밖에 안 되는 작은 중학교에 다니고 있다. 성격은 다르지만 각별한 친구다. 낙서를 생활화하고 있다. 수업 시간에, 쉬는 시간에, 틈틈히 해보는 낙서, 굳이 작품이라 생각하는 것이 아니라 그냥 정말 낙서를 한 것.

김지혜 — 15세. 13세에 자퇴하고 시각 작업장에서 디자인 작업을 하고 있다. 자신이 관찰해온 주변 사람들의 얼굴을 몇 개월간 디지털 카메라로 찍은 다음 사진집을 만들었다.

박영원 — 20세. 고1 때 자퇴를 하고 지금은 대학 영화과 1학년에 재학중이다. 고등학교 때부터 영화를 만들고 애니메이션 작업을 해왔다.「미세한— 끊어질 듯」,「뒷깐 사운드」 등을 출품한다.

여다함 — 17세. 고등학교 2학년이다. 사진 작업을 좋아한다. 주위의 시선이 자신을 얽어매는 매개가 될 때 느끼는 불편함을 표현하고자 했다. 나뭇가지 끝에 수십 개의 눈알들이 당신을 야린다면!

유부희 — 19세. 학교를 다니지 않는다. 우유곽으로 연애 심리를 표현했다. 밴드를 만들어 보컬로도 활동했다.

이윤경 — 17세. 고등학교 1학년. 중학교 때부터 영화를 만들기 시작했고, 즉흥 퍼포먼스로 내면을 표현하길 좋아한다. 자신의 의식 속에 깔린 욕구를 표현.

마로 — 16세. 중2 때 자퇴했다. 인정주의를 거부하고 개인주의를 선호한다. 하자에서 명함 사업에 참여하고 있다. 전시장 내부 모서리에 타이포그래피를 설치함.

정혜수 — 19세. 고2 때 자퇴를 했다. 계속 그리는 작업을 하고 교수가 될 생각도 있다. "나의 가치를 높이자" "잘 팔리는 사람이 되자" 등의 광고 문구가 말하는 사회 속에 서 있는 인간 모습을 그리려 했다. 동전으로 지은 옷을 입고 장부를 든 채 전시장을 돌아다니면서 자신의 가치가 얼마인지 묻는다.

쭌쭌 — 17세. 고1 때 자퇴를 했고, 시각방과 대중 음악방에서 활동중이다. 쭌쭌의 드로잉. 나는 그린다. 내 속에 존재하는 또다른 나를 그린다. 나는 나를 만들기 시작한다.

센터에 오가는 아이들의 모습을 보거나 게시판에 오른 글을 읽으면서 하자 센터가 '잘 나가는 중산층 아이들'을 위한 공간이라고 생각하는 이들이 적지 않다. 그러나 실제로 센터에는 '잘 나가는 집안' 아이들은 별로 없다. 내가 아는 우리 나라의 '잘 나가는 집안'에서는 아이들을 일찍이 외국으로 보내거나, 그럴 기회를 보면서 학교를 계속 다니게 한다. 아이들도 자신의 생을 경제적으로 책임져줄 능력이 있을 것 같은 부모의 말을 쉽게 거역하지 못하는 편이다. '시민 사회 없는 근대화'의 과정을 거친 우리 사회에서 자녀의 문제는 개별 가족 차원에서 해결할 문제라는 생각이 일반적이고, 그래서 이른바 '존경스런 중산층 부모'는 개인 플레이에 강하다. 돈이 충분하지 않더라도 고액의 레슨비를 지출해 가면서 유명 강사나 학원에 아이를 보내려 하지 '시립 청소년 회관'에서 한다는 3만 원짜리 프로젝트에 아이들을 보낼 생각은 좀체 하지 않는다. 그래서 하자 센터는 서민적이고 시민적인 집안 아이들이 주축을 이루고 있다.

십대들을 위한 학습 공간을 마련할 때 가장 분명히 해야 할 점은 더 이상 청소년들은 단일한 범주로 존재하지 않는다는 사실이다. 일단 십대를 가르는 기준으로 '학생'과 '비학생'이라는 경계가 있지만, 그 안에서도 이들은 아주 다양한 방식으로 살아가고 있다. 많은 아이들은 자신들에게 부여된 '고정된/신분제적 정체성'을 넘어서서 N세대, 1318 등 다양한 이름을 들먹거리며 자신의 주체성을 만들어 내려 하고 있다. 하자 센터에는 이러한 다양한 경계들 사이를 오가는 여러 유형의 아이들이 머문다.

'학생'과 '비학생' 사이

하자 센터를 '탈학교생'[2]을 위한 시설이라고 생각하는 이들이 적지 않다.

---

2) 여기서 '비학생'은 제도적으로 학교를 다니지 않는 경우이고, '탈학교생'은 제도만이

그래서 하자 센터에 가까이 가는 것조차 '위험시'하는 이들도 있다고 한다. 실제로 하자 센터에는 인문고 학생과 비인문고 학생들이 있고, 탈학교 청소년도 있다. 시민 작업장에서 기획한 프로젝트에 참여하는 비율은 '학교에 적을 두고 있는' 청소년들이 더 많지만 입시에 많은 시간을 투자해야 하는 인문계 학생들에게 더 이상의 활동은 무리한 일이다. 반면 실업고나 방송통신고를 다니는 경우, 상당한 시간을 하자 센터에서 보낼 수 있다. 일주일에 두서너 번 조퇴를 하고 작업장을 들락거리는 아이도 있고, 하고 싶은 일을 찾은 '비학생'들은 '판돌'보다 더 오래 하자에 머물기도 한다. 하자 센터에서 가장 주도적으로 활동하는 집단은 아무래도 절대적으로 자유 시간이 많은 탈학교 아이들이다.

고딩과 대딩 사이

사이버 게시판「하자, 뭐가 문제야?」에 들어가면 하자가 너무 고등학생(고딩) 중심이라는 불만의 글을 읽을 수 있다.

청소년 기본법에 따르면 청소년은 24세까지이고 이는 대다수의 대학생을 포함하는 나이다. 그래서 대학생은 안 된다는 규정은 어디에도 없지만 하자 센터에 오면 대학생들은 위축감을 느낀다고 한다. 어떤 면에서 그것은 하자 센터 기획부의 의도이기도 한데, 이유는 애초부터 대학 중심으로 활동이 짜이면 십대들이 들어설 자리가 없어질 가능성이 높다고 판단했기 때문이다. 그래서 초기에 하자 센터는 십대들로 핵심 공동체를 형성하는 데 주력했고, 더 나아가 '고딩'이라든가 '대딩'이라는 정체성을 벗어난 사람들이 주축이 되는 분위기를 만들어 갔다. 하고 싶은 일이 있는 이들이 와서 '고딩' '대딩'이라는 정체성과는 무관하게 열심히 '하면 되는' 공간이고자 했던 것이고,

---

아니라 라이프 스타일이나 생각 면에서도 학교를 벗어난 경우를 말한다.

실제로 적지 않은 대학생들이 이제는 그런 의식 없이 하자를 들락거리고 있다.

대딩문화

대딩들이 여기 오고 싶어도 10대 위주라서 올 수 있다 해도 쪽팔려서 못 온다…
대학생들을 위한 20대를 위한 공간을 따로 만들면 어떨까 싶다…
탈학교 10대들이 많지만 그렇다고 그런 게 대학생이라는 것과 연결해서 깊게 생각할 그 무엇이 있을까 싶다…
사실… 대딩들의 방황이 10대 못지않게 더 깊다… 뭘 하려 해도 오히려 대딩들의 제약이 요즘은 더 많다 기회도 적고… 요즘의 고딩들보다…
하고 싶어도 나이와 취직이라는 것땜에 그냥 슬며시 포기하고 그냥 저냥 취직하며 사는 대딩들이 얼마나 많은가 백수들하며…
적어도 하자와 같은 곳이 있다면 방황하는 대딩들은 적을 텐데…
그리고 오히려 나름대로의 노하우와 막바지 열정이 있어 더 열심일 텐데…
예술쪽 분야… 미술 음악 영화 등… 대딩을 위한 공간이 있었음 한다… 주위에 이런 거 하고 싶어도 여건이 없어서 문화 생활도 못 누린 채 목말라 하는 친구들이 많다… 10대 위주인 이곳에 어설프게 대딩이 끼기엔 좀 겉도는 느낌이다.
장난이 아니라 진지하게 건의해 봅니다. 그럼 하자의 발전을 위해서…

번호	올린이	이름	제목	게시일
34462	바그다드까페	바그다드	[현재글:]대딩문화	2000-10-17 15:53
34468	nevada51	서주범	↳ ● 쿠후훗… 대딩문화??	2000-10-17 16:19
34678	haejoang	조한혜정	↳ ● 하자 대딩 클럽	2000-10-18 09:51

제목 : [공지] 이제야 나타난 게시판지기! 그간의 결과 보고!

올린이 : Jerry

출처 : 「하자, 뭐가 문제야?」 36654, 2000-10-26 23:40

…

1. 바그다드님께서 건의한 대학생 어쩌구… 저쩌구는…
그 문제는 말도 많더군요. 확실한 대답을 들고 오는 건 Jerry와 양양이랍니다~
결론부터. 20대 모임은 환영합니다! 단! 대학생 모임은 No~.
대학생 모임을 하고 싶으면 대학으로 가시길. 대학에서 위로 받을 대학생들을 모아서 서클을 해도 되고. 어쨌건 하자 센터에선 20모임은 환영합니다.
제 경험으로 하자 센터는 해달라고 한다고 잘 해주지는 않더군요.
주도적인 사람이 됩시다! 와서 모임을 딱 만들려고 하면 누구든 팍팍 밀어줍니다!
드뎌 20대 모임이 생기겠네요~ 환영~
또 몇 가지는 양양께서 답변을 해주실 거여요~ 빠이!

제목 : 결국은 올라온 답변, 양양 버젼

올린이 : 양양

출처 : 「하자, 뭐가 문제야?」 36852, 2000-11-29 02:22

…

3. 하자 대학생부
제리가 이야기해 주신 대로 기획 회의에서 결정된 방침은, 10대 20대 연령에 따라 절실한 문제들이 달라질 수 있기 때문에(우리 나라는 고등학교를 졸업하는 스무 살을 전후해 생존의 문제가 천양지차 달라지지요) 연령별 동료 그룹이 따로 필요할 수도 있다는 건 인정하지만, 하자에 '대학'이라는 기준으로 그룹을 만들고 지원하지는 않는다는 입장이다. 대학부는 대학이라는 장에서 얼마든지 지원이 가능하기 때문이다. 하자 내에 고민과 작업을 함께 할 20대 그룹을 만들고자 하는 20대가 있다면 시민 문화 기획팀(haja.net의 시민방 페이지나 하자 내선 #110, #214로 문의 가능)으로 문의하면 된다. 시민방에서 센터 내 20대들을 네트워킹하는 것을 중심으로 도움 주실 것이다.

죽돌이와 일반회원의 차이가 너무 심해요??	
	전 항상 들어와서 생각을 하죠 죽돌이가 아니면 이곳 저곳에 글을 올리기가 힘들구나 라고 저 말고도 많은 사람들이 생각을 하겠죠? 그렇다고 너무 상심하시지는 마세요

번호	올린이	이름	제목	게시일
37427	tembo	단지	[현재글:]죽돌이와 일반회원의 차이가 너무 심해요??	2000-10-31 21:00
37492	arin	아린	↳ ● 글쎄요..	2000-11-1 00:59
37650	tembo	단지	↳ ● 어떤 점이 냐구요???	2000-11-1 20:26
38262	jjunjjun	쭌쭌	↳ ● 한 교실에 들어가는 전학생은	2000-11-4 11:48
38284	tembo	단지	↳ ● 언젠가는…	2000-11-4 15:26

'죽돌이'와 '떠돌이' 사이

하자에 죽치고 사는 아이들을 하자에서는 '죽돌이'라고 부른다. 그냥 프로젝트만 듣고 가는 아이들은 죽돌이가 아니고 일반 회원이거나 떠돌이들인 것이다. 하자 센터가 무엇인가 열심히 하려는 이들을 위해 생긴 공간인 만큼 하고 싶은 일이 있고, 그것에 많은 시간을 투자하는 죽돌들은 자연스럽게 하자의 중심 구성원이 된다. 이들은 하자 프로젝트가 학원이나 문화 센터에서 하는 것과 충분히 차별화되지 않으면 불만을 터뜨리기도 하면서 하자 프로젝트를 업그레이드시켜 나가는 역할을 주도적으로 해왔다. 죽돌들은 그냥 짬이 나서 센터에 놀러온 것이 아니라, 나름대로 자신의 삶의 전망을 찾으려 하자의 문을 두드렸으며, 그래서 하자에 대한 기대와 애정이 그만큼 높다. 하자 센터가 일을 소홀하게 처리한다는 생각이 들면 이들은 자신의 생을 가지고 장난치지 말라고 심각하게 항의하기도 한다. 죽돌들은 이곳에서 자기가 원하는 일을 벌이면서 의미 있는 준거 집단을 형성해 내고 있다. '죽돌의 텃세'라는 말이 종종 게시판에 나오고 있는 것을 보아도 죽돌들이 상당히 가시적인 '공동체'로 부각되고 있음을 알 수 있다.

나는 어느 공동체에서건 '텃세'가 없을 수는 없다고 생각한다. 중요한 것은 공동체 성원들이 자신들이 텃세를 하기 때문에 자기 공동체가 결국 위축될 수밖에 없으며, 그래서 장기적으로 자신들에게 손해가 된다는 것을 알아차리는 것이다. 물론 하자 센터는 죽돌들만의 것은 아니다. 기획부에서는 끊임없이 '일반 회원'들을 초대할 새로운 '놀자' 프로그램들을 개발하고 있으며, '놀자' 프로그램에서 놀던 사람들을 '본격적인 하자' 프로그램으로 이동시키는 '작전'들을 짜고 있다. 하자의 성찰적인 죽돌들 역시 최근에 '폐쇄성' 문제를 의식하면서 '초대하는 분위기'를 만드는 노력을 하기 시작했다.

'꼬라지'와 '난간파' 사이

하자에 죽치고 있는 십대들이 모두 자신의 미래를 만들어 가기 위해 몰입하고 자기 관리를 잘하는 것은 아니다. 자기 할 일을 찾았기에 무척 바쁜 아이들도 있지만 아닌 아이들도 적지 않은데, 초기에 하자 스태프들은 이들을 각기 '꼬라지'와 '난간파'라는 이름으로 불렀다.

'꼬라지'는 '하자 콜레지오' 아이들의 별명이다. 딱히 콜레지오 꼬라지들 말고도 작업장에서 중책을 맡고 있는 죽돌이나 십대 창업 사장단 — 예를 들어 스낵 바나 명함 회사 등 — 도 내겐 꼬라지 축에 속한다. 꼬라지들이 하자 판돌과 밀접하게 상호 작용하면서 지내는 십대라면 난간파는 그냥 하자에서 '싫다'반처럼 별일 하지 않고 자기들끼리 난간에 죽치고 앉아 많은 시간을 보내는 부류라고 보면 될 것이다. 이들은 하자에서 유일하게 허용된 흡연 장소인 '난간'에서 아주 많은 시간을 보내기에 이런 별명이 붙여졌다. 한마디로 줄담배를 피우면서 서로를 위로(?)하는 분위기에서 보내는 것이다.

심심해서 죽겠다고 불평하고, 때론 센터에서 술을 마시겠다고 해서 회의가 소집된 적도 있고, 그러다가 자기들끼리 난간파 회식을 마련하기도 하고, 일도 꾸린다.

난간파 아이들은 보기에 따라서 어른들에게 골치 아픈 집단일 수도 있지만 그 상태를 '과정'으로 볼 수 있다면 전혀 다른 의미로 다가온다. 이 '난간'은 센터를 기획하던 초기부터 이야기해 왔던 '쉼터' 역할을 자생적으로 하는 공간이라는 것이다.[3] 난간파 아이들은 지금 어른들이 없는 공간에서 마냥 쉬고 싶거나, 다른 일을 하기 전에 숨을 고르고 있는 중일 것이다. 이들은 한창 자기 치유중인지도 모른다. 난간파 분위기는 어쩌면 현재 방황하는 많은 십대들에게 친근한 분위기일 것이다. 하자 자유 게시판에는 이들의 글이 자주 올라오는데, 많은 이야기들은 "외로워요"와 "너 나 아니?"로 집약된다. 아이들이 '외로워 연애에 빠지고 싶어하는' 분위기를 부희는 미술관 습격 전시회를 통해 다음과 같이 표현해 냈다.

주위 많은 사람들이 허니 타령 하고 있다 허니를
원하고 사랑받길 사랑하길 무언가 허니를 통해서
완전해지길 안정되기를 갈구하는 모습은 마치

---

3) 난간파들의 문제는 흡연인데, 난간파 아이들 중에는 하루 한 곽 이상 담배를 태우는 이들이 꽤 있는 것 같다. 일전에 외국 회의에 갔을 때 흡연과 술, 마약 문제를 가지고 교사와 교장들과 토론을 벌인 적이 있는데, 마약과 술은 절대 금하지만 담배는 어쩔 수 없다는 것이 중론이었다. 아예 피우도록 흡연 공간을 허용하면 오히려 흡연자가 줄어든다는 것에 다수가 동의하고 있었다. 문제는 담배를 피워야 어떤 '멤버십'을 갖게 되는 것 같은 분위기가 만들어져서 별로 담배를 피고 싶지 않은 아이들도 덩달아 담배를 피우게 되는 점일 것이다. 초기 페미니스트 그룹이 그런 분위기를 형성했었는데, 요즘은 십대가 그런 상황에 와 있는 것이다. '금지의 지역'에서 탈출하려는 집단의 공통된 특성일 것이고, 이는 아마도 시간이 흘러야 해결될 일이 아닌가 한다.

두꺼비, 개구리, 매미들이 허니를 갈구하며
맹렬히맹렬히 밤낮 가리지 않고 '허니허니'
라고 외쳐대는 모습과 비슷해 보인다 위의 이유
말고 그냥 그 사람이 좋은 그냥 좋은 거도
있지만 허니가 있으면 그 모든 것들이 안정이 되고
완전한 듯한 느낌이 드는 그렇게 되는지는 잘 모르겠는데
무언가를 함께 할 사람이 있다는 건 분명 멋진 일인 것 같다.
—「미술관 습격」 2000년 8월 23일 전시회 도록 중

남에게 인정받고 싶은 욕망과 인정을 받으면서 '누구'라고 규정당하게 될 때 갖는 반감, 사랑받고 싶은 욕망과 무엇인가 하고 싶은데 그것이 딱히 무엇인지 잡히지 않는 상태 사이에서의 방황, 그래서 난간파 아이들은 줄담배를 피우는지 모른다. 물론 난간파 아이들이 계속 난간에만 머무는 것은 아니다. 시간이 흐름에 따라 작업장 일에 더 비중 있게 참여하기도 하고,

동아리로 새로운 작업을 자체적으로 기획하기도 한다. 센터 안에 재미난 프로젝트가 많아지면서, 또 추워지면서 요즘 난간은 무척 한산해졌다.

난간파 중에는 스스로를 '자유로운 작가 정신에 입각한' 사람들이라고 생각하는 이들이 적지 않다. 이들은 판돌들과 함께 '하자 건설'에 몸바쳐 뛰는 꼬라지와 십대 인턴들과는 달리, 자기 속도대로 일을 하겠다는 '배짱'인데 오래 전부터 만화 동아리방에서 '308 프로젝트'(308은 방 번호, www.haja.net/white/308)를 해왔고, 최근에는 십대 작가 그룹 '머메이드 타번'도 결성했다. 난간파의 리드 격인 레몬 엔젤은 자유 게시판에 컷 만화를 자주 올리고, 최근에는 영상반 게시판에 EBS와 성교육 관련 짧은 다큐멘터리 만들기 프로젝트를 하는 모양이었다.

그들의 활동은 상당히 개별화되어 있으므로 열심히 찾아보지 않으면 잘 알 수 없고, 나는 당사자들이 적극적으로 알리지 않는 한, 그리고 큰 문제를 일으키지 않는 한 그대로 가게 하면 된다고 생각하기에 난간파에 대해서는 그렇게 상세하게 알고 있지는 않다. 딱 한 가지. 최근 센터의 명물로 떠오른 '쉬자 찜질방'은 마로와 쭌쭌 등 난간파 아이들이 적극적으로 참여해서 완성했다. 난간파의 또다른 일부는 하자 파티 준비하느라고 점점 난간 출입을 '소홀히' 하고 있다. 이렇게 쓰다 보니 꼬라지와 난간파의 경계는 좀 다른 의미로 보아야 할 때가 온 것 같다. '쉼터'와 '작업장'의 구분보다 일하고 노는 방식, 그리고 속도의 선택이라고 보는 것이 더 적절할 것 같다. 그것은 작가주의와 시대를 바꿀 언어를 만들고 싶어하는 '계몽주의'의 차이일 수 있고, 개인주의자들과 공동체주의자의 차이로 표현될 수도 있다. 어쨌든 이런 이분법은 절대적인 유형화가 아니라 상황 판단을 돕기 위한 유형화라는 사실을 잊지 말자.

‘철학도’ 담임 교사와 ‘아트 디렉터’ 담임 교사 사이

센터의 판돌들은 십대들과 공동 작업을 하면서 노하우를 전수하는 이삼십대 일을 한다. 이 과정에서 판돌들은 아이들과 때론 엄마의 역할을, 때론 선생의 역할을, 또 친구이면서 동료인 관계 속에서 파트너십을 맺게 된다.

하자에는 다양한 일을 하는 판돌들이 있고, 또 제각각 다양한 방식으로 아이들을 만나고 있다. 하자 콜레지오의 꼬라지들은 깊이 있는 인문학적 훈련을 하고 있는 중이다. 담임은 철학과 미학을 전공한 ‘희옥스’라는 별명을 가진 스태프가 맡고 있다. 자신이 ‘문방구집 딸’임을 강조하는 희옥스는 ‘언어’와 ‘자세’가 ‘반듯한’ 사람을 길러 내는 것에 무한한 즐거움을 느끼는 타고난 ‘보모/교육자’이다. 여기서 반듯한 사람이란 차 한잔을 마셔도 반듯하게 마실 줄 알고, 작은 친절에도 고마움을 표시할 줄 알며, 서로 눈을 바로 보고 이야기할 줄 알고, 자기 생각을 반듯하게 표현할 줄 아는 사람이다. 싫을 때 상대방을 크게 노엽게 만들지 않으면서 “노 No”라고 말할 수 있고, 연애를 해도 그냥 ‘해버리지’ 않으며, 속수 무책으로 쏟아지는 정보 홍수 속에 마구 떠밀리거나 휩쓸려 버리지 않는, 그래서 자신이 원하는 삶의 방식을 스스로 만들어 가는 그런 사람이다. 놀랍게도 희옥스와 놀기로 작정한 아이들은 몇 달만 같이 놀면 반듯한 모습을 갖게 된다. 수가 많지는 않지만 — 희옥스는 아무나 문하생으로 받아들이지 않는다 — 콜레지오 아이들은 멋진 자기 홈페이지를 관리하면서 자신의 삶을 기획해 가기 시작한다.

하자의 아트 디렉터 활민 씨는 매우 다른 유형의 ‘판돌’이다. 그는 전형적인 장인 스타일로 희옥스처럼 아이들의 일상을 섬세하게 챙기지는 않는다. 활민 씨가 아이들을 보살피는 것은 주로 작업을 통해서다. “모든 것은 디자인이다”는 철학을 가진 그는 작업장에서 고양이처럼 눈만 붙이면서 거의 살다시피 한다. 그는 포스터 디자인부터 신년 노트 만들기까지 늘 흥미진진한 작업을 벌이는데, 관심 있는 아이들은 그의 곁에서 구경만 해도 디자인이 무엇인지를 알게 된다. 그가 진행하는 수업은 아이들에게 비슷한 성격의 과제를 무수히 반복하게 함으로써 디자인 공정 자체를 몸에 익히게 하는 방식이다. 장인 스타일인 활민 씨에게 디자인 교육의 핵심은 바로 이런 '기본기'를 익히게 하는 것이다. 그러면서 그는 전시회 구경을 가거나 시장을 보러 갈 때 아이들을 한두 명 데리고 다닌다. 또 마침 글자 디자인을 잘하는 아이가 보이면 한글날 글자체 콘테스트에 나가 보게 하고, 가끔 아이에게 적절한 일감을 주기도 하면서 배울 '결심'을 한 아이들에게 투자를 한다.

이 두 '담임 교사'의 차이는 같은 일을 풀어 가는 방식을 보면 더욱 잘 드러난다. 하자 센터는 초기 계획대로 십대 창업 인큐베이터 사업을 2000년 8월부터 시작했다. 인터넷 라디오 방송국과 명함 사업이 창업 1기로 스타트를 끊었고 뒤이어 하자 센터 스낵 바가 2기로 문을 열었다. 콜레지오에서 인문학적 기호를 가진 아이들을 키우던 희옥스는 '경영학부'를 생각하며 십대 창업 프로젝트를 시작했는데, 그것이 하자의 스낵 바 '코코봉고'이다. 희옥스는 하고 싶은 욕구를 가진 아이들을 모은 후 사장과 부사장 자리를 잡게 하여 역할과 책임 분담을 스스로 하게 하면서, 김밥 마는 것, 라면을 제대로 끓이는 법, 테이블 보를 고르는 것, 서비스하는 것 등을 하나하나 챙겨서 가르치기 시작했다. 운영이 껄끄럽게 가면 '직원'간의 관계를 비디오로 찍어서 서로 성찰하게 하는 등, 일과 돈과 '생각하기'를 연결하면서 작은 일 하나하나를 반듯하게 끌어내도록 유도한다. 필요하면 수시로 운영 지원부의 판돌에게 부탁해서 회계학 강의를 하게 하거나 요리의 대가를 데려다가 시범을 보이는 등 '성공'의 경험을 확실하게 할 수 있도록 전적인 지원을 하는 것이 그의 방식이다. 그래서 희옥스가 하는 작업은 경영'학부' 중 '학부'의 성격이 강하다.

활민 씨는 인터넷 사이트로 '회사'를 차렸다. 이 회사의 사장은 십대가 아니라 자신이다. 아직 미숙한 아이들이 사장이 된다는 건 그에게는 있을 수 없는 일이다. 견습생에서 시작해 디자이너 직함을 달게 되고, 그 관문을 통과하면 디자인 팀장, 팀장 노릇을 잘해 내면 그때는 사장 자리를 물려주겠다는 것이 그의 생각이다. 그때까지는 가장 능력이 있고 가르칠 것이 많은 자신이 사장을 해야 하며, 아이들은 수습 도제로 열심히 배워야 한다고 활민 씨는 주장한다. 지금은 견습생으로 출발한 한 친구가 디자인 팀장까지 진도가 나가 있다. 활민 씨의 명함 회사는 아침 청소로부터 일과를 시작한다. '사원'들은 빠짐없이 작업 회의에 참석하고 하루 정해진 시간 동안 근무를 한다. 무급 인턴, 유급 인턴, 하자 통화, 아르바이트 등으로 용돈을 벌면서 각기 계약대로 자신의 일을 해내야 한다. 아이들이 직업 체험을 하면서 일반의 디자인 회사처럼 바닥부터 올라갈 마음의 준비를 단단히 하고 있어야 한다.

이 판이한 스타일의 두 '담임 교사'에게는 공통점이 있다. 두 사람 모두 많은 전문 자문가들과 다른 판돌들을 포함한 지원 부대를 가지고 있다는 점이다. 이들은 수시로 또 즐겁게 크고 작은 기획을 해내고, 네트워크를 통해 자원들을 끌어들여서 일을 멋있게 성사시킨다. 종종 '도사'처럼 보이는 이 두 판돌은 내게 새로운 시대의 교사의 모습이 어떤 것인지를 상상하게 해주는 사람들이다.

십대들은 다양한 성격의 판돌들 중에서 자신에게 잘 맞는 사람을 찾아가 사부(때론 엄마, 때론 선배, 때론 동료)로 삼고, 경우에 따라 여러 사부에게서 자신에게 필요한 것을 섭취하게 된다.

국제파와 국내파 사이

"전지구적으로 사고하고 지역적으로 행동하라"는 말이 있다. 최근의 시민운동가들은 "지역적으로 사고하고 전지구적으로 행동하라"고 바꾸어 말하고 있다. 사실 국내파와 국제파의 차이는 시간상의 문제일 것이다. 전지구적 시대에 자신의 일상을 회복하려는 모든 국지적 프로젝트는 조만간 국제적 연대를 통한 움직임과 연결하게 되어 있다. 예를 들어 십대 패션이 흥미가 많은 아이는 조만간 홍콩이나 일본 십대 패션에 관심을 갖게 될 것이고 그런 곳에 가기 위해 돈을 저금하기 시작할 것이다. 중요한 것은 변경을 넘나드는 유연성일 것이다. 자기 작업장을 넘어서 다른 작업장으로 쉽게 이동하기, 하자 센터를 넘어서서 다른 청소년 센터나 대안 학교들로 넘어가기, 서울을 넘어서서 국내외 타도시와 연결하기, 유대와 연결을 통해 자아를 확대해 가는 능력이 중요하다는 것이다.

아이들은 2000년 여름, 두 차례 해외 탐방을 했다. 동경에서 열린 '세계 프리 스쿨 페스티벌'과 스탠포드에서 열린 '니프티 십대 비즈니스 캠프'가 그것이다. 이미 여러 차례 일본에서 대안 학교 아이들이 하자 센터를 찾아왔고, 국제 회의에서 만난 미국과 이스라엘, 영국 등지의 학교와 연결을 하기 시작했다. 8월에는 '아시아 유스 페스티벌'을 통해 폭넓은 네트워크를 맺었고, 우리 아이들이 대만에 초대받아 가기도 했다. 싱가폴의 '아시안 채널'과 같은 인터넷 방송국에서는 언제든 준비된 십대를 보내면 함께 작업을 하도록 하겠다는 초대장도 보내 왔다. 예를 들어 남이는 '다국적 정체성'을 가진 예술가가 되고 싶어하고, 그래서 청소년 교류 프로그램에는 빠짐없이 참여한다. 그러나 그런 것에 별 관심이 없는 아이는 하자 안에서만 머물지만 여기서만도 할 일이 너무 많다고 한다.

'기숙돌이'와 '출근돌이' 사이

요즘 꼬라지와 인턴 등 죽돌이 중에 '기숙사 타령'을 하는 아이들이 늘고 있다. 집중해서 작업하고 싶은데 집이 너무 멀고 집중할 공간도 마땅치 않다는 것이다. 사실 십대 후반은 부모를 떠나 있는 것이 나을 때일지도 모르겠다. '영리한' 영국 귀족들은 아이들과 '원수'지지 않으려고 열두 살에 기숙

학교로 아이들을 보낸다고 하지 않는가? 해답은 생각보다 간단할 텐데 한국처럼 부모와의 끈끈한 정이 완강한 곳에서는 부모가 나서지 않는 한 어려운 과제이다. 하자 교육 협의체에서는 십대 인턴들 중 원하는 이들에 한해서 11월부터 하자의 '자자방'에서 기거를 할 수 있도록 하자는 결정을 했다. 이들의 생활 상태를 보면서 기숙 문제 해결 방안을 찾아볼 셈이다. 이렇게 되면 센터에는 또 하나의 경계가 생기게 된다. '기숙돌이'와 '출근돌이'.

유연하게 경계를 넘기

하자의 아이들은 학생과 비학생, 고딩과 대딩, 죽돌과 일반 회원, 꼬라지와 난간파, 인문학부와 경영학부, 국제파와 국내파, 기숙돌이와 출근돌이의 경계를 넘나들며 각자의 삶을 만들어 가고 있다. 죽돌이가 어느 날 대학생이 되어 있고, 대학생이 어느 날 휴학생이 되어 있어도 센터에서 그런 사실은 별로 중요하지 않다. 또 인문학부 아이들 중 스스로 필요성을 느끼면 경영학부 수업을 들을 것이고 반대의 일도 일어난다. 시민방에서 기획한 프로젝트를 하다가 하고 싶은 것이 생기면 자기 기획 프로젝트에 몰두하기도 하고 혼자 하다가 더 재미있는 큰 프로젝트가 뜨면 그 팀에 붙기도 한다. 경계 넘기를 유연하게 할 수 있는 개인, 필요하면 경계를 허물거나 새 경계를 만들어 내는 시민이 바로 하자 센터가 그리는 '21세기를 살아가는 청소년'이다. 무질서 속에서 질서를 보는 카오스 시대의 아이들, 자율을 통해 스스로 업그레이드를 꾀하는 전환기의 아이들, 불확실성의 시대, 그리고 디지털 시대를 준비하는 아이들이 바로 하자 센터로 모여드는 아이들이다.

조직/문화/인프라로서의 하자 센터

하자 센터는 세 가지 원리를 바탕으로 만들어지고 있는 소우주적 공동체이다. 그 세 가지 원리란 ① 차이를 인정하기 ② 소통하기 ③ 스스로 업그레이드하기이다.

차이를 인정하는 공간

하자 센터는 개인의 차이를 중시한다. 차이를 있는 그대로 인정하고 그 차이가 무엇을 의미하는지를 제대로 알아 가는 것이 중요하고, 각자의 욕망에 따라 마음 맞는 사람끼리 모여서 하고 싶은 것을 하는 조건을 만드는 것이 중요하다.

죽돌과 죽돌, 죽돌과 판돌 사이의 차이

하자 센터 초기에는 판돌들 사이의 차이로 인해 갈등과 긴장이 많았다. 센터를 만들기 위해 이미 오래 전부터 준비해온 기획단, 운영 지원 스태프, 공동체 만들기에 신명이 나는 시민 문화 작업장 사람들, 작가주의나 장인으로서의 자부심을 중시하는 영상이나 웹 작업장의 예술가 또는 장인들, 대중음악 작업장의 '독립 문화패'들, 이들 사이에 하자 프로젝트에 대한 그림들, 그리고 일하는 방식과 의사 소통 방식의 차이로 인해 갈등이 잦았다. 스스로 정한 출근 시간을 제대로 지키지 못하거나 영수증 처리를 제때에 못하는 '문화패' 출신 사람들을 이해하기 힘들어하는 운영 지원 스태프들, 단독 작업에 길들여진 사람들과, 항상 회의를 통해 일을 해결해온 사람들 간의 불협화음, 아주 힘든 상황에 있는 아이를 돕고 싶은 '자선가적 판돌'과 '불행한 천재'를 돕고 싶어하는 '전문가적 판돌' 간의 마찰, 벤처적 속도를 가진 사람과 관료적 속도를 가진 사람 간의 신경전, 그 외 기질과 성격 차이로 인한 충돌, 하자의 초기 1년은 이런 저런 판돌 사이의 '다름'을 조율하고 학습해 가는 시기였다. 주축 판돌들이 일을 시작한 것은 작년 8월이었고, 1년 6개월이 지난 지금, 판돌들은 나름대로의 소통 문화를 만들어 냈고 회의에도 익숙해졌다. 사이버 게시판을 통해 정보를 공유하는 것에도 익숙해졌고, 각자가 다양한 소질과 능력과 소통 스타일을 가지고 있다는 것도 알아 가고 있다.

최근 십대들이 본격적으로 하자 공동체 성원으로 활동하게 되면서 죽돌과 판돌 사이의 의사 소통 문제가 만만치 않게 제기되고 있다. 십대들 중에는 월급을 받는 직원인 판돌을 자기들과 놀아 주기 위해서 있는 사람이라고 생각하는 경우도 있고, 업그레이드를 강조하는 하자에서는 딱히 십대들과 절친할 필요가 없다고 생각하는 판돌도 있다. 하자의 판돌이 되기 위해서는 십대와의 소통 능력이 가장 중요한 자질인가? 하자 공동체는 어디까지 십대들과 정보를 나누어야 하는가? 이 질문은 하자 공동체 성원들이 늘 던지는 질문이다.

하자 인터넷 라디오 방송국의 인턴, 제리는 하자 아이들이 '샘플'이 되는 것에 대해 거부감을 드러낸 적이 있다. 아이들이 '실험용'으로 도구화되고 있다는 생각이 든다는 것이다. 그는 학교에서 장학사가 온다고 하면 모델 학생이 만들어지는 그런 상상을 하고 있는지도 모르겠다. 항상 실패한 샘플, 급조된 모델만을 만들어온 사회에 살면서 샘플과 모델이 된다는 것에 대해 거부감을 갖게 된 것을 이해하지 못할 바는 아니다.

나는 대학 1,2학년 대형 강의실에 뻔질나게 돌려지는 질문서 조사에 대해 거부감을 드러내는 아이들에게 다음과 같이 말하곤 한다. "첫째, 형편없는 질문서이면 작성하지 말라. 그러나 제대로 된 질문서라면 그것 자체로부터 배울 것이 많을 것이다. 둘째, 나중에 당신이 그런 질문서를 만들 사람일 수 있다는 것을 잊지 말라. 사회학이나 심리학은 이런 실험 작업을 통해 새로운 사실을 알아내는 학문이고, 당신이 그런 학문의 유용성을 신뢰하지 못한다면 이런 전공을 할 필요가 없다."

같은 맥락에서 나는 하자에 있는 죽돌들이 샘플이 된다는 것, 브랜드가 된다는 것의 의미를 알아차릴 수 있기를 바라고 있다. 애초부터 하자는 모델이 되려고 태어났으며, 재생산 가능한 시대적 샘플을 만들어 보려고 나라의 돈을 쓰고 있는 프로젝트다. 하자의 판돌들은 십대들과 함께 적극적으로 성공하는 샘플과 모델을 만들어 내야 하는 일종의 의무를 갖고 있고, 그런 만큼 십대들은 샘플이 되는 것의 의미를 제대로 파악하고 있어야 하는 것이다. 센터 자체가 새로운 공간이기에 사람들이 보러 온다면, 그리고 그 센터가 많은 국민의 세금으로 샘플을 만들어 내기 위해 생긴 것이라면, 자신을 적극적으로 샘플화하는 것이 정당한 일이 아닌가?

그러나 죽돌이 그런 생각에 동의하지 않는다면? 구성원들이 제도에 대한 뿌리 깊은 불신을 버리지 못한다면 어떤 훌륭한 실험도 성공하지 못한다. 그래서 신뢰를 회복하는 작업이 대단한 프로젝트를 만들어 내는 것 못지않게 중요하다. 동의를 얻어 내기 위한 의사 소통의 과정이 필요하다는 것이다. 죽돌들은 때로 센터에서 '적극성'을 강요당한다는 느낌을 받기도 하고, 때로 방치되어 있다는 생각을 하기도 한다. 하자 기획부와 죽돌이의 속도 조율이 필요할 때도 적지 않다. 하자의 약속 중에는 "나이 차별, 성차별, 학력 차별, 지역 차별을 않는다"는 약속이 있다. 그 약속 뒤에는 "그러나 경험의 폭과 깊이에 따른 차별은 한다"는 말이 달려 있었다. 문제는 후에 온 이들에게 그런 '경험/경륜/역사'를 충분히 이야기하는 과정이 있어야 하며, 제리가 문제를 제기한 것은 바로 이 과정이 생략된 데서 오는 것이었으리라고 생각한다.

사실 죽돌과 판돌 사이에는 여러 겹의 차이가 존재한다. 초기 기획을 했던 판돌과 나중에 직원 채용 공고를 보고 들어온 판돌의 차이, 프로젝트만을 맡은 강사와 판돌의 차이, 월급을 받거나 '하자 통화'를 받는 죽돌과 안 받고 있는 죽돌의 차이, 죽돌과 일반 회원의 차이, 학생과 탈학교 아이의 차이, 조만간 판돌이 될 죽돌과 잠시만 머물 판돌의 차이 등 많은 차이들이 있고, 이상적인 상호 작용을 하려면 가능한 한 그 차이들을 한꺼번에 사고할 수 있어야 한다. 어쩌면 그 차이들은 별로 중요하지 않을 수도 있고, 아주 중요할 수도 있다. 이 다양한 사람들은 각기 자신들의 욕망을 실현시키면서 동시에 하자 공동체를 만들어 가는 데 참여한다.

하자 센터에서는 교사와 학생이라는 용어를 쓰지 않는데, 그 이유는 바로 교사/학생이라는 용어가 '경계 넘기'가 불가능한 이분법을 상기시키기 때문이다. 때로 '샌님'이라는 단어를 쓰기도 하지만, 기본적으로 하자에서는 판돌이건 죽돌이건 별명으로 통한다. 그 사람을 아주 잘 묘사하는 별명, 그리고 그 별명은 인터넷 '아이디'이기도 하다.

센터에는 다양한 작업 공간이 있고, 하자인들은 항상 '선택'을 한다. 하자에서는 마음 통하는 사람들끼리 모여서 작업을 하고, 왜 그런 것을 하냐고 방해하는 사람들은 별로 없다. '동류'간의 소통은 쉽고 생산적일 수 있다. 그러나 '동류'간의 소통이 지루해지면 이들은 다음 단계로 나아간다. 속도와 관심사와 능력 등등에 따라 동질 집단은 이질적인 집단으로 분화되고 그래서 다시 '헤쳐 모여'를 한다. 센터는 '의리'로 뭉친 인간들이 모이는 공간이 아니다. 동류들끼리 만나서 소통의 즐거움 속에서 교류를 하다가 헤어지고, 또 만나는 다양성이 공존하는 생산적 작업 공간이다.

학교화된 아이들과 탈학교 아이들 사이의 차이

최근에 '학교화된' 아이와 탈학교 아이들 사이에 사건이 있었다. 하자 일주년 기념 축제를 준비하면서 일어난 일로, 아이들의 차이를 매우 잘 드러내는 사건이다. 구체적 사안을 길게 설명할 필요는 없을 것이고, 학교와 탈학교, 하자 외부와 내부라는 구분 속에서 이루어진 논쟁의 지점을 드러내는 글 한 편을 읽어 보자.

제목 : 그날 회의에 대해서
올린이 : 분홍거미
출처 : 「디지털스토리텔링준비게시판」 38746, 2000-11-07

…

내 생각에 표가 그 회의에 준 것은,
전염 같은 수동성이 퍼지고 있던 하자에 정신 차려! 한마디 해준 것.
그걸 어떻게 받아들이냐는 하자인들의 문제죠
…
내가 표에게 주었다고 생각한 것도 하나 있어요.
제대로 받았는지는 알 수 없지만
사람이 어느 하나에 자기 정신을 매어 놓으면 합리적 판단을 할 수 없지요.
게다가 자신이 스스로 무척 합리적이며 정의롭다고 믿는 사람일수록 자신의 비합리성을 인정하기 힘들어지구요.
죽돌이! 판돌이! 십대! 어른!
익숙한 단어지만 사실 가만히 생각해 보면 너무나 폭력적이고 아무것도 설명할 능력이 없는 그런 커다란 개념들에 너무 사로잡히지 말아요.
그날 회의를 되새겨 보면 알 수 있을 거야.
그런 단어들이 너무나 막 사용됨으로써 빚어졌던 그 험악한 분위기를…
나는 어른의 반대로 존재하는 인간이 아녀요. 나는 나지. 짜군도 말했잖아. 그 옛날에 이미.
…

어른들과 함께 일하지 않는다.
나는 십대로서 당당하고 독립적이다!
그 전투적인 언어 사이에 묻혀 버리는 감각들이 다 하자 센터로 와버리면 어쩌시려구…

지금처럼 학생들이 학교에 오랜 시간 묶여 있는 경우, 학생과 비학생의 삶의 양태는 아주 다를 수밖에 없다. 여기서 학생과 비학생의 차이는 단순한 소속의 문제가 아니라 사고의 유형의 차이로 이어진다. 곧 "학교라는 체제를 염두에 두고 생각하는가 아닌가?"에 따라 큰 차이가 있다는 것이다. 물론 엄격하게 보면 비학생 안에서, 또는 학생 안에도 엄청난 차이들이 있고, 학교에 적을 두고 있어도 마음은 완전 탈학교화되어 있는 놀라운 능력을 가지고 있는 아이들도 있다. 그래서 칼로 자르듯 일반화하기는 힘들지만, 어쨌든 "존재는 사유를 구속한다"는 명제는 여전히 진실이고, 하루 열 시간 학교에 있는 아이들과 그렇지 않은 아이 사이의 거리는 상당히 멀다. 학교에 물리적으로 다니고 있는 아이들은 아무래도 '학교라는 제도적 권력'을 중심으로 사고하거나 그렇지 않더라도 그 영향에서 벗어나기 위해서 끊임없이 신경전을 해야 하기 때문이다. 신경을 끄는 일까지도 실은 신경을 쓰는 일이다.

일반적으로 '학교화'된 아이들은 탈학교 아이들보다 어른들에게 순종적이거나, 반대로 어른(학교라는 제도로 표상되는)에 대해 적대적이다. 이들은 기존 체제 속에 머물러 있기 때문에 어른/아이, 학생/교사의 이분법을 넘어서기 힘들고, 따라서 변화를 꾀할 때도 이분법적으로 전략을 짠다. 예를 들어서 '착한 학생'의 경우는 "내부끼리는 불화하지 말고 어떻게 잘해 보자"는 식의 적응 전략을 사용하고, '나쁜 학생'의 경우는 "어른은 빼고 오로지 우리끼리만 한다"는 생각이 지배적이다. 순응 전략을 쓰는 학생들은 적당한 타협의 언어, 큰 말썽을 불러일으키지 않으려는 자체 검열의 언어를 사용하는 반면, 순응하고 싶지 않은 아이는 '요구의 언어, 대항의 언어'를 주로 사용한다. 이들은 자주 '오직 십대들에 의한' '오로지 청소년들만에 의한' 등등의 배타적인 슬로건을 내걸게 된다. 마치 청소년 전문가들이 '어른 중심주의'와 '청소년 중심주의'로 갈려서 아주 다른 이야기를 하는 듯이 보이지만, 실은 어른/청소년의 이분법에서 벗어나지 못하듯이 학교화된 아이들 역시 기존의 학생/비학생 이분법을 바탕으로 하는 기호 체계 속에서 자유롭지 못하다. 학교 체제를 인정하면서 학교를 변화시키려는 아이들이 '중심'과 '주변'에 대한 인식이 분명하고 확실한 표적을 겨누는 식의 게임을 한다. 싸울 대상이 분명하기에 생기 발랄하고 또 적극적인 면을 보인다.

탈학교 아이들은 분홍거미가 윗글에서 암시했듯이 학교화된 언어와는 다른 성질의 언어를 만들어 가는 중이다. 자퇴 초기에 아이들은 학교 체제에 강한 거부감을 드러내지만 이 시기가 끝나면 이들은 학교 체제에는 관심이 없다. 그 이후의 탈학교 아이들의 언어는 부유한다. 모방할 대상이 정해져 있는 상태가 아니라 스스로 자신의 상태를 만들어 가야 함으로 이들의 언어는 불확실성 속에서 자기를 찾아보거나, 새 판을 만들어 보려는 식의 모색적 성격이 강하다. 이들은 자신의 삶을 관리해 주는 사람은 더 이상 없다는 사실을 깨달았기 때문에, 또한 그런 관리 체제를 자발적으로 탈출했기 때문에, 때론 불안하고 그래서 방어적이 되기도 하지만, 그 불안과 방어의 양상은 학교화된 아이들의 것과는 아주 다르다. 탈학교 아이들은 "하면 된다"의 속도로 움직이고 "다 함께 하자"고 종합 정리 요약하는 학교 아이들을 불편해 한다. 분명한 논리로 반박을 하지 못하지만 몸으로, 또는 다른 형식의 언어를 빌어 "그것은 아닌데…"라고 말하는 이들은 그런 면에서 확실히 '후기 근대적'이다.

자신들이 구체제를 탈출해서 새로운 판을 짜고 있다는 것을 어렴풋이나마 알고 있는 탈학교 죽돌들은 '언어'에 대해서 매우 민감하다. 특히 콜레지오에서는 개발 독재 시대에 만들어진 군사주의적 언어, 국민 동원 시대의 도구적 언어나 흑백 논리에 빠져들지 않고 말하는 것을 주요한 학습 과제로 삼고 있다. 사실 탈학교 아이들은 분홍거미의 말대로 수동성에 쉽게 감염되어 버리기도 하고, 시간 약속도 제대로 못 지킬 때가 많다. 하지만 자신의 감수성을 죽이는 언어를 '사용하지 않으려는' 점에서는 나름대로 단호하다. 울리히 벡은 최근 청년들이 보이는 수동성 내지 방관하는 태도를 '대단히 정치적으로 정치를 거부하는' 태도라고 말한 바 있다.[4] 벡은 이런 방관적 태도가 '적이 사라진 시대'에 아래로부터의 민주주의를 상상하고 만들어 가는 과정이라는 해석을 내린다. 대학 가는 것에 그다지 가치를 두지 않는, 그래서 '성공'이라든가 '잘사는 삶'에 대해 아주 새로운 질문을 던지고 있는 탈학교 아이들은 그 길이 분명하게 드러나 있지 않기 때문에 자주 길을 잃고 힘들어하지만, 그렇다고 섣불리 무엇에 매달리지는 않는다. 지금 이들은 "무엇을 할까?"보다는 "무엇을 하지 않아야 한다"는 차원에서 생각을 하고 있는 중이다.

나는 하자 센터에 오는 '학교화된 아이'들과 탈학교 아이들 간의 차이와 긴장을 주목해 보고 있다. 이것은 파행적 근대화를 해온 한국 사회가 이루어내야 할 아주 어려운 과제, 곧 '근대'와 '탈근대'의 만남과 진화의 과정을 잘 보여 주고 있기 때문이다. 탈학교 아이들의 언어가 자리를 잡기 시작한 하자 센터에서는 조만간 근대와 탈근대의 '세력'들이 경합할 것이며, 각기 자신의 욕망을 펼치면서 협상의 공간을 열어갈 것이다. 요즘 하자에는 교복

---

4) 울리히 벡은 최근의 저서 『적이 사라진 민주주의 : 자유의 아이들과 아래로부터의 새로운 민주주의』(2000, 정일준 옮김, 새물결)에서 지금 거리에 넘쳐나고 있는 가장 '비정치적인' 자유의 아이들에게서 새로운 정치의 희망을 찾고 있다. 모든 사람들이 동등한 주체로 참여하는 새로운 원탁형 사회로 성숙해 가는 과정에서 최첨단을 가는 주역은 물론 청년들이다.

입는 학생들이 부쩍 늘어나기 시작했고, 학교 공부를 위한 '스터디 그룹'을 만들겠다는 말도 들린다. 두 개의 집단이 분명한 자신의 빛깔을 스스럼없이 드러낼 수 있는 공간이라면 무지개 빛깔이 공존하는 공간이 되는 것은 시간 문제일 것이다. 긴장과 갈등은 '소통'의 시작이다. 하자 센터에서 초반부터 탈학교 아이들이 제 목소리를 낼 수 있게 장려해온 것은 사실이나, 그것은 음모론자들이 생각하는 것처럼 학교를 붕괴시키기 위한 전략은 아니었다. 그것은 다양한 목소리들이 살아나게 하기 위해 기획된 것이다.

하자 센터에서는 '하자 마인드', '하자답게'라는 말이 종종 사용된다. 그것이 무엇인지를 따져 묻지는 않지만 그 핵심은 개성을 존중하는 것, 곧 사람들 사이의 차이를 인정하려는 노력일 것이다. 냉전 체제는 '차이'를 체계적으로 지워 버림으로써 성공적으로 유지되는 '대립 체제'였다. 차이를 지워 버리고, 나와 상대의 관계를 단순화시킬수록 '대립과 적대'의 언어는 힘을 가지며 미움의 에너지는 커진다. 반면에 사람들이 나름의 개성을 가진 복합적 존재임을 알아차리면 대립과 적대의 언어는 설 자리를 잃는다. 지난 몇십 년, 우리가 살아온 냉전 체제, 그리고 대량 생산적 산업화와 국가 주도적 경제 개발은 모든 차이가 단번에 한 줄로 위계 서열화되는 사회를 만들었다. 개인들간의 차이와 다양성은 무시되고, "모든 다른 것은 위험하다"의 논리가 사회를 지배하였다. 이런 지배 논리는 그 시대적 유용성이 끝난 지금까지 힘을 발휘하고 있고, 그 결과 우리 사회는 세계화 시대에 역행하는 획일주의와 '하향 평준화 병'을 앓고 있다. 증세는 무기력과 '집단 따돌림'이다. 병을 고치려면 슬로건은 다음과 같이 바뀌어야 할 것이다. "작은 것이 아름답다." "헤쳐 모여 새로 시작한다." "따로 가면서 같이 간다." 지금은 말이 통하는 이들끼리 소통 가능한 공동체들을, 시들어 가는 문명을 소생시켜야 하는 시점이다.

새로운 언어를 만드는 소통의 공간

하자라는 공간을 한마디로 말하라면 나는 '이야기가 있는 공간'이라고 말한다. 적지 않은 이들이 세상에는 별 문제가 없고 소통이 잘 되고 있다고 믿고 있지만 실은 그렇지 못하다. 우리는 '소통한다'고 믿고 있지만 대부분 착각일 뿐이라는 것이다. 교장 선생님들은 자기 학교에는 별일이 없으며 아이들은 고분고분 인사를 잘하고 나라를 사랑하며 부모를 사랑한다고 말하지만, 아이들로부터 나는 종종 자기들이 두어 개의 얼굴을 가지고 살고 있다는 말을 듣는다. 학교에서 드러내는 얼굴, 부모에게 드러내는 얼굴, 친구에게 보여 주는 얼굴.

"잠자는 교실보다 시끄러운 교실이 낫다"는 한 교사의 말처럼, 교육에서 가장 중요한 것은 자기 표현이다. 관리되는 인간, 이중적인 인간을 만들어 내는 것은 교육적으로 가장 피해야 하는 일일 텐데, 지금 학교에서는 이런 아이들을 양산해 내고 있다. 학교는 너무 오랫동안 매우 다른 아이들을 한 공간에 집어넣고 같아지라고 강요해 왔다. '아무나 아무렇게나 마구 섞어 놓은' 교실은 아이들의 소통에 대한 의지를 꺾어 버렸고 능력을 퇴화시켰다. 교실에서 살아남기 위해서 필요한 것은 서로를 위로하는 한두 명의 단짝 친구와 '왕따'당하지 않으려는 기술이지, 소통하려는 의지와 능력이 아니다. 해가 다르게 대학 강의실에서도 토론이 잘 이루어지지 않고 있다. 갈수록 상식적 다수는 침묵하고 '주책스런' 사람들만 말을 한다.

하자가 문을 연 이후 가장 신경을 쓴 것은 바로 소통 공동체를 만드는 일이었다. 기계적 시대를 넘어서려면, 죽어가는 감수성을 살려내려면 가장 먼저 해야 하는 일은 유기적 공동체의 회복이며, 이는 곧 소통에 대한 신뢰감을 찾는 것을 의미한다. 소통의 공간이란 달리 말해서 '헛소리를 안 하는 공간', '문제를 직시하는 공간,' 일상을 성찰하면서 '일상성이 회복되는 공간'을 말한다.

하자 초기는 새로운 말과 이미지들을 만들어 내는 시기였다. '하자 센터'라거나 '문화 작업장'이라는 말을 만들어 냈고, '스스로 업그레이드하자'는 구호를 만들어 냈다. '판돌', '죽돌', '난간파', '꼬라지' 등등의 이름과 별명과 인터넷 아이디들은 그 자체로 많은 것을 전달해 주는 기호이다. 하자 벽 곳곳에 붙어 있는 7가지 약속으로 시작해서 하자의 실제 공간과 사이버 게시판에 가면 텍스트만이 아니라 온갖 이미지와 빛깔이 많은 말을 하고 있다. 센터에 있는 남자 화장실 문앞의 'ㄴ' 표시는 빨간색으로, 여자 화장실의 'ㅇ'은 파란색으로 칠해져 있다. 이 의도적인 '바꿈'으로 인해 많은 '상식적인' 사람들은 혼란스러워한다. 하자는 화장실 표시 색깔로도 '말'을 건네고 있는 것이다. "남자가 파란색이고 여자는 빨간색인 것은 언제부터인가요? 우리는 그 변함 없는 것이 지루합니다" 하고 화장실 앞에 있는 작은 기호는 말하고 있다.

하자에서는 모든 활동이 소통의 행위이다. 초기부터 직원을 채용하는 방식도 '소통'을 극대화하는 방식으로 진행하였다. 일차 선발에 오른 신청자 서너 명과 센터 쪽 관련자 서너 명이 함께 '원탁 테이블' 인터뷰를 하였다. 센터에서 무슨 일을 하고 싶은지 20년 후의 자신의 모습은 어떤 모습일 것이라고 생각하는지, 센터의 인상은 어떠하며 무엇이 문제라고 생각하는지 '이야기'를 하다 보면 센터에 적합한 사람이 저절로 드러난다. 충분한 소통의 과정을 거치면 탈락하는 지원자도 자존심이 상하거나 씁쓸해 하지 않는다. 좋은 경험을 하고 간다고 생각하거나 나중에 인턴으로 합류하는 이들도 있다. 센터가 자리를 잡기 시작하면서 직원 채용 인터뷰 방식은 좀더 체계화되고 있다. 서류 심사에서 선발된 이들은 각자가 하자 게시판이나 실제 공간을 보면서 나름대로 구상한 일을 말하는 '개인 쇼'를 한 후 토론의 자리를 연다. 그렇게 하고도 결정이 어려우면 다시 '원탁 테이블' 인터뷰를 한다.

물론 그 자리에는 죽돌과 판돌 등 누구든 들어올 수 있으며, 죽돌들을 포함한 모든 이들이 벌이는 토론의 결과가 결정에서 큰 비중을 차지한다. 나는 정상적인 토론을 할 수 있는 과정을 거치면 '공중'은 아주 합리적이고, 또 쉽게 합의에 도달하게 된다는 것을 이런 모임을 통해 수시로 확인하고 있다. 지난 달 웹 작업장 판돌 채용에는 죽돌들이 참여했다. 나는 웹 작업장 디자이너를 뽑기 위한 인터뷰 이후 죽돌들의 의견과 판돌들의 의견이 일치하는 것을 보면서 "이제 산파는 손을 떼도 되겠구나" 하는 생각을 하며 한시름을 놓았다.

하자 판돌의 첫째 자격은 십대와의 소통력이다. '준비된' 십대들을 데리고 가는, 그러면서 또한 준비되지 않은 죽돌들에게도 수시로 초대장을 보내는 '소통'의 기술과 아이를 느끼고 관찰하는 능력이 중요하다. 때로 하자 판돌들은 소수의 '선택된' 아이에게 너무 물을 많이 주어서 아이가 자라지 못할까봐 걱정을 한다. '헌신성'과 '전문성'의 균형을 잘 잡아가야 하는 것이다. 중요한 것은 아이들이 충분히 방황하고, 충분히 불안해 하면서 제 길을 찾아가는 것이고, 가능한 한 스스로 원해서 물으러 오면 답을 주거나 길을 일러주어야 할 것이다. 미리 알려주는 것은 준비되지 않은 당사자들에게 부담감만 갖게 한다. 그래서 아이들과 작업하는 판돌에게는 기다릴 줄 아는 자세가 필요하다.

하자에서는 수시로 사건이 터진다. 예를 들어보자. 판돌/죽돌 관계는 실은 교사/학생 사이이다. 일반적으로 우리 사회의 교사/학생 관계는 상당히 권위주의적인 관계여서 소통이 제한적이다. 그러나 하자의 판돌과 죽돌 관계는 좀 다르다. 판돌과 죽돌 사이에 분명 벽이 있지만 그 벽은 쉽게 넘을 수 있는 벽이다. 이 두 집단 사이에 일어난 한 사건을 소개한다. 그것은 콜레지오 아이들이 '꼬라지 1탄'을 날리면서다.

제목 : 판돌이면 판돌답게 1탄

올린이 : 하자 꼬라지

출처 : 「자유 게시판」 6523, 2000-4-1 15:43

하자 꼬라지 멤버 중에는 자퇴한 친구들이 많습니다.
자퇴의 이유야 뭐 천차만별이지만 학교에 대한 주관이 매우 뚜렷하고(대부분의 경우 학교 다니는 친구들보다는 많이 생각해 보고, 고민해 보고, 수도 없이 설명하며 자퇴했을 테니까) 그런 만큼 하자에 대한 기대도 남다릅니다.

그런 하자 꼬라지 친구들에게 요즘 들어 하자 판돌들을 불신의 눈길로 바라보게 하는 씁쓸한 일들이 생기고 있습니다.

1. 어떤 판돌 하나가 하자 친구들 여러 명을 대상으로 '사귀자는 뉘앙스를 담은 집적거림'을 계속하고 있습니다. 판돌과 스태프가 사귀지 말라는 법은 없지만(오히려 축하와 부러움이 담긴 공포탄을…) 여러 명의 친구들을 번갈아 가며 마치 원조교제 같은 불쾌한 느낌으로 접근하는 것은 문제가 있지요.
하자 친구들이 '하자 꼬라지'를 중심으로 현명하게 대응하고 있기에 망정이지, 자칫 정말 위험해질 수도 있었던 문제라고 생각합니다.

2. 또다른 판돌 하나는 작업장의 성격을 이용해 신체 접촉을 하려 한다든지, 성을 이용한 여성 비하적인 농담을 한다든지 하는 형태로 하자 꼬라지들을 외롭게 하고 있습니다. 여기는 학교가 아니잖아요? 학교 다닐 때 남자 선생들이 그랬던 것만으로도 정말 신물이 납니다.

우선 말씀드릴 것은 하자 꼬라지들은 부정확한 정보나 떠도는 소문, 선데이서울 같은 추측으로 "판돌이면 판돌답게"를 운영하지 않습니다. 판돌~ 1탄을 위해서도 여러 번의 비공개 회의가 있었고, 대단히 구체적인 증거와 실제 경험을 바탕으로 내린 결론임을 밝힙니다. 또한 정확성을 높이기 위해서 하자 꼬라지 담당 판돌 희옥스와 우리의 다정한 판돌 양양의 조언이 있었다는 사실도 알립니다. "판돌이면 판돌답게"는 전단지로도 만들어서 하자 곳곳에 게시할 것이며, 해당 판돌에게 반성과 자중의 태도가 보이지 않을 경우 이름을 공개할 것입니다.

하자 공동체에 부적절한 행동에 대한 발언을 '집단적'으로 함으로써 '꼬라지'들은 하자 센터에 비중 있는 공동체 성원으로 부상했고, 하자 안에서는 그 이후 특히 게시판을 통해서 기탄 없이 이야기하는 분위기가 자리를 잡고 있다. 꼬라지들의 '용기 있는 발언'은 하자 센터 내부에서 판돌과 죽돌 사이의 벽을 허물었고, 그들의 '아래로부터의 노력'으로 인해 내 예상보다는 한결 빨리 탈권위적인 공동체가 만들어지고 있다. 물론 그 발언 이후 센터에서는 당장 판돌을 대상으로 한 '성인지 감수성 학습'이 이루어졌다.

하자가 풍요로운 것은 '소통하려는 의지'를 가진 사람들이 많기 때문이다. 아이들은 교복 파티나 레이브 파티, 슬램 파티 등의 축제 형식을 빌어서, 신문과 영상 제작물을 통해서, 그 외 차 마시는 모임을 통해서 이야기들을 풀어놓고 또 정리해 간다. 하자 꼬라지들은 얼마 전 부모와 소통을 꾀하는 자리를 마련했다. 소통의 필요성을 절실하게 느낀 데다가 소통이 가진 힘을 알았기 때문일 것이다. 하자 대학 게시판에 오른 '엄마의 무게'에 대한 남이의 글을 읽어 보자.

제목 : 비가 오네요. 비가 옵니다. 계속 올 건가?
올린이 : 괴물딱지
출처 : 「하자 대학 게시판」 7892, 2000-4-21 10:40

내게 아침이 너무나 길다. 새벽에 잠들어 다시 아침에 깨면 엄마한테 어제 못 들었던 꾸중을 다시 듣고 아파서 다시 자고 다시 일어나면 그래도 또 아침. 오늘 엄마는 나에게 그깐 눈물 한바가지 흘려도 소용없어, 라고 하신다. 그래 쓸데없는 눈물. 그것은 내 주관대로 열심히 해보겠다는 각오의 눈물도 아니요 그렇다고 해서 엄마를 미워하며 흘리는 원망의 눈물도 아니요 그저 반사적으로 나오는 분비물 중의 하나일 뿐이다. 욕에 대해서 아직도 면역이 생기지 않았나 보다. 욕을 들을 때도 반사적으로 분비물이 발생한다. 그리곤 지레 지쳐서 자버린다.

우리 엄마는 나에게 너무나도 이질적이다. 피에 건더기가 있는 것처럼. 우리 엄마와 나는 잘 맞지 않는다. 너무나 다혈질. 피가 끓는 듯한 어투로 나에게 소리치는 엄마는 어쩌면 내가 피하면서 자라야 할 큰 돌덩이인지도 모른다. 우선은 유리 온실에서 나왔으니 불어오는 흙바람에 덮이든 지나가는 발자국에 밟히든 걱정하지는 않을 거다. 그래서 그 돌덩이를 피할 것인지 아니면 줄기의 힘으로 들어올릴 것인지에 대한 고민도 끊임없이 쌓여간다. 사실 태양을 향해서 자라야 할지 바람을 향해서 자라야 할지도 잘 모르지만.

사람에겐 일생 동안 수많은 기회와 선택의 시간이 기다리지만 과연 그 지나가는 것들을 어떻게 잡아서 원하는 것에 조금 더 다가갈까가 문제다. 이것이 나에게 정말 기회라면 어떤 선택을 해야 될 것인가. 사람이 어리석다 하는 것이 꼭 무언가가 지나간 후에야 후회하고 반성하기 때문이다. 더 이상 어리석지 않기 위해, 지지 않기 위해. 얼음이 불에 다가가듯 바보 같은 짓은 하고 싶지 않다.

제목 : 우리 엄마에 관한 이야기
올린이 : 괴물딱지
출처 : 「하자 대학 게시판」 8140, 2000-4-23 12:35

우리 엄마는 엄청난 다혈질에다 전라도의 지역적인 특성을 이어받아서 욕도 엄청 잘 하신다. 물론 내가 엄마한테 직접적으로 들어본 욕은 미친X. 이거 단 한 가지이지만. 감성적일 때에는 가을에 외롭다고 우시기도 하고 나한테 시를 읽어 주시기도 하지만.

나는 어렸을 때부터 내성적이고 얌전했다. 그래서 나는 엄마라는 존재에 전적으로 의지하면서 살아왔다. 한순간이라도 시야에서 엄마가 없어지면 울곤 했는데 아직도 전에 살던 아파트 창문에 매달려서 엄마를 기다리던 생각이 난다. 사실 우리 엄마는 너무나도 외롭고 불쌍한 존재다. 내가 이렇게 말한 걸 알면 엄마가 화내실지도 모르겠지만. 지금은 어째 엄마랑 서먹서먹해졌지만 내가 전학 가기 전까지만 해도 많은 사랑을 베풀어 주셨다. 나는 언제나 엄마를 떠올릴 때면 화내는 얼굴 하나와 울고 계시는 얼굴 하나를 떠올리곤 하는데 엄마가 울 때마다 난

다짐하곤 했다. 돈 많이 버는 사람이 돼야지. 엄마는 배우고 공부할 기회를 많은 형제들에게 양보하셨고 자신은 남들이 공순이라 부르는 직업으로 반평생을 살아오셨다. 남들이 공순이 공돌이하며 비하하는 투로 말할 때는 가슴이 아프다. 우리 부모님만큼 정직하게 살아오신 분들도 없는데. 근데 내가 너무 철이 없어서 누구 누구는 유학도 가는데 왜 나는 못 가. 걔보다 내가 못난 것도 없는데 하면서 대들고 다시 한번 못을 박고 뺄 생각도 하지 않았다. 우리 엄마는 오늘도 빈손으로 시작해서 여기까지 왔다고 하시며 집안을 쓸고 닦고 또 닦고 하신다. 얼마 전에 화장실에 염색약을 여기저기 묻혀 놨는데 그때 엄마가 왜 화내셨는지 이해가 갈 것 같다. 엄마는 내가 맛있는 거 먹었어 하고 자랑을 하면 요즘은 마약이 판친다더라. 아무나 사주는 음식 먹지 마 하시고, 아는 언니가 일본 갔다 하면 일본에 끌려가서 술집 같은 데 일하고 사기당할래? 하시고, 걱정에 또 걱정. 뭐 하나도 내가 말한 의도대로 먹히질 않는다. 이젠 엄마에게 내가 자랐다는 것을 보여 주고 싶고.

그냥 엄마가 나에게 거시는 기대가 버겁고 한편으론 무섭다. 엄마와 내가 가지고 있는 가치관과 사고가 너무나 다르다고 해서 서로 사랑하지 않는 존재는 아니다. 엄마는 나를 너무나 사랑하셨고 앞으로도 계속 사랑하실 거다(엄마가 아니라고 하면 할 수 없지만). 엄마에게 가꿀 수 있는 텃밭과 좋아하는 시집을 사줄 수 있는 만큼만 여유로운 사람이 됐음 좋겠다.

아래의 민희와 원의 글은 부모님을 초대한 자리에서 읽은 글이다.

"꼭 그 먼 서울에서 해야 되느냐"고 집으로 불러들일 궁리를 수시로 하는 엄마, 내가 요즘 하고 있는 것을 줄줄이 설명해 주지만 조금 지나 그래서 결국 네가 하고 있는 게 무엇이냐고 묻는 엄마. 그때, 대학도 안 가겠다, 시집도 안 가겠다, 그런 안정된 직장에도 들어가고 싶지 않다고 화를 내며 말했을 때 정말 순진하고 서럽게도 엄마는 눈물을 뚝뚝 흘렸지. 엄마는 또 어느 날, 다른 사람은 몰라도 네가 이렇게 나를 배신할 줄은 몰랐다고 했지. 내가 학교를 그만둔 지 이제 일년이 다 되어 가는데도 집에 가면 한번씩 네가 학교를 그냥 다녔더라면 오죽 좋았겠냐고도. 엄마, 나는 내가 학교에 그대로 있었더라면 지금은 감당할 수 없이 너무나 불행해 했을 거야. 정말 무슨 바보가 되어 있지 않을까? 자꾸만 공부는 학교에서 해야 한다고 하지만 그렇담 학교를 나오면 책 하나 볼 줄 모르는 게 좋은 것 같아? 아냐 아냐. 엄마, 날 다른 사람들과 비교하지 말아 줘. 나만 세워 놓고 쳐다봐 줘. 난 정말 엄마가 생각하는 사람들처럼 살기 싫어. 엄마는 네가 하자센터에서 계속 있으면 나중엔 뭐가 되느냐고 했지. 무엇이 되느냐고! 나는 그때 우리의 대화가 늘 그렇듯이 화를 버럭 내며 답답하다고 왜 이해를 못 하느냐고 했지. 엄마가 속물처럼만 느껴졌어. 하지만 실은 그걸 나도 잘 모르겠는데 우리의 얘기에서 나는 늘 무언가 확신을 주는 얘기를 해줘야 하는 상황이라 짜증이 났던 거야. 실은 잘 모르겠는데 자꾸 변할 것 같고 내가 잘할 수 있을까 싶어 확실히 대답을 할 수가 없는데 조금만 더 날 너그럽게 봐주면 안 될까, 내가 아직 잘 살펴볼 수 있도록 날 좀 기다려 주면 안 될까?

어딜 가나 남의 집에 사는 건 얼마나 힘든 일인지. 엄마는 네가 서울까지 갔으면 그런 것쯤 각오했지 않느냐고 냉담하게 말했지만 나는 여전히 투정을 부리고 날 좀 지원해 달라고 하지.

좀 채근하지 말고 날 여유를 갖고 봐주는 것만이라도 지원해 줘, 엄마. 나한테 자기 인생 모두를 얹고 나만 바라보지 않았으면 좋겠다고, 이제라도 엄마 나름의 인생을 좀 즐겼으면 하고 늘 바랐는데 엄마는 여전히 나한테 너무나 큰 기대를 걸고 있지. 그래서 나한테 상처도 많이 입었을 거야. 하지만 난 앞으로도 엄마를 계속 실망시킬 것 같아. 미안해. 하지만 내 마음은 풍요롭고 행복할 거란 걸 알아 줘, 엄마. — 지미니

엄마란 참 이상한 존재다. 개인이기도 하고 어떤 상징이기도 하다. 그래서 내 생각에 아마 좋은 딸이란 때로는 엄마를 개인으로 대하고 때로는 상징적인 존재로서 대할 줄 아는 사람인 것 같다. 늘 부담 없이 함께 살아오던 사람과도 '대화하는 방식'에 대해 고민해야 한다는 사실이 내겐 놀라웠다… 자퇴하는 과정을 통해서

처음으로 엄마가 '오숙희'로 보이기 시작했다. 자퇴는 이러니저러니 해도 결과적으로 내 인생을 뒤집어 버렸고, 엄마와 나 사이의 관계에도 많은 변화를 가져왔다. 엄마가 나의 전부였던 시절이 있었다… 하지만 자퇴 문제로 엄마의 속을 뒤집었을 무렵에는 엄마가 내 편이 아니었다. 엄마는 자기만의 생각과 역사와 배경을 가진 '오숙희 씨'였다. 처음으로 그 차이를 인식하고 난 후, 지금 돌이켜보니 잘 된 일인 거 같다… 이렇게 말하니 내가 엄마와의 관계를 아주 잘 풀어 나가고 있는 딸인 것같이 들리는데 내막은 그렇지 않다. 밖에 있을 때의 나와 엄마와 함께 있을 때의 나는 좀 다른 사람이다. 근데 그건 별로 좋은 거 같지 않다. 왜냐면 그것은 내가 엄마에 대해서 맘대로 정의를 내려 버리고 그에 가장 '적합하다'고 생각되는 제스처를 취한다는 뜻이기 때문이다. 그것은 결코 좋은 커뮤니케이션이 될 수 없다. 제대로 커뮤니케이션하며 사는 것은 너무너무 힘들다. 언젠가 내 방송 스크립트에 썼던 것처럼 끊임없이 의사 소통해야 하는 이 세상은 너무 풍지고 우리는 다 미친년들이다. 엄마와의 관계에서도, 다른 누구와의 관계에서도 나는 사실 피곤하다는 생각을 항상 지니고 있다. 일본 대안 학교 회의를 다녀온 후 내가 갖게 된 느낌은 "세상은 정말 넓고 사람들은 서로 같으면서도 너무 다르다"는 거였다. 수많은 사람들이 다른 생각, 다른 속도, 다른 가치를 가지고 살아간다… '아는 만큼 보인다'는 말은 누가 했는지 몰라도 정말 괜찮은 말이다. 학교 관두고 대학 안 가면 하늘이 무너지고 인생 망가진다고 믿고 있었을 때 내가 할 수 있는 선택이란 박 터지게 공부해서 대학 가거나 아님 하늘 무너뜨리고 내 인생 망치는 일 뿐이었다… 그러나 지금은 낭만적이 되는 밤늦은 시간이라 그런지 하자 센터는 얼마든지 진공 상태가 될 가능성이 있는 곳이라고 생각하고 있고 내가 원하는 속도를 이곳에서 풀면 된다는 생각이다. 그걸 가능하게 하는 것은 ADSL이 아니고 나의 능력이다. 이 모든 감정들, 새로운 각오, 자신감이 지금 내 삶을 채우는 가장 큰 요소이다. 이렇게 많은 변화가 내 안에서 끊임없이 일어나고 있는데 이걸 어디서부터 어떻게 엄마와 함께 할 것인가?… — 원

아이들은 어머니의 품을 떠나면서 아주 많은 경험을 한다. 그러나 자신의

경험을 다른 세대의 사람들에게 설명할 적절한 언어도, 시간도 갖지 못하고 있다. 어머니와의 관계를 무작정 부담스럽게 느끼면서 견디는 아이보다 '무게'를 사고할 수 있을 때 관계의 개선은 가능해진다. 원이가 어머니와의 관계를 관찰하면서 '상징으로서의 엄마'(제도로서의 모성)과 '개인으로서의 엄마'(관계로서의 모성)를 구별하기 시작한 것은 대단한 통찰력이며, 그는 이 통찰력을 바탕으로 어머니와 성숙한 소통의 관계를 다시 맺어갈 채비를 하고 있다. 이날 원이 어머니도, 또다른 어머니들도 아이들의 말을 받아 '응답슬램'을 하셨다.

획일성을 강요하는 억압적인 사회 구성원들이 쓰는 언어는 독백이거나 배설적일 수밖에 없다. 반면 개성이 존중되는 다원주의 사회 구성원들이 쓰는 언어는 자기 표현적이며 대화적이다. 하자가 생각보다 빨리 '이상적인 소통'이 가능한 공간이 될 수 있었던 것은 다분히 사이버 공간 덕분이다. 나는 인터넷이 대단한 구원의 기술이라고 생각하지 않지만 얼굴을 마주하고 이야기하는 것이 부담스러워진 상황, 교통 지옥에 쫓기는 상황, 또는 시간을 잘 지키기 어려운 탈근대적 상황 등 '소통 장애'를 초래하는 각종 부담스런 상황에서 벗어날 수 있게 한 점에서는 큰 역할을 하고 있다고 생각한다. 나는 하루 두세 시간을 하자 사이트를 둘러보며 노는데 하자 게시판을 보면 소통의 기쁨을 느낄 수 있는 글들이 종종 올라온다.

하자 대학 게시판에 오른, 학교를 그만둔 아이의 글과 그와 소통하는 친구들의 글을 잠시 보자.

제목 : 학교에 갔다
올린이 : 오로라여왕

내 책상에 의자가 없었다.

자퇴서를 냈다.

내가 그렸던 벽에 그림은 다 지워져 있었다.

내 짝은 그대로였다.

담임 선생과 간단히 얘기를 했다.

미련이 있었는데

정나미가 떨어졌다.

담배가 피고 싶었다.

교문을 지나려고 했다.

학생부 선생에게

"집에 가요"

라고 말했다.

외출증을 끊어 오라고 한다.

그냥 뛰어나왔다.

그리고 뫼르소처럼

아무 생각도 하지 않았다.

나한테 중요한 문제는

아니었으니까

번호	올린이	이름	제목	게시일
26102	atomfish	오로라여왕	[현재글:]학교에 갔다	2000-8-25 13:45
26295	허니바니	유부희	ㄴ ● 축하합니다 요라	2000-8-26 11:47
26229	JJUNJJUN	쭌쭌	ㄴ ● 나는 학교에 갔다.	2000-8-25 22:10
26152	ziziq	지지큐	ㄴ ● 떠나는 그리고 도착하는 요라.	2000-8-25 17:41
26113	괴물딱지	남이	ㄴ ● 오로라 여왕 축하해요	2000-8-25 15:00
26112	분홍거미	원	ㄴ ● 학교에 갔었다.	2000-8-25 14:52

제목 : 학교에 갔었다.

올린이 : 원

내 책상과 의자는 그대로였다.

아무도 없는 교실을 따고 들어가 내 책들을 챙겨 나왔다.

내 사물함엔 아이들의 선물이 들어 있었다.

화분.

챕스틱.

줄리엣 루이스 관련 자료들.

영상원에 대한 자료들.

몇몇의 편지.

모든 것이 그대로였다.

담임과 짧게 이야기를 했다.

교무실엔 오랜 시간 동안 있었다.

아무도 이젠 내 몸에서 정말 다른 냄새가 나기 시작했다는 걸 알지 못했다.

담임은 마지막 순간까지 고민한다.

그렇다고 부적응이 너의 자퇴 사유라고 쓸 순 없지 않겠니?

나중을 생각해야지.

나는 웃는다.

그냥 그렇게 쓰셔도 될 것 같은데요.

더 심도 있는 영화 공부를 위해, 라고 적힌 자퇴서를 들고 함께 웃는다.

몰려 앉아 잡담을 늘어놓던 늙은 남자 선생들이 나에게 일제히 손을 흔들며 "잘 가~~" 한다.

뚱뚱한 영어 선생은 나도 검정 고시 출신이라며 반갑다고 악수를 하잔다.

잘 모르는 안경쟁이 선생은 어이구 이 녀석 참고 다녔으면 서울대도 가겠구만! 한다.

좀 가소로운 생각이 들어 피식 웃었다.

도대체 이 답답한 머리들 속엔 언제나.

그들은 여전히 새로운 책을 펴들지 않는다.
세상이 어떻게 되어 가는지 알지 못한다.
그런 상태로 수백의 여고생들의 치마를 붙잡고 함께 가잔다.
나를 따르란다.
서울대 갈 성적이었던 나는 치마를 벗었다.
나랑은 이제 정말 상관이 없으니까.

제목 : 나는 학교에 갔다.
올린이 : 쭌쭌

나는 학교에 갔다.
자퇴를 하러,
엄마랑 같이 갔는데 가는 길에서 굉장히 행복했다.
그 전에도 학교를 자주 안 가서 내 학교가 어디 붙어 있는지를
몰라서 한참 헤매다가 겨우 찾아내서 학교로 들어갔다.
하지만 교실로는 들어가지 않았다.
그리고 나는 책 같은 것도 가지고 가지 않았다.
귀찮으니까…
그냥 교무실에서 쓰고 바로 나왔다.
그 학교 앞에 있는 순대집에서 순대를 엄마와 함께 먹고,
그때까지 엄마는 계속 걱정했다.
하지만 나는 행복했다.
자퇴를 했으니.
지금까지 절대 후회 없다.

제목 : 축하합니다 요라
올린이 : 유부희

너의 상황 잘 알지는 못하지만

잘된 거 같지 않냐? 난 24일이 학교에서
나온 지 딱 1년 되는 날이더라고 생일 같은
뭐 생일에도 특별한 기분은 안 들지만
그 1년 전 그 오전이 떠오르니까 재밌다
나 그때 교문에서 내리막길 걸어 내려오면서
뭘 얻기라도 한 양 트레인 스포팅에서 이완이
돈 훔치고 걸어가면서 지었던 그 미소 지으면서
씩 웃고 그 빌어먹을 동산을 내려오는데
그 햇빛하고 주위의 빛의 정도나 바람의 세기가
그리고 기분이 사람을 되게 상쾌하게 만들었어

제목 : 떠나는 그리고 도착하는 요라.
올린이 : 지지큐

요라 별 보면서 시 쓰는 요라.
서울에는 별이 없어 일찍 잠에 드는 요라.
꿈에서 별 보며 시 쓰는 요라.
이제 너도 망망 대해 폭풍우에 한번쯤 휩싸이겠구나.
그리고 너의 섬에 도착하겠지.
잘 가. 그리고 환영해. 좋은 여행 되려므나.

사이버 공간에는 하자 대학 게시판 외에 많은 게시판이나 홈페이지가 있다. 각 작업장별 게시판이 있고, 십대 웹진 Teenz-biz, Hazard, 308 프로젝트, 힙합 동아리, 인터넷 라디오 방송국 하자, '하자, 뭐가 문제야?' '자치모임 게시판'들이 있어 처음 방문한 사람들을 헷갈리게 한다. 십대가 주축이 아닌 소통 공간으로는 '학부모 웹진'과 '교사 아카데미'가 있다.

별도 행사 때마다 홈페이지가 새로 만들어지는데, 명함 사이트, 아시아

유스 페스티벌 행사, 신촌 젊은 문화의 축제, 동대문 패션 축제, 인터넷 특강 등의 새 사이트들은 잠자던 아이들의 호기심을 일깨우면서, 자연스럽게 큰 판에 결합하게 만든다. '긴급 토론방'은 일상에서 일어나는 갖가지 작은 주변의 사건들을 푸는 곳이다. 요즘 이 토론방에는 영등포 구청에서 '거리 미화'의 일환으로 하자 센터 벽화를 말도 없이 지워 버린 일이 벌어져서 이 '벽화 유린 사태'를 해결하기 위한 논의가 한창 진행중이다.

제목 : "벽화 사건" 대책회의 11월 12일 일요일 오후 5시
올린이 : 한영미
출처 : 「하자 벽화 토론방」 39626, 2000-11-10 21:16

서울시에서 ASEM 국제 회의를 대비하여 2000.9월 ~10.20까지 「깨끗한 새 서울 가꾸기」 추진 기간으로 정하여 가로 정비를 실시했습니다. 우리 십대들이 그린 하자 센터의 벽화는 지난 10월 22일경 '아셈 국제 회의를 대비한 가로 정비'라는 미명 아래 아무도 모르게 흔적도 없이 사라졌습니다. 이는 명백히 청소년 창작품의 훼손, 청소년의 권리 무시, 청소년 활동 공간의 임의 처사인 것이고 이에 대해 하자 센터는 강력히 항의하였고 몇 가지 요구 사항을 정리하여 전달하였습니다. 그러나 몇 차례 공문이 오갔음에도 영등포 구청 측의 진심 어린 사과와 사과하는 방식, 손해 배상 등이 우리의 요구에는 닿지 못하는 수준으로 답변이 왔습니다.

우리의 벽화가 아무 동의 없이 지워진 사실에 대해 사건 초기에 많은 십대들이 분노하였습니다. 이제 우리는 더 늦기 전에 이 사건에 대해 현명하고 당당하게 권리를 주장해야 할 때입니다. 우리 사회에 팽배해 있는, 의식적/무의식적으로 행해지는 청소년 경시 풍조에 대한 환기와, 청소년 권리 확보와 청소년 인권을 위해 모입시다. 오로라, 레몬, 정인, 쭌쭌, 마로, 지지큐, 아린, 비키… 등등… 죽돌이들, 판돌들 모두 모입시다.

〈대책 회의 주요 안건〉
마지막으로 보내온 구청 측의 답변 확인

하자에서 보낸 최종 공문 확인

대책 — 십대들 내에서의 여론화/언론 방송으로 여론화/우리가 할 구체적 행위

11월 12일 일요일 오후 5시 311호입니다.

의견 주실 분들은 지금 주제 토론방 게시판으로 오세요.

지금 하자 벽화 게시판에는 '벽화 찾기 외침 공모제'가 열리고 있고 로켓다이브와 껌드럼, 원은 다음과 같은 랩을 쓰고 있다.

제목 : 난 말이지

올린이 : 로켓다이브

출처 : 「하자 벽화 게시판」 41828, 2000-11-20 15:59

나의 작은 손바닥에 적어 놓은 여린 글씨를…

나의 새끼 손톱에 그려 보는 하얀 새를…

나의 눈동자에 비치는 회색 물방울을…

나의 작은 손바닥에 반쯤 남아 있는 망가져 버린 단어들을…

나의 새끼 손톱에서 웅크리고 있는 날개 잘린 붉은 새를…

나의 눈동자에 메아리치는 고드름이 되어 버린 눈물을…

너는 외치니?

너는 아름답니?

너는 바라보니?

나는 알 수 없어.

제목 : 나더 해볼까…끄적끄적…

올린이 : 껌☆드럼로켓다이브

출처 : 「하자 벽화 토론방」 41978, 2000-11-21 02:54

나더 해볼까… 끄적끄적…

intro.>

yo~넌 좋겠어. yo~참 좋겠어 yo!~난 꺾였어 yo~니가 망쳤어

verse1>

아오 그래 나는 아오

우리의 자유가 왜 꺾인지는 나도 아오

그건 왜요?라고 묻는다면 캬오 나는 열받소

돼요 안돼요? 묻는 눈치였소

첨엔 분명히 그랬소. 아… 당신들은 진정한

이 시대의 게릴라였소

그 깜짝쇼를 눈치채지 못한 것이 나의 과오였소

그렇게 마음대로 구는 것은 또 어디서 배운 게요

아무리 생각해 봐도 당신들은 마구리

그래서 마구리로 생각된 우리의 구리구리한

그거. 그래. 그렇게 지우고 나니 좋소?

옳소?라고 묻는다면 나는 구속?

살기 좋소? 아니 정말 여기 이 땅은 우리는 살기 좋소?

repeat>

go for it!~ get it~! and fuck it

so whut ya gonna do? for it

danm it~ finally you did it~

deleted it~!

thanx for it.

verse2>

A. s . E. M 아쌤 내가 학교 다닐 때 우리 윤리 쌤

아니 국어 쌤? 아니 여튼 잘 모르는 쌤

이렇게 말씀하셨다. 우리의 권리, 소유, 창작,

뭐 이런 것들 따위의 권리 다 소중하다
지켜야 한다. 그게 법이다. 그게 순리다.
앗 그런데 쌤
왜 우리 나의 그리고 소중한 벽화는 왜
왜 아쌤이란 거 한다고 없어져요 쌤 왜
아쌤이 얼마나 쎈 쌤이길래 그쌤 와 졸라 무섭네
페인트 팍팍 뿌려 너는 싹싹 지워
어쭈 빙빙 돌려 아주 싸그리 다 지워
그래서 지금 내가 꽥꽥 이렇게 소릴 질러
하지만 근데 왜 니 머리는 팽팽?
니 긴장의 고리는 팽팽. 나의 권리는 쌩쌩
repeat>
verse3>
아. 이제 내 랩도 마무리를 해야 하니까
여태까지 너무 마구리였어도 이해해
그래 나도 너네 이해해. 그렇게 발라놓고 보니
어쭈구리 가만 있던 것들이
난리 블루스 깜찍 발광들을 떠니
그게 무서웠니. 그렇다고 해도 그렇지
어찌.
공문 하나 달랑 보내놓고 그러니
그걸로 되니. 다 됐니?
태도가 아냐. 자세가 아냐. 어쩌면 제일 걱정은
너의 머리 속 뇌 속이 아냐, 일까봐 무서운 거야
앞으로도 너 계속 그럴까봐
내가 지금 이러는 거야
돌려놔 줘. 니 머리도 돌리고 내 벽화도 돌리고

그리고 사과해줘 사과 상자는 없더라도 제대로 해줘
그리고 명심해줘.
다시는 내가 이렇게 mic 잡고 씨씨~거리며
안 하게 해줘. 아 씨.
repeat>

제목 : 원이 쓴 벽화 슬램 최종본(솔직 버전)
올린이 : 분홍거미
출처 : 「하자 벽화 토론방」 42041, 2000-11-21 16:19

내가 무슨 말을 해.
지워진 얼굴 들고 무슨 말을 해.
지워진 얼굴 속에 아무것도 없는 내가 무슨 말을 해.

나는 영등포를 듣지 않아.
추위에 얼어붙은 귀지들의 산맥이 쩌렁쩌렁 울리도록
내가 듣는 건
뷰욕, 람스타인, 서태지, 포티쉐드, 스컹크 애넌시.

매일같이 들렸을 그 아이의 미소 소리,
매일같이 들렸을 그 외계인의 나두 데려가~
하지만 내가 들었던 건
뷰욕, 람스타인, 서태지, 포티쉐드, 스컹크 애넌시.

어느 날 코를 찌르는 페인트 소리와 함께
나를 덮쳤을 그 침묵,
더 이상 들리지 않았을 그 아이의 미소 소리,
더 이상 들리지 않았을 그 외계인의 나두 데려가~
하지만 내가 들었던 건

뷰욕, 람스타인, 서태지, 포티쉐드, 스컹크 애넌시.

나에게서 시작된 나에 대한 폭력이
아무것도 듣지 않게 했어.
매일같이 들렸을 그 아이의 미소 소리,
매일같이 들렸을 그 외계인의 나두 데려가~

나에게서 시작된 나에 대한 폭력이
뷰욕, 람스타인, 서태지, 포티쉐드, 스컹크 애넌시.
노랗게 둥그런 시디 케이스 소리 외에는 견딜 수 없게 했어.
더 이상 들리지 않았을 그 아이의 미소 소리,
더 이상 들리지 않았을 그 외계인의 나두 데려가~

내가 무슨 말을 해.
지워진 얼굴 들고 무슨 말을 해.
지워진 얼굴 속에 아무것도 없는 내가 무슨 말을 해.

너의 폭력은 텅 빈 내 머리 속에만 간신히 스며들어,
귀머거리야, 넌 지금 화내야만 해.
귀머거리야, 넌 지금 저항해야 해.
귀머거리야, 난 침묵이 두려워.
맞아요! 장이 좋은 그대.
쾌변을 약속하는 내일의 유산균.
하지만 침묵은 내 시디 케이스 안에 들어 있지 않아.
난 듣지 못했어.
난 듣지 않았어.
나에게서 시작된 나에 대한 폭력이
너의 폭력 앞에 날 거짓되게 했어.

이런 내가 무슨 말을 해.

지워진 얼굴 들고 무슨 말을 해.

지워진 얼굴 속에 아무것도 없는 내가 무슨 말을 해.

'디지털 스토리 페스티벌 준비하자'는 하자 일주년 행사 준비 게시판으로 판돌들이 준비한 전체 기획안, '서태지'를 초대하자는 편지글, 기획이 너무 판돌 중심으로 가는 것 아니냐는 항의와 그 외 다양한 기획안과 협찬에 대한 글이 수시로 오르고 있는 중이다. 여기서는 서태지든 누구든 우리가 초대한 분이 오는 것이 실은 그렇게 중요하지는 않다. 그가 와서 이곳의 프로젝트와 결합해서 그 자신 즐거울 수 있다면 좋지만, 인연이 되지 않으면 오지 않을 것이고, 그 결과는 그다지 중요하지 않다. 하자에서 중요하게 생각하는 것은 같은 관심과 욕망과 취향을 가진 이들이 모여서 함께 즐거운 판을 만들어 가는 과정 그 자체이다.

센터에서 모든 정보가 만천하에 공개되는 것은 아니다. 하자 사이트에는 핵심 멤버들만 들어갈 수 있는 '인트라' 게시판이 무대 뒤 연출자의 방처럼 숨어 있다. 이 게시판은 초기에 판돌들만의 게시판이었지만 이제는 센터 안에서 일을 맡은 죽돌들도 들락거릴 수 있다. 인트라를 완전 공개하자는 말들이 심심치 않게 나오지만 아직은 무대 뒤를 완전 공개할 생각은 없다. 맥락을 모르는 이들이 때론 일의 진행 속도를 방해할 가능성이 적지 않기 때문이다. 어느 시점에 가면 사이트는 더욱 분화되면서 인트라 게시판의 상당 부분이 공개될 것이다.

번호	올린이	이름	제목	게시일
38374	eyekiss	nephesh	● '알림 게시판'은…	2000-11-5 02:28
38394	haejoang	조한혜정	↳ ● 맥락의 문제	2000-11-5 11:18
38431	eyekiss	nephesh	↳ ● [현재글:]그렇군요.	2000-11-5 15:22

제목 : '알림 게시판'은…
올린이 : nephesh

센터 내의 몇 안 되는 폐쇄 회로이고
인트라 개방에 대한 논란이 전에 잠깐 있었던 것 같은데.
한 번씩 들어올 때마다 느끼는 거지만
왜 이렇게 좋은 정보들을 공유하는 데 제한이 있는 걸까?라는 겁니다.
인트라 개방이 아닌 게시판의 열람 정도는 자유롭게 할 수 있어야 하지 않나용?
만약 이 게시판은 판돌이 전용 게시판이니까,
아님 '기획 예산안' 같은 문제들은 어린 니들이 알 필요 없어,
라는 이유 때문이라면 설득력에 문제가 있지 않나요?
저는 센터 내의 죽돌이들의 접근을 막아야만 하는 민감한 사항들이
알림 게시판에서 거론된다고는 생각지 않습니다만…
이상 인트라 권한 없는 죽돌이의 뻘소리였슴다…^^

제목 : 맥락의 문제
올린이 : 조한

장단기 계획이 있답니다.
인트라를 오픈해서 하자를 복제 가능한 시스템으로 만들어갈 계획.
지금은 조직을 만들어 가는 단계이고
서로 말을 조율해 가고 있는 중.
하자가 생긴 이유와 과정을 전혀 모르는 사람이
우리 이야기를 맥락 없이 듣고 오해를 하면서
일을 만들면 힘들어지죠.
안 그래도 바쁜 판돌들이…
생산적으로 일을 하기 위한 조치입니다.
그래서 맥락을 알 만한 이들,
제한된 죽돌들에게만 허용하고 있는 거예요.

기획 회의 논란도 같은 맥락에서 논의되었죠.
사실은
문턱이 없는 공동체는 공동체가 아니랍니다.
노력해서 공동체에 들어와야 하고
언어 조율에 시간을 쏟아야 하죠.
그래서 더욱 공동체를 아끼게 되죠.
좀 어려운 이야기지만
잘못된 평등주의는 대중 추수주의, 파시즘으로 연결되어요.
판돌들은 '무대 뒤'로 들어올 죽돌들,
하자에 맥락을 알고 애정이 깊은 죽돌들이
인트라에 많이 들어오길 기다리죠.
깊이 있는 이야기나
프로젝트 이야기를 부담 없이,
오해 없이 나눌 수 있는 친구들을 말이죠.

제목 : 그렇군요.
올린이 : nephesh

저는 단지 '센터 내의 모든 정보는 공유되어야 한다'는
하자의 7가지 약속을 떠올리고 글을 올렸던 것인데
너무 원론적이었군요.
저도 하자에 맥락을 알고 깊이 있는 이야기나 프로젝트 이야기를
부담 없이 오해 없이 나눌 수 있는 죽돌이들이 많아지길 바랍니다.
많아질 거구요.
답변 고마워요. 조한 누나.

그 동안 정보 공유를 하고 싶어도 방법이 없어서 힘들었지만, 이제 인터넷이 생겨서 의지만 있다면 시공간을 초월한 소통과 정보 공유는 아주 쉬워졌

다. 더 이상 '소통'을 시도하지 못하는 것에 대한 변명은 있을 수 없고, 정보가 제대로 전달되지 않았다는 불평도 할 수 없게 되었다. 이제 정보를 가진 이가 독점적이었다거나 정보 교류의 채널이 미비했다는 불평도 더 이상 할 수 없게 되었다. 스스로 정보를 찾아나서는 것은 정보 사회 구성원의 권리가 아니라 의무이다. '문화 자본'이란 별다른 것이 아니라 바로 소통을 지속시키는 능력을 말한다. 그리고 정보 사회의 '시민'이란 정보를 잘 찾는 사람이 아니라 실은 소통의 위력을 알고 있는 사람이다. 정보를 찾는 것은 기술에 지나지 않으며, 중요한 것은 뭘 하고 싶은지, 무엇이 문제인지를 스스로 판단할 수 있는 능력이며, 더 나아가 자신에게 필요한 정보를 만들어갈 수 있는 능력이다. 그리고 그것은 소통 공동체 없이는 불가능하다.

업그레이드를 위한 기획과 협상의 공간

하자는 소통 자체만을 목표로 하는 조직은 물론 아니다. 하자는 한 외부 관찰인이 표현한 대로 '아낌없이 주는 나무'가 아니며 아이들이 마음대로 하는 자치구/해방구가 아니다. '아낌없이 준다'는 것은 가능한 일이 아니며, 소비 자본주의가 본격화된 탈근대적 시점에서 '해방구'는 더 이상 큰 의미가 없다. 하자는 후기 근대적 고용 불안정 시대 아이들에게 필요한 시민적 자긍심과 함께 문화 자본을 갖게 한다는 분명한 목적을 가지고 있다. 하자는 십대들의 작업장이자 문화 생산소이며, 스스로 업그레이드하면서 사회 전체를 업그레이드해 가려는 꽤 '거창한' 목표를 갖고 있다.

'학급 붕괴'가 일어나고 있는 지금 상황에서 십대들에게는 '스스로 업그레이드'할 수 있는 공간이 절대적으로 필요하다. 그리고 그런 공간을 만들어 내려면 우선 기획력과 협상력을 가진 어른들이 있어야 한다. '집'을 짓기 위해서는 세 단계에 걸친 작업이 필요한데, 먼저 어떤 집을 무엇을 하기 위해 지을 것인지에 대한 분명한 개념 구상도가 나와야 한다. 두번째는 집을 짓기 위한 자원을 확보하면서 동시에 소프트웨어를 만들어갈 인력과 소프트웨어를 갖춘 인프라를 구성해야 한다. 세번째는 싹을 틔운 유기적 공동체가 필요에 따라 유지 확장해갈 수 있는 단단한 네트워크 체제를 마련하는 것이다. 나는 요즘 십대들과 함께 새로운 문화를 만들어 내려는 어른들이 갖추어야 할 가장 중요한 능력은 바로 기획력과 협상력이라는 생각을 한다.

하자가 나름대로 상당한 협상력을 가진 집단이라면, 그것은 무엇보다도 프로젝트 구상이 단단한 데서 오는 것이라고 생각한다. 기본 청사진과 장단기 구상이 뚜렷하게 서 있지 않으면 실험은 실패할 수밖에 없다. 그런데 청사진은 한 사람의 머리 속에서 나올 수 있는 것이 아니다. 핵심 그룹이 형성되어서 열띤 토론과 실험들을 벌이는 과정에서 청사진은 완성될 수 있다. 하자 센터 역시 구상 초기에 80년대 운동권에서 살림을 맡았던 사회운동가부터 '독립 문화판'에서 기획을 맡았던 사람, 학계와 시민 사회 사이에서 시민 운동을 벌여온 사람, 그 외 실험적인 아티스트들과 경영 마인드를 가진 사무 행정가들이 모여서 그림을 그리기 시작했다. 핵심 그룹은 초기 단계에 아주 많은 토론을 벌였는데, 그 중에서도 센터의 성격에 관한 토론이 치열했다. 하자 센터가 아이들의 쉼터가 될 것인지, 대안 교육의 장으로 특화할 것인지, 아니면 직업 체험의 장으로 정착할 것인지 등의 문제로 많은 격론을 벌였는데, 그때 우리는 쉼터로서의 기능을 하는 곳은 이미 있으며, 그 역할은 종교 단체에서 더 잘할 수 있는 영역이라는 결론을 내렸다. 하자 센터는 대학에서 하는 시대적 실험이며, 기획을 하는 주축 멤버들의 능력을 감안할 때, 대안 교육의 장이자 십대 직업 체험과 창업 인큐베이터 역할을 하는 곳으로 특화해야 한다는 결론에 도달했다. 지금 하자의 구상도는 이런 류의 수많은 토론을 거쳐 나온 것이다.

구상이 끝나면, 그것을 실현하기 위해서 협상이 필요하다. 관이든 기업이

든 간에 물적 자원을 확보하기 위한 협상에 들어가야 하는 것이다. 관민 협동의 경우를 보자. 대한민국이 '좋은 나라'가 되려면 '위로부터 만들어지는 국가'와 '아래로부터 만들어지는 국가'가 제대로 협상할 수 있는 관계를 맺어야 한다. 그런데 한국의 '민'(시민 사회)은 협상력이 취약하다. 단적으로 1970-80년대 군사 독재 시대에 양심 있는 학자나 시민들은 '관'의 돈을 받는 것을 '민'을 배반하는 행동으로 여겼다. 그래서 '시민 사회'는 관과 협상할 의사조차 없었다. 최근까지 한국의 시민 사회 성원들은 모두 자기 주머니 돈으로 일을 벌여 왔다. 나 역시 '또 하나의 문화'라는 모임에서 주머니 돈을 쓰면서 페미니스트 운동을 벌여 왔다. 사실상 국가의 가장 중요한 역할 중 하나는 시민 사회에 국가 자원을 제대로 배분하는 일인데, 지금까지 독점적 권력을 행사해 왔던 한국 국가는 이른바 국가의 손발 노릇을 하는 '관변적' 조직에 자원을 나누어 주었었다. 사단법인이라든가 재단법인 허가를 받는 것 자체가 국가 권력과 모종의 연결을 하고 있지 않으면 거의 불가능했던 것이 최근까지의 현실이었다.

민간 정권이 들어서고, 또한 후기 근대적 상황에 들어서면서 최근 정부에서도 시민들의 창의적이고 자발적인 에너지를 활용하지 않으면 안 된다는 사실을 알게 되었고, 시민 사회 역시 더 전문성 있는 활동을 벌여 가기 위해 인력과 재원이 필요하다는 사실을 깨닫게 되었다. 현재 '자생적인 시민 사회'의 활동들이 위축되고 있는 것은 자원 확보를 해내지 못하기 때문인데, 가만히 관찰을 해보면 다른 무엇보다도 시민 사회 쪽 사람들이 '협상'에서 준비가 채 되어 있지 않음을 알게 된다. 일을 하려고 마음을 먹으면 그때부터는 당위적 주장의 수준을 넘어서야 한다. 비판과 적대의 언어가 아니라 생산과 협동의 언어로 상대를 설득해 나가야 하는데, 한국의 시민 사회 활동을 보면 여전히 '반대 운동'에만 열을 올리거나, 어중간한 지점에서 머뭇거리다가 중도 하차하는 경우가 허다하다. 나 역시 하자 센터를 만들기 위해 총장이나 서울시 관계자들을 만나는 초기 '협상 테이블'에서 곧잘 당위적인 말만 하였다. 말을 하다가 상대편에서 뜻을 알아주지 않으면 '그만두라지' 하는 생각이 들면서 그만 물러서고 싶어진다. 그 동안 너무나 비평적 태도로 살아왔기 때문에, 또 굳이 내 '밥그릇'을 위한 것이 아니라는 생각에 설득의 과정이 '치사스럽다'거나 귀찮게 느껴지는 것이다.

후기 근대적 상황에서 시민 사회 사람들은 프로가 되어야 한다. 협상 테이블에서 '치사하다'고 포기해서는 안 된다는 말이다. 협상을 하려면 두 가지 요건을 갖추어야 한다. 하나는 협상할 자세가 되어 있어야 하고 동시에 교환할 '자원'을 갖고 있어야 한다. 내가 그 '높고 거대한' '관'과 협상할 생각을 하게 된 것은 IMF 위기 이후 정부의 각종 자문 위원회에 참여하면서 돈이 제대로 사용되고 있지 않음을 보게 되면서였다. 나는 정부가 엄청난 국가 예산을 '호적 전산화' 등의 작업에 소모적으로 쓰고 있는 것을 보면서 분개했고, 결국 세금은 '우리 것'이며 그것을 잘 쓰도록 관리하고 또 잘 써주는 것은 시민의 중요한 임무라는 생각을 하게 되었다. 그 동안 국가 재원을 둘러싼 치열한 '밥그릇 싸움'과 '이데올로기 싸움'을 보면서 '착한 시민'들은 사실상 '관'과는 멀수록 좋다는 생각을 갖고 살아왔다. 그러나 더 이상 시민들은 '싫으면 피하고 마는' 한가로운 게임을 할 수는 없게 되었다. 사회의 자원은 점점 더 독점화될 것이며, 자발적인 시민 사회의 모금 활동만으로는 시대가 요구하는 시민 사회적 활동 수준을 유지할 수 없다. 시민 사회 성원들은 이제 국가나 자본가에게 사회에 필요한 '재단'을 만들어 내라고 요구해야 하고, 그 재단이 제공하는 자원을 적극적으로 '활용해줄' 준비를 해야 하는 것이다. 국가는 저 멀리 있는 블랙 박스와 같은 존재가 아니라 함께 협상하고 협력해야 할 파트너이며, 이를 위해 시민은 '교섭과 협상의 기술'을 익혀야 한다.

협상을 하기 위해서는 언어 조율이 필수적이다. 상대방을 설득하기 위해서는 일단 상대를 존중해야 한다. 미리 '적'으로 상정한 협상은 결렬될 수밖에 없다. 관료제는 하루아침에 변할 수 있는 조직이 아니다. 관에서도 '삐딱한 자세'를 가진 '민'에 대해서는 냉담한 태도를 보이며 떠보게 된다. 그리고 계속 버티면 말만 잘하는 무능력한 '민'은 저절로 나가떨어진다는 것을 알고 있다. 일단 협상하기로 마음을 정하면 일이 성사되도록 최선을 다해야 하며, 자신이 하려는 일의 의미를 상대가 알아들을 수 있도록 전달할 수 있는 언어를 개발해야 한다.

서울시 회의에서 왜 청소년 회관에 녹음실이 필요하며 영상실이 필요한지 물었을 때 나는 한참을 설명하다가 도저히 설득하기가 힘들게 되자 "준비한 문건을 자세히 읽어 보시구요, 그래도 이해가 안 되면 일단 해보게 합시다. 보아야 아시게 될 것 같습니다"라고 말해 버렸는데, 워낙 사전 작업을 철저히 한 데다가 '나 같은 민간'의 '게임'이 자신들이 알던 것과 매우 다르다는 것을 인식시킨 터라, 그런 자신감과 열정이 긍정적으로 작용했다. 애초에 청소년 문화 작업장을 만들어 보겠다는 말을 연세대 총장에게 했을 때도 "'불량 청소년'이 오면 어떻게 할 것이냐?"며 난색을 표했다. 그때 나는 여러 이야기를 했지만, 특히 "서태지와 같은 아이들이 올 것이다"는 말로 '위기'를 넘겼다. 공유하는 이미지를 찾아낼 수 있었던 것이며, 그것으로 설득이 가능했던 것이다. 하나의 프로젝트를 시작하려면, 무수한 협상 테이블에서 인식과 소통 방식이 다른 이들과 생산적인 결론을 내리는 과정을 거칠 각오가 되어 있어야 하고, 그것을 즐길 수 있어야 한다. 그것을 해낼 수 없다면 협상을 잘하는 체질의 사람을 팀에 끌어들여야 한다.

하자 센터의 역사는 그런 면에서 '소통의 과정'이기도 하지만 다른 편에서 보면 '협상의 과정'이었다. 제안서 응모에서부터 예산을 둘러싼 시 담당 부서와의 협상, 시대에 맞지 않는 규정을 두고 벌이는 협상, 싸게 살 수 있는 물품을 규정대로 비싸게 사야 하는 '공정한 감사'와 '시민 사회적 정의로움'

을 둘러싼 협상을 지금까지 해왔으며, 앞으로도 계속할 것이다. 이 모든 협상과 조절을 귀찮아하지 않고 성의껏 풀어 가는 또다른 이유는 이것이 기존의 관료제나 경제의 이중 구조에서 나오는 불합리한 제도의 문제를 고쳐 가는 일이기도 하기 때문이다. 아이들이 그린 벽화를 지운 구청과의 협상에서 판돌의 연봉 협상에 이르기까지 하자 센터 사람들은 서로가 '이기는 게임'을 하는 방법을 지속적으로 찾아내고 있다. 원하던 대로의 일을 제대로 추진하기 위해서는 타협과 협상의 언어를 익혀야 하며, 실질적으로 합의에 도달하기 위해 상당한 시간을 바쳐야 함을 깨달아 가고 있는 것이다. '하고 싶은 일을 하기 위해서 하기 싫은 일을 하기'로 단단히 각오하였기에 계속 협상을 시도하고 있고, 이제 협상이라는 일을 즐거움으로 알고 해나가는 지혜를 터득해 가고 있다.

그러나 궁극적으로 협상은 기술이 아니고 자원의 교환이다. 여기서 민간이 가진 창의적 자원의 질이 중요해진다. 확실하게 창의적 사업을 벌일 내적 자원을, 특히 인적 자원을 확보하고 있어야 한다는 말이다. 사업을 할 때는 개념 구상이 전부가 아니다. 구상이 30%라면 나머지 40%는 엔진이라고 할 수 있는 인프라 만들기, 그 나머지 30%는 엔진을 가동하게 하는 공급원인 네트워킹이라고 나는 보고 있다. 특히 새로운 인력을 만들어 내는 것에 실패한 한국 사회에서 소프트웨어를 생산하는 인프라를 구성하는 일은 그렇게 쉽지 않다. 새로운 실험을 할 인력이 준비되어 있는 것이 아니어서 가능성 있는 이들을 끊임없이 찾아다니며 실행력 있는 조직을 만들어 가야 하는데, 하자 센터의 첫해는 바로 그 작업을 위해 많은 에너지를 쏟았다. 하자 센터가 나름대로 괜찮은 인프라를 갖게 된 것은 다른 무엇보다도 '연봉 계약제'와 온라인 체제 덕분이라고 나는 생각한다.

하자는 '적재 적소'의 모토를 내건 연봉 계약제를 시행하는 조직이다. 하자는 경영 마인드가 있는 기획부가 오랫동안 준비해온 조직이며, 스태프들은 하자를 평생 직장으로 생각하지 않는다. 하자는 게시판과 갖가지 '쇼하자' 시간을 통해 스태프 자체 교육을 해온, 어느 벤처 회사보다도 실험적이고 '벤처적인' 성격이 강한 곳이다. 그런 만큼 하자 센터의 직원들에게는 상호 자발적 계약을 바탕으로 하는 연봉제가 적합한 고용 계약 방식이다. CEO인 나는 연봉 계약제가 아니라면, 달리 말해서 25명의 평생 고용을 책임져야 한다면, 실은 이 일을 시작하지 않았을 것이다. 딱히 평생 고용을 책임질 자신이 없어서가 아니라 그런 원리로는 애당초 기획한 업그레이드의 조직을 만들어낼 수가 없기 때문이다. 하자 스태프들은 일 년에 한 번씩 계약을 하고, 그것도 자동 재계약이 아니라 처음부터 다시 시작하는 식의 재계약을 한다.

초기 하자 직원을 뽑은 지 일 년 반이 되었고, 이미 그간에 많은 인력 이동이 있었다. 25명 중에 9명의 스태프들이 자리를 옮겼는데, 초기 사이트를 만든 정보 지원팀 3명은 벤처 회사를 차려서 나갔고, 그들은 우리 사이트가 진화되어 새 버전이 필요할 때 다시 협력 관계를 맺기로 했다. 사무 행정의 바탕을 마련했던 운영 지원부장 역시 하자 체제를 어느 정도 정착시키고는 벤처 회사로 나갔다. 그 역시 기업과의 관계 등에서 센터의 활동을 측면 지원하고 있다. 하자는 초기에 3개월간 서로 맞추어 보는 실험 기간을 두는데, 그 기간 동안 하자 마인드와 잘 맞지 않아서 나가는 경우도 있었고, 일 년이 지나 나간 경우도 있었지만 기본적으로 이런 '이직'을 하자에서는 실패라는 개념으로 보지 않는다. 그것은 교섭과 기획이 살아 있는 조직의 성장 과정에서 필연적으로 일어나는 순환의 현상이다.

일 년 계약을 끝내면서 평가 기획단이 대대적인 평가를 했는데, 판돌들은 평가 초반에 묘한 집단적 저항을 드러내기 시작했고 분위기가 아주 험악해져 갔다. 나는 예기치 않은 상황에 상당히 당황했다. '한국인'의 '집단 무의식' — 권위에 대한 근원적 반항심, "다 같이 죽고 다 같이 산다", 평가에 대한 공포, 민주주의에 대한 비현실적 이상 등 — 을 과소 평가했던 것이다. 기획단과 CEO의 경영 마인드적 결단이 필요했던 시점이었다. 어려운 '협상' 과정과 '학습' 끝에 평가를 [당]하는 것에 대한 스태프들의 태도는 많이 바뀌고 있다. 그때 '독재적'이라고 비난을 받은 평가 기획단의 '평가쇼' 내용은 게시판에 올랐다.

하자 실험은 계속된다.

1. 지난 일년의 성과 — 큰 체계 잡기 : A학점?
① 일, 놀이, 자율의 공간의 창출 / 브랜드화 :
청소년 정책과 여론을 실질적으로 변화시켜 내고 있다.
② 십대를 위한 새로운 작업 공간의 정착과 진화
"자퇴생 가는 위험한 곳?" : 도시형 대안 학교로 성숙해 가고 있다.
③ 관민 협동 : "조만간 반납하게 될 거다" 예상 외로(?) 협상력을 기르고 있다.
④ 사이버 공간을 통한 소통의 생활화 : 온라인 공동체

일년의 과정
1단계 — 준비 과정, 공간 설계와 공사, 관과 연세대 관료제와의 조율, 스태프 교육
7-12월 공간 디자인과 개보수 공사, 시설과 기자재 완비
9월 개별 작업장 구성, 오픈 하우스
12월 말 공식 오프닝, 온라인 체제
2단계 — 하자 브랜드화, 관과의 계속 조율 작업, 작업장 판돌 중심 판 정비 작업(1차)
2월 인터넷 사이트와 인터넷 피에스타(정보 기획팀), 전 스태프의 디지털 문해력 향상
3월 콜레지오 예비 학교 태동(죽돌이 과정), 정보 기획팀 회사

창업으로 하자를 떠남.

5월 작업장별 업그레이드 방안 모색

개별 작업장의 브랜드화 작업 시작(명함 회사와 인터넷 라디오 방송국 준비중)

6월 하자의 친구들 파티

3단계 — 2000년 8월~

내부 작업장별 업그레이드와 내공 쌓기를 위한 판 정비 작업(2차)

대안 학교 : 체제 갖추기 / 작은 영화관 등 학습 공간 / 세계 민주 교육 기관과 연계

브랜드들 : 인터넷 라디오 방송국, 각종 창업 인큐베이터,

웹 제작 회사와 e-하자, 세계와 네트워크를 통한 업그레이드

4단계 — 2001년 8월~

모델화 작업 : 한국과 아시아 지역 다른 도시에 쉽게 옮겨 심을 수 있는 '하자' 만들기

2. 현재 상황 — 문제의 지점

① "아이들이 생각처럼 몰려오지 않는다." "십대들을 붙이지 못하고 있다."

십대가 모이는 경로 / 과정의 파악이 아직 안 되어 있다.

critical mass가 모여야 일을 신나게 할 수 있다.

점검 사항 —

폭넓게 아이들을 불러들일 수 있는 체제인가?

십대에 대한 파악을 위한 회의체가 왜 아직 만들어지지 않았을까?

'난간파'의 자리에 대해 구상을 하고 있나?

아이들이 되고 싶어하는 사람들, 함께 지속적으로 일하고 싶어하는 사람은?

대안 —

a. 아이들과 밀착되어 있으면서 하자 공동체 문화를 만들어갈 센터 전체 '일상의

운영 시스템' 정비와 장인급 충원
b. 십대 활동과 연계를 통한 작업장 자체 업그레이드 방안 :
하자 2.0 버전으로 일정 정도 해결중
새로운 시민 작업장 기획 프로그램 활성화를 통해 일정 정도 해결중
하자 꼬라지 2차 모집과 2000년 대안 학교 인큐베이팅을 통한 업그레이드 가능성

② "익지도 않은 벼로 밥하라 한다." "너무 조급하다."
"할 일이 너무 많아서 생각할 수가 없다. 너무 바쁘다."
"애들 챙길 시간이 없다." "전체 조절자가 없다."(이상 판돌들의 지적)
"어딘지 폐쇄적이다. 초대하는 분위기가 아니다."
"작업장이 관료화되고 있다."
"유연함, 순발력, 유목민적이지 않다."(십대, 외부인들의 지적)

지금 상태로 더 오래 가면 '순직'할 사람들이 나올 것? : 하루 14시간 일하는 판돌.
다들 매우 열심히는 하는데 생산성이 기대만큼 나지 않는다.
다들 잘하려고 불안 초조해 하면서도 문제 해결의 체제를 만들어 내지 못하고 있다.
소통이 활성화되고 있지 않고 눈치 보는 분위기.
진화 과정이 잘 안 보이는 어정쩡한 경우들. 우유부단한 경우들.

점검 사항 —
시간을 번다고 새로운 체제가 만들어질 상황인가?
중단기 계획을 세우고 목적한 바의 유기적 조직, 업그레이드할 수 있는 체제로 시급히 정비할 필요성
대안 —
"열린 유기체 조직, 아메바 조직으로 확실하게 간다." 자율, 공생, 네트워크 중심

조직.

a. '하자 공동체 확대'로 열린 유기체적 판짜기 : 스태프 위주로 가면서 생긴 독점적 성향, 폐쇄성을 극복하고 업그레이드가 용이한 개방적이고 내공을 쌓을 수 있는 판짜기.

공간 자원 + 월급 받는 경우, 공간 자원만 사용하면서 오래 머무는 경우 / 프로젝트 강사로 하자로부터 돈을 받고 일시적으로 공간에 머무는 경우 / 십대, 이십대 무급, 유급 인턴은 모두가 하자 공동체의 시민이다(이등 시민이 아니다).

자문과 멘토, '하자의 친구들'을 최대한 활용할 수 있어야 한다.

"이건 아니다. 잘 가고 있다"고 확실하게 말하면서 이끌어줄 수 있는 체제를 자체 안에서, 또는 외부와의 연결로 만들어 내지 않으면 계속 불안할 것이고 속도는 나지 않을 것이다.

b. 중장기 실행 연간 계획을 세우고 2차 년도부터는 가능한 한 안정적으로 가도록 한다.

기획부 체제 정비 : 시민/대안 문화/교육 부문과 창업 브랜드화 부문을 구분하고 적절한 관계 설정

충원 : 노련한 시민 대안 교육 관련 전문가 충원 : 일상성 속에 전체 판이 돌아가는 상황을 읽어 내고 코디해 내는 노련한 조절자.

인터넷 분야 강화 : 정보 기획과 웹 작업장 도사 / 장인급 충원

판돌 인센티브제 :

판돌 업그레이드를 위한 지원 : 업그레이드를 위한 해외 교류 등

브랜드화, 창업 인큐베이팅 체제 정비

c. 판돌들의 '중심 잡기' : 아이들과 자라는 시스템 : 헌신성과 전문성이 만나는 지점에 거점 잡기. 아이들의 욕망을 읽어 내고 자기 욕망과 연결시키면서 주변의 자원을 엮어갈 수 있는 체제 (새 프로젝트가 저절로 아이들의 요구로 만들어지는 체제)

1명의 아이를 제대로 살리는 체제를 만들면 10명, 100명을 살린다.

— 판돌의 딜레마 해결 : 하고 싶은 일과 지금 하는 일 간의 괴리
: 하고 싶은 일과 실행 능력 간의 괴리
— 하자 비전의 공유와 변화하려는 의지와 능력
: 고정 관념 깨기. 하자 언어 익히기
: 실험에 참여하는 즐거움 : 판 읽기, 새 판 짜기에 대한 '본능적' 관심
: 소통의 방식 : 갈등 직시를 통한 해결 / 갈등을 무마 회피하려 말 것
개발 독재 문화, 언더 문화, 인정과 의리의 문화 그 이후… (아버지에게 할 말 다하기 : 하자 꼬라지가 날린 1탄)
: 능률적 조직 운영과 작은 일의 관리, 그리고 공동체 성원으로서의 최소한의 상식 (자기 관리)

하자 기획단의 평가 실험에 대하여

1. 자체 평가를 한 배경

센터장 CEO의 가장 중요한 역할은 평가 작업이다. 그림대로 제대로 가고 있나? 제대로 시스템이 되었나? 방향 수정을 해야 한다면 어떤 쪽으로 해야 하는지 등 점검 작업과 그림 수정.

처음에 '객관적'인 평가를 해보려고 상대 교수들과 상의를 했다. 대략의 사정을 다 들은 이들은 지금은 자체 평가를 할 시점이라고 했다. 새로운 실험 작업인 만큼 애당초 그림을 그린 기획자들이 제대로 진화해 가는지를 두고 현재의 시스템을 점검해 가야 한다는 것이다. 외부 평가는 3년 정도 지난 후에 하라는 조언이었다.

사실상 하자는 새로운 실험 공간이고 새로운 마인드, '탈근대적' 운영 방식을 지향한다. 한국 어느 곳에서도 이런 시스템이 실험되지 않았으며 따라서 비교 평가나 객관적 통계 처리는 무의미하다. 세계 어디서도 이와 똑같은 목적으로 만들어진 곳은 없다. 하자는 21세기에 맞는 새로운 청소년 센터가 어떠해야 하는지를 보여 주고, 그런 센터를 위한 새로운 평가 기준을 만들어 내야 하는 곳이다.

이번 평가는 ① 전문가 평가단, ② 자체 평가(자기 진단서, 또래 평가서 포함), ③ 십대와 외부 참여 관찰 평가로 이루어졌다.

이번 1년 평가의 목적은, 재계약을 위한 평가 : 하자는 연봉 계약제이고, 평생 고용제가 아니라 이동을 전제로 상호 계약적으로 결합하는 곳이다. 수시로 합의 과정을 거치면서 업그레이드해 간다. 이론대로 간다면 하자 스태프들 중 대부분은 2,3년이 지나면 업그레이드가 되어서 다른 청소년 센터의 장이거나 팀장으로 '모셔질' 사람들이다. 1년 계약이 끝나는 시점에서 스태프들은 새롭게 하자가 자신에게 의미하는 것이 무엇인지 점검하면서 떠날 것인지 머물 것인지 결정하게 되는 것이고, 마찬가지로 기획 책임진도 일 년 동안 지켜본 수행 성과와 '시험'을 통해 개인별 업적 평가를 하게 된다. 이 평가를 바탕으로 올 7,8월에 연봉 계약이 끝나는 15명의 스태프는 하자를 떠나거나, 할 일을 재조정하면서 재계약과 연봉 협상을 하게 된다.

평가를 바탕으로 한 재계약의 기준과 방식 :
1년 계약제의 핵심은 자발적 선택에 있다. 이곳에 자기가 있을 곳이 아니라고 생각하는 이들이 미안해 할 필요 없이 가뿐히 나갈 수 있는 시점, 그리고 센터는 센터대로 진화 과정에 따른 구조 조정을 하게 된다. 나가게 되더라도 그것은 개인의 능력의 문제라기보다 적재 적소에 있는지의 문제다.
1) 계약이 끝나는 이들과 재계약 (시점은 서울시 행정적 문제 + 과도기적 시점을 감안해서 일단 올해 말까지로 한다.)
2) 연봉 협상의 기준
기준 1 : ① 자리를 제대로 잡은 경우, ② 자리를 아직 덜 잡은 경우, ③ 자리가 아닌 경우
기준 2 : ① 꼭 해야 하는 일, ② 하기 싫은데 하는 경우, ③ 대체 가능성 : 수요 공급의 원리 / 모델 케이스

2. 하자 센터의 진화 과정 점검과 작업 모델 개발

센터가 애초 기획한 대로 돌아가고 있는지 체계적으로 점검한다. 1차 년도가 이론을 실제 공간화하는 창조적 시기였다면, 2차 년도는 인프라를 다지는 시기이다. 그간의 작업과 현실 파악을 바탕으로 애초의 기획 중 수정해야 할 부분을 찾아내어 다시 그림을 그리고 체계를 보완한다. 이 과정에서 평가 작업 모델을 개발한다. 현재의 평가 작업은 12월까지 수정 보완되어 하나의 새로운 평가 모델로 체계를 갖추게 된다. (현 평가 과정에서 지적된 동료 평가 관련 문제들, '재밌다'와 '힘들다' 스케일 수정건, '하자 마인드'를 세분해서 풀어쓰기 등.) 이는 앞으로 다른 청소년 기관이나 문화 시설의 평가 모델로 활용될 것이다.

하자에서는 모두가 배우는 사람들이다. 십대들만이 아니라 크고 작은 판을 차려 가는 모두가 스스로 업그레이드할 수 있는 능력을 가지고 있어야 한다. 그것을 하지 못할 때 서로를 끌어내리는 '물귀신 문화'의 제물이 되고 만다. 스스로 업그레이드를 할 경우, 많은 직원들은 끊임없이 하자를 떠나고 또 들어오게 될 것이다. 때가 되면 판돌 중에는 몇 명이 의기 투합해서 하자 센터와 비슷한 청소년 센터를 따로 만들 수도 있고, 다시 학교로 돌아가거나 다른 조직에 들어갈 수도 있다. 유기체적 공동체를 만들어 가는 과정에 참여한 개인들이 중도 하차하건 계속 가든, 중요한 것은 경험의 질이며, 경험을 자원화해 내는 것은 개인들의 몫이다. 이런 면에서 하자에 적합한 판돌은 '평생 고용'이 매력이 아니라 짐이라는 것을 아는 사람들이다. 하자가 그리는 그림에 따르면 몇 해 후에는 지금의 죽돌들이 판돌들이 되고, 지금의 판돌들은 하자 안에 머물면서 하자 판을 키워 가거나 좀더 새롭고 비중 있는 일을 외부에서 벌이면서 하자 인맥으로 계속 연결을 맺게 된다. 그리고 이것 자체가 '하자'의 복제 과정의 중요한 부분이 된다.

하자가 십대들의 문화 생산을 위한 '인프라'를 마련할 수 있었던 데는 판돌들이 중심이 되어 만든 인프라도 중요하지만 온라인 체제와 네트워크 역시 매우 중요한 요소로 작용했다. 앞에서 이미 보았듯이 하자의 실험은 글과 영상과 다른 여러 가지 매체로 그대로 공개되고, 축적되고 있다. 내부 성원들만이 사용하는 인트라 게시판에는 아주 작은 일들까지가 기록되고 있어서 하자의 진화 과정이 그대로 기록되고 보존되고 있다. 하자 센터에서 문제가 생겼을 때나 판돌들의 인사 평가를 할 때 바로 이런 정보 시스템이 십분 활용된다.

온라인 체제는 또한 여러 곳에 있는 하자 마인드를 가진 사람이나 조직들을 연결시킨다. 하자가 맺고 있는 네트워크는 상당히 넓고 포괄적이다. 온라인을 통해 하자는 전국의 청소년들과 관계를 맺을 수 있고, 한국 밖의 사람들과도 관계를 맺기 시작했다. 이미 상당한 수준의 세계화가 진전된 현 시점에서 특히 십대들은 세계 시민으로서의 시야와 감수성을 길러 가야 한다. 하자가 국내의 다양한 집단과 교류를 하면서 동시에 해외에서 비슷한 실험을 하는 단체와 밀접한 교류를 하는 것은 지금의 십대들이 살아갈 세상은 국가적이면서 동시에 '지역적이면서 세계적'일 것이기 때문이다. 이미 죽돌이 중에는 세계에서 모여든 아이들을 만나면서 자신들이 꿈꾸는 것이 실현 불가능한 일이 아님을 알아차리거나 세계에서 벌어지고 있는 자발적이고 창의적인 아이들의 다양한 활동을 보면서 지금의 시대는 더 이상 주어진 것을 받아먹는 시대가 아니라 적극적으로 네트워킹을 하면서 새로운 판을 짜는 시대임을 알아차린 아이들이 생기고 있다. 다른 나라에 있는 비슷한 처지의 친구들과 유대 관계를 맺는 것은 십대들이 스스로 업그레이드해 갈 확실한 지렛대 구실을 할 것이며, 이는 또한 인류가 필요로 하는 '아래로부터의 세계화'의 튼실한 토대가 될 것이다.

하자가 필요로 하는 문화 자본과 인프라를 갖추기 위해서는 국가의 재정적 자원과 대학의 상징 자본도 중요하지만 그 외 다양한 기술적 자원을 가진 회사들과의 연계도 아주 중요하다. 하자의 활동을 돈이나 기술이나 아이디어로 지원하려는 특별한 자원을 가진 '도사'와 '장인'과 '멘토 mentor'들이 적지 않은데, 우리는 이들을 젊은 마음을 가진 Young and Youthful '하자의 친구들'이라고 부른다. 초기부터 이런 파트너들이 있었지만, 최근에 하자가 외부의 도움을 적극적으로 활용할 수 있게 되면서 '디지털 스토리 축제'처럼 본격적으로 기업 연계를 통한 시너지 효과를 내는 일들이 벌어지고 있다. 최근에는 한 게임 회사의 이사가 한 청년과 함께 하자를 방문한 적이 있었다. 아주 창의적인 시나리오 작가였는데 군대 갔다와서 머리가 굳어 버렸으니 '군기'를 좀 빨리 빼볼 방안이 없을지 함께 생각해 보려고 왔다는 것이었다. 하자 센터가 벌써 '숨죽여진 감수성을 살리는 문화 공간'이라는 브랜드를 갖게 된 것인가! 그러고 보면 하자 센터와 같은 실험 집단과 공동 프로젝트를 하고 싶어하는 벤처들이 적지 않고, 이런 움직임을 지원하는 것을 기쁨으로 여기는 창조적인 CEO들도 적지 않다. 이 사실을 확인하게 된 것은 하자 센터를 하는 또다른 즐거움이다.

하자에는 아직 교사와 부모 모임이 활성화되어 있지 않다. 애초부터 하자 센터에서 신경을 쓴 부분은 '하자의 친구'가 될 교사 모임을 만드는 것이었는데, 교사 게시판이 있긴 하지만 아직까지는 교사들과 긴밀하게 연결되고 있다고 하긴 어렵다. 아이들이 맺고 있는 부모와의 관계는 매우 다양한데 대부분이 그 관계를 매우 부담스럽게 생각하고 있다. 그러나 다행히 아이가 열심히 한 작업을 보러 오는 부모는 조만간 아이들 편이 된다. 한 아버지는 사진 작업을 하는 아들이 학교를 그만두고 하자 콜레지오에서 활동을 시작하자 무척 못마땅해 하면서 "지식 기반 사회가 온다고 하는데 공부를 안 하고 사진이나 찍고 해서 될까…" 하고 한탄을 하였다. 하지만 아이가 전시회에 낸 난해한 작품을 보면서, 결국 '굴복'을 하였다. 판돌의 표현을 빌면 '아이가 이뻐서 무너지는 부모'는 결국 아이와 편을 먹게 되고 그런 아이는 제 길을 빨리 찾는다. 하자 센터에 죽돌의 학부모들에 의한 지지 집단이 언제나 형성될지 나는 잘 알 수 없다. 그렇게 된다면 그것은 아마도 아주 다른 새로운 '혁명적 사건'이 될 것이다.

하자에는 그 외 많은 뜻 있는 시민들이 친구가 되어 주고 있다. 시민 운동가 최민 씨는 긴 유학 생활을 접고 한국으로 돌아오면서 "내가 살고 싶은 방식으로 이 사회에서 살아가겠다"는 결심을 했다고 한다. 그는 그것이 무척 어려운 일임을 잘 알고 있다. 하자 센터의 가장 좋은 친구는 바로 그런 염원을 가지고 살고 있는 사람들이다. 지식인, 기자, 문화 비평가만이 아니라 일반 회사에 다니는 사원들, 특히 386세대 중 '뜻을 꺾지 않고 살아남은 자'들은 하자 센터를 희망의 공간이라면서 무척 아낀다. 그들로부터 "이제 서울시에 세금 내는 것이 아깝지 않다"는 말을 들었을 때 그 말 속에서 나는 하자 센터가 새로운 비정부 기구의 모델이면서 새로운 비영리 기구의 모델이 되어 주기를 바라는 소망의 소리를 함께 듣는다. 나 역시 하자가 자본주의 시대를 타고 살아가면서 이 시대를 공생적 체제로 바꾸어 내는 작지만 확실한 실험이기를 바라고 있다.

맺음말

나는 요즘 하자의 아이들이, 일상의 작은 이야기를 나누는 작업장과 아무 스트레스 없이 뒹굴 수 있는 '쉬자방'과 사이버 게시판을 넘나들며 자신의 시대를 읽고 또 시대 언어를 만들어 가는 시민으로 성숙해 가는 모습에 내심 뿌듯해 하고 있다. 밥 두끼 먹고 그 외 시간은 음악을 하면서 살고 싶어하는 아이부터, 세상을 놀랠 큰일을 하고 싶어하는 아이까지 함께 모여 때론 상처받고 때론 기운 빠져 있지만, 이곳은 학생과 불량 청소년, '엘리트'와 '보통

아이', 가진 자와 안 가진 자의 구분이 덜 중요한, 새로운 삶의 터전이다.

하자 죽돌들이 '동창회 비슷한 것'을 상상하기 시작한 것을 보면 하자는 이제 하나의 새로운 세포로 태어나고 있음이 분명하다. 아이들은 초기에 판돌들이 만들어 놓은 '판'에서 놀면서 하고 싶은 일을 찾아냈지만 이제는 그 판을 함께 바꾸어 나가면서 자신이 살고 싶은 스타일을 찾아가고 자신이 원하는 사회를 만들어 가고 있다. 이런 면에서 하자 센터는 새로운 경험과 관계와 문화를 만들어 가는 새 시대의 '학교'이다.

소통을 통해 자기 치유를 하면서 동시에 스스로 업그레이드하는 공간. '자기 관리'와 '자기 기획'의 중요성을 터득해 가는 평생 교육의 장. 다양한 사람들과 공존하면서 자치적으로 사는 삶의 방식을 익히는 곳, 단일함이 복제되는 것이 아니라 다양성이 인정되고 연결되는 공간. 자기와 다른 사람을 보면 '해꼬지'를 하고 싶어지는 교실이 아니라, 그들과 함께 친해지고 일을 벌이고 싶어지는 작업장. 이것이 바로 '아래로부터의 민주주의'가 실현되는 공간이 아닌가?

하자 센터처럼 제도화하지는 않았지만, 많은 교사들과 청소년 활동가들과 부모들은 사실 오래 전부터 이 비슷한 일을 해왔었다는 것을 나는 알고 있다. 하자 센터는 실은 그런 크고 작은 생활 속의 실험들이 본격적으로 제도화된 것이라고 할 수 있다.

나는 이 책을 읽는 분들이 '하자 이야기'를 들으면서 본격적인 실험과 '전략적' 아지트가 없이는, 노후한 거대한 학교 체제를 되살릴 방도를 찾아낼 수 없다는 사실을 분명히 인식하게 되기를 바란다. 교사건, 학부모건, 청소년 활동가건, 시민이건, 청소년이건, 정책 입안자건 각자가 서 있는 일상의 공간에서 크고 작은 새로운 학습의 공간을 탄생시켜 나가기를 바란다는 것이다. 아직도 '위로부터의 민주주의'를 포기하지 않은 나는, 그래서 두 가지 제안을 정부(교육부)에 하고 싶다.

한 가지는 교장단을 뽑을 때 다원주의적 감수성을 최우선으로 고려하라는 것이다. 자신과 다른 이들과 소통할 수 있는 능력을 보라는 것인데 이를 점수화하기 어렵다면 평가 제도를 만들어 드릴 수도 있다. 교사와 학생 간의 세대 차이, 학생들 사이의 계급간, 성별간, 그리고 개성의 차이를 제대로 보지 못하는 교장단은 이 시대에, 특히 아이들에게는 매우 위험한 인물이다. 단일한 국민 만들기의 시대, '결과'가 중요한 시대는 끝났다. 지금은 관계 맺기가 중요한 시대이며, 과정이 중요한 시대이다. 학생들의 '차이'를 있는 그대로 받아들이면서, 그것을 생산적인 다양성으로 전환해낼 수 있는 기획력을 가진 교장이 이제 학교를 맡아야 한다. 그런 교장은 아이들의 개성을 살려낼 줄 알고, 그들 사이의 차이를 대립이 아닌 공존으로 연결해낼 수 있을 것이다. 동시에 그는 교사들의 잠재력을 살려내기 위한 방안을 모색할 것이다. 그는 교사들이 '자율과 공생'의 공간을 만들어갈 수 있도록 지원할 것이며, 그 '기획팀'에게 학생들과 함께 스스로를 업그레이드시키고, 또한 학교 전체를 업그레이드시켜낼 방안을 찾아내라고 특별 주문을 할 것이 틀림없다.

두번째 제안은 아이들이 무엇인가를 경험하고 배우는 모든 공간에 '학교'라는 이름을 붙이게 하자는 것이다. 지금은 새로운 학교를 상상하고 만들어 내기 위해 적극적인 실험을 할 시기이다. 만일 관리와 통제의 학교가 있어야 한다고 주장하는 사람이 있다면 그런 학교가 있어도 좋다. '있겠다'는 학교는 모두 있게 하고, '하겠다'는 학교는 모두 하게 하자는 것이다. 문명적 전환기는 기존의 통제와 관리 방식이 더 이상 효력을 갖지 못한다. '적자생존'이라는 전환기의 속성을 제대로 파악할 필요가 있다. 지금은 자연 도태와 돌연변이의 원리를 활성화해서 새로운 시대를 만들어 가야 하는 시점이다. 다양한 학교들이 생겨나게 하면 그 중에서 시대에 맞지 않는 '학교'는 문을 닫게 될 것이고, 시대에 맞는 '학교'는 살아남게 될 것이다. 어느 것을 살리고 어느 것을 죽일지를 판가름하느라고 시간을 낭비할 필요가 없다. 하고 싶은 실험을 적극적으로 하게 하고 그것이 제대로 진화해 가도록 '버려두는 것'이 상책이다. 시민들은 이제 알 만한 것은 다 알고 있으며, 볼 것은 다 보고 있다. 십대 시민들 역시 그러하다. 활동을 온라인에 올리게만 한다면 옥석은 저절로 가려지게 되어 있다. 이제 당사자로 하여금 말하게 하고, 그들이 스스로 판을 짜갈 수 있도록 지원하자.

'위로부터의 민주주의자'들이 이런 방향으로 움직여 준다면 동시에 '아래로부터의 민주주의자'들이 움직여야 한다. 교사들이, 부모들이, 다음 세대의 삶에 관심을 두는 시민들이 이제는 '작은 학교'를 만들어 내야 한다. 그 '학교'는 가정 안의 작은 홈 스쿨일 수도 있고, 열 명 남짓 모인 교회의 작은 학교일 수도 있다.

여기서 스웨덴의 한 작은 학교를 소개해 본다. 이 학교는 바이킹들이 타던

배를 만드는 학교인데 1명의 '장인'과 8명의 학생이 4년 동안 배 하나를 만들기 위해 세워졌다. 16세 때 집을 떠나 펑크족으로 방랑하던 소녀, 어릴 때부터 배를 만드는 것이 꿈이었던 소년, 아무것에도 취미가 없는 아이 등 다양한 배경을 가진 청소년들이 입학을 했고, 배가 만들어지면 아이들은 학교를 졸업하게 되고 그와 동시에 학교는 없어진다. 그 중 두 명의 아이들은 배가 완성되면 그 배를 타고 이탈리아까지 여행할 계획을 세우고 있다. 배를 만드는 기술로 취직을 할 수는 물론 없다. 그러나 이 아이들은 하나의 프로젝트를 완성하는 것을 배울 것이기 때문에, 하고 싶은 것을 하는 즐거움을 체화할 것이기 때문에, 그리고 그 동안 열심히 하는 습관을 들였기 때문에 4년 후에는 어느 곳에든 가서 즐겁게 살 수 있을 것이다. 지금은 거대한 학교, 영구 불변의 학교라는 이미지를 버려야 한다. 가볍게 학교를 만들어갈 수 있어야 한다. 새로운 시대를 만들어갈 새로운 세포를 만들어 내야 하고, 그런 새로운 돌연변이 세포는 복제 재생산을 통해 조만간 새로운 질서를 만들어낼 것이다.

대안 학교에 대한 수요가 급증하고 있다고 한다.[5] 전태일 정신을 기리는 '전태일 노동 대학'이 사이버 상에 생겼다는 소식이 들린다.[6] 최근 행정 간소화로 인해 전국 540개 동사무소가 자치 문화 센터로 기능 전환했다는 소식도 들린다.[7] 모처럼 주민들을 위해 만들어진 이 자치 공간이 어떻게 활용

---

5) 대안 학교의 2001년 신입생 경쟁률을 살펴보면, 경기도 하남시에 있는 경기도립 한국 애니메이션 학교는 11대 1, 경남 산청의 간디 학교는 10대 1로 놀라운 경쟁력을 보이고 있다.

6) 권복기, 「사이버 공간에 우뚝 선 전태일 노동 대학」, 『한겨레신문』, 2000년 11월 14일, 34면.

7) 이형섭, 「집중 취재 : 동사무소, 주민 쉼터로 탈바꿈 한창」, 『한겨레신문』 2000년 11월 20일, 13면.

될 것인지가 자못 궁금하다. 그 공간이 주민들을 위한 단순한 취미 교실로 남게 될 것인지, 아니면 지역 자치 시대에 '시민들의 평생 학습 공간'으로 탈바꿈할 수 있을지는 순전히 시민들/주민들의 시민 사회적 역량에 달려 있다. 나는 그 공간이 '아이를 찾는 새로운 시민 사회'와 '새 학교를 찾는 아이들'이 함께 만들어 가는, 일과 놀이와 학습의 공간으로 거듭나기를 바라고 있다. 이와 동시에 기존 '학교' 공간 안에서도 뜻 있는 교사들에 의해 크고 작은 '하자 공간'이 생겨날 것을 기대하고 있다. 관심이 있는 이들은 세포 분열을 할 채비를 하고 있는 하자 센터에 들러주기 바란다. 멀리 있는 분들은 온라인 공간 www.haja.net에서라도 만나서 새 학교 만들기 운동을 함께 펼쳐 나갈 수 있으면 한다.

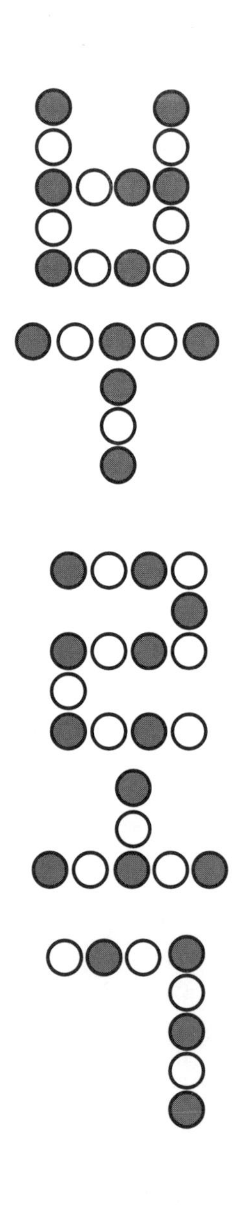

칼럼 읽기

빨간 마후라

중고교생들이 포르노 비디오를 직접 출연해서 만들었고, 또 팔았다고 온 나라가 난리가 났다. 그러나 아이들이 살고 있는 사회적 환경을 조금이라도 알고 있는 어른에게 이 일은 실은 그리 놀랄 일이 못 된다.

'가족과 성 상담소'에서 올해 실시한 남녀 중고생 대상 성의식 실태 조사에 의하면 여고생의 57.2%, 남고생의 60.8%가 이성 친구와 손을 잡아 보았고, 여고생의 29.6%, 남고생의 39.1%가 포옹·키스를 경험하였다고 한다. 좀 극단적으로 표현하면 지금 시대를 살아가는 중학교 2학년 정도의 남학생들에게는 포르노를 보지 않을 권리는 주어져 있지 않다. 또 친구들에게 '선망의 눈길'을 받고자 하는 그 또래의 여학생이라면 그녀에게는 '섹시'하지 않아도 될 권리가 '없다'.

지금 십대들은 텔레비전과 함께 자란 영상 세대이며 소비 상업주의를 살아가야 할 존재들이다. 그들은 성은 좋은 것이고 놓쳐서는 안 되는 것이라는 메시지를 일상적으로 듣고 보며 자랐다. 이 아이들은 최근 한차례 매체 돌풍을 몰고 왔던 나체 모델 이승희의 섹시한 표정이나 아름다운 여배우 샤론 스톤이 묘한 표정을 지으며 "강한 걸로 넣어주세요"라고 말하는 광고 화면을 몸으로 '느낀다'.

이들은 실제로 성적으로 매력이 있어야 취직도 잘되고 결혼도 잘하는 세상이라는 것을 알고 있다.

「빨간 마후라」 사건은 이런 사회적 분위기에서 불거져 나온 한 작은 사건이다. 사춘기를 거치고 있는 몇몇 조숙한 아이들이 성적인 놀이를 했을 것이고, 그것을 비디오로 찍는 취미를 가진 아이가 있었을 것이고, 마침 비디오를 찍었는데 생각보다 잘 찍혀서 친구들에게 보여 주었을 것이고, 그것을 본 친구 중에 돈버는 데 일찍 눈뜬 아이가 복사해서 팔았을 것이다. 어쨌든 이 사건으로 아이들은 구속되었고, 「빨간 마후라」 류의 비디오물이 인기를 끌 것이며, 세태를 한탄하던 이들의 호통소리에는 힘이 실렸다.

사실상 도덕적 엄숙주의와 선정적 상업주의는 돈이면 무엇이든 하는 천민 자본주의를 계속 굴러가게 하는 '한 몸체의 두 얼굴'이다. 지금 언론에서는 이 아이들을 구제 불능한 '나쁜 아이들'로 낙인을 찍어 격리시키려 하고 있지만 바로 그 언론이 얼마의 시간이 흐른 후에 이들을 스타로 추켜세울 가능성은 충분히 있다. 상업주의 시대의 문법이 바로 그런 것이다.

그런데 정작 상업주의보다 더 염려스러운 것이 있다. 부모 중에 가장 무책임한 부모는 아이를 두고 통탄하는 부모일 것이다. 자신의 아이가 그렇게 될 때까지 까맣게 모르고 있는 부모들은 무능하기 짝이 없는 부모가 아닌가? 그렇다면 자라나는 세대의 세태를 두고 통탄을 하는 나라의 '어른'들은 어떤가? 지금 일고 있는 '십대 때려잡기' 움직임을 보면서 정작 염려스러운 부분은 십대가 아니라 바로 '호통'치는 어른들의 세계이다.

배가 고픈 시대에는 식욕과 물욕이 삶의 동기가 되고, 관계의 끈이 끊어져 가는 시대에는 성욕이 삶의 동기가 된다. 압축적 경제 성장기를 거친 우리 사회는 지금 '식욕 중심적' 기성 세대와 '성욕 중심적' 신세대가 서로를 무슨 낯선 짐승을 대하듯 바라보고 있다.

농경적 시간에서 탈근대적 시간까지를 한 세대 안에 여행해야 했던 이들에게 그 엄청난 변화를 다 소화해 내라고 하는 것은 무리한 요구임에 틀림없다. 그러나 달리 피해 갈 길은 없지 않은가? 통탄과 호통의 소리는 합리적 해결에 반비례한다.

지금 우리 사회에 필요한 것은 다음 세대를 밀어 내치지 않고 끌어안을 수 있는 어른들이다. 폭력과 섹스를 통해 존재의 허무와 순수를 말할 수밖에 없는 21세기적 문법을 좋아하지 않아도 좋다. 적어도 그들과 의사 소통을 하려는 의지를 놓치지 않아야 한다.

마침 인터넷에 십대들만의 이야기 마당을 꾸리고 있는 한 아이로부터 전화가 왔다. "정부와 언론이 마치 십대들과 전쟁을 하려는 것 같지 않니?"라고 묻는 내 물음에 아이는 껄껄 웃으며 말한다. "전쟁은 무슨 전쟁이요? 학살이지." 금방 변성기를 지난 이 아이의 영감 같은 목소리에 짙은 냉소주의가 깔려 있다.

* 『한국일보』 1997년 7월 18일.

강의실 붕괴

중고등학교 교실이 엉망이라고들 한다. 체벌을 금지해서 그렇게 되었다는 이들도 있고, 열린 교육 탓이라는 이들도 있고, 한 자녀 시대를 탓하는 이들도 있다. 그러나 그런 '주범론'은 무의미하고, 남을 탓하느라 시간을 낭비하게 하기 때문에 위험하기조차 하다. 단순한 인과 관계로 풀 수 있는 문제였다면 왜 진작에 풀리지 않았을까? 삼풍백화점이 무너지고 성수대교가 무너지고, 경제도 위태하고, 또 많은 가정이 해체되고 있는 마당에 학교라고 건재해야 한다는 법은 없지 않은가? 무너질 것은 빨리 무너지고 그 위에 새 것이 만들어져야 사회는 존속할 수 있다.

실상 대학도 예외는 아니다. '강의실 붕괴'가 소리 없이 일어나고 있다. 6-7년 전까지만 해도 강의실은 진지함으로 가득했다. 학생들이 하도 진지하고 훌륭해서 나는 강의실에서 있던 논의를 정리해 책을 펴내기도 했다. 그 당시에 강의중에 소설이나 영화 이야기가 나오면 그것을 미처 보지 못한 학생들은 부끄러워하면서 다음날로 그 책을 찾아보거나 영화를 빌려 보고 왔다. 그러나 요즘은 강의 도중에 모르는 이야기가 좀 많이 나온다 싶으면 분위기가 술렁인다. "그래 너 잘났어" 식의 왕따 분위기가 만들어진다. "난 그런 것 볼 시간도 없고, 볼 생각도 없어요. 괜히 나를 기만 죽이는 이야기는 하지도 말라구요…"라는 말이 들리는 듯하다.

시대를 풀어갈 해법을 이야기하면 그 전에는 눈을 반짝이며 함께 갈 자세들이었다. 그러나 요즘은 시큰둥하다. 동의하지 않거나 관심이 없는 눈치다. 나의 무능력 탓일까? 그렇다면 오히려 다행일 것이다. 나만 조기 은퇴하면 해결될 일이니까… 문제는 학생들끼리도 서로 시큰둥해 한다는 것이다. 얼마 전까지만 해도 조 발표를 하면 학생들은 친구들이 찾아낸 것에 감탄하면서 열심히들 코멘트를 했다. 그러나 이제 학생들은 워낙 각양각색이어서 공통의 관심사를 찾기가 어렵다. 대형 강의일수록 따로 노는 분위기가 두드러진다. 왜 이런 현상이 일어나는 걸까?

이런 현상은 우선 그 동안 삶의 변화가 너무 빨랐기 때문에 불가피하게 일어나는 현상이라고 생각한다. 삶의 현장이 너무나 빠른 속도로 분화되어 버려서 한 교실에 있는 학생들이라고 해도, 마치 한 지붕 아래 가족 성원들이 그렇게 되어 버렸듯이, 사실상 별로 많은 경험을 공유하고 있지 않다. 그래서 일방적으로 강의가 아니라 서로의 생각을 조율해 가는 것이 목표인 강의실은 급격하게 '붕괴'하고 있는 것이다.

학생들이 딴전을 피우게 된 또다른 이유가 있다. 그것은 현실이 점점 더 각박해지고, 특히 '성장 신화'가 무너진 데서 오는 것이다. 이제 '똑똑한' 학생들은 "조금만 참아라, 곧 잘될 것이다"는 말을 더 이상 믿지 않는다. 일류 대학 졸업장이 평생 고용을 보장해 주는 것도 아니고, 대기업에 취직하는 것이 행복을 보장하는 것이 아님을 이들은 알아차려 버렸다. 그래서 한가한 소리를 들을 정신적 시간적인 여유가 없다. 대신 자신을 제대로 세일즈할 수 있는 '자격'을 갖추기 위해 토익 공부도 하고 인터넷에 들어가서 더 큰 세상과 줄을 대기도 하고, 다양한 경험을 쌓느라 바쁘다. 기존 조직에 들어가서 고스란히 써먹히고 퇴출당하거나 과로사를 하느니, 라면만 먹더라도 자기 삶의 주인으로 즐겁게 살아볼 궁리를 하는 이들도 늘어나고 있다. 동그라미가 되어서 열심히 굴러가도 잘 살아갈 수 있을지 말지 하는 판국에 네모진 모습으로 죽치고 있으라는 교수의 말이 귀에 들어올 리가 없는 것이다. 지금 내 강의실에 있는 학생들은 멍청한 것이 아니라 실은 자구책을 찾느라고 분주한 것이다.

많은 것이 무너지고 있는 지금, 우리가 해야 할 일은 현실을 있는 그대로 인정하는 것이다. 문제를 직시하고 각자가 자기 현장에서 시대적 전환을 이루어낼 작은 일을 시작해야 할 것 같다. 지금과 같은 혼란기에 만병 통치약을 알아냈다고 하는 사람은 위험하다. 끊어진 의사 소통의 끈을 다시 맺는 일, 타인의 말에 귀 기울이는 것, 그것이 시대가 요구하는 '버전 업'을 해내기 위한 시작일 것이다. 붕괴하고 있는 강의실에 생기가 돌게 하려고 안간힘을 쓰는 나는 요즘 몸과 마음이 많이 아프다.

* 『한국일보』 1999년 10월 27일.

수련의 자리, 구경꾼의 자리

중간 고사 기간에 서울 근교 콘도에 갔었다. 전화도 팩스도 이메일도 연결하지 않은 곳에서 글을 쓸 작정이었다. 그런데 콘도는 생각보다 조용하지 않았다. 아침부터 바깥은 군기 잡는 소리로 시끌벅적했다. 애국가 합창 소리가 반복적으로 들렸다. 소리가 적다고 다시 부르라고 하는 모양이다. 구호 소리도 들렸다. 이쯤 되면 인류학자는 가만히 있지 못한다.

'ㅇㅇ중학교 심성 수련회 환영 — XX 청소년 수련원'이라는 현수막 아래 아이들 짐이 널려 있고, 배낭을 등지고 아이들은 두 편으로 갈려 앉아 있었다. 담임 교사가 짐 검사를 하는 동안 교관은 여전히 아이들에게 '기합'을 주고 있었다. 소지품 검사가 끝나자 교관이 훈시를 시작했다.

"앞으로 50개 가량 주의 사항을 전하겠습니다 / 다 듣고 나면 반 별로 한 명씩 시켜볼 것인데 대답을 못하면 그 반은 단체 기합을 받을 것이고 / (갑자기 목청을 높여) 야! 너 바로 못 앉아? / 주목! (이 말에 아이들은 반사적으로 '주목!' 하면서 복창한다.) / 첫째, 대표에게 키를 줄 텐데 키를 잃어 버리면 4만 7천 원 / 부러뜨리면 1만 2천 원. 조원들이 모아서 보상해야 합니다 / … / 야! 니네 둘이 사귀냐? 코딱지 같은 게… / 두번째, 가방 검사를 하니까 돈도 많고, 워크맨, MP3 같은 것도 있든데 / 귀중품은 잃어 버려도 책임지지 않습니다… / 셋째, 출입구는 가운데 문으로만 들어갑니다 / 저기 하얀 차 있는 계단으로 가서는 절대 안 됩니다 / 그곳으로 가면 그냥 매달아 놀 거야 / 넷째, 베개 싸움하면 절대로 안 됩니다. 알았습니까? / 다섯째 밤에 여자 방, 남자 방 들락거리면 안 됩니다 / 합방은 절대 금지 / 들키면 밖에서 밤새 뛰게 할 거야…/ 야! 너, 뒤돌아보는 너 말이야. 주목 못해? / 주목! (주목! 아이들 복창) / 여섯째…/ 야! 너 코딱지! 뭐하는 거냐? 이걸 그냥. / 주목!(주목!)…/ 4시 15분까지 체육복 갈아입고 여기 집합합니다 / 뭐 싫다고? / 그러면 시간을 팍 더 줄여 버릴 거야!" 3~5분 사이로 존대말과 반말, 그리고 고함소리가 절묘하게 섞인 연설이다.

상식적으로 생각하면 이런 야외 활동은 상상력이 풍부하고 기획력이 있는 교사들이 아이들과 함께 기획하고 진행해야 하는 것 아닌가. 교사와 아이들이 함께 들판을 뛰어다니며 교실에서 하지 못했던 이야기를 나누고 서로의 다른 모습을 보면서 친해지는 기회가 되어야 하는 것 아닌가. 우연히 관찰하게 된 '수련 활동'을 통해 나는 청소년은 학교에 있으나 학교 밖에 있으나 통제와 관리의 대상임을 다시 한번 확인했다. 하나밖에 없는 자녀라 버릇없이 자랐으니 군대식 훈련이 필요하다는 이들도 있다. 그러나 정말 이런 훈련으로 버릇이 고쳐진다고 생각하는가?

낮 시간의 강압적 훈련이 끝나면 밤에는 어김없이 연예인 흉내 내기 장기 자랑이 벌어진다. 강압적 훈련과 연예인 행사와의 거리는 가깝다. 둘다 권위주의 사회에 맞는 인간을 재생산해 내기 때문이다.

5월로 접어들면 온갖 단체에서 연예인들을 초대한 '청소년 축제'를 벌일 것이다. 청소년의 달에 청소년들은 수동적인 구경꾼의 자리에서 환호하기를 강요당할 것이며, 이런 것이 싫은 청소년들은 점점 더 어른들이 하는 일에 대해 냉소적이 될 것이다.

최근 내려진 '과외 금지 위헌 결정'에 따라 교육계가 또 술렁인다. 그러나 사실 이 결정으로 인해 현재의 교육 상황이 크게 달라지지는 않을 것이다. 고액 과외를 금지하는 것도 의미 없는 일이다. 통제와 단속과 동원으로 일을 해결하는 시대는 갔다. 이제는 자체 내 기획력을 가져야 하는 시대이다. 2002년에 특기 적성 중심 대입 제도가 시행된다고들 하지만 학부모나 학생들은 교육부나 학교를 믿을 수가 없다. 수련 활동 하나 제대로 기획해 내지 못하고 멋진 교내 축제 하나 기획해 내지 못하는 학교가 어떻게 특기 적성 교육을 시킬 수 있단 말인가. '공부'하는 시간을 대폭 줄여 청소년들 스스로가 삶을 기획하는 시간을 갖게 하는 것과 기획력 있는 교사들에게 힘을 실어 주는 것, 이 두 가지가 지금 시점에서 교육부가 시급히 해내야 할 핵심 사안이다.

*『한국일보』 2000년 4월 30일.

동반자살

여중생 4명이 동반 자살을 했다는 소식이다. 지금까지 학교 성적을 비관해 자살한 예가 종종 있었지만 이번 경우는 좀 다르다. 보도에 따르면 아이들은 가난한 가정 형편, 어머니의 입원으로 인한 괴로움이나 이성 문제로 괴로워하다 자살을 한 것으로 나타나 있다.

한편 담임 교사는 "문제 학생이라는 기미를 전혀 느끼지 못했다"고 말했고 부모들 역시 전혀 믿을 수 없는 일이 일어났다고 했다.

이 자살 기사를 읽는 동안 내게 자연스럽게 떠오른 그림은 계층을 불문하고 우리 주변에서 많이 만날 수 있는 아이들의 모습, 살 이유를 찾지 못해 방황하는 아이들의 모습이었다.

사실상 요즘엔 더 이상 대화가 통하지 않는 부모와 교사들로부터 벗어나 자기들만의 세상을 만들고자 하는 강한 욕망을 가지고 있는 청소년들이 적지 않다. 그들이 살고 있는 문화에서는 '죽어버리자'든가 '한 명이 죽으면 다함께 죽자'는 말이 아주 쉽게 나오게 되어 있다. 어떤 면에서는 전(前) 세대가 죽을 이유가 있어서 자살을 했다면 지금 아이들은 살 이유를 찾지 못해 죽는다고도 할 수 있다.

현대의 청소년들은 갱을 이루어 다니며 극적인 사건을 벌이고 싶어하기 때문에 쉽게 죽는다는 분석을 내리는 전문가도 있을 것이다. 비디오물을 비롯한 유해한 문화 환경이 죽음에 대한 욕망을 부추긴다는 측면을 강조하는 이도 있을 것이다.

그러나, 이 네 명의 아이들은 그냥 '콱 죽어 버린 것'은 아닌 것 같다. 한 아이가 아파트에 찾아간 친구들에게 "죽기 전에 우리 소지품을 기념품으로 주겠다"고 말했다는 부분은 무심히 넘길 대목이 아니다. 그들은 마음속 깊이 자신의 죽음이 가진 의미를 누군가가 알아주기를 바랐고 그 친구들이 자신들의 죽음의 의미를 '증언'해 주는 존재이기를 원했는지도 모른다.

다른 아이는 "천국에 가서 우리 가족의 수호 천사가 되고 싶다"는 유서를 남겼다. 이 아이는 분명 가족을 매우 사랑하고 있었다. 그러면 이 아이는 왜 살아서 가족을 사랑하는 법을 알아내려 하지 않았을까. 만약 이들이 몸이 아픈 어머니를 위해 병원에서 병간호를 했었다면, 아르바이트를 하면서 가계에 보탬이 되거나, 일하는 가운데 또래들과 일하는 삶에 대해 이야기를 나눌 수 있는 제도가 있었다면 이렇게 쉽게 죽음을 택할 수 있었을까.

나는 이른바 일류 대학에 재직하고 있지만, 자신만만하고 자기 존중심이 높은 학생들을 별로 만나지 못한다. 무엇이 이들을 이렇게 주눅 들게 만들었을까. 나는 이들에게서 스스로 삶의 주인이 되는 경험을 체계적으로 박탈당해온 과거를 본다.

아직도 당근과 채찍으로 아이들을 다루고 있는 훈육의 공간인 가정과 학교, 아이들을 소비 능력에 따라 줄을 세우는 물질 만능의 소비 사회는 이들로 하여금 삶을 무가치하게 느끼라고 부추긴다.

삶을 마감한 아이들의 명복을 빌면서 십대의 안녕과 인권에 대해 생각했으면 싶다. 18세까지의 사람들을 모두 '아동'이라는 보호 대상자의 범주에 넣고 통제하려 드는 발상을 이젠 바꿀 때가 되지 않았는가. 그들을 제대로 보호하지 못하고 있다는 사실도 이제는 인정해야 하지 않을까.

이 사건이 십대 청소년들에게 노동하는 존재로서의 주권, 사유할 수 있는 문화적 존재로서의 주권을 부분적으로라도 부여하면서 새로운 공간을 열어 가는 계기가 됐으면 한다. 그래서 그들로 하여금 세상은 살아갈 만한 곳이며 자신은 살 가치가 있는 존재라는 것을 스스로 깨닫게 했으면 하는 바람이다. 가정과 학교와 사회가 개인의 존엄성과 자율성이라는 개념 아래 전면적 구조 조정을 해야 할 이유가 바로 여기에 있다.

* 『동아일보』 1998년 3월 27일.

무고한 죽음

짧게 살다간 소녀의 영전에 바치는 글이다. 소녀의 부모 되는 분들에게 위로가 될 짧은 글이나마 바치지 않으면 내내 괴로울 것 같은 심정에서 쓴다.

지난 15일 중학생이 엘리베이터 속에서 화풀이로 자기보다 어린 중학생을 죽인 사건이 일어났다. 보도에 따르면 중학교 3학년인 한 소년이 아버지로부터 폭언을 듣고 화가 나서 부엌칼을 들고 거리로 뛰쳐나갔다고 한다. 거리를 배회하던 중 친구들과 행복하게 웃으면서 귀가하는 작은 여학생을 보고 엄마 생각을 했다 한다. "우리 어머니는 죽도록 고생하는데 저 아이들은 왜 저렇게 행복할까?" 그는 친구와 막 헤어지는 여자아이를 따라 엘리베이터 속으로 들어갔고, 짧은 시간 동안 여러 차례 마음이 바뀌었지만 여학생이 내리려는 순간 범행을 저질렀다고 한다.

인류 역사 이래 설명 불가능한, 그래서 너무나 억울한 죽음은 늘 있어 왔다. 하필 그 시간 그 자리에 있었기에 벼락 맞아 죽은 사건 같은 것 말이다. 지금도 대형 버스나 비행기 사고로 인한 죽음은 이런 우연으로 설명되곤 한다. 이 소녀의 죽음 역시 그러하다. 그러나 벼락을 맞은 경우와 후자의 사건에 차이가 있다. 그것은 그 죽음이 천재지변이 아니라 인재지변에 의한 것이라는 점이다.

도저히 합리적으로 납득할 수 없는 '사회적 재앙'이 일어나면서 우리는 합리와 이성에 대한 믿음을 잃어 가고 있다. 더 이상 인과 관계가 성립되지 않는 어처구니없는 상황에서 우리가 할 수 있는 일은 지극히 방어적으로 사는 길밖에 없는 것처럼 보인다. 한 신문 사설에서는 어머니에 대한 애정이 남달랐고 학교 생활이 모범적이었다는 '착한' 소년이 그런 범행을 한 것은 쉽게 납득이 가지 않기 때문에 정신 감정을 해야 한다고 말하고 있다. 정신 감정 운운하는 논설 위원은 이 사건이 '정신병자'에 의한 것으로 밝혀져서 이 세상은 아직은 안전하다는 결론을 내리고 싶어하고 있겠지만 실은 반대로 이 사건이야말로 후기 근대에서 일어나는 범죄의 전형이다.

근래까지 가정 내 폭력의 희생자인 아이는 나중에 자라서 자기가 폭력 남편이 되거나 아니면 폭력을 휘두른 아버지에게 폭력 행사를 해서 복수를 하곤 했다. 그런데 최근 들어 그 패턴이 깨지고 있다. 사건과 관련이 없는 무고한 사람이 희생당하는 일이 벌어지고 있는 것이다. 타인에게 아무런 잘못을 하지 않았는데도 무고하게 죽임을 당하는 일이 일상적으로 벌어지는 '위험 사회' 속에 우리가 살아가고 있는 것이다.

신문에서는 이 사건을 폭력 가정의 문제로 풀면서 청소년의 우발적인 범행을 막기 위해서는 어려서부터 감성 교육을 해야 한다거나 극단적인 범행을 생각 없이 저지르게 만드는 폭력 문화를 바꾸어야 한다는 전문가 의견을 싣고 있다. 가정 폭력이 청소년 범죄로 이어지는 연결고리를 차단하는 장치가 시급하다는 주장도 한다. 일리가 있는 처방이기도 하다. 그러나 누가 문제 해결을 위해 팔을 걷어붙이는가?

지금 상태로 간다면 가정 폭력에 시달리는 아이들은 점점 더 많아졌으면 많아졌지, 줄어들 가능성은 별로 없으며, '학급 붕괴'

현상으로 휘청거리는 학교가 그런 정서 교육을 해낼 수 있으리라 고 믿기 어렵다. 상업주의가 판을 치는 가운데 유해한 환경에서부터 아이들을 격리시킨다는 것 역시 거의 불가능해지고 있다. 위험으로부터 아이를 보호하려고 가두어 두다가는 아이가 세상을 제대로 살아갈 능력을 갖추지 못해 결국 낭패를 보게 될 것이고, 내버려 두었다가는 언제 무슨 일을 당할지 모르는 세상에 우리가 살고 있다. 그 외 개인이 할 수 있는 일은 생명 보험에 드는 일밖에 없는 것으로 보인다. 그러나 사랑하는 사람을 잃고 돈이 무슨 의미가 있을 것인가? 사회가 워낙 험악하다 보니 똑똑한 사람들은 아이를 낳지 않으려 하고, 그러다 보니 더욱 아이들이 살아갈 안전한 세상 만들기 작업은 멀어지고 있다.

무고한 죽음을 줄이기 위해서는 아주 다른 식의 접근이 필요하다. 가정 폭력이 청소년 범죄로 이어지는 연결고리를 차단하는 장치도 필요하지만 무엇보다 가정 폭력을 사회 문제로 인식하는 것이 필요하다.

이웃에 매맞으며 살아가는 여성의 아이가 '내' 아이의 친구가 될지, 아니면 그 아이를 범할 폭력의 화신이 될지는 결국 부모와 시민들의 노력에 달려 있다. '악한'을 감시하기 위해 아무리 무수한 장치를 한다 해도 이 거대한 익명의 도시 공간에서 아이를 키울 수 있는 안전 지대는 없다.

'내 아이'와 '우리들의 아이'의 테두리를 넓히며 더불어 사는 터전을 만들어 가는 것 외에 우리가 안전한 삶을 되찾을 방도는 없다. 부모들은 이제 '나/우리' 아이를 위해 지역 모임을 만들고 국회의원 후보자 중 폭력 남편은 없는지 따져 보아야 한다. 부모들은 이제 폭력 문화와 폭력적 정치판을 뒤바꿀 운동에 적극 나서는 새로운 시민 세력으로 성장해야 하는 것이다.

*『중앙일보』 2000년 3월 24일

위험사회를 살아가는 훈련을 할 때

미국 컬럼바인 고등학교 총기 난사 사건으로 또 한번 세계가 떠들썩했다. 나는 북경에서 이 사건에 관한 기사를 읽게 되었는데, 그 신문에서는 이 사건을 코소보 위기보다 더 심각한 사건이라고 말하고 있었다. 한국 언론에서는 생각보다 이 사건에 대한 해석 기사나 사설들을 찾아보기 어려웠다. '공포의 5시간' 등의 표현으로 충격을 드러내고, 대책이 없다는 인터뷰들을 실어 주는 정도였다. 보도 기사들은 그런 끔찍한 사건이 일어나지 않아서 우린 다행이라는 생각을 하게 하는 수준에서 사건을 마무리지으려 한다는 느낌이다. 이 사건은 '공격성'을 허용하고, 총기 소지가 가능한 미국이라는 나라에서 일어날 특수한 사건에 불과할까?

나는 이 사건의 해석이 총기 소지 수준에 집중되어서는 안 된다고 생각한다. 미국 청소년들이 다른 사회의 청소년들보다 더 공격적이어서 일어난 사건은 더더욱 아니라고 생각한다. 오히려 나는 총기 소유가 가능한 미국에서 이 정도로 사건이 '덜' 일어나는 것은 그 사회의 위기 관리 능력이 꽤 높은 수준에 있음을 드러내는 것이라고 본다. 이 사건을 계기로 우리는 '막가파' 십대들을 양산해 내는 시대에 대해 다시 한번 깊이 생각해 봐야 할 것이다.

이 사건을 보면서 우리는 두 가지 질문을 묻게 된다. 하나는 어떤 환경이 '죽음을 가지고 장난을 치는 십대'를 만들어 내고 있는가 하는 질문이며, 다른 하나는 그런 '광기'와 더불어 살아가야 할 십대들의 삶에 대한 질문일 것이다. '막가파'를 만들어 내는 이유에 대해서는 많은 이들이 '유해 환경'을 언급한다. 십대들을 둘러싸고 있는 유해 환경의 주범을 찾아내고 규제하고 처벌을 하면 문제 해결이 가능하다고 생각하는 것이다.

그런데 주범 찾기가 그렇게 쉬울까? 그렇지 않다. 지금의 사회적 상황은 너무 복합적이어서, 자칫 찾은 범인은 곧잘 실제 '범인'이 아니라 '희생양'이며, 사건은 희생양의 처벌 이후에 마치 제대로 마무리된 것처럼 되어 버리고 만다. 그래서 사회는 점점 더 위험해지기만 하는 것이다. 나는 그래서 유해 환경의 '적발'과 규제의 접근 방식을 위험시한다. 피시방에 가서 밤새 스타크래프트를 하는 아이를 가지 못하게 한다고 해결이 날까? 답은 '아니올시다'이다. 나는 오히려 마약이나 본드를 하는 대신 그나마 '괴로운' 시간을 때울 수 있는 스타크래프트 게임이 있는 것을 다행스럽게 생각한다. 십대들이 컬트 무비를 만들면서 또는 보면서, 실제 공간이 아니라 영화 속에서 자신의 불안을 발산시켜낼 수 있다는 사실을 다행스럽게 생각한다. 그래서 그 불안한 시대를 미치지 않고 살아갈 면역을 기르고, 또 대안을 찾아갈지도 모르는 십대들의 힘겨운 방황을 어른으로서 고맙게 생각한다.

기본적으로 청소년 문제는 '광기'와 더불어 살아가야 하는 '위험 사회'라는 화두로 풀어 가야 한다는 것이다. 너희들이 무엇이 괴롭고 힘드냐는 식의 질문을 하지 말라는 것이다. 현대 사회는 우리가 기대했던 것과는 달리 좋아지지 않고 있는 것이 사실이고, 우리는 이 사실을 인정해야 한다. 십대 총격 사건과 코소보의 학살 사건을 안방에서 텔레비전으로 보면서 우린 전쟁중이 아니어서 다행이라고 안도의 숨을 쉬지만, 실은 우리 역시 매순간 환경적, 언어적 폭력과 성폭력을 당하고 있고, 집단 따돌림을 당하고 있다. 내가 일상적으로 버리는 쓰레기와 물이 곧바로 환경 오염의 주범이라는 사실이 나를 매순간 괴롭히며, 16년 간의 학업을 끝냈는데 직장이 없다는 선고를 내리는 고실업 상황이 우리의 대학생들을 황당하게 만들 듯이 갖가지 이해 불가능한 폭력적 사건들이 우리를 기다리고 있다.

사실상 고도 압축 성장을 거친 지금 우리는 아주 어려운 상황에 있다. 누구의 잘잘못을 가릴 때가 아닐 정도로 사태는 심각한 수준에 있다. 구세대는 구 패러다임의 폐쇄 언어에 갇힌 채 "무엇이 옳은가?"라는 질문을 되뇌며 서서히 탈진해 가고 있고, 신세대는 "왜요? 좋잖아요?"라면서 어른의 눈을 피해 자기만의 공간에 숨어 들고 있다. 21세기를 살아낼 사회의 생존력은 '자기가 좋아서 하는 일'이 곧 '사회에 옳은 일'임을 알게 되는 십대들의 수와 비례할 것이다. 그런데 지금 우리는 이미 '막간' 지 오래인 학교 생활의 스트레스를 댄스 음악으로 푸는 다수의 '순진한 십대'들과 막가파 아이들만 양산해 내고 있다.

문제의 심각성은 '나쁜 게임'이나 폭력적 영화나 컬트 무비에 있는 것이 아니라 그것을 소화해 내지 못하는 '순진함'에 있다. 위험 사회를 살아가도록 준비시키지 못하는 교육에 문제의 핵심이 있다는 것이다. 시대를 바라보는 인식을 전면적으로 바꾸어 내지 않으면 '막가고 있는 십대'의 문제는 해결되기 어렵다. 더 이상 총을 든 '막가파' 아이들과 총을 맞는 '순진한' 아이들의 이분법은 통하지 않는다. 도처에 도사리고 있는 위험 상황을 숨기기보다 드러내야 한다. 그래서 수시로 돌출하는 예상 밖의 충격들을 소화해 내고 바꾸어갈 수 있는 능력을 길러 가도록 십대들을 준비시켜야 한다.

모두가 막가파가 되어 가고 있는 현실을 더 이상 회피하지 말자. 지금 우리 아이들에게 필요한 것은 규범이 아니라 최소한의 자율 공간이다. 위험 사회를 살아갈 면역을 길러갈 수 있는 실제 사회 경험의 장이다.

*『한겨레신문』 1999년 5월 3일.

정보홍수시대에서 살아남기

급식비로 사고 싶은 물건을 사버리고는 내내 점심을 굶는 아이가 이해되지 않는 교사가 있다. 이성에 실은 별 관심이 없으면서 '술집 여자' 패션을 하고 다니는 아이를 보면 애간장이 타는 어머니가 있다. 노동은 신성한 것이라고 말하면서 정작 아르바이트를 하는 청소년을 보면 '탈선 학생'이나 '불우 청소년'을 떠올리는 어른이 있다. 우리 사회는 지금 이렇게 서로를 이해할 수 없어 하는 사람들로 가득하다.

상품 홍수인 소비 사회란 바로 '소비가 미덕인 사회'를 말한다. 다품종 소량 생산 체제에서는 잘 써본 사람이 잘 번다. 좋은 음식을 먹어본 사람이 일류 호텔의 주방장이 되고, 맵시에 지대한 관심을 가진 아이가 잘 나가는 패션 디자이너가 된다. 다양한 문화 활동에 몰입했던 아이가 문화 기획자가 되고 또 유능한 매니저도 된다. 후기 근대를 생산자가 곧 소비자가 되는 '생비자의 시대'라고 말하는 이유가 바로 여기에 있다.

아이들이 소비에 치중하는 것이 못마땅하다면 아끼라고 말하기보다는 일할 수 있는 기회를 제공하는 것이 좋다. 어릴 때부터 심부름을 하면서 돈을 벌고, 학교에서 학예회라도 기획해서 부모 친지들에게 표를 팔아보기도 하고, 중고등학교 때는 패스트 푸드점에서 아르바이트를 하게 된다면, 아이들은 돈의 소중함을 알게 되고 돈을 그렇게 헤프게 쓰지도 않을 것이다. 우리 사회는 전혀 그런 기회를 주지도 않고 돈 관리를 하는 방법을 가르치지 않으면서 아이들을 나무란다. 소비 사회의 아이들은 자기 나름의 꿈을 이루기 위해서 돈이 필요하다. 그것을 얻어 내기가 너무 힘든 상황에 처하게 되면 아이들은 자원을 독점한 기성 세대에 대해 적대감과 불신감을 갖게 된다. 돈을 마구 쓰고 몸을 마구 굴리게 되는 것은 지금 어른들이 자원을 독점하고 아이들을 자기 식대로 관리하려고 들기 때문이다.

아이들과 빈 마음으로 자원을 나누자. 스스로 돈 관리, 몸 관리를 할 수 있게 자율의 공간을 마련해 주자. '결핍의 시대'를 살아가는 전략이 있듯이, '과잉의 시대'를 살아남는 전략이 있다. 그 전략은 금지와 금욕이 아니라 체험과 자기 기획의 원리를 바탕으로 한다.

* 『중앙일보』 2000년 6월 28일.

서태지의 이름으로

올 가을 또 한번 난리가 나서 모든 다른 '작은' 일들이 취소되거나 유보되었다. '나라'의 난리와 가족의 우환으로 이 땅에 사는 이들은 꿈꾸기를 잊었다. 그러나 당차게 더 이상 휘둘리며 살 생각은 없다고 말하는 아이들이 있다. '태지'들의 등장이다.

대중 매체에서는 다투어 '서태지와 아이들'이 최근에 내놓은 4집 앨범을 놓고 토론을 벌이고 있다. 토론 부재의 상황에서 토론거리를 만들어 내고 있다는 점에서 일단 '서태지와 아이들'은 대단하다. 그들 자신이 실제 무슨 말을 했는지가 중요한 것은 아니다. 중요한 것은 그들이 던진 말로 인해 이 사회에 어떤 담론이 형성되는지에 있다. 대개의 경우 찬반 논의를 편 후 "구세대와 신세대라는 식의 이분법적 논리를 벗어나 기성 세대가 그들을 이해해 보려고 노력해야 한다"는 '정답'으로 토론이 마무리된다. 이 정답의 논리대로 이분법적 논리란 그리 바람직한 논리가 아니다. 그러나 현존하는 '다름'을 무시한 '하나'에 대한 고집은 더욱 위험하다.

지금 사춘기 자녀를 둔 많은 가정은 전쟁터이다. 그 전쟁의 원인은 엄밀히 기성 세대의 탓도 아니고, 청소년들을 열광시키는 대중 매체 스타들과 배꼽티를 입고 노래방을 쏘다니는 소수 — 이제는 다수가 된 — 의 탈선 청소년들 때문은 더더욱 아니다. 그것은 우리 사회가 거쳐온 그 가공할 변화의 속도에 따른 것이다. 시스템을 만들지 못한 채 정신없이 꾸려 왔던 사회가 붕괴하면서 뿜어 내는 독가스에 모두들 취해 버렸다. 과로와 짜증의 문화 속에서, 이미 경험의 영역이 너무나 달라져 버린 이들 사이의 상호 작용은 파국을 가속화할 뿐이다.

중요한 것은 그 동안 경험 세계가 엄청나게 다원화되었고, 이제 이성은 물론 감성과 어법과 발성법까지 다른 세대들이 형성되어 버렸다는 사실이다. '신세대'란 단어는 이 다름을 강조하기 위해 필요한 단어이다. 신세대는, 이제 산적한 사회 문제를 풀어갈 능력을 완전히 상실해 버린 듯한, 그러면서도 그 상태를 인정하지 않으려는 구세대와의 의사 소통을 포기하려 한다. 기성 세대들이 몹시 미워한, 1980년대 운동권은 그런 면에서 구세대를 존중한 마지막 세대였다. 이제 신세대는 구세대의 이성을 가장한 비합리성에 질렸고, 모든 형태의 '다름'을 질시하고 불온시하여 질식시키는 폭력성에서 벗어나려 한다. 큰 도둑이 잡혔다고 또 한번 난리를 치는 나라의 연극에 더 이상 속으려 하지 않는다. 자기 인생 자체를 도둑 맞은 것에 대해 그들은 관심을 기울인다. 최근 또다른 '태지'들이 내놓은 「다시 처음부터 다시」라는 노래 가사의 일부를 적어 본다.

"너의 꿈을 다 내놔 그 대신 찬밥을 줄께
평생 그걸 핥아먹으면서 행복에 겨운 웃음으로
네 죄를 사해 달라 하늘에다 빌어
난 그 콧대를 눌러버리고 싶었어 내 손으로 꺽어 버리고 싶었어
하지만 바보같이 끄덕이며 깊이 깊이 깊이 내 몸이 가라앉는 걸 느끼는 수밖에
나는 없어 아무것도 없어 언제든 죽을 날이 멀게만 느껴져
내게 왜 이런 왜 이런 내게 내게 내게 이런 내게 왜!"

청소년들은 지금 "깊이 깊이 가라앉는" 몸을 건지기 위해 노래를 한다. 유토피아로 향한다던 근대에 대한 꿈이 깨지고 새로운 야만의 시대가 도래함을 인정할 수밖에 없는 상황을 살아가는 세대로서, 이들이 맞서 싸우는 것은 중앙 집권적 권력이 아니라 일상에 편재해 있는 권력이며 외로움이며 제3세계적 혼돈 상태이다. 삶이 언제 증발될지 모르는 상태에서 사는 이들은 의지와 합리란 것이 얼마나 무력한지를 잘 알고 있으며 그래서 감성과 실천을 중시한다. 만남에 집착하지 않으므로 인연을 더럽히지 않는 지혜를 터득한다. 최근 신세대들에게 인기를 끈 영화 「중경삼림」 속에 그려진 선남선녀가 한줄기 맑은 샘물처럼 느껴지는 이유도 여기에 있다.

항간에 떠도는 '간 큰 남자'와 '간 큰 상사'들에 대한 쑥덕거림에도 아랑곳없이 도장 찍기를 즐기는 아버지들이여, 이제 이들을 놓아 주라. 당신 세대의 문제에 몰두함으로 다음 세대로 하여금 온전하게 그들 세대를 살게 하라. 벌써 수그러들기 시작하는 듯한 비자금 문제와 관련된 부패 구조의 문제를, 당신 세대 모두가 어떤 식으로든 연루되어 있는 거대한 공범 체제를, 자신 세대에서, 자기 세대의 스타일로, '민족의 이름' '아버지의 이름'으로 해결해 주기를 신세대는, 그리고 어머니들은 간절히 바랄 뿐이다.

1960년대 초반 영국의 한 산업 도시에 음악을 아주 좋아하는 서너 명의 십대 청소년들이 있었다. 그들은 자기 마음속에 있는 것을 음악으로 표현하기 위해 밤낮없이 골몰했다. 덥수룩한 긴 머리에 몸을 마구 흔들면서 노래하는 그들의 모습이 기성 세대의 눈에 이쁠 리 없었고, 빠른 드럼 비트가 기성 세대의 귀에 편할 리 없었다. 이들을 따라다니며 괴성을 지르고 기절을 해대는 극성

팬들의 모습은 더욱 이해 불가능한 것이었다. 그러나 이들의 노래는 젊은이들의 감성을 파고들었고, 그들의 인기는 곧 영국에서만이 아니라 세계적으로 높아 갔다. 물질 문명과 극심한 경쟁 문화를 비판하며 "소유함이 없는 곳, 천국과 지옥이 없고, 종교도 국가도 없고, 모든 사람이 오늘을 위해 사는, 서로 사랑하며 평화롭게 사는 세상을 상상해 보라"는 내용의 히트곡은 요즘도 여러 나라 사람들이 모인 자리에서 우연히 노래라도 부르게 되면 자연스럽게 합창을 할 수 있는 노래이다. 이들은 음악을 통해 세계 젊은이들의 문화를 만드는 데 공헌했고, 억만장자가 되었고, 영국 국가로부터 귀족 작위를 받았다. 기성 세대의 따가운 눈초리에도 불구하고 이들의 항해는 상당히 순조로웠다. 이들이 바로 우리가 잘 알고 있는 비틀즈이다.

중학교 때 '비틀즈'의 「예스터데이」를 접한 후 줄곧 그들의 노래와 살아온 우리 세대는 비틀즈에 대한 진한 그리움을 가지고 있다. 우리 세대가 열망해온 평화와 자유의 메시지에는 그들의 음률이 배어 있다. 그런데 지금 우리 아이들은 '비틀즈'보다 '서태지와 아이들'을 더 좋아한다. 「컴백 홈」이 자신에게 바쳐진 노래라면서 절절하게 따라 부르는 아이의 모습에서, 더 이상 영어가 아닌 한국말로 자기들의 처지를 표현할 수 있게 된 세대를 만나고, 더 이상 중심국의 문화를 동냥하지 않아도 되는 세대와 만난다. 서구의 팝이 퇴조하고 주변국 노래들이 인기를 끌고 있다는, 달리 말해서 제3세계 음반 시장의 규모가 커지고 세계 대중 음악계에 신토불이 돌풍이 돌고 있다는 기사를 읽으면서 '서태지와 아이들'이 벌어온 돈 — 엄밀하게 말하면 서양으로 나가지 않은 돈 — 을 계산해 보았다. 이들의 노래는 일본에서도 인기가 있어서 한국말을 배우는 이들도 생기고 있다고 한다. 젊은이들의 우상은 이제 서양에서만 배출되는 것이 아니라 이 땅에서도 만들어지는 것이다. 바깥 세상이 많이 바뀌었고 우리 사회도 많이 바뀐 것이다.

자기 시대의 소리를 대변해 내는 데 천재적인 소질을 가졌다는 점에서 비틀즈와 서태지와 아이들은 매우 유사하다. 이들은 사랑 없는 세상에서 그들 나름의 따뜻함을 만들어 보려 했고 "거친 인생 속에 나를 완성하겠어"라며 다부진 다짐도 한다. 그러나 이들 사이에는 큰 차이가 있다. '서태지와 아이들'은 머리 모양이나 복장이 '불량스럽다'거나 '국적 불명'이라는 이유로 여러 번 방송 출연을 금지당했고, 가사 내용 때문에 곤혹을 치르기도 했다. '악마'의 소리라는 기이한 소문에 시달리기도 하고, 표절과 양심 운운하는 대중 음악 비평가들의 횡포에 시달리기도 했다. 이해해줄 만한 이들로부터는 노래에 대안이 담겨져 있지 않다는 과도한 주문을 받기도 하였고, 광신적인 팬들로 힘겨워하기도 했다.

요즘은 이들의 해체를 두고 말들이 무성하다. 상식적으로 세 명의 개성 있는 젊은이가 모여서 삼 년 정도 작품 활동을 하고 해체하는 것은 극히 정상적인 일이다. 특히 새로움을 살려내기보다 죽이기에 급급한 문화적 토양을 감안한다면 이들은 그나마 오래 버티어 온 셈이다. 구체적 개인으로서의 이들은 이제 휴식이 필요하고, 또다른 비약을 위해 떠날 시간이 되었다.

그러나 상징으로서의 그들은 머물 것이다. 그들은 끔찍하게 불합리한 입시 지옥 속에서, 또 존경과 사랑의 대상을 찾기 어려운 황량한 사회에서 살아가야 하는 청소년들이 자구책으로 만들어 낸 '우상'이었기 때문이다. 일면 청소년들의 '우상'은 세대간의 경험 세계가 벌어지면서 생기는 것으로, 사회의 분화 정도를 반영한다. 그 분화는 무시한다고 해서 없어지는 것이 아닌 만큼 상호 의사 소통을 하려는 뜻이 있다면 우선 각 세대의 독자적 체험을 담은 목소리들을 만들어 내가야 한다. '서태지와 아이들'의 해체 선언으로 어수선한 지금, 어른들이 할 일은 청소년들이 미처 완성하지도 못한 우상을 부수는 일이 아니라 그들이 '훌륭한 우상'을 만들어낼 수 있도록 적극 지원하는 일일 것이다. 이들의 해체를 계기로 대중 음악을 좋아하는 청소년들이 마음 놓고 자기 세대의 언어와 새로운 대안 문화를 만들어 갈 수 있는 공간이 마련되었으면 한다. 그런 일을 벌일 '어른들'은 없을까?

* 『시사저널』 1996

행복하게 살아남기

올해는 유난히도 힘든 해였다. 몇 년 전만 해도 갓 채용된 교수들이 강화된 재임용 제도에 맞추느라 정신없이 허둥대는 것 보면서, 아, 참 나는 운도 좋구나. 하고 싶은 대로 하면서 정교수가 되었으니 하고 좋아했는데… 어느새 나도 온통 그들의 허둥댐과 불안에 감염되어 있었다. "일제 시대 나라 없는 서러움 가운데서도, 해방 후 그 혼란한 정국에서도, 군사 독재 말기의 암울한 상황에서도 어딘지 신이 나는 데가 있었는데, 요즘은 왜 이렇게 앞이 캄캄하냐?"라는 팔순 아버지의 넋두리를 들으면서 불안이 싹트기 시작했고, "선생님 말은 알아는 듣겠는데요, 몸이 말을 안 들어요"라는 학생의 말을 피부로 느끼게 되면서, 내 안에서 고통의 계절은 시작되었던 것 같다.

인간답게 사는 것이 점점 더 어려워지는 시절이 오고 있음을 받아들여야 하기에 힘들고, 고통의 끝이 잘 보이지 않기에 더욱 힘들다. 지금 고통스럽지 않은 사람은 바보이거나 사기꾼이라는 친구의 말에 위로를 받으면서도 힘든 것은 어쩔 수 없다. 상상 불가능한 세상으로 치닫는 인류사의 흐름을 막을 수는 없고, 누구라고 그 살인적 속도를 피해갈 수 있을까?

전환의 시대라 한다. 전 인류를 거대한 공장 체제로 끌어들인 20세기는 바야흐로 퇴장하고 있다. 20세기가 낳은 천재 찰리 채플린이 「모던 타임즈」라는 영화를 통해 선명하게 보여 주었듯이, 산업 혁명 이후 인류는 거대한 컨베이어 벨트 속으로 빨려 들어갔다. 사람들은 자신의 몸을 대량 생산을 위한 기계적 시계에 맞추어 가기 시작했다. 훈육과 제복의 시대는 시작되었고, 유토피아에 도달할 것이라는 믿음 아래 사람들은 헌신적으로 자신의 몸을 기계에 길들여 갔다.

다행히 인류는 컨베이어 벨트 속에서 일할 인공 지능 체제를 만들어 냈다 한다. 이제 인류의 진화를 위해 필요한 것은 컨베이어 벨트를 제대로 '다스릴 수 있는' 체제와 창의적인 인간이라고 한다. 새로운 생산 양식을 만들어 내고 규정들을 바꾸어야 하는 때라는 것이다. 그런데 아직 많은 사람들이 기존의 규정집을 경전처럼 받들면서 새로운 체제를 만들려는 이들을 '왕따'시키고 있다. 대량 생산 체제에 길들여진 속도와 습관을 바꾸기가 쉽지 않은 것이다.

변화는 분명 오고 있다. '기계 시간'에 맞추다가 허망하게 과로사하는 이들이 늘어나고 있고, 이미 '똑똑한' 이들은 '체제 탈출'을 꾀하고 있다. 컨베이어 벨트 외곽에서 아주 다른 방식으로 사는 사람들이 생겨나고 있는 것이다. 이들은 놀고 싶을 때 놀고, 일하고 싶을 때 일하고, 쉬고 싶을 때 쉬면서 유기체적인 몸을 보존하겠다는 사람들이다. 혼미한 중세 말기에 선각자들이 선택한 것이 '머리'였다면 후기 근대의 선각자는 그래서 '몸'을 선택한다.

이번 연말에 나도 '선각자'가 될 다짐을 해본다. 그래서 2000년부터는 생산성 없는 컨베이어 벨트와는 무관하게 살 것이다. 그것이 어렵다면 적어도 속도를 늦추기 위해 태업을 할 것이다. 태업을 하면서 비축한 에너지로 대량 생산 체제가 금지한 것들을 열심히 할 것이다. 몸의 소리를 듣기. 일상을 함께 나누는 이들과 깊이 눈을 맞추고 서로를 느끼기. 길이 아닌 길을 탐험하며 천천히 산보하기. 남에게 내 페이스를 강요하지 말기…

실은 100년 전에 폴 라파르그(1842-1911)라는 통찰력 있는 지구인이 다음과 같은 당부의 말을 남겼다. 우리는 지금 가만히 멈추어 서서/바라볼 시간이 필요하다/우리는 혼자 있을 시간이/타인과 관계를 맺을 시간이/창조적인 일을 할 시간이/즐거움을 주체적으로 즐길 시간이/아무것도 생산하지 않고/그저 근육과 감각을 움직일 시간이 필요하다/그리고 친구들과 함께/'내'가 살고 싶은 세상을 구상하고/기획할 시간이 필요하다.

* 『한국일보』 1999년 12월 23일.

다시 '민주'의 이름으로

지난 주 일본 도쿄에서 IDEC 세계 민주 교육 회의가 열렸었다. 80년대 '민주화' 물결이 한바탕 지나간 이후 이 단어는 어쩐지 입에 올리기 어색한 단어가 되어 버렸지만, '민주적인' 아이를 기르는 꿈을 실현해 가고 있는 사람들을 만나게 된다는 생각에 마냥 가슴이 뛰는 여행길이었다. 회의장에 도착하니 예상대로 참가자들의 모습은 다양한 화려함 그 자체였고, 회의를 주최한 도쿄슈레 아이들은 잔뜩 긴장해서 땀을 뻘뻘 흘리며 뛰어다니고 있었다. 나와 동행한, 여행 경비를 아르바이트와 경비 마련 기획 파티로 자체 마련한 서울시립 청소년 직업 체험 센터의 십대들도 흥분하기는 마찬가지였다. 영국의 서머힐 학교, 동유럽 몰락 이후에 생긴 폴란드의 자유 학교, 거리 아이들을 위한 인도의 비인가 야학, 급격한 경제 성장을 이룬 후 과잉 국민 교육의 후유증을 앓고 있는 일본의 부등교생을 위한 학교, 그리고 이스라엘의 '희망의 꽃' 학교 등 세계 20여 개국에서 선생님, 학생 그리고 부모들이 모여들고 있었다.

마하트마 간디의 손자 아룬 간디의 오프닝 강연으로 시작한 회의는 실은 마냥 신나게 진행된 것은 아니었다. 처음 사흘은 동경 시내의 대규모 청소년 센터에서 진행되었는데, 워크숍의 참여자 절대 다수가 일본 국내 일반 참여자들이어서 기대했던 토론을 해 보지도 못하고 일방적으로 학교 소개만 여러 차례 하게 되니 좀 짜증이 났다. 외국에서 온 다른 참가자들 사이에서도 원성이 일기 시작했다. 한 미국인 참가자는 "우린 서로 의견을 교환하러 왔는데, 전시물이냐 뭐냐… 민주 교육을 한다면서 일본서는 이렇게 권위주의적이어도 되나? 작년 영국 회의에서는 사실 아무런 사전 준비 없이 훌륭하게만 해냈는데 여긴 과잉 준비로 우리를 관리하려 든다"는 말을 노골적으로 하였다.

사실상 자율적인 훈련이 된 사람들에게 도쿄슈레 팀이 짠 빡빡한 일정은 만족스럽지 못한 것이었고, 일본 문화 전반에 깃든 정리 정돈에 대한 강조는 상당한 구속감을 안겨 주었다. 특히 서구인들은 작은 민간 학교가 큰 규모의 회의를 조직하기 위해 얼마나 많은 준비를 해야 하는지, 이런 류의 회의를 일상적으로 조직해본 서구의 아이들과 달리 일본 아이들이 이 일을 맡게 되어 얼마나 긴장하고 있는지를 잘 모른다. 사실 도쿄슈레 아이들은 일 년 내내 이 회의를 준비했고, 바로 이 회의 준비 자체가 그들의 교육과정이었다. 비슷한 획일적인 국민주의 국가에서 살아온 나는 동료 의식을 가지고 서구에서 온 참가자들에게 그렇게 자기 문화 중심적으로 판단하지 말라고 중재를 했지만 타문화에 대한 이해는 하루아침에 될 일은 아닐 것이다. 게다가 통역 문제까지 겹쳐서 오해의 여지가 더욱 높아질 수밖에 없다. 우리는 마지막 이틀을 서로의 경험을 좀더 깊이 있게 나눌 수 있는 효과적 방안을 찾아보려고 고심했지만 흡족한 합의점을 찾아내지는 못했다.

어른들이 합의점을 찾지 못해 고민하고 있는 동안 아이들은 벌써 소통의 세계를 만들어 가고 있었다. 회의에는 관심이 없고 아이만 보면 눈을 반짝이는 미국의 테스타 교장과 철학자이자 수학자라고 하는, 이스라엘 키부츠의 학교 교장 라하브 씨는 서울서 온 아이들의 에너지에 반했다며 당장 교환 학생 제도를 마련하자고 했다. 비행기표와 생활비만 있으면 서로 보살펴 주기로 협약을 한 민주 학교들 사이에는 이미 활발한 교류의 길이 터져 있었다.

땀 흘리며 국제 회의를 조직하고 다양한 민주적 삶을 경험하면서 변화하는 세상과 삶에 대해 배워 가는 아이와 교실에 틀어박혀 하루 열 시간 책과 씨름하는 아이들 사이의 거리는 이렇게 해서 자꾸만 멀어지고 있다. 온 국민이 똑같은 교육을 받는 국가 공인 교육의 시대는 이렇게 끝나가고 있는 것일까? 슬픈 일일까? 불안해 해야 할 일일까? 어쨌든 새로운 세상이 만들어지고 있는 것은 사실이다. 그리고 그 세상을 만드는 것에 우리의 아이들도 참여하기 시작한 것은 참으로 다행한 일이다. 이 아이들이 무겁게 가라앉은 한국 교육계를 끌어올릴 도르레 역할을 해줄 수는 없을까? 내년 IDEC 회의는 팔레스타인과 이스라엘 민주 학교들이 공동 주관할 예정이라고 한다. 국가간의 갈등을 넘어서는 공존의 교육이 대회 주제가 될 것이라는데, 그 말을 듣고 난 남북한 아이들이 IDEC를 공동 주최할 날을 상상해 본다.

* 『한국일보』 2000년 7월 24일

참고 문헌

갤브레이스, 1993, 『만족의 문화』, 이상영 옮김, 동아일보사.

권혁인, 2000, 「서기 2000년 대한민국의 학교」, 『월간 문화연대』 9월호, 19쪽.

기 드보르, 1996, 『스펙타클의 사회』, 이경숙 옮김, 현실문화연구.

김동춘, 1999, "한국의 근대성과 과잉 교육열," 『한국의 근대성과 전통의 변용』, 한국 정신문화 연구원.

김영봉, 1999, 『떼한민국 : 백면서생의 세상 배우기』, 북파크.

김창남, 1995, 『대중문화와 문화실천』, 도서출판 한울.

김현진, 1999, 『네 멋대로 해라』 한겨레신문사.

김혜경, 1998, 「일제하 '어린이기'의 형성과 가족 변화에 관한 연구」, 이화여자대학교 사회학과 박사논문.

김혜련, 1999, 『학교 종이 땡땡땡』, 미래M&B.

노마 필드, 1996, 「전지구적 동원을 향하여: 문명론과 자본주의」, 『창작과 비평』 가을호.

돈 탭스콧, 1999, 『N세대의 무서운 아이들: 디지털 지식 혁명의 신물결』, 허운나・유영만 옮김, 도서출판 물푸레.

또 하나의 문화 동인들, 1997, 『새로 쓰는 청소년 이야기・1 (아이들이 없다)』, 도서출판 또 하나의 문화.

또 하나의 문화 동인들, 1997, 『새로 쓰는 청소년 이야기・2 (틈새내기)』, 도서출판 또 하나의 문화.

레스터 C. 써로우, 1997, 『자본주의의 미래』, 유재훈 옮김, 고려원.

마샬 버먼, 1994, 『현대성의 경험 — 견고한 모든 것은 대기 속으로 녹아버린다』 윤호병・이만식 옮김, 현대미학사.

미셸 마파졸리, 1997, 『현대를 생각한다 : 이미지와 스타일의 시대』, 박재환・이상훈 옮김,

문예 출판사.
미셸 푸코, 1994, 『감시와 처벌』, 오생근 옮김, 나남.
________, 1997, 『사회를 보호해야 한다』, 박정자 옮김, 동문선.
민가영, 2000, 『10대 여성의 가출문화에 관한 연구』, 이화여자대학교 여성학과 석사논문.
밀란 쿤데라, 1995, 『느림』, 민음사.
배경내, 2000, 『인권은 학교 앞에서 멈춘다』, 우리교육.
비비안느 포레스테, 1997, 『경제적 공포』, 김주경 옮김, 동문선.
빌 게이츠, 1999, 『생각의 속도』, 청림 출판.
삐에르 부르디외, 1995, 『상징 폭력과 문화재생산』, 정일준 옮김, 새물결.
손석춘, 1998, 『새로운 천년을 향한 세계 청소년 동향』, 유네스코 청년원 청소년 연구 자료집, 유네스코 청소년 위원회.
_____, 1998, 『세계 청소년의 권리와 책임에 관한 결의들』, 유네스코 청년원 청소년 연구 자료집, 유네스코 청소년 위원회.
신현택, 1998, 「'국민의 정부'의 청소년 정책 기본 방향」, 『21세기를 향한 청소년 정책』, 아우내재단 미래문화연구원 청소년 정책 토론회(5월 22일).
앤소니 기든스, 1997, 『현대성과 자아 정체성』, 새물결.
앤소니 기든스 · 울리히 벡 · 스콧 래쉬, 1994, 『성찰적 근대화』, 한울.
앨빈 토플러, 1992, 『제3의 물결』, 범우사.
양희규 · 이오덕 외, 2000, 『작은 학교가 아름답다』, 도서출판 보리.
엄기호, 1998, 「포르노에 대한 이야기를 통한 청소년 하위 문화 분석」, 연세대학교 사회학과 석사논문.
_____, 2000, 『포르노, All Boys Do It!』, 우리교육.
에버하르트 뫼비우스, 2000, 『벤포스타』, 김라합 옮김, 도서출판 보리.
우에노 준, 1999, 『처음처럼』 12호, 내일을 여는 책, 175-198쪽.
울리히 벡, 2000, 『적이 사라진 민주주의』, 정일준 옮김, 새물결.
유네스코 21세기 세계 교육위원회 편, 1997, 『21세기 교육을 위한 새로운 관점과 전망』, 김용주 · 김재웅 · 정두용 · 천세영 옮김, 도서출판 오름.
이광석, 1998, 『사이버 문화정치』, 문화과학사.
이길섭, 1998, 『소수 문화들의 정치학』, 문화과학사.

이메뉴얼 월러스틴, 1996, 『자유주의 이후』, 강문구 옮김, 당대.

이순형, 1997, 「폭력의 연결 고리를 끊을 따뜻한 말 한마디」, 『그루풀』 8월호, 참교육 시민 모임 회지.

이인규, 1999, 「무너지는 학교, 흔들리는 교단」, 『창작과 비평』 가을호.

이인효, 1990, 「인문계 고등학교 교직 문화 연구」, 서울대 교육학과 박사논문.

이지연, 1996, 『무선호출기 이용을 통해 본 청소년 하위문화 연구』, 연세대학교 사회학과 석사논문.

이진재 외, 1986, 『우리 나라 입시 제도의 변천사 : 입시 제도 개선 연구 3』, 중앙교육평가원.

이한, 2000, 『탈학교의 상상력』, 삼인.

일본 문부성, 1997, 「2000년 기념 행사」.

임성호, 1998, 『청소년 관련 지표 연구』, 유네스코 청년원 청소년 연구 자료집, 유네스코 한국위원회.

전교조 참교육 실천위원회, 1999, 『학교붕괴』, 푸른나무.

정범모, 2000, 「한국 중등교육 100년과 그 내일」, 『한국 중등교육 100년: 과거 현재 미래』, 경기고등학교 개교 100주년 기념사업단 학술위원회 편, 11-44쪽.

정운찬, 1997, 『한국 경제 죽어야 산다』, 백산서당.

정유성, 1998, 『새로운 교육 문화 사회운동론 : 사람, 삶, 되살림 2』, 한울 아카데미.

제레미 리프킨, 1996, 『노동의 종말』, 민음사.

조혜정, 1994, 『탈식민지 시대 지식인의 글읽기와 삶읽기 2: 각자 선 자리에서』, 도서출판 또 하나의 문화.

_____, 1996, 『학교를 거부하는 아이 아이를 거부하는 사회』, 도서출판 또 하나의 문화.

_____, 1997, 「21세기 교육과 문화」, 교육 행정 지도자 과정 제73기 연수 자료.

_____, 1998, 「21세기 한국의 선택」, 『내가 살고 싶은 나라』 창간호, 삶과 꿈, 164-171쪽.

조(한)혜정, 1998, 『성찰적 근대성과 페미니즘』, 도서출판 또 하나의 문화.

_____, 2000, 「글로벌化와 문화적 상대주의」, 『21세기 세계화 · 정보화』, 중앙일보 새천년, 58-69쪽.

조혜정 · 엄기호, 1999, 「IMF 이후 라이프 스타일의 변화에 대한 연구 — 고학력 청년 세대들의 '체제 탈출'을 중심으로」, 『사회발전연구』 5호, 연세대학교 사회발전 연구소.

최윤진, 1998, 「'보호'로부터 '자율'로의 청소년 정책 전환을 위한 제언」, 『21세기를 향한 청소년 정책』, 아우내재단 미래문화연구원 청소년 정책 토론회.

최충옥, 1998, 「청소년 참여, 어떻게 할 것인가? : 청소년 정책과 청소년 참여」, 청소년과 함께 하는 정책 워크숍, 한국 청소년 개발원 자료집.

탈학교 모임 친구들, 1999, 『자퇴일기』, 도서출판 민들레.

파울로 프레이리, 1995, 『페다고지 — 억눌린 자를 위한 교육』, 성찬성 옮김, 한마당.

폴 라파르크, 1997, 『게으를 수 있는 권리』, 새물결.

폴 윌리스, 1989, 『교육 현장과 계급 재생산』, 김찬호 · 김영훈 옮김, 민맥.

프랑스와 뒤베, 1997, 「프랑스 청소년의 삶 : 학교 생활과 자기다운 삶 사이의 고민」, 크리스천 아카데미 주최 『스스로 만들어 가는 청소년 문화』 발제 원고. 또 하나의 문화 동인들, 1997, 『새로 쓰는 청소년 이야기 · 2』, 도서출판 또 하나의 문화에 재수록.

한국교육개발원, 1997, 『한국의 교육과 국가 발전(1945-1995)』.

한스 피터 마르틴 · 하랄드 슈만, 1997, 『세계화의 덫 : 민주주의와 삶의 질에 대한 공격』, 강수돌 옮김, 영림 카디널.

현실문화연구, 1994, 『신세대론: 혼돈과 질서』 문화연구 6호, 현실문화연구.

현지영, 1999, 「팬클럽 활동을 통한 청소년의 자기정체성 형성」, 연세대학교 사회학과 석사논문.

황상민 · 한규석, 2000, 「사이버 공간 속의 청소년」, 『사이버 공간의 심리』, 박영사, 267-287쪽.

Aries, Philippe, 1962, *Centuries of Childhood: A Social History of Family Life*, Trans. Robert Baldick, New York: Vintage Books.

Bennett, Ancy, 2000, *Popular Music and Youth Culture: Music, Identity and Youth Culture*, New York: St. Martin Press.

Brake, Michael, 1985, *Comparative Youth Culture — The Sociology of Youth Cultures and Youth Subcultures in America, Britain and Canada*, London and New York: Routledge.

Brown, John Seely and Paul Duguid, 2000, *The Social Life of Information*, Harvard

College: Harvard Business School Press.

Cavalli, Alessandro and Olivier Galland (ed.), 1995, *Youth in Europe*, London: Pinter.

Cohen, Phil, 1997, *Rethinking The Youth Question*, Education, Labour and Cultural Studies.

Denning, Peter J. (ed.), 1999, *Talking Back to the Machine: Computers and Human Aspiration*, New York: Copernicus.

Erye, Linda and Richard, 1994, *Teaching Your Children Responsibility*, New York: Fireside Book.

Gillis, J. R., 1981, *Youth and History*, New York: Academic Press.

Griffin, Christine, 1993, *Representations of Youth*, Cambridge: Polity Press.

Hammersley, Martyn, et al. (ed.), 1976, *The Process of Schooling*, London: Routledge & Kegan Paul.

Mead, Margaret, 1928, *Coming of Age in Samoa*, New York: Morrow.

Rohlin, Thomas P., 1983, *Japan's High Schools*, London: California Press.

Ross, Andrew & Tricia Rose, 1994, *Microphone Fiends: Youth Music & Youth Culture*, London & New York: Routledge & Kegan Paul.

The President's Committee on the Arts and the Humanities, 1997, *Creative America.*

Thornton, Sarah, 1995, *Club Cultures: Music, Media and Subcultural Capital*, Cambrigde: Polity Press.

Wicke, Peter, 1987, *Rock Music: Culture, Aesthetics and Sociology*, Cambridge: Cambridge Press.

Willis, Paul, 1976, "The Class Significance of School Counter-culture" in Hammersley, Martyn, et al. (ed.), *The Process of Schooling*, London: Routledge & Kegan Paul.

Willis, Paul (with A Bekenn · T Ellis and D Whitt), 1998, *The Youth Review*, Aldershot, UK: Gower.

찾아보기

학교를 찾는 아이 아이를 찾는 사회

— 21세기 학교 만들기

초판 1쇄 펴낸날 • 2000년 12월 15일
초판 8쇄 발행일 • 2016년 3월 31일
지은이 • 조한혜정
펴낸곳 • 유승희
121-818 • 서울 마포구 와우산로 174-5 대재빌라 302호
전화 • (02)324-7486 팩스 • (02)323-2934
전자우편 • tomoon@tomoon.com
누리집 • www.tomoon.com
출판등록 • 1987년 12월 29일 제9-129호

표지디자인 • 박활민 표지글꼴 • 지혜 본문그림 • 쭌쭌

ISBN 89-85635-43-3 03370